한국어
교육을 위한
상호문화
교육론

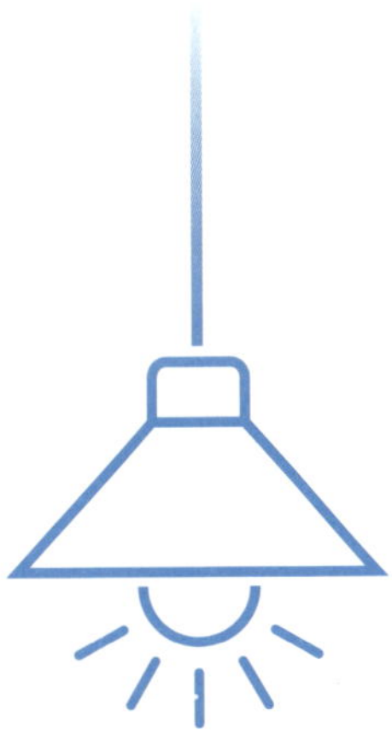

· 이원희 ·

박영사

본 단행본은 이원희(2021)의 연세대학교 일반대학원 박사학위 논문 『학문목적 한국어 학습자의 상호문화 의사소통 능력과 상호문화교육 연구』의 내용을 깁고 더한 것이다.

배움의 길이 있음을 깨닫게 한 나의 스승님에게,

함께 걷는 길이 외롭지 않음을 깨닫게 한 나의 벗에게,

삶의 의미와 목적을 깨닫게 한 나의 부모님에게,

이 책을 드립니다.

추천사

이 책은 저자의 박사 논문에 석사 논문의 일부를 더하고, 많은 수정과 보완을 거쳐 완성한 결과물이다. 이를 위한 저자의 학문적 여정은 '다문화정책 실패론'이 대두된 유럽과 같은 전철을 밟지 않기 위한 고민에서 출발하였다 한다. 그리고 저자는 이러한 논의를 통해 유럽과 변별되는 한국의 다문화 정책의 새로운 방향성으로 상호문화교육을 제안하고 있다.

한국어교육 현장은 한국어 학습자와 교사, 그리고 서로 다른 문화권에 속한 학습자들 사이의 '문화간 의사소통 상황'이 발생하는 현장이며, 여기서 발생하는 목표문화와 학습자 자문화 사이, 그리고 학습자 자문화들 사이의 차이는 의사소통의 여러 가지 문제와 갈등을 일으킬 수 있다. 따라서 서로 다른 문화의 균형성 수용과 조화를 통해 효율적인 상호문화 의사소통 능력(Intercultural Communication Competence, ICC)을 함양하는 것은 한국어 교육의 중요한 목표 중 하나일 것이다.

또한 대학 캠퍼스의 구성원이 국제화됨으로써 효율적인 의사소통을 위해서 교사와 학생 모두에게 타 문화권에 대한 이해를 바탕으로 한 의사소통 능력이 요구되고 있다. 문화의 이해는 궁극적으로 언어구사 능력의 유능성 이상의 것, 사회문화적 차이에 대한 이해가 필요하다. 효율적인 상호문화 의사소통 능력은 단순히 목표 문화의 학습으로 습득되는 것이 아니라 자문화와 목표 문화에 대한 균형적인 시각을 갖추었을 때 비로소 성취할 수 있다. 효율적인 문화간 의사소통 능력은 단순히 목표 문화의 학습으로 성취되는 것이 아니라 학습자의 자문화의 균형적인 시각을 갖추었을 때 습득 가능하기 때문이다. 이 책은 이러한 논의를 바탕으로 한국어 학습자의 의사소통 능력을 함양하는 교육적 방안으로 '상호문화교육(Intercultural Education)'을 제안한다.

이 책의 전반부는 이론적 개념으로 구성되었다. 세부적으로는 언어교육과 문화의 관련성, 상호문화 의사소통 능력의 개념과 특성, 한국어교육에서 문화교육의 개념과 범주, 상호문화교육의 개념과 특성을 다루었다. 후반부는 한국어교육 현장에서 적용 가능한 상호문화교육 방법론으로 구성되어 있다. 특히 상호문화 의사소통 능력 측정 도구를 통해 한국어 학습자의 상호문화 의사소통 능력을 측정하고 이를 토대로 상호문화 포트폴리오와 같은 상호문화교육 훈련 방법론을 활용한 교수 방법론을 고안하였다. 이는 실제 한국어교육 현장에서 활용 가능하다는 점에서 의의가 있다.

이 책의 상호문화적 관점과 상호문화교육은 문화 상대주의와는 완전히 다른 개념이다. 저자는 문화상대주의는 타문화에 비판 자체가 불가능하며 자문화 중심주의에 기반하여 다른 문화에 배타적인 동시에 문화 나르시시즘을 강화할 가능성을 내포한다고 지적한다. 반면에 상호문화적 관점과 교육은 자문화와 목표 문화 사이의 객관적 거리를 두고 균형적 관점에서 이를 비판적으로 수용 · 변용하는 능력과 관련된다고 한다.

그러므로 이 책의 상호문화적 관점은 다른 개념으로 모든 문화를 동등하게 인식하는 것이 아니다. 문화 인식에 기반한 가치 판단을 통해 문화의 경중을 이해하는 것이다. 즉, 문화의 확장 가능성과 다른 문화와의 접촉으로 새로운 문화 창출의 가능성을 열어두되, 이 과정에서 목표 문화를 지나치게 의식하는 문화 상대주의적 관점으로 치우침 없는 균형적 관점을 획득할 수 있어야 하고, 문화에 대한 균형적 관점은 비판적 문화 인식을 통한 자아 인식과 자문화와 목표 문화에 대한 통합적 인식을 통해 획득할 수 있다고 주장한다.

이처럼 이 책은 기존의 한국어 문화교육에서 중점적으로 다루지 않았던 문화 인식에 초점을 둔 상호문화교육 방법론을 다루었다는 점에서 유의미하다. 물론 상호문화 의사소통 능력과 상호문화교육에 관한 이 책의 관점과 주장은 아직 여러 가지 논쟁의 지점을 지니고 있다는 점에서 문제적이기도 하다. 그러나 바로 그러한 점이 이 책의 가치와 의의의 중요한 한 부분일 것이며, 이 책을 계기로 관련 논의와 연구가 더욱 풍부해지기를 기대한다.

2025. 4. 25.
연세대학교 국어국문학과 교수 **조태린**

추천사

저는 이화여대 불문과 교수입니다. 어디 가서 제가 '불문과 교수'라고 소개하면, 대개는 제가 위고, 보들레르, 카뮈 등을 연구하고 가르치는 줄 압니다. 그런데 저는 솔직히 이 사람들을 잘 모릅니다. 저의 전공은 '외국어로서 불어 교육'이기 때문입니다.

제가 이 교육을 전공해야겠다고 마음먹은 것은 1980년대 초 대학교 불어교육과 학생 때였습니다. 당시에도 불어 교육론, 불어 교수법 수업이 있었는데, 이 두 수업을 문학 교수님들이 가르치시는 것을 보고는 많이 놀랐습니다. 이때 든 의문은 '불문학을 가르치시는 분들이 불어 교육을 제대로 가르치실 수는 있나?'라는 것이었습니다. 이 의문은 수업을 들은 후 곧 실망으로 바뀌었습니다. 그분들은 훌륭한 불문학자였지 훌륭한 불어교육학자는 아니었기 때문입니다. 저는 이 의문을 풀고자 1987년에 프랑스로 유학을 떠났습니다. 거기서 외국어로서 불어 교육 석사 학위를 받고, 사회언어학으로도 석사 학위를 받았습니다. 그리고 이 둘을 연결해 1993년에 박사 학위를 받았습니다. 이 과정에서 확인한 것은 저의 대학 시절 의문이 근거 없는 의문이 아니었다는 것이었습니다.

한국으로 돌아와 이화여대 사범대 불어교육 전공 교수로 재직하면서, 당시에 하나의 학문 영역으로 급부상한 한국어교육을 지켜보게 되었습니다. 외국어로서 불어교육과 외국어로서 한국어교육은 언어만 다를 뿐 나머지는 똑같기에 저의 이런 관심은 지극히 자연스러운 것이었습니다. 당시 한국어교육은 몇 가지 문제점을 보였는데, 그중 하나는 이 교육이 언어에 너무 치중한 나머지, 언어와 공생 관계에 있는 문화를 매우 소홀히 한다는 것이었습니다. 이때 제가 대학생 때 가졌던 의문이 되살아났습니다. 그것은 '국어국문과에서 국어학을 전공한 분들이 한국어교육을 제대로 가르치실 수는 있나?'라는 의문이었습니다. 지금도 한국어교육을 담당하는 교수님

중에는 국어학을 전공한 분들이 많은데, 이분들은 한국어 교원양성과정에서도 언어학적 지식을 강조할 가능성이 큽니다. 한국어 교원양성과정에 음운론, 문법론, 의미론, 화용론, 대조언어학, 심리언어학, 응용언어학 등이 큰 비중을 차지하는 것은 바로 이 때문입니다. 이는 한국어 교재에도 그대로 이어집니다. 교재 내용의 대부분은 언어와 관련된 것이고 문화는 단원 끝부분에 간단히 언급되고 맙니다. 이것을 보면, 외국어교육에서 문화가 중요하다고 주장하니 마지못해 언어 사이에 문화 하나를 '끼워 넣는 듯한' 느낌을 지울 수가 없습니다. 다시 말해 문화를 '존중'하기보다는 '관용'하고 있다는 것이지요. 한국어 교사들에 따르면, 언어를 가르칠 시간도 부족한데 문화까지 가르치는 것은 거의 불가능하다고 합니다. 이러니 문화를 가르치는 교수법에 관한 연구는 뒷전일 수밖에 없습니다.

이는 외국어로서 불어교육에서도 마찬가지였습니다. 1960년대 시청각 교수법 교재는 언어 중심이었고, 문화는 다루지 않거나 설사 다룬다고 하더라도 언어의 '배경' 정도로 여겼습니다. 1970년대 의사소통교수법은 외국어교육 속에 일상 문화를 들여왔다는 점에서 획기적이었습니다. 하지만 외국어 수업에서 이 문화를 어떻게 다루어야 할지는 잘 몰랐습니다. 1980년대, 90년대 많은 학자는 이 문제를 연구했고, 그 결과 큰 진전이 있었습니다. 1990년대 중반 유럽연합이 형성되고 언어와 문화가 다른 사람들이 실제로 만나면서 외국어교육에서의 문화 문제는 또 한 번의 도전에 직면하게 되었습니다. 그 해답으로 나온 것이 2001년 출간된 『유럽언어공통기준』이었습니다. 이 '기준'은 언어학습자의 능력을 '일반능력'과 '의사소통능력'으로 나누고, '일반능력'에 '상호문화적 인식'을 포함시켰습니다. 이 '상호문화적 인식'은 개인이 자신의 문화와 다른 문화 간의 차이점을 인식하고, 그 차이점을 이해하고 존중하며, 문화 간의 상호작용에서 효과적으로 소통할 수 있는 능력을 말합니다. 이 인식은 출신국과 체류국의 관계에 대한 지식, 인식, 이해로부터 생깁니다. 이로써 외국어교육에서 체류국의 문화만이 아니라 출신국의 문화, 즉 학습자 자신의 문화에 대한 인식이 중요해진 것입니다. 이 '상호문화적 인식'을 매개로 외국어교육과 상호문화교육이 만나게 된 것입니다. 한국어교육은 이 『유럽언어공통기준』을 많이 원용했지만 '상호문화적 인식'은 아직까지 제대로 반영하지 못하고 있습니다. 대부분의 경우, 한국 문화를 간단히 소개한 후 마지막에 '여러분의 나라에서는 어떤가요?'라는 질문 하나를 던지는 데 만족하고 있습니다. 이런 질문 하나로 상호문화적 인식을 유도한다는 것은 거의 불가능한 일입니다.

다행스럽게도 2010년대 들어 이런 문제에 도전하는 연구들이 점점 늘고 있습니다. 이원희 박사님의 석사와 박사 논문은 그 대표적인 예입니다. 저는 몇 년 전 파리 3대학 한국어과에서 요청한 강연을 준비하다가 이 두 논문을 읽게 되었습니다. 이 두 논문은 한국어교육과 상호문화교육을 잘 연결한 훌륭한 논문이었습니다. 그래서 작년 11월 제가 먼저 이 박사님께 연락해 약속을 잡고, 점심을 먹으면서 유익한 대화를 나누었습니다. 5개월이 지나 이 박사님이 제게 책에 들어갈 추천사를 부탁해 왔습니다. 저는 이 부탁을 흔쾌히 수락했고 지금 이렇게 추천서를 씁니다.

이 책은 "최근 10여 년간 한국어교육에서 상호문화교육의 필요성은 충분히 논의되었다. 그러나 실제 한국어교육 현장에서 문화 교수 시 상호문화 의사소통 능력 함양의 측면에서 충분한 연구와 교육이 이루어지지 않았다."라는 반성에서 쓰인 책입니다. 이 부분을 보충하기 위해 1장에서 4장까지는 주로 한국어 교원이 알아두어야 할 이론들을 소개하였고, 5장부터 8장까지는 이 교원이 실행해 볼 수 있는 실제를 소개하고 있습니다. 이 이론과 실제는 한국어를 가르치는 교원이나 한국어교육을 연구하는 연구자들에게 큰 도움이 될 것으로 생각합니다. 특히 실제 부분에서 소개된 여러 '설문 문항'은 다른 연구자들이 그대로 활용해도 괜찮은 좋은 참고 자료라고 생각합니다. 모쪼록 이원희 박사님의 바람대로, 이 책이 한국어교육에서의 문화교육 부분을 개선하는 데 크게 이바지하길 바랍니다.

2025. 4. 25.

이화여자대학교 불어불문학과 교수 **장한업**

서문

“도덕적 상대주의는 널리 퍼진 질병이다.”

벤자민 아론 샤피로 Benjamin Aaron Shapiro
『벤 샤피로의 세뇌
Brainwashed: how universities indoctrinate America's youth(2004)』

한국어교육의 시작은 19세기 후반 조선에 입국한 개신교 선교사의 문화 적응과 함께 실시된 언어교육이다. 1920년 최초의 한국어교육기관인 연합 언어학교가 설립되어 한국어교육과정의 기초가 마련되었다. 그러나 초기 한국어교육은 한국어 개신교 선교사들에게만 제한적으로 실시되었다. 1959년에 이르러서야 연세대학교에 국내 최초의 근대적 한국어교육 과정이 설립되었다. 1980년대까지 한국어교육은 특수 목적 한국어 학습자를 대상으로 제한적으로 이루어지다가 1988년 서울 올림픽 이후 외국인들이 대거 유입되기 시작하여 본격적으로 그 필요성이 대두되었다. 재한 외국인의 양적 증가와 함께 1990년에 이르러 한국어교육은 독립된 학술 영역으로 정체성을 확립하였다.

한국어 문화교육은 2000년대에 들어서야 본격적인 연구가 진행되었다. 2000년대 문화교육은 의 · 식 · 주 문화를 중심으로 한국 전통문화의 백과사전적 학습 중심으로 실시되었다. 2007년 한국 체류 외국인 100만 시대가 열리면서 한국어교육의 양적 팽창과 함께 한국어교육의 세부 영역에 관한 연구가 진행되었다. 특히 2007년 유엔(United Nations) 인종차별철폐위원회(International Convention on the Elimination of All Forms of Racial Discrimination, CERD)의 권고로 민족 단일성 강조에 대한 우려와 함께 한국 사회가 다문화사회로 진입하고 있다는 목소리는 다문화 담론으로 확산되어 한국어 문화교육에서 다문화와 관련된 연구가 활발히 진행되었다.

그러나 2010년대 이후 프랑스 교육학과 독일어 교육학으로부터 다문화(Multicultural) 교육과 변별되는 상호문화(Intercultural)의 개념이 한국어교육학에도 도입되면서 한국적 상황에 적합한 상호문화에 초점을 두어 문화교육 연구가 진행되었다. 한국어교육에서 상호문화 연구는 주로 한국어 교수 현장에 적용할 수 있는 교육과정 설계와 교수 · 학습 방안, 상호문화 의사소통 능력에 중점을 두었다. 최근 10여 년간 한국어교육에서 상호문화교육의 필요성은 충분히 논의되었다. 그러나 실제 한국어교육 현장에서 문화 교수 시 상호문화 의사소통 능력 함양의 측면에서 충분한 연구와 교육이 이루어지지 않았다. 한국어 학당으로 통칭하는 대학 부설 한국어교육기관의 주 교육 대상인 일반목적 한국어교육에는 한국어와 함께 한국문화 교수가 비교적 다양하게 진행되는 반면 대학에 입학한 유학생 대상의 학문목적 한국어교육에서 문화교육이 차지하는 비중은 낮다. 대학에서 개설되는 한국어 수업은 주로 대학 수학 능력에 초점을 두고 리포트 작성과 발표 토론, 전공 서적 독해에 필요한 쓰기와 말하기, 읽기와 어휘 능력 함양에 집중되어 있으며 문화 교양 과목 역시 기존 한국의 전통문화와 현대문화의 사전적 학습으로 제한되어 있다. 이러한 교육 현장 한계의 교육학적 대안으로, 이 책에서는 상호문화교육을 제시하였다.

선술하였듯이, 2000년대 들어서 급속하게 증가하고 있는 학문목적 학습자, 결혼이주자, 이주노동자와의 관계 설정의 문제가 사회적 화두로 던져지면서 "다문화"와 관련된 다양한 담론이 생성되었다. 이러한 담론은 기존의 순혈주의에 대한 대안으로서 관용과 상호 존중을 바탕으로 하는 다문화사회로의 변화를 요구하는 목소리로 확대 · 재생산된다. 2007년 8월 유엔 인종차별철폐위원회의 권고는 이러한 담론이 사회 저변으로 더욱 급속히 확대되는 계기가 되었다. 이는 한국이 실질적으로 "다인종 · 다문화사회"가 되었다는 인식의 발로에서 비롯된 것으로도 볼 수 있다. 그리고 여전히, 다문화에 관한 담론이 문학, 철학, 교육학, 정치학, 사회학 등 다양한 분야에서 현재까지 지속되고 있다.

그러나 유럽에서는 2010년대에 들어서 다문화 실패론이 대두되었다. 2010년 10월 6일 Angela Merkel 총리는 독일 포츠담에서 기독교민주당(CDU) 청년 당원들을 대상으로 연설하며 다른 문화가 공존하는 독일의 다문화주의는 완전히 실패했다고 선언하였다. 다음 해인 2011년 2월 5일 독일 뮌헨에서 개최된 국제 안보회의에서 영국의 David Cameron 총리는 "서로 다른 문화가 독립해서 공존하는 영국의 다문화주의는 영국의 가치 안에서 발전하지 못했다"고 선언한다. 뒤이어 2011년 2월 10일 Nicolas Sarközy 프랑스 대통령 역시 다문화주의 정책 실패를 언급하며 "그동안 이주민의 정체성에 대해서는 신경을 썼지만 정작 이들을 받아들이는 우리들의 정체성은 충분히 고민하지 않았다"고 공언하였다. 연이은 '다문화 정책 실패론' 선언은 결국 유럽이 오랜 시간 지향해 온 다문화주의에 대한 논란을 촉발시켰다. 이어 2011년 2월 17일 파이낸셜타임스(FT)는 유럽연합 사무총장과의 인터뷰에서 '다문화주의 실패론'을 보도한다. Thorbjørn Jagland 유럽회의 사무총장은 "다문화주의 탓에 한 국가 안에서 '별개 사회(parallel society)'들이 성장하고 있다 … (중략) … 일부 별개 사회는 위험하고 급진적인 생각을 전개한다"고 비판하였다.

유럽의 다문화주의 실패론은 유로존의 경제적 문제 그중에서도 특히 청년실업률 문제와 더불어 극단적 무슬림에서 파생된 '테러'와 깊은 연관이 있다. 2015년 11월 자살폭탄테러로 시민 131명이 숨진 파리 연쇄 테러 사건은 이민자 사회통합 문제를 되짚어 보는 계기가 되었다. 그리하여 유럽의 국가들은 기존의 다문화주의 정책에서 벗어나 동화주의로 선회하였으며 관련 정책 역시 변모하였다. 영국 · 프랑스 · 독일을 중심으로 이주민 대상 사회통합 교육프로그램을 시행하고, 이주노동자의 유입 통제 등이 대표적인 예이다. 물론 한국의 상황은 유럽과는 상이하다. 초기부터 이민 국가로 출범한 미국 · 캐나다 · 호주와는 달리 한국은 국민 국가로 출발하였다. 그러므로 국민 국가로 시작되어 이주민을 받아들인 유럽의 다문화 정책이 현재 한국에 주는 시사점이 매우 크다. 이 책은 '다문화정책 실패론'이 대두된 유럽과 같은 전철을 밟지 않기 위한 고민에서 출발하였다. 그리하여 유럽과 변별되는 한국의 다문화 정책의 새로운 방향성으로 상호문화교육을 제시하였다. 이것이 이 책의 첫 번째 핵심이다.

다음으로 이 책에서 논의하는 상호문화교육은 상대주의와는 상이하며, 상호문화

교육은 포스트모더니즘과는 거리를 둔다. 문화 상대주의는 본질상 "절대적인 전통적 가치와 도덕의 제약이 없다"는 전형적인 포스트모더니즘적인 사고와 맞닿아 있다. 그러나 "윤리, 도덕과 법과 같은 절대성은 존재하지 않는다"라는 명제 자체를 절대화하기 때문에 전제부터 성립될 수 없다. "절대적인 진리와 도덕과 법은 존재하지 않는다"는 명제 자체를 절대 진리로 상정하기 때문에, 절대성을 부정하는 명제 자체를 절대화한다는 오류로 귀결된다. 그렇기에 이 책은 미국의 대표적인 인류학자인 Hall의 "모든 사람과 문화에 등급을 매기는 일을 멈추어야 한다. 진리에 이르는 길은 여러 갈래로 진리 추구에 어떤 문화가 다른 문화보다 유리하거나 불리한 점은 없다"는 명제에 동의하지 않는다. 1장과 7장에서 논의하겠지만, 상호문화적 관점은 문화 상대주의와는 다른 개념으로 모든 문화를 동등하게 판단하는 것이 아니다. 비판적 문화 인식(Critical cultural awareness)에 기반한 가치 판단으로 문화의 경중을 이해하는 것이다. 문화 상대주의에 기반하여 문화를 학습하게 되면 '명예 살인', '여성 할례'와 같은 문화 역시 존중되어야 할 문화라는 오류를 산출한다.

포스트모더니즘적 사고에 의하면 천부 인권과 같은 인간의 존엄성, 타인을 위한 희생과 헌신과 같은 선의 실행, 인간에 대한 신뢰 등은 무효화 된다. 그러나 포스트모더니즘이 부정하는 절대적인 전통적 가치와 도덕이 구현되지 않았다면 인류는 지속되기 어려웠을 것이다. 그러므로 보편적이며 절대적인 도덕, 윤리의 개념과 연관된 문화의 가치를 단계적으로 구분해서 교수해야 한다. 포스트모더니즘의 상대주의적 관점에서는 도덕률이나 자연법과 같은 가치 판단이나 문화적 전통의 근원이 설 자리를 잃게 된다. 인간은 순간순간 '가치 판단'을 토대로 최선의 것을 '선택'하는데 그 기준이 모두 상대적이라면 모든 윤리와 도덕, 법과 질서가 사라진 상태가 될 것이다. 문화 상대주의와 동의어라 할 수 있는 있는 포트스모더니즘은 기존의 모든 윤리와 도덕, 법과 질서 체계의 해체를 그 목적으로 하고 있다. 그러나 윤리와 도덕은 명료하며 인간 안에 내재되어 있다. 마찬가지로 문화 역시 타문화에 대한 존중의 기반에 토대하여 문화의 가치와 가치 체계를 판단하고 이에 기반하여 선택한 문화를 존중하며 개방적으로 수용할 수 있는 비판적 문화 인식(Critical cultural awareness)이 반드시 필요하다. 그러므로 상호문화교육의 핵심은 지나친 문화 상대주의 관점을 지양하는 비판적 문화 인식 관점에 근거하여 문화의 범주와 가치를 명료하게 설정하는 것이다. 이것이 이 책의 두 번째 핵심이다.

마지막으로 이 책이 세상에 나오는 데 도움을 주신 분들이 계신다. 석사 시절, 문화교육으로 이끌어 주신 강현화 교수님, 그리고 박사논문이 세상에 나올 수 있도록, 끝까지 이끌어 주신 조태린 교수님께 고개 숙여 깊이 감사드린다. 더불어 장한업 교수님의 저작들이 이 책의 큰 틀이 되었다. 출간에 도움을 주신 이은경 교수님에게도 고마운 마음을 전한다. 또한 앞선 연구자들의 학문적 탁월성과 성실함이 책의 토대가 되었다.

무엇보다도, 이 책을 출간해 주신 박영사 안상준 대표님, 박부하 과장님 그리고 원고의 편집과 교정을 맡아 수고해 주신 소다인 선생님께도 감사의 말씀을 드린다. 혹시 책 가운데 오류가 있다면, 그것은 온전히 나의 몫임을 밝힌다. 지난하고 고단한 과정을 응원해 준 가족에게 사랑을 전하며, 항상 선한 길로 인도하시는 살아계신 하나님께 감사드린다.

2025. 2.

이원희 드림

목차

I

언어와 문화, 그리고 상호문화

문화란 다양한 정치적·이데올로기적 명분이 서로 뒤섞인 극장 같은 것이다. 문화는 아폴론적 귀족성을 띤 조용한 영역이라기보다는 다양한 이념과 주장이 시대의 각광을 받고자 자신을 과시하고 상대를 억누르고자 싸우는 전장이 될 수 있다. 이러한 문화에서는 다른 나라의 고전을 읽기 전에 자국의 고전을 읽도록 교육받은 미국, 프랑스, 인도의 학생이 거의 무비판적으로 자기 나라와 전통을 받아들이고 충성을 맹세하는 반면 다른 나라의 문화나 전통을 격하하거나 대항해 싸우는 것이 당연한 일이 될 수 있다.

에드워드 사이드 Edward Wadie Said,
『문화와 제국주의 Culture and Imperialism(1994)』

Introduction

한국어교육은 학습자 요구에 발맞춰 빠르게 학문적 발전을 이루어 왔다. 학습 현장의 요구를 파악하고 최신이론의 접목이 신속하게 이루어지는 것은 한국어교육의 큰 장점이다. 그러나 이러한 특성과 맞물려, 그간의 이론과 현장을 아우르는 고민과 모색에도 불구하고 이론과 교수 현장의 괴리는 여전히 해결해야 할 과제로 남아 있다. 이러한 고민은 한국어교육학의 한 영역인 문화교육의 영역에서도 찾아볼 수 있다. 이는 쉽게 개념화하기 어려운 문화의 특성과, 한국어교육학에서 다루어야 할 언어교육학적 관점의 문화 범주 설정의 어려움에서 비롯된 것이기도 하다.

2000년대 들어서 한국어교육학의 화두는 문화교육이었다. 이에 문화교육과 관련된 학술 담론이 다양하게 생성되었다. 관련 연구가 증가하고 한국어교육 내에서 문화교육의 영역 설정과 현장 교수 방법론에 관한 논의가 다양하게 진행되었다. 더불어 기존의 문화교육이 한국문화 지식의 백과사전식 습득과 동화에 집중하는 양상을 우려하는 한편 대안적 논의도 이루어졌다. '가장 한국적인 것이 가장 세계적'이라는 20세기 말 한국 사회에서 널리 회자되었던 문화적 테제(These)는 애국주의의 고취와 함께 전통 문화의 상품화 전략으로 통용되기에 이른다. 이는 "가장 민족주의적인 문화는 모든 세계인이 공감할 수 있는 문화에 있다"는 괴테(Goethe)의 낭만주의적 관점의 민족주의 · 국수주의적 변용이라는 우려와는 달리, 21세기에 들어서 한류라는 문화적 · 상업적 콘텐츠와 더불어 새로운 담론으로 재구성되고 있다. 이와 함께 한류의 주요한 소비자로 한국어 학습자가 주목받고 있다.

그러나 한국어교육학 내에서 한국문화에 대한 비판적 성찰 없이 기존의 교육 방법론적 측면에서 수용과 응용의 관점에만 천착한다면, 기존 문화 연구와 담론의 변형된 재생산이라는 한계에 부딪힌다. 환언하면, 한국문화 연구와 한국인론에 내재된 한계점이 그대로 문화교육학에 수용 · 흡수될 수 있으며, 한국문화교육이 단순한 한국문화 현상 읽기로 고착화될 가능성도 있다.

문화는 사회적 · 시대적 배경에 따라 그 개념이 변화되어 왔다. 또한 광범위하고 모호한 개념으로 그 실체를 규명하기가 매우 어렵다. 이는 단순한 이론적 · 학문적 관점의 차이에서 비롯된 것이 아니라 문화의 용법과 관련된 것이라 할 수 있다(이원희, 2018a: 190-191). 문화의 어원과 통시적 관점에서 문화 개념의 변화 양상의 탐구는 언어와 문화의 관계 설정을 위한 예비 연구이다.

01 문화

문화의 개념

Wittgenstein은 “문화는 단체 규칙이다. 또는 최소한 단체 규칙을 전제한다(1998: 89)”고 규정했다. 그의 명제처럼 인간은 문화를 습득하고 문화에 따라 자신의 행위를 조정한다. 인간은 규정된 문화 속에 태어나 문화와 상호작용하며 기능한다. 문화는 현실 인식의 창이 되기도 하며, 사회적 행위의 방향을 제시한다. 문화는 인간이 환경에 적응하기 위해 제한된 범위 내에서 선택한 삶의 방식으로 볼 수 있으며, 이는 개인의 사고방식과도 연관되어 개별 집단이나 사회의 고유한 사고체계를 형성한다.

영국의 문화비평가 Williams는 『키워드(Keywords: a vocabulary of culture and society, 1975: 85)』에서 문화(Culture)가 영어에서 가장 복잡한 두세 단어 중 하나임을 언급한 바 있다. 그의 말처럼 문화는 학자에 따라 매우 다양하게 정의되며 “모든 것을 포괄하는 일종의 스펀지(Culture is such a spongy concept covering so much, Glazer, 2000: 222)”와 같은 개념이다. 문화는 다양한 이데올로기와 연계되어 사회 통합의 기제로 작용하기도 한다. 20세기 초반 민족주의와 연계되어 제3세계에서 제국주의에 대항하는 개념으로 설정되었던 것이 그 대표적인 예이다. 탈식민주의의 선구자인 Said는 『문화와 제국주의(Culture and imperialism, 1993: xii-xvi)』에서 문화를 두 가지 용법으로 구분하였다. 첫 번째는 서술 방법, 의사 전달, 표상과 같은 ‘관습적 실천’이고 두 번째는 세련화와 고상화라는 요소를 포함하는 개념으로 각 사회에서 지금까지 알려지고 생각된 것 중에서 최고를 보관하는 ‘저장고’이다.

문화는 매우 다양하고 고도로 복잡한 맥락 속에서 작용하는 개념이며 학제적(inter-disciplinary) 연구를 필요로 하는 대표적인 영역이라고 할 수 있다. 문화 연구의 학제적 성격으로 인해 문화는 하나의 이론으로 설명할 수 없으며 그리하여 문화의 개념은 연구 방법론과 관점에 따라 다양하게 정의되어 왔다.

영 · 미 문화권에서 문화는 가장 복잡하고 정의하기 어려운 단어 중 하나로 여겨진다. Culture는 라틴어의 '경작하다', 혹은 '훈련하다' 등을 의미하는 'colo'에서 유래하였다.

정신적의 의미의 '도야', '교양' 등의 의미로 사용되기 시작한 것은 로마시대부터이다. Williams(1975:77-78)는 『키워드(Keywords: a vocabulary of culture and society)』에서 Culture의 어원을 다음과 같이 기술하였다.

> 'culture'의 어원은 라틴어 'colere'이며, 전형(前形)은 라틴어 'cultura'이다. 'colere'의 의미는 '거주하다, (논밭을) 갈다, 지키다, 존경하며 숭배하다'로 확대되었다. 이러한 의미의 일부가 종종 겹치기는 하지만 이후 의미가 분화되어 파생명사가 되었다. 그리하여 '거주하다'라는 의미는 라틴어 'colonus(경작민)'를 거쳐 영어의 'colony(식민지)'의 의미로 변화하였으며 '존경하며 숭배하다'는 라틴어 'cultura(예찬)'를 거쳐 영어 'cult(숭배)'가 되었다. 라틴어 'cultura'는 경작이나 돌봄이라는 'colere'의 핵심적 의미를 취했는데 키케로의 용례에서 보듯이 "정신의 양육"의 의미도 포함하고 있으며 중세까지는 존경 혹은 숭배의 의미를 포함하고 있었다. 라틴어 'cultura'는 프랑스어에 들어와 고대 프랑스어 'cultura'가 되었고 이후 독자적으로 발달해 의미가 전문화되었으며, 현재는 의상을 일컫는다. 뒤이어 프랑스어 'cultura(경작)'가 15세기 초 영어에 유입되었다. 'culture'의 초기 용법은 대부분 과정을 지칭하던 명사로 기본적으로는 작물이나 가축을 돌보는 일을 뜻했다. 이의 지류에 속하는 영어 'colter(쟁기 칼날)'는 언어적으로 별개의 경로를 거쳐 왔는데 같은 뜻의 라틴어 'culter', 'coulter' 등, 이형 철자를 거쳐 17세기 초에 이르러 'culture'가 되었다.

서양에서 근대적 의미의 문화 개념은 대략 18세기 후반에 형성되었으며 국가에 따라 다른 양상으로 나타난다. 영국과 프랑스의 경우 '예절 바른', '세련된', '교양 있는' 등의 의미로 특히 인간 행동 양식을 뜻하였다. 다시 말해 Culture는 18세기까지 영국과 프랑스 상류사회에서 전통적으로 귀족적인 품행, 풍속, 예절 등의 의미로 사용되었다(원승룡 외, 2001: 26).

문화에 계급적인 의미가 내포되었던 영국, 프랑스와는 달리 독일에서 문화는 민족주의적 개념과 통합되어 민족통합의 기제로 사용되었다. 독일어권에서 문화의 개념은 정신적 · 예술적 · 도덕적 문화에 한정된 것으로 한 민족의 특성을 표현하는 종교적 · 철학적 체계들과 관련된다.

독일의 사회학자인 Elias는 『문명화 과정(Über den Prozess der Zivilisation: Soziogenetische und psychogenetische Untersuchungen, 1976)』에서 독일적 문화(Kulture) 개념의 의미와 가치는 인간의 존재가치에 있는 것이 아니라, 인간의 특정한 생산품의 가치와 특성에 있다고 보았다. 그리하여 독일의 '문화적(Kulturell)'이라는 개념을 프랑스어와 영어로 정확하게 번역하기는 힘들다는 것을 언급하였다. 또한 Elias(1976: 5-43)는 독일의 문화 개념은 민족적인 차이와 집단의 특성을 부각하는 개념으로, 수 세기 동안 영토 분할을 경험하고 뒤늦게 정치적 통일과 안정을 이루었던 독일의 민족적 상황에 기인한다고 보았다. Elias 이후 문화는 정적인 개념으로 보다 고차원적인 불변의 가치를 의미했고, 문명은 역동적이면서도 유용한 개념으로 통용되었다. 그리하여 문화와 문명은 내면적 가치와 외형적 형태, 정신의 산물과 물질의 형태 등 대립의 개념으로 구별된다.

18세기 독일의 대표적 사상가이며 신학자인 Herder는 『언어기원론(Über den Ursprung der Sprache, 1772)』에서 언어와 문화의 비교 관점에서 언어학이 전개될 수 있는 토대를 세웠다. 언어와 문화는 독립적으로 분석될 수 없으며 언어는 인간의 경험과 세계를 이해하고, 설명하고 나타내는 방식이라는 것이다.

Herder의 또 다른 저서 『인류의 역사 철학에 대한 이념(Ideen zur Philosophie der Geschichte der Menschheit, 1821)』에서는 'Cultures'라는 복수형을 사용할 것을 주장하고 민족문화(Volkskultur)의 개념을 새롭게 도입하여 전통문화를 강조하였다. 이러한 경향은 낭만주의 운동 가운데 널리 통용되었다. 그는 문화 능력을 "본래 인간에게 주어진 것이며, 자신의 주변 세계에 적응하고 그 속에서 존재하고자 하는 인간의 잠재능력(김완균, 2005: 389)"으로 정의하였다.

독일 고전주의 시대에 문화는 반야만, 편견에서의 해방, 세련된 매너 등을 의미했다. 독일 관념철학의 기반을 확립한 Kant는 자연(自然)과 문화를 대립 개념으로 설정하였다. 자연에 대립하는 문화는 인간이 생산한, 혹은 의식적으로 보존한 특정한 가치가 구현된 것을 의미한다. 『세계시민적 견지에서 본 보편사의 이념(Ideen zu einer allgemein Geschicht in weltbürgerlicher Absicht, 1784)』에서 그는 "도덕성의 개념은 문화에 속한다"고 보았다. 그러므로 인간이 문화화된다는 것은 도덕화되는 것이며 문화는 야만에 대항하는 인위적인 것이라는 의미를 내포하고 있다.

독일의 인류학자인 Klem은 『인류문화사 개설(Allgemeine Kulturwissenschaft (1843-1852)』에서 인류의 발달은 야만에서 교화를 거쳐 자유에 이르렀다고 기술하였다. 그는 『보편적 문화학에 관한 근본이념(Grundideen zu einer allgemeinen Kultur-Wissenschaft, (1851)』에서 '문화학'의 개념을 최초로 도입하고 '자연에 대립하여 인류를 하나의 전체로, 하나의 개체'로 서술하는 것을 문화학의 과제로 제시하였다(신응철, 2009: 17). 이처럼 문화의 정의는 근대를 거치며 교육의 개념과 연계되어 복잡하게 형성되어 왔다.

케임브리지 대학의 연극과 교수이자 문화 연구의 대가였던 Williams는 『키워드(Keywords: a vocabulary of culture and society, 1976)』에서 문화의 용법을 크게 세 가지로 분류하였다. 먼저 지적 · 정신적 · 미학적 발달의 전체적인 과정을 뜻하는 독립 추상명사로서 18세기부터의 용법을 제시하였다. 다음으로 국민, 시대, 집단 또는 인간 전체의 특정한 생활양식을 가리키는 자립명사로, 일반적 혹은 개별적으로 사용되는 용법이 있다. 마지막으로 지적, 특히 예술 활동의 실천이나 그로부터 탄생되는 작품을 가리키는 자립 추상명사의 개념으로 문화를 풀이하였다.

그의 또 다른 저서 『기나긴 혁명(The Long Revolution, 1965)』에서는 문화를 체험된 문화, 시대적 문화, 선택적 전통의 문화로 구분하고 문화를 한 시대의 '감정의 구조(structure of feeling)'로 규정하였다. 그에 따르면 감정의 구조는 한 시대의 문화인데 이는 감정 구조가 의사소통의 기반이기 때문이다. 또한 새로운 세대는 나름의 방식으로, 삶 전체를 특정한 방식으로 다르게 느끼며 그들의 창조적인 반응을 새로운 감정의 구조로 형성한다고 보았다(1965: 48-49). Williams(1965: 50)는 '감정의 구조로서의 문화'를 이해하기 위해서 전 세대의 감정구조에 접근해야 하며 이는 결국 기존의 기록 문화의 확인으로 가능하다고 보았다.

문화는 사회 · 문화적 또는 시대적 배경에 따라 그 개념이 변모해 왔다. 또한 광범위하고 모호한 개념으로 실체를 규명하기가 매우 어렵다. 이는 단순한 이론적, 학문적 관점의 차이에서 비롯된 것이 아니라 문화의 용법과 관련된 것이라 여겨진다. 문화는 주체와 타자(他者), 나아가 세계와 관련된 경험을 조직한다. 또한 문화는 주체와 타자(他者), 혹은 환경과의 상호작용을 통해 형성되고 변화되어 왔다. 그러므로 문화는 독자적으로 자생하는 것이 아니라 공시적 · 통시적인 상호작용 가운데 생성 · 변형되는 타자(他者)와의 소통의 상징 체계라 할 수 있다.

문화 개념의 정의와 관점은 시대에 따라 학문적 흐름에 따라 다양하게 정의되어 왔다. 문화와 환경은 서로 상호 기능하며 환경이 바뀌면 문화도 변화한다. 환경에 적응하기 위해 인간이 제한된 범위 내에서 '선택'한 삶의 방식이며 이는 개인의 사고방식과도 연관되어 집단과 사회의 고유한 사고체계를 형성한다. 마찬가지로 언어는 문화의 산물이며 문화의 구성 요소이기도 하지만 다른 한편으로는 문화를 규정짓는 요인으로 작용한다. 학자들은 저마다 상이한 관점에서 문화에 접근하였지만 공통적으로 문화와 사회, 혹은 문화와 개인이 연관되어 있다는 것에서 논의의 공통점을 찾을 수 있다.

문화인류학과 문화

Kroeber의 기술과 같이 "문화를 발견한 사람은 인류학자들이다(It was anthropologists who discovered culture)". 그리고 '문화의 과학적인 연구'를 창안하고 발전시킨 것은 인류학자들이다(White, 1949: xxxi). 인류학에서 문화의 개념은 연구방법론과 관점에 따라 다양하게 정의되었다.

일반적인 문화의 정의는 근대 인류학의 창시자인 Tylor로부터 비롯되었다. Tylor(1871: 1)에 따르면 문화 또는 문명이란 넓은 민족지적 의미에서 보았을 때 지식 · 신앙 · 예술 · 도덕 · 법 · 관습 및 사회의 성원인 인간이 획득한 모든 능력과 습관을 포함하는 복합적 총체를 의미한다.

문화가 복수형으로 사용되기 시작한 것은 미국 인류학의 아버지라 불리는 Boas에 이르러서이다. Boas(1930)는 상대주의 관점에서 문화를 분석하고자 했는데 문화적 행동 양식을 진화 단계와 연관 짓는 것보다는 '특수한 문화적 맥락(specific cultural context)' 속에서 파악할 것을 주장했다. 그는 문화를 진화 단계가 아닌 특수한 역사적 과정에 의해 구현되는 '통합적 총체(integrated whole)'로 정의하였다. 그러므로 '특수한 문화'의 심층적 분석을 위해서는 문화적 행동 양식의 '전 범위'를 연구해야 한다는 것이다. 그리하여 Boas에 의해 인류학적 총체주의(anthropological holism)와 문화적 특수주의(cultural particularism)는 미국 인류학의 기틀이 되었다(Moore, 1997: 41-52).

그러나 하버드 대학교 사회학과 교수인 Patterson(2000: 205)은 이러한 상대주의적이고 자유주의적인 문화 개념의 한계점을 다음과 같이 기술하였다. 문화 상대주의가 문화적 설명 자체를 인종차별주의로 규정하고 이를 공격하는 배타적 본질주의(Essentialism)로 변질되었다는 것이다. Patterson(2000: 202-208)은 문화에 대한 자유주의적이고 상대주의적 관점이 스스로 모순과 한계를 가지고 있음을 비판하고 문화를 '사회적이고 계층적으로 형성된 개념의 목록, 다양한 차원의 특수성을 지닌 정보체계'로 규정하였다.

미국을 대표하는 인류학자이자 하버드 대학교 인류학과 교수였던 Kluckhohn은 『인간을 비추는 거울(Mirror for Man, 1949: 21-44)』에서 문화를 한 민족의 총체적 생활양식, 개인이 집단으로부터 물려받는 사회적 유산, 생각하고, 느끼고, 믿는 사고방식, 정신적 활동의 결과물, 민족집단이 실제로 행동하는 방식에 관한 인류학자의 이론, 모든 학습물의 저장고, 재발하는 문제 해결을 위한 표준화된 대응 방향성, 학습의 결과물, 인간 행동을 제한하며 인간이 따라야 하는 규범, 외부 환경 및 타인을 대하는 일련의 적응 기술, 역사의 응결체의 11가지로 정의하였다.

Boas의 제자이자 버클리 대학 인류학과 교수였던 Kroeber와 하버드 대학 인류학과 교수였던 Kluckhohn(1952)은 『문화: 개념과 정의에 대한 비판적 검토(Culture: a critical review of concepts and definition, 1952)』에서 앞선 연구의 문화 개념과 유형을 살펴보았는데 문화의 정의는 164가지로, 연구자의 학술적 관점에 따라 상이하다. 인류학적 관점에서 문화는 기술적 · 역사적 · 규범적 · 심리적 · 구조적 · 유전적 6개의 범주로 개념화된다(Kroeber & Kluckhohn, 1952: 77-142). Kroeber & Kluckhohn(1952)에 따르면 문화는 다양하게 구체화된 인공물을 아우르는 상징에 의해 습득 · 전수되는 행위와 이와 관련된 명시적 · 함축적 원형으로서 인간의 특징적 성취이다. 따라서 문화의 본질적 핵심은 전통적인 모든 관념, 특히 모든 관념에 부착된 가치가 된다. 즉, 문화의 핵심은 전통적 · 역사적으로 선택된 관념과 이와 관련된 가치이다. 그러므로 문화 체계는 행위의 산물이면서, 미래의 행위를 위한 조건이기도 하다(Kroeber & Kluckhohn, 1963: 357).

미국의 인류학자인 White는 Boas 학파의 문화에 대한 일반론적인 시각에 정면으로 맞서 자신의 이론을 전개하였다. 그는 '문화들(Cultures)'이 아닌 '문화(Culture)'의 과학을 추구하였다. White(1959: 55-117)는 문화를 "신체 외적인 맥락에서 고려된 상징 행위의 산물들, 즉 상징 행위에 의거한 사물 및 사건들의 부류"로 정의하고, 이를 연구 대상으로 규정하였다. White는 『문화과학: 인간과 문명의 연구(The science of culture: a study of man and civilization, 1949)』에서 문화의 특성을 상징적, 연속적, 축적적, 진보적(progressive)으로 규정하였다. 그런데 이러한 문화의 실제성과 행위는 생명력을 지니고 있으므로 심리학으로 설명 불가능하기에 문화의 발전과 변모 과정은 문화과학, 즉 문화학(Culturology)으로 설명해야 한다고 주장하였다(1959: 138-142). 『문화과학: 인간과 문명의 연구(1949)』의 4부 문화학의 14장에서 그는 '문화학(Culturology)'이라는 용어와 개념을 제시하였다. White에 따르면 인간 행위와 문화는 다음과 같은 함수관계를 맺고 있다.

$$B = f\ (C)$$

그러므로 문화가 달라짐에 따라서 행동은 달라진다(White, 1959: 402-403).

현대 인류학은 Boas의 문화 상대주의라는 자유주의에 영향을 받아 사회적 다위니즘(social darwinism)의 인종차별에 반대하는, 반(反)인종차별 운동에서 시작되었다(Patterson, 2000: 204). 반면 레드클리프-브라운(Radcliffe-Brown) 학파에서 문화는 관찰 불가능한 추상화된 사회 가치와 규범을 의미한다. 이는 영국 인류학의 토대가 되어 미국의 문화인류학과 대비되는 영국의 사회인류학을 형성하였다.

Geertz는 이 두 학문적 흐름의 '전통의 절충'을 시도했다. 이를 구체화한 것이 『문화의 해석(The Interpretation Of Cultures, 1973)』으로, Geertz(1973)는 영국의 철학자이자 옥스퍼드 학파인 Ryle의 논의에 기대어 민족지(Ethnography) 기술에 "두터운 기술(thick description)"의 개념을 적용하고 문화를 인간 스스로가 짜놓은 "의미의

망"으로 정의하였다. 이것은 문화가 한 사회의 가치, 실천, 상징, 제도, 인간관계 등을 포함하는 개념임을 뜻한다. Geertz(1973)는 문화가 두터운 기술(thick description)로서 현상기술(thin description)의 단편성을 넘어서 위계적으로 연결된 여러 층위의 복합적 의미구조를 해석해야 한다고 주장하며 이에 대해 다음과 같이 기술하였다(Geertz, 1973: 5).

> 한 가지를 덧붙인다면 그것은 아마도 하나의 지도(a map)로서, 체(a sieve)로서, 모체(a matrix)로서, 문화를 정의하는 것이 될 것이다. 이러한 종류의 이론적 산만성에 비추어 본다면, 반드시 표준화된 문화 개념은 아니라도 최소한의 일관성을 보여주며 논의할 만한 범주가 정해져 있는 문화 개념이 제시된다면 그것은 하나의 진보일 것이다. … (중략) … 문화 개념은 본질적으로 기호론적이다. 인간을 자신이 뽑어낸 의미의 그물 가운데 고정된 거미와 같은 존재로 파악했던 막스 베버를 따라서 문화를 그물(web)로 보고자 한다. 따라서 문화의 분석은 법칙을 추구하는 실험적 과학이 되어서는 안 되며 의미를 추구하는 해석적 과학(interpretive one in search of meaning)이 되어야 한다. … (중략) … 우리가 어떤 학문을 이해하기 위해서는 그것의 이론들이나 조사 결과를 보는 것이 아니라 실제로 그 학문을 수행하는 사람들이 무엇을 하고 있는지를 보아야 한다.

이러한 관점에서 문화는 한 사회집단의 구성원들이 대상을 접근하는 개념적 특성 혹은 구조로 규정된다. 이 개념적 구조는 핵심적인 상징들로 해당 집단의 구성원들에 의해 널리 공유된다. 그러나 Geertz는 문화가 사회적으로 설정된 의미체계이기는 하지만 문화를 하나의 심리적 현상, 개인의 정신 상태나 인상적 특질, 인지 구조 등으로 파악하는 것과는 변별되어야 한다고 보았다. 더불어 의사소통 체계의 확장을 인류학의 주요 목적 중의 하나로 상정하였는데, 이때 기호론적 문화 개념의 적용은 문화를 해석 가능한 부호(상징)의 상호 연결 체계인 동시에 하나의 맥락으로 이해할 수 있도록 한다. 이러한 인류학적 해석에는 상징 체계에 대한 설명이 '행위자 지향적'으로 전제되어야 하며 이는 자연적 사실로서의 문화와 이론적 실체로서의 문화를 구분 짓는 경계의 모호성, 즉 문화 분석에서 표현의 양식과 실제 대상 사이의 경계 설정의 어려움에 주목하여야 한다. 그러나 문화 기술은 실생활의 사건 관찰을 기반으로 하므로 일관성과 통일성은 문화 기술의 정당성 평가 기준이라기보다는 대상의 실제에 보다 가까이 인도하는 것으로써 "두터운 기술"의 방향성을 제시하였다. 그리하여 민족지 기술은 사회적 대화의 흐름을 해석하며 소멸 가능한 "말해진 부분"을 구출하여 해독 가능한 형태로 고정하는 것을 의미하여, 미시적 관점에서 출발하여 해석적 관점으로 확장되는 특성을 지닌다. 결국 그가 말하는 문화는 '텍스트로의 문화'를 의미하며 이는 문화 연구와 해석의 불완전성을 전제한다. Geertz는 문화 연구가 기호론적 문화 개념의 토대 위에서 "의미를 추구하는 해석적 과학"임을 명확히 하였다(Geertz, 1973: 3-30).

Geertz(1973: 33-54)는 다분히 절충주의적인 관점에서 문화를 정의하였는데 문화를 가시적 실체로도, 추상적 관념으로도 규정하지 않았다. Geertz는 문화를 지식 · 신앙 · 예술 · 도덕 · 법 · 관습 및 사회의 성원인 인간에 의해 획득된 모든 능력과 습관들을 포함하는 복합적 총체를 의미로 규정한 Tylor(1871: 1)의 관점을 넘어서 관념, 가치, 행위, 감정까지 문화의 산물로 규정하였다(Geertz, 1973: 55-83).

문화는 주체와 타자, 혹은 환경과의 상호작용을 통해 형성되고 변화되어 왔다. 이 개념적 구조는 상징화되어 해당 사회 · 집단의 구성원들에 의해 널리 공유되므로 문화는 독자적으로 자생하는 것이 아니라 공시적 · 통시적인 상호작용 가운데 생성 · 변형되는 타자와의 소통의 상징 체계라고 할 수 있다. 그러므로 언어와 마찬가지로 문화 역시 고차원의 상징 체계로 유통 · 소비된다고 할 수 있으며 이는 '역동적'이며 '공적'인 것이다.

구조주의의 창시자이자 프랑스의 인류학자인 Lévi-Strauss는 Trubetskoy, Jakobson 등 구조주의 언어학에서 연구 방법론의 토대를 마련하였다. "문화란 발전하는 것이 아니라 변화하는 것이다"라는 사상을 갖고 있었던 Lévi-Strauss에 따르면 언어는 문화의 '산물'로 볼 수 있으며 사회에서 사용되는 언어는 그 사회의 일반적 문화양상을 반영한다. 그는 이러한 사실을 인도-유럽어, 시노-티베트어, 아프리카어는 물론 오세아니아와 아메리카 문명의 혼인 법칙, 친족체계, 사회조직 등을 연구함으로써 증명하려고 하였다. 또한 언어와 친족, 교환, 신화 같은 문화의 특정한 측면들 사이에는 상사점이 있는데 그들 모두는 의사소통의 형태를 이루고 있기 때문이다(Lévi-Strauss, 1955; Moore, 1997: 219-220).

미국의 문화인류학자인 Hall은 시간과 공간의 차원에서 문화에 접근했다. "문화가 의사소통이며 문화 소통이 곧 문화이다(Culture is communication and communication is culture)"라는 정의에 따르면 의사소통은 문화적 경험에 의해 규정된다(Hall, 1959/1981: 169). Hall(1959/1981: 37-58)은 문화 체계의 기준을 확립하면서 인간의 활동을 "기본적 의사 전달 체계(Primary Message System, PMS)"로 규정하고 이를 구체적으로 상호작용, 연합, 생계, 양성성, 영토권, 시간성, 학습, 놀이, 방어, 개발, 이용의 10가지 독립적인 체계로 정의했다. PMS는 언어적 · 비언어적 형태의 의사소통 과정으로 상호작용적 언어 활동을 포함하며, 나머지 9가지는 비언어적 형태의 의사소통 과정이다.

미국의 인류학자이자 언어학자인 Keesing은 『현대 문화 인류학(Cultural anthropology: a contemporary perspective, 1981: 68-69)』에서 문화의 개념을 관념 체계(ideational system)로 한정하였다. 이때의 문화는 인간이 행하는 것, 만드는 것이 아니라 인간이 학습하는 것으로 일종의 '기준'으로 기능한다. Keesing(1987: 369-393)은 역사적으로 축적된 지식, 언어의 구체적 표현으로서 대중적 개념이자, 세계를 해석하는 패러다임으로서 인지적(cognitive) 개념으로 문화를 정의하였다.

문화 개념에 대한 정의는 300여 가지 이상 존재하며, 이는 문화를 어떠한 관점으로 바라보느냐에 따라 다양한 정의와 해석이 가능함을 뜻한다. 인간은 문화를 습득하고 문화에 따라 자신의 행위를 조정한다. 문화는 현실 인식의 창이 되기도 하며, 사회적 행동의 방향을 제시하기도 하지만 고정불변의 속성을 지닌 것은 아니다. 그러나 이는 문화 상대주의 관점을 강화한다는 의미는 아니다. 문화 상대주의는 자문화 중심주의에 기반하여 다른 문화에 배타적인 동시에 문화 나르시시즘을 강화할 가능성을 내포한다. 그러므로 문화가 고정불변의 속성을 지니지 않았다는 것은 문화의 확장 가능성과 다른 문화와의 접촉으로 새로운 문화 창출의 가능성을 열어둔다는 의미임을 밝힌다. 학자들은 저마다 상이한 관점에서 문화에 접근하였지만 문화와 사회, 혹은 문화와 개인이 연관되어 있다는 것에서 논의의 공통점을 찾을 수 있다.

언어와 문화

구조주의 언어학자인 Saussure를 비롯하여 다수의 언어학자들이 언어와 문화의 불가분의 관계를 강조한 바 있다. 기호학에서 언어는 가장 핵심적인 기호로 다루어진다. 관념을 표현하는 기호 체계로서의 '랑그'는 언어 체계를 넘어 '문자, 수, 알파벳, 상징 의식, 예의 범절, 군사용 신호' 등의 확대된 범주로 설정함으로써 문화 현상을 기호학적으로 접근할 수 있는 토대를 마련하였다. 이는 언어라는 기호 체계가 문화를 기술하는 형식이 된다는 것을 뜻한다(Saussure, 1959).

Herder, Humboldt로부터 Sapir-Whorf 가설로 이어지는 언어상대성 이론과 Descartes와 Chomsky로 이어지는 언어보편성 이론은 언어와 세계의 관계에 대하여 치밀하게 탐구하였다. 언어상대성 이론은 독일 낭만주의의 "각각의 언어가 세계관을 담고 있다"라는 생각에서 출발하여 이후 Sapir-Whorf 가설로 한층 더 정교하게 기술되었다. 언어상대성 이론은 Hymes를 비롯한 현대 언어학에도 많은 영향을 끼쳤다.

Sapir-Whorf 가설에 의하면 타 문화의 언어를 연구하는 것은 그들의 언어 사용 양식을 조사하는 것을 넘어서서, 문화적 존재가 "어떻게 창조되는가(Moore, 1997)"를 탐구하는 작업이다. Sapir는 언어를 "인간의 경험과 세계를 이해하고 설명하고 나타내는 방식(Sapir, 1921)"으로 정의하였다. 하나의 언어 공동체 구성원들은 세계 건설에 바탕이 되는 신념과 가설의 시스템을 공유한다(Sapir, 1949: 2-23).

반대 입장의 철학적 견해가 언어 보편주의로 인간의 사고는 본질적으로 동일하며 이것이 언어에 반영되었다는 견해이다. Boas 이전에는 모든 언어가 비슷하다는 가정하에 그리스어나 라틴어의 문법을 알면 존재하는 모든 언어를 설명 가능하다고 보았다. Boas의 제자였던 Sapir는 사회에 대한 폭넓은 일반화는 잘못된 것이며 한 집단에 많은 개인이 있는 만큼 문화도 다양하다고 보았다. 『언어: 말의 연구를 위하여(Language, an introduction to the study of speech, 1921)』에서 언어를 "수천 가지 독특한 경험을 포용하고, 수천 가지를 더 받아들일 준비가 된 편리한 사고의 캡슐(a convenient capsule of thought that embraces thousands of distinct experiences and that is ready to take in thousands more, Sapir, 1921: 31)"로 규정하였다. 언어와 관련된 환경의 영향은 최종 분석에서 사회적 환경의 영향으로 환원되는데 우리가 사용하는 단어와 그것이 의미하는 개념적 범주는 우리가 세계를 지각하는 방식을 형성한다. 이것이 Sapir-Whorf 가설의 핵심이다(Moore, 1997: 94-96)

응용언어학자인 Kramsch는 『언어와 문화(Language and culture, 1998a)』에서 언어는 문화적인 실체를 '표현'하고 '구현'하고 '상징'한다고 정의하였다. 의사소통이 가능한 사실, 생각 혹은 사건을 표현하고 발화자나 타인의 태도나 신념, 관점을 반영한다는 점에서 언어는 문화적 실체를 표현하며, 언어는 경험을 창출하는 모든 구두적 · 비구두적 측면에서 문화적 실체를 구현한다. 마지막으로 언어는 그 자체가 하나의 문화적 가치를 소유하는 기호들(signs)의 체계로 문화적 실체를 상징한다(Kramsch, 1998a: 3-4). 그는 문화를 언어에 의해서 창조되고 형성된 화행 공동체, 상상의 공동체인 사회적 · 역사적인 위치를 지닌 담화 공동체의 산물로 규정하였다. 문화는 공동체의 언어와 물질적 업적 그리고 권력과 지배의 관계를 영속화하는 데 공헌하는 사회적 전승과 상징적 자본을 대표하며 내부자와 외부자를 구분하는 기준이 된다. Kramsch에 의하면 문화는 "포함하기도 하고 배제하기도 하는 한 과정"으로 "권력과 통제력"을 행사하는 개념이다(Kramsch, 1998a: 4-11).

정리하자면 언어는 문화의 일부분이며 문화 역시 언어의 일부분이다. 언어와 문화는 유기적으로 결합되어 있으며 문법 형식(grammatical form)에서 사회언어학 영역을 아우르는 제2언어 교수 · 학습에서 문화적 능력은 분리될 수 없다. 학습자는 목표 문화를 이해하고 사회문화적 · 언어학적 지식을 강화할 수 있으며 이는 언어 숙달도 함양과 목표 언어 학습 동기를 촉진할 수 있다(Byram, 1991; Kramsch, 1991; Hinkel, 1998).

변화하는 유기체로서의 언어, 자기 이해(Selbstverständlich)의 수단(Ehlich, 2002)으로써 언어는 타자(他者)를 이해하는 도구이자 개인이 세계와 관계 맺음을 통해 정체성을 획득하는 수단이다. 그러므로 언어를 학습하는 것은 세계를 경험하는 것이며 이를 위해서는 새로운 문화와의 접촉이 필수적이다.

언어가 고도의 상징 체계이듯이, 모든 문화는 상징에 기반한다. 문화의 탄생은 인간의 상징 능력에서 비롯되었고 문화의 영속은 상징의 사용으로 가능하였다. 환언하면 상징은 언어와 문화에 내재하는 존재론적 속성인 것이다. 이러한 해석은 상징적인 의사소통이 없이는 어떠한 문화도 존재할 수 없음을 환기한다.

02 언어교육과 문화

문화의 개념은 무지개, 양파, 계통수 · 계보(genealogical tree · rhizome), 안경 등 다양한 시각적 개념으로 구현되는데, 제2언어 교육에서 문화 상징으로 차용되는 가장 대표적인 개념은 문화 빙산(Levine et al., 1987; Weaver, 1993; Brake et al., 1995)이다. 문화는 빙산의 표면, 즉 외부 문화와 표면 아래 숨겨진 부분과 내부 혹은 깊은 문화로 구성된다. 문화의 외부 또는 의식적인 부분은 시각적으로 확인할 수 있는 빙산의 일각이며 행동과 일부 신념을 포함한다. 문화의 내부 혹은 잠재의식 부분은 빙산의 표면 아래 있으며 행동의 기초가 되는 일부 신념과 가치와 패턴을 포함한다. 이러한 문화 빙산에서는 표면적으로 확인할 수 있는 부분보다 보이지 않는 숨겨진 문화의 비율이 높으며 상호문화 의사소통 과정에서 '맥락'의 중요성을 보다 강조한다(Hall, 1976: 85-129).

그림 1.1 **문화 빙산(Hall, 1976)**

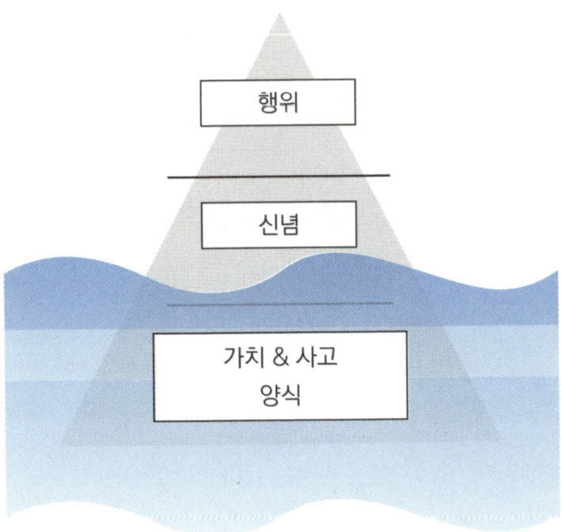

Moran(2001: 48-97)은 Hall(1976)의 문화 빙산 개념을 제2언어교육의 관점에서 구체화하였다. Moran은 산물, 실행, 관점, 공동체, 개인의 다섯 가지 차원에서 문화에 접근하였다. '산물'은 문화 구성원의 소산물로 도구, 법, 경제, 종교, 예술과 같은 관념적 창조물과 인공 산물, 장소, 제도, 예술 형태 등을 포함한다. '실행'은 구성원의 언어와 행동 그리고 관습, 전통, 민속적 · 일상생활과 관련된다. '관점'은 문화를 실행하는 개인과 공동체의 지침으로 문화 산물의 기저에 내포된 의미 · 태도 · 가치 · 사상 · 믿음 · 문화 유형을 뜻한다. '공동체'는 문화를 실행하는 사람들이 속한 집단과 환경, 사회적 상황으로 물리적 · 사회적 환경 속에 있는 공동체는 문화 속 관계의 근간이 된다. '개인'은 문화나 공동체를 독특한 방식으로 만들어가는 구성원이다. 하나의 문화 현상은 다양한 상호작용(실행)과 특정 사회 환경에서 문화 구성원(개인)과 집단(공동체)이 가치 · 태도 · 신념(관점)을 보여주는 실제적인 형태와 구조를 구현한다. 언어교육의 관점에서 접근하자면, 문화 빙산에서 문화 산물, 실행, 공동체와 문화 관점의 일부만이 드러나고 관점의 대부분은 실체를 명확히 알 수 없다. 그러나 관점은 '실행과 산물, 사람들, 공동체는 문화 관점을 구체화하며 문화 관점은 실행과 산물, 사람들, 공동체에 의해 구체화(2001:32-37)'된다는 것을 환기한다면 문화 교수는 언어교육에서 필수적이라 할 수 있다.

그림 1.2 교육적 관점의 문화 빙산(Moran, 2001)

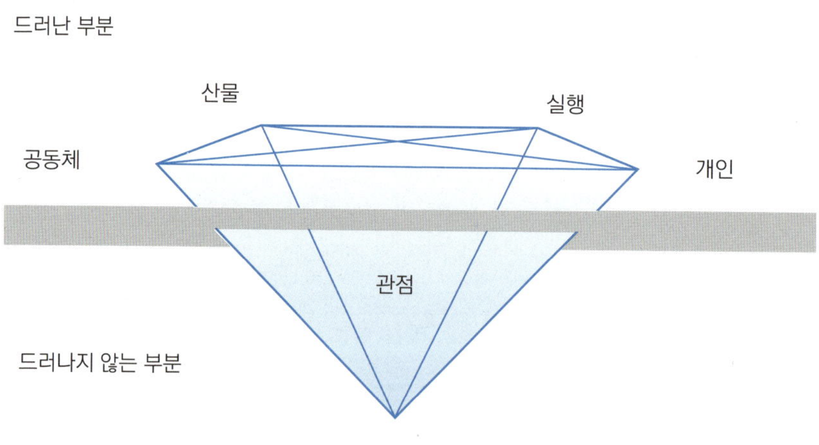

언어교육에서 문화 학습은 주로 유창성, 정확성, 어휘의 범위 확장 등에의 기여도로 평가된다. 문화는 학습에 영향을 줄 수 있는 다양한 변수 중 하나로 간주하며 주로 정의적 측면을 의미한다(Byram, 1994: 5-13). 영국의 언어학자인 Byram(1989: 5)은 제2언어교육에서 문화교육의 중요성과 필수성을 강조하며 문화교육을 문화 특정적 지식과 세계에 대한 지식으로 구성된 인지적 지식에 기반한 '정의적 학습 과정(affective learning process)'에 의한 '특정한 심리적 성과(specific psychological outcome)'로 정의하였다.

의사소통 능력(Communicative competence)의 개념을 고안한 미국의 언어학자 Hymes(1996: 75) 역시 제2언어 교실 환경에서 '보이지 않는' 문화의 중요성을 강조하였다. 보이지 않는 문화는 구체적으로 말하기(발화)의 규범, 표현, 사람들 사이의 전통적 권리와 의무와 관련된 공동체의 가치 등이며 이는 매일의 상호작용 속에 나타난다. 그러므로 제2언어 교실에서 이러한 문화적 차이에 집중하고 이해하는 프로그램이 비중 있게 다루어져야 한다.

Byram & Morgan(1994: 14-37)은 (영국) 교육과학부와 웨일스 사무국(Department of Education and Science and the Welsh Office, DES 1990)의 논의에 기반하여 문화교육에서 인지적 · 도덕적 발달, 그리고 타인의 관점에서 이해하려는 시도로서 공감 능력과 태도의 중요성을 강조하였다. '공감(Empathy)'은 발생하는 상황에 따라 다르게 해석되는 것으로 '동정심' 또는 '상상력'으로 정의되기도 하나, 일반적으로 '타인의 입장에서 생각하고 이해하는 것'을 의미한다. 학술 영역에서 공감적 해석 능력은 역사적 · 문화적 맥락에서 이루어지는데 감정의 영역을 넘어선 인지적 과정으로 규정된다. 이러한 '인지적 자각(Byram & Morgan, 1994: 30)'은 개인적 상호작용과 사회적 훈련에 의해 강화되는데 사회적 훈련에는 역사 · 언어 · 문화에 초점을 둔 인지적 학습이 필수적이다. 또한 언어와 문화 학습은 인지적 · 정의적 관점에서 지식과 태도의 관계성이 강조된다. 이는 언어 구조 인식을 넘어서 상황적 · 사회적 맥락에 적합한 반응의 학습을 통해 강화된다.

Moran(2001: 39-46)은 문화 이해의 수단으로 언어의 4가지 기능을 제시하였다. 이는 문화 참여의 언어(participate in the culture), 문화 기술의 언어(describe in the culture), 문화 해석의 언어(interpret in the culture), 문화 반응의 언어(respond in the culture)이다. '문화 참여의 언어'는 사회화, 관계 유지 · 확립, 영향력, 피드백, 토론, 갈등 회피 등 사회적 참여 과정에서의 상호작용과 관련된다. '문화 기술의 언어'는 대상을 알기 위한 지식, 이해, 서술, 그리고 정체성 확인과 찾기, 정의 등의 인지 기능(Orwing, 1999)으로 구체화된다. '문화 해석의 언어'는 문화 기술 단계에서 획득한 정보를 기반으로 인식 · 가치 · 신념 · 태도의 합리적 탐구와 해석(Wilkins, 1976), 분석(Bloom, 1956), 비교와 대조, 결론 도출, 예측하기 등을 포함한다. '반응의 언어'는 자아 인식과 자아 탐구에 초점을 두고 학습자의 감정 · 의견 · 가치관 · 신념 · 관심 · 인식 등의 표현을 돕는 활동으로 나타난다. 이러한 언어의 4가지 기능은 문화의 영역과 언어의 영역을 모두 아우른다.

(영국) 교육과학부와 웨일스 사무국(DES, 1990)은 문화 인식은 외국어 학습에 내재되어 있으며, 문화적 차원의 인식으로 성공적인 의사소통이 가능하다고 보았다. DES(1990: 3)가 제시한 외국어 교육(Foreign language teaching, FLT) 목표에는 학습자 자문화 이해, 언어가 사용되는 국가의 문화와 문명을 통찰하는 능력, 외국어 학습과 외국어 사용자를 향한 긍정적 태도, 타문화와 문명에 정의적으로 접근할 것을 명시하고 있다. DES(1990: 36)는 학습자가 자문화와 목표 언어가 사용되는 지역 사회 · 국가 문화의 유사점과 차이점을 이해하고, 목표 문화에 속한 사람들의 관점 이해는 자문화와 자문화의 사고방식을 객관적으로 바라볼 수 있도록 한다고 보았다.

Byram(1994: 3-6, 1998: 74-75)은 DES(1990)가 제시한 외국어 교육 목표에 문화 인식 개념이 도입된 것에 주목하여 외국어 교육에서 '문화 인식(Cultural awareness)'의 중요성을 강조하였다. Byram(1988, 1991)은 DES가 제시한 목표에 기반하여 언어와 문화의 통합 교육을 제안하였다.

언어 · 문화 통합 교육 과정은 세 단계로 이루어지는데 먼저 언어 인지적 관점에서 사회적 · 문화적 현상으로 언어를 학습하는 것을 의미한다. 다음으로 학습자의 모국어를 사용하는 언어 학습과 문화 학습의 통합으로, 이는 문화 인식의 과정이라 할 수 있다. 마지막으로, 목표 언어를 사용하는 사회집단의 관점과 민족적 정체성 안에서 선택된 목표 문화의 직접 경험은 언어 학습 과정에 긍정적으로 기여한다. 이러한 언어문화 교수 과정은 〈그림 1.3〉과 같이 구현된다(Byram, 1988: 138, 1991: 20).

그림 1.3 **언어와 문화 교수 과정(Byram, 1988, 1991)**

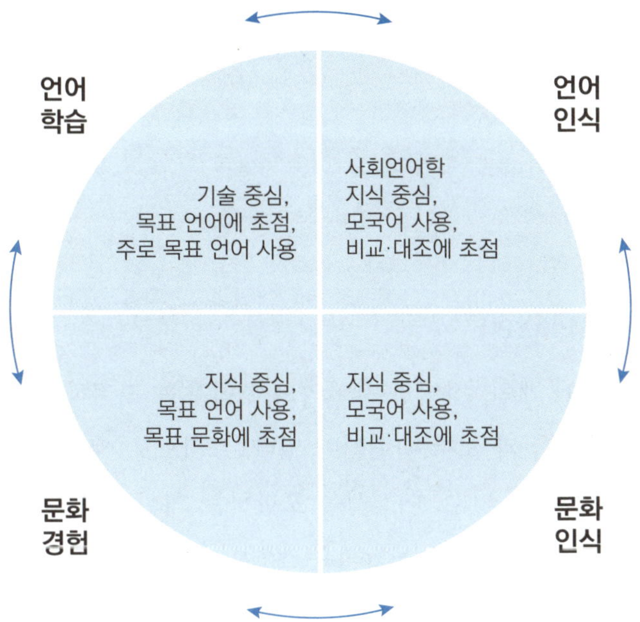

언어와 문화 교수 과정(Byram, 1988, 1991)은 제2언어 학습에서 학습자의 모국어와 사회언어학 지식에 기반한 언어 인식과 문화 인식의 상호작용을 명시적으로 보여주고 있다. 학습자 모국어의 사회언어학 지식과 기술은 목표 언어의 문화를 비교 · 분석하는 매개 수단으로 활용될 수 있다.

03 상호문화와 상호문화 화자

상호문화(Intercultural)

'상호(inter)'는 집단, 개인, 정체성 사이의 상호작용을 고려하며 자신 대한 관점 그리고 타인에 대한 관점과 모두 관련되어 있다. 그러므로 상호문화(Intercultural)는 일정 수준 이상의 새로움, 낯섦, 이질성을 포함하는 의미로 정의할 수 있다(Ting-Toomey, 1993: 73). 상호문화적 접근 방식은 개인이나 문화 자체보다 관계를 중시한다(Abdallah-Pretceille, 2010: 58).

'Intercultural'은 학자에 따라 '문화간(間)', '간(間)문화', '이(異)문화', '상호문화' 등으로 다양하게 번역된다. 2000년대까지 'Intercultural'은 학술적으로 일관된 합의점을 찾지 못한 채 다양한 용어가 혼용되었다. Intercultural은 학술 분야와 연구자의 관점에 따라 '문화간(이두원, 1998; 유수연 · 김순임, 2004; 정진경 · 양계민, 2005; 민창기, 2006; 고경숙, 2008; 김미연, 2008; 김유리, 2009; 김수진, 2010; 한선, 2010; 이미향, 2010; 권순희, 2010; 이수범 · 장성준 2011; 김정은, 2017)', '간문화(허영식, 2000; 조수진, 2009; 홍혜련, 2009)', '간문화적(유영미, 2009; 김신아, 2010)', '이문화(김시홍, 2006; 하수권, 2006, 2007; 양민애, 2008; 원미진, 2009; 김정은, 2009)', '이문화간(신혜경, 2000; 유수연, 2004; 김순임, 2005; 정혜정, 2005; 김미연, 2006a, 2006b; 유용선, 2006)', '상호문화(민춘기, 2003; 김옥선, 2007; 정영근, 2009a, 2009b; 이정민, 2009; 장한업, 2009, 2010, 2011, 2012, 2014, 2015, 2016, 2017, 2018; 김형민, 2010; 유수연, 2013, 2018; 서영지, 2016, 2018; 이원희, 2018a, 2018b; 정기섭, 2020; 홍종열, 2020)' 등으로 번역되었다. '이문화'는 일본어 번역에서 비롯된 것으로 보이며 '상호문화'는 독일어와 프랑스어 교육에서 주로 사용되었다. 2010년대에 이르러 Intercultural은 상호문화라는 번역으로 정착되는데 이에는 프랑스의 상호문화교육을 번역하여 국내에 소개한 장한업(2010, 2011, 2013, 2014, 2020) 연구의 영향이 컸다.

Intercultural은 서로 다른 문화들 사이의 '관계'에 초점을 두므로 '상호문화'로 번역하는 것이 가장 적합하다고 할 수 있다. Kramsch(1998a: 81-82)는 Intercultural을 "타 문화에서 온 사람들, 국가 간 · 정치적 경계 간 언어들의 만남으로, 서로 다른 문화권의 속한 사람들 사이의 의사소통"으로 정의하였다. 이때 상호문화 의사소통은 주류문화와 소수문화에 속한 개인의 담화와 연관되며 이중언어(Bilingualism)와 이중문화(Biculturalism)와도 관련되어 있다.

상호문화의 개념은 고유문화와 고유하지 않은 문화의 중첩 상황에서 의사소통 당사자가 소속된 문화권에 따라 다양한 양상으로 표출된다. '상호문화' 안에서 자문화와 타문화는 서로 간의 지속적인 교환 과정을 거치나 이는 문화적 교집합을 이루기나 종합적인 것이 아니라, 새로운 특성을 가진 문화로 창출된다. 상호문화 의사소통 과정에서 자문화도 타문화도 아니면서 이 둘을 모두 배제하지 않는 새로운 '제3의' 문화적 개념과 형태, 상황이 창출된다(Rathje, 2006: 18).

그림 1.4 **상호문화성의 일관성 대 응집성 중심의 이해(Rathje, 2006)**

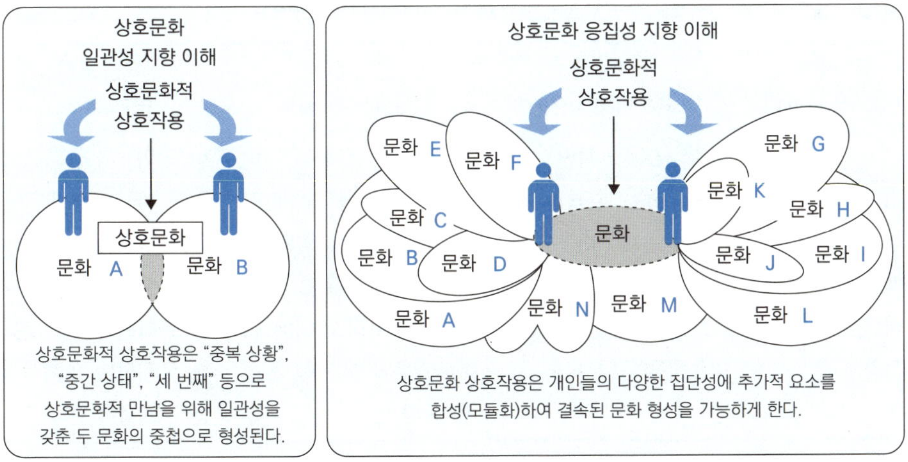

글로벌 사회를 설명하는 개념은 '다문화적'이나 이와 관련된 교육학적 노력은 "상호문화적"이다(Holzbrecher, 2004: 87). 다문화 또는 다문화주의의 개념은 매우 다양한 의미로 사용되고 있는데, "이주 문제에 대한 적절한 해법을 모색하려는 시도"부터 "현대 사회가 평등한 문화적 · 정치적 지위를 가진 상이한 문화 집단을 끌어안을 수 있어야 한다는 믿음"까지 폭넓게 정의되고 있다(윤여탁, 2008: 8). 1960~70년대 미국의 시민권 운동으로부터 시작된 다문화 운동은 교육개혁 운동으로 전환되면서 본격적으로 다문화교육 정책으로 표출된다. 1970년대 Said의 오리엔탈리즘 비판으로 대표되는 탈식민주의의 등장은 사회적 하위계층과 제3세계의 피지배자가 서구의 지배계층에 대항하여 자신의 목소리를 내는 계기가 되었다. 이와 같은 인식의 변화는 다양한 주변부 문화의 등장을 가능하게 하였고 이들을 서로 동등하며 여기고 권리를 증진시키려는 노력은 다문화주의의 성장을 촉진하였다(김성곤, 2002: 40).

다음으로 상호문화(Intercultural)란 서로 다른 문화에 속한 사람들, 국가 간, 정치적 경계 간 언어들의 만남으로 정의할 수 있다. 이러한 관점에서 상호문화 의사소통은 서로 다른 언어 · 문화를 가진 국가 사이뿐만 아니라 단일 국가 내에서 인종 · 사회 계층 · 성의 차이에서도 발생한다(Kramsch, 1998a, 81-104).

표 1.1 교차문화, 다문화, 상호문화, 이중문화 개념(이원희, 2021)

교차문화 (Crosscultural)	다문화 (Multicultural)	상호문화 (Intercultural)	이중문화 (Bicultural)
둘 이상의 문화들 사이 '비교와 대조'의 의미가 강하며 때때로 국내적 · 국제적 관점에서 다루어진다.	한 사회와 집단 내에 공존하는 '주류문화와 소수문화 · 하위문화'와 관련되며 '문화적으로 다양한 사회'에 초점을 둔다.	서로 다른 '문화들 사이의 관계'를 중요하게 다루며 문화적 차이와 이들의 '상호작용'을 아우른다. 문화적 차이에 대한 '교육과 훈련'에 초점을 둔다.	한 국가 · 지역 내에 상이한 '두 문화의 공존'을 뜻하며 문화적 정체성을 유지하면서도 주류 문화와 긍정적 관계를 유지하는 관계적 측면에 초점을 둔다.

'Intercultural'과 'Cross-cultural' 그리고 'Multicultural'은 개념적으로 분명한 차이가 존재함에도 종종 혼용되어 사용되기도 한다. 때때로 Intercultural은 Cross-cultural과 Multicultural을 아우르는 포괄적 용어(umbrella term)로 사용된다.

상호문화(Intercultural) 연구는 둘 이상의 서로 다른 문화권에 속한 개인 간의 상호작용을 포함한다(Koester & Lustig, 2015: 20). 이와 달리 교차문화(Cross-cultural) 연구는 둘 이상의 문화에서 문화 내적 경험(intra-cultural experiences)과 관련된 특정 개념을 '비교'하는 것이다(Koester & Lustig, 2015: 20). 교차문화는 문화적 '대조'를 강조하는 반면 상호문화는 경험의 '차이'에 주목한다. 이들 개념은 분명한 차이가 존재함에도 종종 혼용되어 사용되기도 한다. 그러나 Cross-cultural이 다양한 문화에 대한 비교연구적 성격이 강한 반면 Intercultural은 서로 다른 문화권에 속한 개인 사이의 상호작용 연구의 의미가 강하다(Asante & Gudykunst, 1989; Wiseman & Koester, 1993). 더불어 교차문화(Cross-cultural)는 문화 비교의 의미가 강하며 다문화(Multicultural)는 문화에 대한 복합적인 관점을 의미한다는 점에서 이 두 개념 역시 분명히 구분해서 번역해야 한다.

Gudykunst(1987)는 상호문화 의사소통이 상호작용(interactive)과 대인관계(interpersonal)를 주로 다루는 반면, 교차문화(Cross-cultural) 의사소통은 문화 비교(comparative)와 대인관계를 주 연구 대상으로 삼으며 다른 문화권에 속한 사람들의 의사소통 행위를 '비교'한다는 점에서 구별된다고 보았다.

Kramsch(1998a: 82)는 다문화(Multicultural)를 두 가지 측면으로 정의하였다. 먼저 사회적 의미에서 다문화사회와 같은 다수의 다른 배경과 종족의 공존을 뜻한다. 다음으로 개인적인 의미에서 문화적으로 다양한 담화 공동체 내에서 언어적 자원과 사회적 책략을 공유하는 사회 구성원을 지칭한다.

유네스코 상호문화교육 지침(UNESCO Guidelines on Intercultural Education, 2006a)은 다문화와 상호문화를 다음과 같이 구분한다. 다문화는 "인간사회의 문화적으로 다양한 특성을 기술하며 민족적 또는 국가 문화의 구성 요소뿐만 아니라 언어적, 종교적, 사회·경제적 다양성까지 포함"한다. 이와는 달리 상호문화는 역동적인 개념으로 "문화 집단들 사이의 변화하는 관계"를 의미하는데 "다양한 문화들의 공존과 공정한 상호작용, 대화와 상호 존중을 통해 공유된 문화적 표현을 만들어 낼 가능성"으로 정의할 수 있다(장한업, 2015: 123).

상호문화교육 전문가 회의 보고서(Expert Meeting on Intercultural Education, UNESCO, 2006b: 21)에서 Lasonen(2006)은 상호문화교육과 다문화교육이 구분되어야 함을 주장하고 상호문와 다문화의 개념적 차이를 다음과 같이 설명하였다.

> 다문화와 상호문화교육은 '다문화 사회'에서 교육의 구조와 내용을 채택하는 것을 목표로 한다는 점에서는 같다. 그러나 다문화교육은 이민자 청소년과 같은 소수 집단과 관련된 교육을 뜻한다. 반면 상호문화교육은 교육 대상자를 사회 구성원 전체로 확대한다. 이러한 관점에서 '상호문화'는 교육과 훈련에 초점을 두며, '다문화'는 문화적으로 다양한 사회 그 자체에 중점을 둔다고 볼 수 있다.

상호문화적 이해는 다른 문화적 배경의 사람들에게 배우려는 열린 마음과 타인이 세상을 경험하고 조직하는 다양한 방법을 인식하는 것을 뜻한다. 학습자는 다른 문화를 학습하고 경험하며 자문화의 관점을 넘어서 사건 · 사고 · 신념 체계의 확장을 경험할 수 있다(Deardorff, 2004: 240).

그러나 상호문화적 관점은 문화 상대주의와는 다른 개념으로 모든 문화를 동등하게 인식하는 것이 아니다. 문화 인식에 기반한 가치 판단을 통해 문화의 경중을 이해하는 것이다. 문화 상대주의에 기반하여 문화를 학습하게 되면 인도의 '카스트 제도', 주로 아프리카와 중동 일부에서 발생하는 '명예 살인', 아프리카와 중동, 아시아 일부에서 행해지는 '여성 할례'와 같은 문화 역시 존중되어야 할 문화라는 치명적 오류가 산출된다. 그러므로 상화문화교육은 문화 인식(Cultural Awareness, Byram, 1994, 1998; Chen 1989)에 기반한 "문화적 가치 판단"에 기반하여 실시되어야 한다. 더불어 상호문화교육은 학습자가 자문화와 목표 문화 사이에 객관적 거리를 두고 균형적 관점에서 이를 비판적으로 수용 · 변용하는 일련의 과정을 의미한다. 이는 목표 문화의 백과사전적 지식 습득을 지양하며, 차이를 이해하고 수용함으로써 개인의 세계관이 확장되는 과정이라 할 수 있다.

상호문화 화자(Intercultural Speaker)

유럽의 다문화사회 진입과 함께 다중언어주의(Plurilingualism)와 문화적 능력(Cultural competence)이 제2언어 학습에서 핵심적으로 다루어야 할 개념으로 부상하게 된다. 다중언어주의는 일정 수의 언어 지식이나 일정한 사회 내의 상이한 언어들의 공존을 의미하는 '다언어주의'와 구별되는데, "언어적 경험이 가정에서 사용하는 언어로부터 사회 전체의 언어를 거쳐 다른 민족의 언어에 이르기까지 문화적 맥락 속에서 확장되어야 한다"는 점을 강조한다(Council of Europe, 2001: 4).

유럽 언어 공통 참조 기준(CECR, 2001: 104-105)은 문화적 능력의 관점에서 목표 언어에 접근하려는 견해를 기술하였다. 일반적 능력 항목에서 문화적 능력은 사회문화적 지식, 상호문화적 의식, 상호문화적 기능, 개성에 관련된 능력으로 정의된다. 이에 따르면 상호문화적 기능은 크게 4가지로 '자신의 문화와 외국의 문화를 서로 비교할 수 있는 능력', '문화적 감수성', '상호문화간 오해나 대립에 대해 효과적으로 해결할 수 있는 능력', '선입견을 극복할 수 있는 능력'으로 정의된다.

유럽 언어 공통 참조기준(The Common European Framework of Reference for Languages, CECR, 2001)의 문화적 능력의 하위 요소들과 다중언어주의 개념은 상호문화교육의 방향성에 대해 다음과 같은 시사점을 제시한다. 이제 '원어민같이' 외국어를 구사하는 것은 제2언어 학습의 목표로는 충분하지 않다(Byram, 1997; Hymes, 1971, 1972; Kramsch, 1998a)는 것이다.

Hymes(1971: 5-6)는 Chomsky(1965)의 언어능력, 언어수행 개념에 Humboldt의 언어 철학적 개념이 그 기저에 있음을 언급하였다. 그는 Chomsky가 언어학적 관점에만 고립되지 않고 심리학과 철학의 관점에서 언어능력과 언어수행에 접근하였지만, 이에서 더 나아가 Sapir(1949)의 사회적 존재로서의 인간 개념을 포함한 통합적 관점을 취해야 함을 주장하였다. 또한 Chomsky(1965: 3)의 "이상적인 화·청자(Ideal speaker-hearer)"와 "완전히 동질적인 언어공동체(a completely homogeneous speech community)" 개념이 언어 사용 과정에서 맥락의 관점을 간과했음을 비판하였다(Hymes, 1971: 16). 그리하여 Hymes(1972: 282)는 지식(knowledge)과 용법(use)에 기반하여 언어능력의 개념을 이해해야 함을 주장하였다. 그는 언어능력이 언어와 관련된 태도, 가치, 동기를 아우르며 언어적 특성과 용법, 언어와 상호 관련된 의사소통 규칙들과 통합되어야 한다고 주장하였다.

유럽 언어 공통 참조 기준(CECR)과 다언어주의의 관점에서 제2언어 학습자는 "상호문화 화자(Intercultural Speaker)"로 일컬어진다(Byram 1997, Byram & Zarate 1997, Kramsch, 1998b). 상호문화적 상황에서 대화 참여자는 사회적 정체성이 상이하다. 사회적 정체성이 다르다는 것은 결국 언어권에 따라 상호작용 방식도 다름을 뜻한다. 이러한 관점에서 상호문화 화자(Byram, 1997; Byram & Zarate, 1997)는 상호문화 의사소통 과정에서 모국어 외의 외국어, 자문화와 타문화의 차이를 이해하는 일종의 문화적 중재자(Byram, 2003: 61)라 할 수 있다. Byram(2008: 58)은 상호문화 화자의 개념과 상호문화 능력의 관련성을 정의하면서 사회문화적 능력과 구별되는 개념으로 상호문화 의사소통 능력을 정의하였다.

Kramsch(1998b: 27)는 다중언어 · 다문화 사회에서 모어 화자(native speaker)와 비모어 화자(non native speaker)의 이분법적 구분은 시대에 뒤떨어졌다고 보고 상호문화 의사소통 능력에 기반하여 목표 언어를 사용하는 상호문화 화자로 기능하는 것에 초점을 두어야 한다고 주장하였다. 상호문화 화자는 역동적 개념으로 다양한 문화를 구별하고, 서로 다른 관점을 이해하고, 상호문화적 상황에서 중재자 역할을 수행하며 자신의 정체성의 변화를 인식할 수 있는 지속적인 과정을 효과적으로 운용할 수 있는 개인을 의미한다.

Byram(1997: 31-55)은 이상적인 상호문화 화자는 개인이 속한 자문화의 사회문화적 정체성과 배경에 근거하여, 서로 다른 문화들 사이의 매개자로 행동 양식에 대한 특정한 문화적 지식을 갖추고 이해하고 행동한다고 보았다. 이는 가능한 한 원어민처럼, 혹은 원어민과 유사해지는 것을 의미하는 '원어민에 근접한 능력(near native speaker competence)'과는 상이한 개념이다. 그러므로 한국어 학습자는 상호문화적 상황에서 적합성(appropriateness)과 효과성(effectiveness)을 갖춘 의사소통이 가능한 '상호문화 화자(Intercultural Speaker)'로 정의할 수 있다.

프랑스의 사회학자인 Bourdieu(1984, 1986)의 관점에서 결혼이민자, 이주노동자, 외국인 유학생 등의 한국어 학습자는 문화 수행자의 일부로 '문화 자본(Cultural capital)'이라 할 수 있다. 특히 학문목적 학습자는 학위라는 제도화된 문화 형식을 취득하는 문화 수행자라 할 수 있다. 학문목적 한국어 학습자의 경우 결혼이민자와 달리 일정한 기간 후 자국으로 돌아가는 경우가 많으므로 한국문화와 자문화 사이의 '문화중개자(Council of Europe, 2001: 105)'의 역할을 수행할 수 있다. 그러므로 기존의 동화주의에서 탈피하여 상호문화 관점에서 언어문화 교육이 실시되어야 한다. 이를 위해서 상호문화교육(Intercultural Education)의 관점에서 실제적인 문화교육 방법이 필요하다.

Chapter summary

1장에서는 문화이론의 흐름을 개괄적으로 살펴보고 문화인류학적 관점에서 문화의 의미를 고찰하였으며 문화의 어원과 통시적 관점에서 문화 개념의 변화 양상을 살펴보았다. Lévi-Strauss로부터 비롯된 구조주의 인류학과 Geertz의 해석학적 관점과 연구 방법론은 한국어교육학에서 문화를 다루는 방식에 대해 일련의 시사점을 제시해 줄 수 있을 것이다.

다음으로, 언어와 문화의 관계를 살펴보았다. 언어보편성 이론과 언어상대성 이론의 탐구는 언어와 문화의 관계 설정을 위한 예비 연구라 할 수 있다. Herder, Humboldt로부터 사피어 워프 가설(Sapir-Whorf hypothesis)로 이어지는 언어상대성 이론은 Hymes를 비롯한 현대 언어학에도 많은 영향을 끼쳤다. Herder는 『언어기원론(Über den Ursprung der Sprache, 1772)』에서 언어와 문화 비교의 관점에서 언어학이 전개될 수 있는 토대를 세웠다. 언어와 문화는 독립적으로 분석될 수 없으며 언어는 인간의 경험과 세계에 관한 이해를 설명하고 나타내는 방식이라는 것이다. 하나의 언어 공동체 구성원들은 세계 건설에 바탕이 되는 신념과 가설의 시스템을 공유한다(Sapir, 1949).

마지막으로, 다중언어주의 관점에서 학문목적 한국어 학습자를 상호문화적 상황에서 적합성과 효과성을 갖춘 의사소통이 가능한 '상호문화 화자'로 정의하고, 상호문화 화자에게 필수적인 역량으로 상호문화 의사소통 능력을 제시하였다. 더불어 학습자 자문화와 목표 문화의 공통점과 차이점 학습 과정의 균형적 수용 과정에서 비판적 문화 인식(Critical cultural awareness) 능력 함양이 가능함을 밝혔다.

문화에 대한 관점과 정의는 시대에 따라, 학문적 흐름에 따라 다양하게 정의되어 왔다. 문화와 환경은 서로 상호 기능하며 환경이 변화하면 더불어 문화도 변화한다. 문화는 인간이 제한된 범위 내에서 '선택'한 삶의 방식이다. 이는 개인의 사고 방식과 관련되고 확장되어 집단과 사회의 고유한 사고체계를 형성한다. 분명한 것은 "미래의 과학은 사회보다는 문화에 더 많은 관심을 기울일 것 같이 보인다(Kroeber 1936: 337-338)"는 크뢰버의 분석이 현재에도 매우 유효하게 적용되는 명제라는 사실이다.

Critical thinking and Question

01 문화는 광범위하고 복잡한 개념이다. 한국어 학습자에게 교육적 관점의 문화 빙산에 입각하여 드러나지 않은 '문화'인 '관점'을 어떤 메타포나 이미지를 사용해서 교수할 수 있겠는가?

02 상호문화 화자로서 한국어 교사는 어떠한 역할을 할 수 있는가?

03 상호문화 화자이자 문화 중개자로서 한국어 학습자는 무엇을 학습해야 하며 어떠한 역할을 할 수 있는가?

II

상호문화 의사소통 능력

> 그는 소위 잠재적 방랑자이다. 그는 오고 감의 분리를 완전히 극복하지는 않았다. 그는 어떤 특수한 공간적 집단 또는 공간적 경계와 유사한 경계를 지닌 집단 속에 정착했다. 그러나 집단 내에서 그의 위치는, 본질적으로 처음부터 집단에 속했던 존재가 아니라는 사실, 그리고 그가 집단 자체에서 비롯되지 않고 또 그럴 수도 없는 특징을 집단 속에 이끌어 들인다는 사실에 의해 결정된다.
>
> 게오르크 짐멜 Georg Simmel,
> 『사회학: 사회화 형식 연구
> Soziologie – Untersuchungen über die Formen der Vergesellschaftung(1908)』

Introduction

프랑크푸르트 학파의 대표적인 학자인 Fromm(2010: 56-57)은 현대 사회에서 주요하게 다루어야 할 문제로 인간 간의 상호관계를 제시하고 인간의 본질적 특성으로 '사교성'을 제시하였다. 그에 의하면 공동체의 존재는 나와 타인의 실존과 관련이 있으므로, 타자의 존재 역시 우리 각 개인의 일부이기에 사회가 존재한다는 것이다. 그는 인간을 본성상 타인을 위한 존재로 규정하고 상호주관성의 문제와 관련된 이론에 초점을 두어 '실질적 소통 가능성'을 논의하였다.

Gudykunst & Kim(2003)은 Simmel(1923)의 "이방인" 개념을 차용하여 다문화사회에서 효과적인 의사소통자로서 "이방인과의 의사소통(Communication With Strangers)" 개념을 제시하였다. 독일의 사회학자인 Simmel(1923)은 『사회학: 사회화 형식 연구(Soziologie - Untersuchungen über die Formen der Vergesellschaftung, 1908)』에서 타자를 "잠재적 방랑자(der Fremde, 1923: 764)"로 규정하였다. Simmel이 제시한 잠재적 방랑자(der Fremde)는 기존 집단에 동화되어야 하는 결핍된 존재가 아니라 기존 집단의 개인과 동등한 존재이며 집단에 얽매이지 않는 동일성과 차이를 지닌 양면적인 존재이다. 잠재적 방랑자는 타자에 대한 낯설음을 긍정적으로 인식하고 이를 통해 특별한 형태의 상호작용이 가능하다(Simmel, 1923: 765).

제2언어교육에서 유능한 화자란 모국어 화자와 유사해지는 것이 아니라 외국어 화자로서 적절한 변이형을 사용하며 적합성과 효율성에 기반한 의사소통 능력을 갖춘 개인을 의미한다. 그러므로 외국어 사용자로서의 정체성을 지니고 목표 언어의 사회와 문화를 만나고 향유 할 수 있는 능력의 습득이 중요해진 것이다(Hinkel, 1999, Byram; 황인교, 2006). 의사소통 장애가 문법적 오류보다는 화용적 실패에 기인

한다는 연구 결과(한상미, 2006: 251)는 이를 뒷받침하는 근거가 될 수 있을 것이다. 그러므로 상호문화 의사소통 능력(Intercultural Communicative Competence)의 함양은 제2언어문화 교육의 핵심적 목표라 할 수 있다.

01 상호문화 의사소통 능력 연구

한국어교육 현장에서는 한국어 교사와 학습자 그리고 학습자들 사이에 지속적인 '상호문화 의사소통 상황'이 발생한다. 그러므로 의사소통 갈등의 완화와 효과적인 의사소통을 위한 '효과적(effectiveness)'이고 '적합한(appropriative)' 상호문화 의사소통 능력의 신장은 한국어교육의 궁극적 목표와도 연결된다. 상호문화 의사소통 능력은 자신과 다른 문화권에 속한 개인 · 집단과의 면대면(face-to-face) 교류에서 적합성과 효과성을 갖춘 의사소통 기술을 사용하여 일정 수준 이상의 목표를 성취하는 능력으로 정의할 수 있다(Spitzberg & Cupach, 1984, 1989; Spitzberg, 1988, 2000; Bradford, Allen, & Beisser, 2000; Wiseman, 2002; Gudykunst; 2004, Arasaratnam, 2007; Ting-Toomey & Chung, 2012, 2019). 상호문화 의사소통 능력은 서로 다른 문화권에 속한 개인 간의 효과적인 의사소통과 상호작용에 필요한 능력으로, '다양한 문화적 맥락'에서 적합성과 효과성을 갖춘 인지적 · 정서적 · 행동적 변화를 아우른다.

국외 상호문화 의사소통 능력 연구사

미국의 문화인류학자인 Hall(1959: 31)은 『침묵의 언어(The Silent Language, 1959)』에서 최초로 상호문화 의사소통의 개념을 창안하였다. 1950년대에 도입된 상호문화 의사소통의 개념은 1970년대에 이르러서야 일련의 학술적 연구가 활발히 진행되기 시작하였다(Asante & Gudykunst, 1989: 7). 유럽과 미국의 상호문화 의사소통 능력 연구는 초기 발달 양상이 다르다. 미국에서는 제2차 세계대전 이후 문화 인류학자인 Hall과 Birdwhistell, 그리고 구조주의 언어학자 Trager 등과 같은 문화 인류학자와 언어학자들에 의해 비언어적 의사소통연구가 시작되었다. 이와 달리 유럽은 이주노동자 문제가 사회적 거대 담론으로 부상하면서 독일과 프랑스를 중심으로 비즈니스 상호문화 의사소통과 관련된 연구가 진행되었다.

Gui & Awa(1992: 320)는 개인의 문화적응 능력과 임무수행 능력을 구분하고 문화적응 관점에서 상호문화 의사소통 능력의 구성요소를 〈표 2.1〉과 같이 제시하였다.

표 2.1 문화 적응 관점에서 상호문화 의사소통 능력(Gui & Awa, 1992)

세부내용	문화간 의사소통 능력 구성요소
1. 개인적 특질	① 인내심(patience) ② 융통성(flexibility) ③ 감정이입(empathy) ④ 관용(tolerance)
2. 언어 및 대인기술	① 관계 맺음(establish relationship) ② 관계 유지(maintain relationship) ③ 대화 시작(initiate talking) ④ 언어 능력(language talking)
3. 사회적 교류	① 체류국의 정치 이해(understanding politics) ② 체류국의 경제 이해(understanding economics) ③ 존경심의 표시(display of respect) ④ 적절한 행위(appropriate behavior)
4. 관리 능력	① 동기(motivation) ② 자국에서의 성공(success in home country) ③ 창의성(creativity)
5. 문화적 감정이입	① 과거의 경험(previous experience) ② 업무 스타일 인식(awareness for working style) ③ 업무 스타일 공감(empathy for working style) ④ 결정적 판단의 유보(nonjudgmental)

Gudykunst(2001: 184-200)는 선행 연구를 토대로 상호문화 의사소통의 주요 이론을 크게 5가지로 범주화하였다. 효율적 산출과 결과물에 초점을 둔 이론에서 가장 대표적인 이론은 불안·불확실성 관리(Anxiety/Uncertainty management, AUM)이다. 불확실성 관리는 타인에 대한 불확실성과 두려움을 의사소통에 영향을 미치는 근본적 요인으로 제시하고, 언어 사용 자체가 불확실성을 유발하며 불확실성이 너무 높

거나 낮으면 효과적인 의사소통이 어렵다고 보았다. 이는 인지적 현상이며, 다양한 방식으로 이방인(The Stranger)의 이미지에 영향을 준다. 의사소통은 개인 간, 집단 간 의사소통으로 구분되는데 특히 개인 간 의사소통은 문화적 · 사회적 · 심리적 관점에서 타인의 행위를 예측하고 인간, 사회, 개인의 상호작용 과정에서 정체성을 확인하는 것이다(Gudykunst, 2005: 28).

표 2.2 상호문화 의사소통 주요 이론(Gudykunst, 2001)

초점	이론
효율적 산출	1. 문화 융합(Barnett & Kincaid, 1983) 2. 불안/불확실성 관리(Gudykunst, 1995) 3. 효율적 집단 의사결정(Oetzel, 1995)
적응과 변용	1. 의사소통 협상(Gallois, Giles, Jones, Gargile & Ota, 1995) 2. 상호문화 적응(Ellingworth, 1988) 3. 공문화 이론(Orbe, 1998)
정체성 협상/관리	1. 정체성 관리(Cupach & Imahori, 1993) 2. 정체성 협상(Ting-toomey, 1993) 3. 문화적 정체성(Collier & Thomas, 1998)
의사소통 네트워크	1. 네트워크와 외그룹 의사소통 능력(Kim, 1986) 2. 상호문화 vs 상호문화 네트워크(Yum, 1998) 3. 네트워크와 문화적응(Smith, 1999)
문화 변용과 적응	1. 의사소통 적응(Kim, 1988, 2001) 2. 불안/불확실성 관리 조절(Gudykunst, 1998) 3. 동화, 일탈, 소외(McGuire & McDermott, 1988)

Gudykunst(1995)는 불안 · 불확실성 관리(AUM)의 이론적 토대로 불확실성, 불안, 효과적인 의사소통, 인식/주의하기의 4가지 핵심 이론을 제안하고 이를 범주화하였다. 4가지 핵심 이론은 자아와 자아개념, 동기, 낯선 사람에 대한 반응, 사회적 범주화, 상황에 따른(상황별) 과정, 낯선 사람과의 연대의 6가지 개념으로 구체화된다.

Ting-toomey(1993)는 상호문화 의사소통 능력을 일련의 "효과적인 정체성 협상

과정"으로 규정하고 정체성 협상 과정 모델(Identity negotiation process model)을 고안하였다. 정체성 협상 과정은 상호문화 의사소통 능력의 주요한 구성 요소로 다중적 자아 인식 과정에서 경험하는 상호작용 이미지, 상호작용의 동기와 의미, 인지적 · 정서적 · 행동적 의사소통 자원, 정체성 협상 · 교섭 과정의 결과물을 포함한다.

문화 변용과 적응 이론은 Kim(1986, 1988, 2001)이 대표적이다. Kim(1986)의 개인 연결망 접근(personal network approach)은 상호문화 의사소통 과정에서 개인 네트워크의 다양성, 외부 집단과의 자아 유대감과 외부 집단의 중요성을 핵심 요소로 제시하였다. Kim(1991, 1995, 2002)의 조직 이론 접근(Systems-Theory Approach)은 문화 적응 과정에서 개인의 성향, 목표 문화 환경, 대인 관계와 매스컴의 역학, 개인의 상호문화적 변화 과정 등의 요소가 중요하게 작용한다고 보았다.

Jin & Cortazzip(2017: 402)은 앞선 연구에서의 상호문화 능력과 관련된 논의를 14가지 주제로 나누어 기술하였다. 이는 상호문화적 상황에서 문화 적응, 효과적인 대인 관계 형성과 갈등 관리, 개인의 정체성과 성공적인 의사소통 과정을 주요하게 다루고 있다. 그러나 Jin & Cortazzip(2017)이 상호문화 능력과 관련된 선행 연구를 분석하였다고 하나 실제로는 '상호문화 능력'과 '상호문화 의사소통 능력'을 아우르는 이론적 논의를 모두 포괄하여 제시하였다. 즉, 아직까지 상호문화 능력과 상호문화 의사소통 능력을 명확히 구분하는 이론적 논의와 학술적 합의가 이루어졌다고 보기 어렵다. 학자에 따라 혹은 연구 시기에 따라 상호문화 능력과 상호문화 의사소통 능력이 혼용되거나 비슷한 개념으로 연구되기도 한다.

Arasaratnam(2006)은 상호문화 의사소통 능력 개념의 외연이 확장되어야 함을 제안하고 지속적인 사회 변화에 초점을 둘 것을 주장하였다. Arasaratnam(2006: 36)은 동기(motivation), 경험(experience), 감정이입(empathy), 글로벌한 태도(global attitude), 듣기 능력/집중(ability to listen/pay attention)으로 구성된 상호문화 의사소통 능력 모델을 고안하였다. Arasaratnam의 모델은 개인적 경험 차원의 변인과 사회 · 문화적 요인들을 포함한다.

상호문화 능력의 개념 정립을 위한 연구는 여전히 계속되고 있는데 이는 상호문화 의사소통 능력의 개념 정의와 관련하여 학술적 합의가 이루어지지 않았기 때문이다(Arasaratnam, 2009, 2014; Fantini, 1999; Arasaratnam & Doerfel, 2005; Han, 2012).

Arasaratnam(2014)은 2003년에서 2013년 사이에 출판된 상호문화 의사소통 능력 관련 학술지 논문 70편을 분석하였다. 그는 상호문화 의사소통 능력 연구에 "상호문화 능력"과 "상호문화 효과성 또는 다양성(intercultural effectiveness or variations)"과 관련된 논문이 다수 포함되어 있음을 밝히고 이들의 개념을 명확하게 구분해야 함을 주장하였다. Arasaratnam(2014)은 향후 상호문화 의사소통 연구에서 학제간 연구의 필요성을 제시하고 상호문화 의사소통 능력의 이론적 개념 구축에 중점을 두어야 함을 강조하였다.

표 2.3 상호문화 능력 선행 연구(Jin & Cortazzip, 2017)

주제	상호문화 능력	연구자
상호문화 관계	상호문화적 외교 협상, 상호문화적 협조와 발전, 글로벌 담화	Fry and Thur(1989), Korzenny & Ting-Toomey(1990), Sadri & Flammia(2011)
갈등 관리	직장과 개인 간 갈등, 갈등 양상, 정체성, 체면, 갈등 해결 전략, 경청과 언어 재구성	Ting-Toomey & Oetzl(2001), Scollon et al.(2012), Oetzl & Ting-Toomey(2013), Sorrells(2015)
글로벌 미디어	미디어 생산, 수입, 적응, 문화횡단, 컴퓨터 매개 상호작용	Newon(2007), Sharifian & amarani(2013), Hepp(2015)
세계화와 사회정의	문화, 인종, 민족, 국가, 종교, 사회계급, 성, 세대 차이, 사회적·문화적 다양성, 배제와 수용, 이민	Piller(2011), Scollo et al.(2012), Mallows(2014), Sorrells(2015), Dervin & Risager(2015), Sorrells & ekimoto(2015)
상호문화 시민권	국제화, 다언어적 맥락에서의 시민권, 정치적 문식성, 비판적 시민과 문화인식, 지역 사회 참여	Guilherme(2002), Aldred et al.(2006), Byram(2008), Sobré-Denton & Bardhan(2013)
경영학	리더십과 조직 스타일, 회의 및 협상, 상호문화 기술 평가	Gibson(2002), Lewis(2005, 2006), Varner & Beamer(2010), British Council (2013), Moran et al.(2014)

전문성을 갖춘 직장 의사소통	다중언어와 다문화주의 배경의 직장, 의사소통 오해, 상호문화적 토론 기술, 발표, 회의	Robert et al.(1992), Clyne(1994), Granrous & Ostkamp(1997), Pan et al.(2002), Glaser et al.(2007), Guilherme et al.(2010)
비언어적 의사소통	제스처, 얼굴 표정, 눈 맞춤, 신체 언어의 교차문화적 사용	Morris et al.(1979), Harrison(1983), Morris(2002), Jackson(2014), Samovar et al.(2015)
문화횡단적 적응	문화 충격, 이민, 이주, 적응, 조정, 상호문화 정체성과 변화	Kim(1988, 2001), Ward et al.(2001), Spencer-Oatey & Franklin(2009), Jandt(2016)
학습자 상호문화 습득	방문 연구, 해외 체류, 새로운 언어와 환경, 교사와 학습자의 문화 학습	Byram & Feng(2006), Kinginger(2009), Jackson(2010), Jin & Cortazzi(2011, 2013), Cortazzi & Jin(2013)
대인 관계	낭만적 관계, 관계에 대한 기대, 국제결혼, 인터넷을 매개한 상호문화적 관계	Gudykunst et al.(1996), Goodwin(1999, 2008), Constable(2003), Sorrells(2015), Ting-Toomey & Chung(2012)
정체성	언어적·문화적 정체성, 대표성과 소속감, 편견과 고정 관념 관리, 다중언어 자아와 상호문화 경험, 상호문화 화자	Gudykunst(2005), Kramsch(2009), Martin & Nakayama(2012), Scollon et al.(2012), Houghton et al.(2013), Dervin & Risager(2105)
생애사 연구	상호문화 의사소통 참가자의 내러티브 연구와 이를 연구하는 학자, 상호문화적 만남, 상호문화 비즈니스에서 문화 횡단적 변화	Bnad(1997), Belcher & Connor(2001), Byram et al.(2009), Komisarof & Zhu(2016)

국내 언어교육과 상호문화 연구[1]

상호문화 의사소통은 다문화사회에서 주로 연구되어 온 분야로 그간 한국 사회에서는 이에 대한 연구 필요성을 느끼지 못하였다. 그러나 2000년대 들어서 한국 사회가 다문화사회로 이행하면서 다문화사회 시민으로서 갖추어야 할 역량인 상호문화 의사소통 능력에 대한 학술적 논의가 대두되었다.

상호문화 연구는 유럽, 특히 독일과 프랑스의 상호문화 개념과 교육 내용의 번역 · 도입에서 시작되었으며 외국어교육과 다문화교육을 중심으로 2000년대 중반 이후 연구가 증가했다. 독일어 교육에서는 김옥선(2007, 2009, 2010, 2011), 유수연(2004, 2005, 2006, 2008, 2012, 2013a, 2013b, 2015, 2017, 2018), 오영훈(2009, 2016, 2017)이 대표적이다. 국내 독어독문학계에서는 90년대 중반부터 상호문화 의사소통이 외국어 교육 분야에서 연구되었으며 2000년대에 들어서 비즈니스와 상호문화 훈련 분야의 연구가 진행되었다(김유리, 2009: 262).

프랑스어 교육에는 장한업(2009a, 2009b, 2010, 2011, 2013, 2014, 2015a, 2015b, 2017, 2018a, 2018b, 2019, 2020)이 대표적이다. 특히 장한업의 경우 『유럽의 상호문화교육(2010)』, 『상호문화 이해하기: 개념과 활용(2011)』, 『인간의 다양성을 존중하는 상호문화 사회(2012)』, 『상호문화: 학교의 원칙과 현실(2013)』, 『상호문화교육: 한국 다문화 사회의 교육적 대안(2020)』 등 프랑스의 상호문화 개념과 이론을 번역하여 국내에 소개하고, 도입하는 것에 중점을 두었다.

언어교육 분야에서 상호문화와 관련된 주요 연구는 다음과 같다. 개념 · 이론(정영근, 2001; 유수연, 2008, 2013a, 2018; 오영훈, 2009; 장한업, 2009a, 2009b, 2011, 2013, 2014, 2015a, 2015b, 2017, 2018; 이병준 · 한현우, 2016; 김영순, 2019), 프로그램 · 교실 · 교재 연구 분석(김옥선, 2011; 유수연, 2012; 장한업, 2017; 김유리, 2013, 2017a, 2018), 교과목 개발(김순임 · 민춘기, 2014), 교수 · 학습 방안(김옥선, 2009, 2010, 2011; 정영근, 2009b, 2011; 유수연, 2013b, 2015), 비즈니스 의사소통(김유리, 2004, 2009b; 2017b, 하수권, 2006)을 중심으로 연구되었다. 현재까지 상호문화 관련 연구는 유럽

---

1 이원회의 연세대학교 석사학위 논문 3장 2절의 '문화교육의 개념과 범주(pp35-46)' 내용을 수정 · 보완하였다.

을 중심으로 한 국외의 이론 도입과 상호문화교육론에 입각한 현장 교육 방법론 연구를 중심으로 이루어졌으며 학위논문의 경우 2010년에 들어서 상호문화 관련 연구가 진행되기 시작하였다.

한국어교육에서 상호문화와 관련된 연구는 2000년대 중반 이후 서서히 양적 연구가 증가하기 시작하였는데, 주로 교육 현장의 교수 · 학습 방안 중심으로 논의되었다. 학술지는 독일어 · 프랑스어와 같은 외국어 교육학에서의 연구는 해외 이론을 번역하고, 소개하는 것으로 시작되었다.

이론적 개념의 도입 이후 상호문화 교재 · 프로그램 · 사례 분석, 교육 설계 · 프로그램 개발 등에서 다수의 연구가 진행되었다. 교수 · 학습 방안은 상호문화교육 이론에 입각하여 국내 교육 현장에 적용할 수 있는 교수 방법론에 대한 연구가 이루어졌다.

현재 한국어교육학에서 상호문화 관련 연구는 외국어 교육학 연구를 수용하고, 이를 변용하는 초기 단계라 할 수 있다. 이와 관련해서는 교사 교육(원미진, 2009; 강현주, 2018), 교육방안 연구(송재란, 2015; 양민정, 2015), 상호문화 의사소통 능력 관련 요소인 문화지능(성시온, 2010, 2011), 문화감지 도구(손은경, 2003; 이혜진, 2010; 유보미, 2011; 이은진, 2012), 상호문화 감수성(이원희, 2018b; 양주희, 2014; 김소현, 2017, 이인혜, 2017, 이진경, 2020), 상호문화 능력(이소연, 2017; 이원희, 2019; 김서진, 2020) 측정 도구 연구가 제한적으로 이루어졌다.

한국어교육학에는 특히 상호문화 의사소통 상황에서 발생하는 갈등 양상에 관한 연구가 시도되고 있다. 상호문화 의사소통 능력 향상의 핵심적 개념으로 '상호문화 능력(Intercultural Competence)' 연구가 시도되었으며, 이는 주로 '이문화 능력(Intercultural Competence)'으로 번역 · 도입되었다. 그러나 유수연(2004, 2005, 2006, 2008, 2012, 2013a, 2013b, 2015, 2017, 2018), 오영훈(2009, 2016, 2017), 장한업(2009a, 2009b, 2010, 2011, 2013, 2014, 2015a, 2015b, 2017, 2018a, 2018b, 2019, 2020)의 연구 이후로는 상호문화 능력으로 번역되고 있다.

한편 상호문화 능력과 유사한 개념으로 '간문화 능력', '통문화 능력', '문화 지능(Cultural Intelligence)', '문화간 행동 능력'과 같은 개념이 제시되었다. 조수진(2009: 198)은 학습자가 자신의 고유문화와 한국문화의 차이를 이해하고 포용할 수 있는 능력으로 '간문화 능력'의 개념을 제안하였다. 간문화 능력은 학습자가 자신의 문화

(자문화)와 목표 문화를 인식하고 객관적 상태에서 비교·이해할 수 있는 능력을 전제로 한다.

이와 유사한 개념으로 한경구(2008: 133)는 문화교육에서 가장 중요한 목표는 다양하고 이질적인 문화적 자원을 적절히 조직하는 능력인 '통문화 능력'을 배양하는 것이라고 보았다.

김수진(2010)이 고안한 문화간 행동 능력은 "한국문화와 모문화 사이에서의 적응력, 실천력, 주체적 판단력, 협상력 등을 포괄"하는 개념으로 행동 능력을 신장하기 위해서는 문화간 의사소통의 상황에 노출되어 충돌, 갈등, 조절, 해결의 과정을 직접 또는 간접적으로 경험할 것을 제안하였다. 이러한 개념들은 상호문화적 관점에서 자문화와 목표 문화를 균형적으로 조망할 것을 제안하였다는 점에서 그 본질상 개념 차이는 크지 않다고 할 수 있다.

상호문화 의사소통 능력을 함양하는 구체적인 상호문화 훈련 방안으로는 문화감지도구(Intercultural Sensitizer)[2] 연구가 진행되었다. Triandis(1971)가 고안한 문화감지도구(Culture assimilator, ICS)는 타문화 학습을 위해 개발된 프로그램 문화 훈련 매뉴얼(programmed culture training manuals)이다(손은경, 2003: 13). 한국어교육에서는 일본어권(손은경, 2003)과 영어권(이혜진, 2010) 한국어 학습자, 베트남 이주노동자를 대상으로 문화감지도구(유보미, 2011) 연구가 시도되었다.

한국어교육에서 상호문화 의사소통 능력이 중요하게 부각됨에 따라 상호문화 의사소통 능력은 교수자와 학습자 모두가 필수적으로 갖추어야 할 역량으로 인식되고 있다. 이에 상호문화 의사소통 현상, 그리고 이에서 파생된 상호문화 의사소통 갈등 양상 연구가 시도되었다. 상호문화 의사소통의 관점에서 '문화'를 정의하고 상호문화 의사소통 능력 함양의 핵심적 역량으로 '이문화 능력', '간문화 능력' 등에 관한 연구가 진행되었다. 실제 언어수행에 초점을 둔 연구의 일환으로는 교사와 학습자의 문화간 의사소통 능력 함양 연구가 시도되었다(황인교, 2007; 김정은, 2008; 원미진, 2009; 이미향, 2010; 김수진, 2010; 한선, 2010).

한편 한국어교육에서 상호문화 의사소통 갈등에 관한 연구도 주목해야 한다(유

2 상호문화 감지도구로 번역하는 것이 더 적합한 번역임을 밝힌다.

범, 1997; 신혜경, 2000; 미즈노 슌페이, 2003; 김정은, 2008). 김정은(2008)은 한국어, 일본어, 영어, 중국어 모어 화자를 대상으로 상호문화 의사소통 갈등 양상에 관한 연구를 진행하였다. 갈등 양상 분석 결과 의사소통 기술에 의한 갈등은 인사, 침묵, 미소, 칭찬, 맞장구, 존대어, 감사, 비언어(몸짓언어) 등에서 발견되었으며 가치관에 의한 갈등으로는 집단주의와 개인주의 문화, 불확실성 회피, 역사적 사실, 선물, 자민족 중심주의, 시간 개념 등이 갈등 유발 요소로 조사되었다.

다음으로 교사 교육의 관점에서 상호문화 의사소통 능력 향상에 초점을 둔 연구는 다음과 같다. 원미진(2007)은 문화간 소통 능력[3]의 중요성을 제시하고 한국어 교사의 문화간 소통 능력 측정 연구를 시도하였다. 연구 결과 한국어 교사의 교육 수준과 강의 경험이 이문화 소통 능력을 촉진하는 유의미한 요소로 검증되었다. 원미진(2007: 91)은 이문화간 소통 능력을 "외국인들을 대상으로 한국어를 가르치는 교사들이 가진 이문화에 대한 지식과 긍정적인 태도, 학습자와 상호작용할 수 있는 능력 보유 여부"로 정의하였다.

양민애(2008)는 문화교육 담론이 한국학 영역에 한정되어 있다는 것을 비판하고 한국어 교사의 이문화 이해 및 적응 능력 배양을 위한 교사 교육의 필요성을 주장하였다. 또한 문화 다양성과 관련하여 교사 교육 과정에서 다음과 같은 학습기회를 제공할 것을 제안하였다.

> 첫째, 예비교사들은 자신이 속한 문화적 특성을 이해해야 한다. 이를 통해 자신의 문화를 상대화하고 여러 문화집단 중의 한 일원으로서 자신을 위치 지을 수 있어야 한다.
> 둘째, 다양한 문화 집단에 대한 자신의 태도를 드러내어 자신들이 다른 문화 집단에 대해 가지고 있는 고정 관념과 오해를 확인해야 한다.
> 셋째, 다양한 문화 집단의 역사와 문화에 대한 지식을 습득하고 상이한 문화 집단의 다양한 관점에 익숙해질 수 있어야 한다.
> 넷째, 자신의 학생들에게 공평한 학업 성취 기회를 제공할 수 있는 교육적 전략을 익히고 익숙해져야 한다.

3 원미진(2007)의 연구에서는 이문화 능력으로 번역하였으나 상호문화 능력이 더 적합한 번역임을 밝힌다.

김정은(2009: 82)은 한국어 교사에게 '이문화 능력(Intercultural Competence)'[4]이 필수적으로 요구된다고 주장하고 세부 구성 요소로 정서적 회복력, 유연성과 개방성, 인지적 예민성을 제시하였다. 김정은이 제시한 'Intercultural Competence' 함양 요인은 다음의 〈표 2.4〉와 같다.

표 2.4 Intercultural Competence 함양 요인(김정은, 2008)

긍정적 요인	〈이문화에 대한 지식과 경험〉 • 이문화인과의 교류 경험 / 문화차이 인식 / 이문화 공감 〈문화간 의사소통 기술〉 • 의사소통 능력 / 언어와 비언어능력 / 의사소통 기술 / 대외 관리능력 〈관계적 상호작용 능력: 정서적 / 심리적〉 • 타인이해 / 타인에게 주의를 기울이는 타자 중심 • 심리적 스트레스 관리능력 • 자신과 자신의 문화 인식 / 자기 제어 능력 • 대인 간의 유연성 / 관계형성과 유지 능력 / 인내심과 유연성
부정적 요인	〈관계적 상호작용 능력: 정서적/심리적〉 • 높은 자민족 중심주의 / 협소한 마음 / 자기 중심적 행동 / 불안

한국어교육에서 상호문화 의사소통 능력 관련 연구의 가장 큰 문제점은 용어와 개념 정의의 문제이다. 학자에 따라 'Intercultural Communicative Competence'와 'Cross-cultural Communication Competence'가 혼용되고 있으며 '이문화, 간문화, 다문화간 의사소통' 등의 용어가 혼재되어 있다. 즉, 상호문화 의사소통 능력의 기본개념에 대한 학술적 합의와 용어의 개념 정의조차 명확하게 이루어지지 않은 상태에서 다소 산발적으로 연구가 진행되었으나, 선술하였듯이 유수연(2004, 2005, 2006, 2008, 2012, 2013a, 2013b, 2015, 2017, 2018), 오영훈(2009, 2016, 2017), 장한업(2009a, 2009b, 2010, 2011, 2013, 2014, 2015a, 2015b, 2017, 2018a, 2018b, 2019, 2020)의 연구 이후로는 상호문화 능력으로 번역되는 추세를 보인다.

---

4 김정은(2009)의 연구에서는 이문화 능력으로 번역하였으나 상호문화 능력이 더 적합한 번역임을 밝힌다.

그러나 이러한 용어와 개념상의 혼란에도 불구하고 공통적으로 그 근저에 상호문화적 관점에서 학습자의 자문화와 한국문화의 균형적 이해를 바탕으로 한 의사소통 능력의 향상이라는 공통의 목표가 내재되어 있다. 이는 기존의 동화주의에서 탈피하여 상호 공존의 관점에서 상호문화 의사소통에 접근하려는 시도로 풀이할 수 있다.

그러나 상호문화 의사소통 관련 연구의 필요성이 제기되었음에도 현재 관련 연구가 충분히 이루어지지 않았으며, 상호문화적 현상 분석과 문제 해결의 관점에서 제한적 연구만이 시도되었다. 정현숙(2002: 76-77)은 국내의 상호문화 의사소통 능력의 요구도가 큰 기업들은 자체적으로 상호문화 훈련 프로그램을 개발하거나 미국에서 프로그램이나 트레이너를 도입·실시하는 실정을 지적하였다. 박기순(2003: 7)은 다양한 문화를 접할 수 있는 기회가 급격히 증가하는 반면 낮은 적응력으로 인해 문화간 의사소통에서 문제가 심각해지고 있다고 지적하고 상호문화 의사소통 연구와 체계적 훈련이 필요하다고 주장하였다.[5]

최근 4-5년간 상호문화교육과 관련된 학위논문이 증가하고 있으며 교육 설계와 교수·학습 방안에 관련된 논문이 주를 이루고 있다. 향후 현장 기반 한국어교육학의 특성을 반영한 상호문화교육 방법론에 대한 후속 연구가 진행되어야 할 것이다. 더불어 상호문화 의사소통 현상의 증대, 그리고 이에서 파생한 문화 갈등 현상 연구가 지속적으로 진행되어야 할 것이다. 이에 대한 접근은 상호문화적 관점에서 타문화에 대한 관용과 개방성, 그리고 문화 수용의 균형적 관점을 토대로 이루어져야 할 것이다.[6] 그러므로 향후 수용자 중심의 상호문화 의사소통(윤용선, 2006)으로 연구

5 문화간이 아닌 상호문화로 번역함이 적합함을 밝힌다.

6 많은 사람들은 자신의 생각과 가치판단이 유일하게 옳다고 여긴다. 자신의 생각이 옳은지 여부를 성찰하는 사람은 최소한 자신의 가치를 절대화하는 우를 범하지는 않는다. 반면에 자기의 가치를 보편적인 것으로 간주하는 순간, 오해와 갈등은 피할 수 없게 된다. 이러한 태도는 자신의 가치관이 타인에 의해 침해받을 수 있다는 우려를 통해 정당화되며 자기 가치관을 절대화함으로써 방어기제를 만들어낸다. 또한 도식화된 생각에 빠져있는 사람은 이문화에 대한 편견을 갖고 상대방을 섣불리 재단하는 우를 범한다. 유럽에는 일반적으로 다음과 같은 문화적 편견이 존재한다. "이탈리아인은 창조적이며 혼란스럽다", "폴란드인은 재즈를 좋아하며 사업을 정직하게 하지 않는다" 등 이러한 판에 박힌 편견이 다행히도 긍정적이면 적어도 갈등은 일어나지 않지만 그렇지 않은 경우에는 문제가 발생한다(윤용선, 2006: 178).

방향성 전환을 제언하는 바이다.

표 2.5 한국어교육에서 상호문화 연구(이원희, 2021)

연구 주제	학술지	학위논문
개념 · 이론 연구	정영근(2001) 김옥선(2007), 김정숙(2012), 김영순 · 최승은(2016), 이병준 · 한현우(2016)	
국가별 비교 · 대조 연구		박경숙(2013), 전재경(2018), 레기영짱(2016), 이수자(2017), 강효식(2019)
교재개발	윤영(2016)	
교재 · 프로그램 · 사례 · 교실 연구 분석	공하림 · 부수현(2016), 이원희(2018a), 조영미(2018), 황설운(2018), 전정미(2019),	김하나(2014), 임선영(2014), 김예슬(2017), 이정민(2017), 장이슬(2018), SUN JIN(2018), 곽보민(2019), 김유리(2019), 유풍(2019), 김양진(2020)
교사 교육	원미진(2009), 이성희(2013), 강현주(2018), 박현주(2019)	장정은(2016), 이선미(2018)
교수 · 학습 방안	이성희(2013), 양민정(2015), 박성(2017), 박종수(2017), 조영미(2020).	김혜민(2015), 박종민(2015), 육근지(2016), 이윤정(2016), 이형노(2016), 홍경선(2010), 황라영(2014), 신승혜(2016), 응우옌 티 홍(2017), 김예리나(2018), 김주흠(2019), 김서진 (2020), 이정주(2020), 지즈한(2020)
교육과정 설계 · 훈련 프로그램 개발	김혜진 · 김종철(2015), 오세경 · 오영훈(2017), 조위수, 윤주원(2019)	이진선(2011), 김현정(2013), 유행아(2013), 안증애(2016), 하늘(2017)
평가	오지혜(2019)	
정책연구	김상무(2010), 전지혜(2017)	안희은(2015), 박종대(2017)
상호문화 의사소통 능력 연구	성시온(2011), 나원주 · 김영규(2016), 강지은(2016) 이원희(2018b, 2019),	성시온(2010), 김선녀(2013), 양주희(2014), 이인혜(2017), 갈라노바 딜노자(2019), 김서진(2020), 윤영주(2018), 이진경(2020)
내러티브 탐구		조영철(2018)

그간 상호문화 의사소통 능력과 상호문화 능력에 관한 이론적 논의가 진행되었음에도 이론적 개념에 대한 학술적 합의가 명확하게 이루어졌다고 보기 어렵다. 더불어 한국어교육에서도 상호문화 의사소통 능력의 중요성에 대한 논의가 제한적으로 진행되었다. 향후 상호문화 교육의 관점에서 상호문화 의사소통 능력 함양을 위한 교육적 구성 요소에의 학술적 논의와 더불어 상호문화 의사소통 능력의 문화권·언어권별 측정이 이루어져야 할 것이다.

02 상호문화 의사소통 능력의 개념

'상호문화 의사소통(Intercultural Communication)'의 개념은 Edward. T. Hall의 『침묵의 언어(The Silent Language, 1959)』에서 비롯되었다. 일반적으로 상호문화 의사소통은 적합성(appropriateness)과 효과성(effectiveness)을 갖춘 대인적이고 관계적인 능력으로 정의할 수 있다. 상호문화 의사소통은 서로 다른 문화적 배경을 가진 개인들 간의 직접적인 의사소통(face to face communication), 그리고 문화와 의사소통과 관련된 연구를 포괄하는 개념이다(Gudykunst, 2003: vii). 일반적으로 상호문화 의사소통 능력은 상호문화적 상황에서 효과성(목적을 달성하는 능력)과 적합성(맥락적으로 예상 가능하고 수용 가능한 행동)을 갖춘 능력으로 정의된다(Spitzberg & Cupach, 1984; Bradford et al. 2000; Arasaratnam, 2007).

Arasaratnam & Doerfel(2005)은 자기 보고(self-reported)의 관점에서 상호문화 의사소통 능력을 개인적 능력으로 보는 것에 반대하여 타인의 관점(the perspective of the other)에서 상호문화적 관점을 갖추는 것으로 구체화하였다. 참여자 반응(participants' responses)을 토대로 경험(experience), 청취 기술(listening skills), 타문화권 사람들에 대한 긍정적 태도(positive attitudes toward people from other cultures), 타문화에 속한 개인과의 상호작용 동기(motivation to interact with people from other cultures), 인지적이고 정의적인 역할 수행 행위(cognitive and emotional role-taking behaviour)의 5가지를 상호문화 의사소통 능력에 영향을 주는 변인으로 제시하였다(Arasaratnam, Smita & Banerjeeb, 2011: 227).

상호문화 의사소통 능력 연구는 상호문화 적응 능력, 적합성, 효과성과 같은 상호작용 상황에서 성공적인 행동을 예측하는 태도, 기술과 같은 개인적 역량 측정에 기반한 모델 개발을 주요하게 다룬다. Gudykunst, Wiseman, & Hammer(1977),

Hammer, Gudykunst, & Wiseman(1978), Abe & Wiseman(1983), Wiseman & Abe(1984), Hammer(1987, 1989), Wiseman, Hammer, & Nishida(1989)의 연구가 이에 해당한다. 이들 연구는 상호문화적 태도에 기반하여 상호문화 의사소통 능력을 인지적 · 정의적 · 행동적 영역으로 정의하였다. 이러한 관점에서 상호문화 의사소통 능력은 타문화에 대한 긍정적인 태도가 행동으로 구현되는 일련의 발달 과정으로 개념화된다.

반대로 Ruben(1976, 1977, 1987), Ruben & Kealey(1979), Hawes & Kealey(1981), Kealey(1989) 등으로 대표되는 상호문화 의사소통의 상호작용 과정에서 개인의 행동과 기술(individual behaviors and skills)에 중점을 두는 접근이 있다. 이는 개인의 행동적 효과성(behavioral effectiveness)으로 정의되는데, 행동적 효과성은 상호문화 의사소통 능력의 핵심적 척도이며 숙련된 상호문화적 능력(interculturally competent behavior), 존중의 표현(display of respect), 상호작용 촉진(interaction posture), 정보 지향성(orientation to knowledge), 공감(empathy), 자기 지향적 역할 행동(self-oriented role behavior), 상호작용 관리(interaction management), 모호성에 대한 관용(tolerance for ambiguity)의 7가지 기술로 정의된다(Fritz, Möllenberg, & Chen, 2002: 165).

상호문화 의사소통 능력

상호문화 의사소통 능력은 자신과 다른 문화권에 속한 개인 · 집단과의 면대면(face-to-face) 교류에서 적합성과 효과성을 갖춘 의사소통 기술을 통해 일정 수준 이상의 목표를 성취하는 능력으로 정의할 수 있다(Spitzberg & Cupach, 1984, 1989; Spitzberg, 1988, 2000; Bradford, Allen, & Beisser, 2000; Wiseman, 2002; Gudykunst, 2004; Arasaratnam, 2007; Ting-Toomey & Chung, 2012, 2019).

상호문화 의사소통 능력의 구성 요소는 연구자마다 상이하지만 공통적으로 상호문화 의사소통에 참여하는 개인의 정체성과 낯선 사람과 문화에 대한 태도, 의사소통 협상 과정이 주요하게 다루어진다. Ruben(1976)은 상호문화 의사소통 능력의 구성 요소로 존중의 표현, 상호작용적인 태도, 지식의 바른 인식, 감정이입, 자기 지향적 역할 행위, 상호작용 관리, 모호함에 대한 관용의 7가지를 제시하였다.

Wiseman, Hammer, & Nishida(1989)은 자문화 지식과 타문화에 대한 태도의 관점에서 상호문화 의사소통 능력에 접근하였다. Wiseman et al.(1989)은 고정 관념(인지적), 자민족 중심주의(정의적), 사회적 거리(행동적)에 대한 접근으로 상호문화 의사소통 능력을 개념화하였다. Martin & Hammer(1989)는 사회적 기술의 관점에서 상호문화 의사소통의 능력을 개념화하였다. 상호문화 의사소통의 구성 요소로는 의사소통의 기능적 행동 양식, 언어와 비언어적 행동 양식, 일상적 대화 관리 행동 양식을 제시하였다.

Arasaratnam & Doerfel(2005)은 상호문화 의사소통 능력을 자기 보고(self-reported)의 관점에서 개인적 능력으로 정의하는 것에 반대하여 타인의 관점을 해석하는 능력으로 구체화하였다. 상호문화 의사소통 능력에 영향을 주는 변인으로는 경험, 청취 기술, 타문화권의 개인을 향한 긍정적 태도, 타문화권 개인과의 상호작용 동기, 공감 능력의 5가지를 제시하였다(Arasaratnam et al., 2011: 227). Arasaratnam & Doerfel(2005)은 상호문화 의사소통 능력의 주요 선행 연구를 다음과 같이 제시하였다.

표 2.6 상호문화 의사소통 능력: 이론적 접근(Arasaratnam & Doerfel, 2005)

연구자	관점	상호문화 의사소통 능력 구성 요소
Gudykunst (1995, 2002)	불안/불확실성 관리	1. 표면적 요인: 낯선 타인과 상호작용할 수 있는 자아개념 동기, 사회적으로 분류된 낯선 타인에 대한 반응, 상황 진행 절차들, 타인과의 관계 2. 근본적 요인: 낯선 사람들과의 관계, 불확실성과 불안 관리
Kim (1986)	개인 연결망 접근	1. 개인 네트워크의 다양성 2. 개인 네트워크에서 외부집단에 대한 자아 유대감의 범위 3. 개인 네트워크에서 외부집단의 중요성 정도
Kim (1991, 1995, 2002)	조직 이론 접근	1. 개인의 성향 2. 목표 문화 환경 3. 대인 관계와 매스컴의 역학 4. 개인의 상호문화적 변화 과정
Martin & Hammer (1989)	사회적 기술 관점	1. 의사소통의 기능적 행동 양식 2. 언어와 비언어적 행동 양식 3. 일상적 대화 관리 행동 양식
Ting-Toomey (1993)	정체성 협상 관점	1. 상호작용 이미지: 다중적 자아 인식 2. 상호작용의 동기와 의미: 의사소통 동기와 정체성 통합 3. 의사소통 자원: 인지적·정서적·행동적 자원 4. 결과물: 정체성 협상·교섭 과정
Wiseman, Hammer, & Nishida (1989)	자문화에 대한 지식과 타문화에 대한 태도	1. 인지적 측면: 고정 관념 2. 정의적 측면: 자민족 중심주의 3. 행동적 측면: 사회적 거리

Penbek, Yurdakul & Cerit(2009)는 상호문화 의사소통 능력을 "상호문화 능력(Intercultural Competence)"과 "의사소통 능력(Communication Competence)"이 결합된 개념으로 정의하였다. 상호문화 의사소통 능력의 구성 요소로 의사소통 능력(Communication Competence), 상호문화 인식(Intercultural Awareness), 개인적 속성(Personal Attributes), 심리적 적응(Psychological Adaptation), 교육(Education), 사회적 기술(Social Skills), 새로운 환경에 대한 적응(Adoptation to new Environment), 지각

(Perception)을 제시하고 상호문화 의사소통 능력 모형을 다음의 <그림 2.1>과 같이 제안하였다(Penbek, Yurdakul, & Cerit, 2009).

그림 2.1 **상호문화 의사소통 능력 구성 요소(이원희, 2012)**

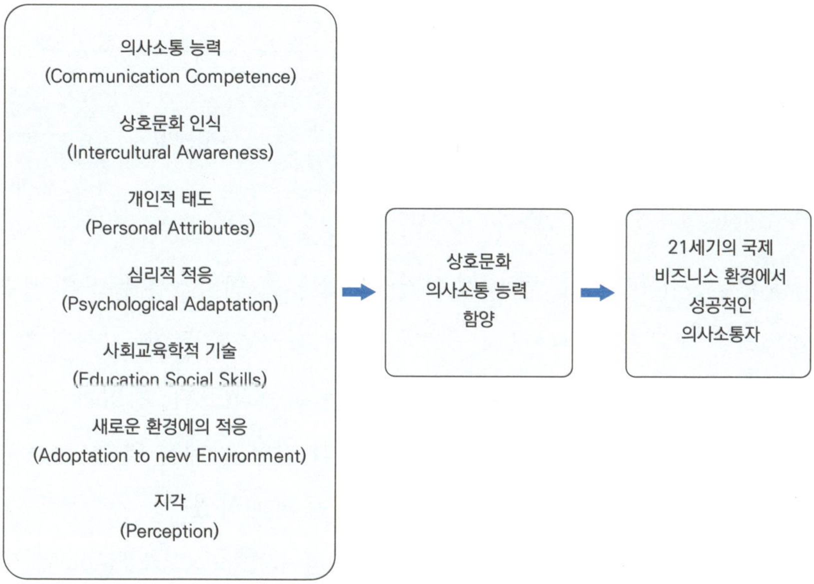

Wen(2004: 175-176)은 상호문화 의사소통 능력을 "의사소통 능력"과 "상호문화 능력"으로 구분하였다. 의사소통 능력은 언어학적 능력, 화용적 능력, 전략적 능력으로 구성되며 상호문화 능력의 구성 요소로는 유연성, 관용, 민감성이 제시되었다. 유연성은 발화 기술, 협상 전략으로 구성되며 관용은 공감과 평등 지향적 태도를 의미한다. 민감성은 듣기 기술, 문화적 차이에 대한 지식, 다차원적 사고 능력을 포함한다. Wen(2004)의 모델에서 상호문화 능력의 개념은 상호문화 감수성의 개념과 크게 다르지 않은 것으로 보인다. 이처럼 상호문화 감수성과 상호문화 능력이 혼용되기도 하나(Deardorff, 2006), 이원희(2021)는 상호문화 감수성과 상호문화 능력을 서로 다른 능력으로 구분하였다.[7]

7 상호문화 감수성은 "상호문화 성숙도(Intercultural maturity, King & Baxter, 2005)", "글로벌 역량(Global competence, Hunter et al., 2006)" 등으로 불리기도 한다(Davis, 2009: 22).

그림 2.2 상호문화 의사소통 능력: Wen의 모델(2004)

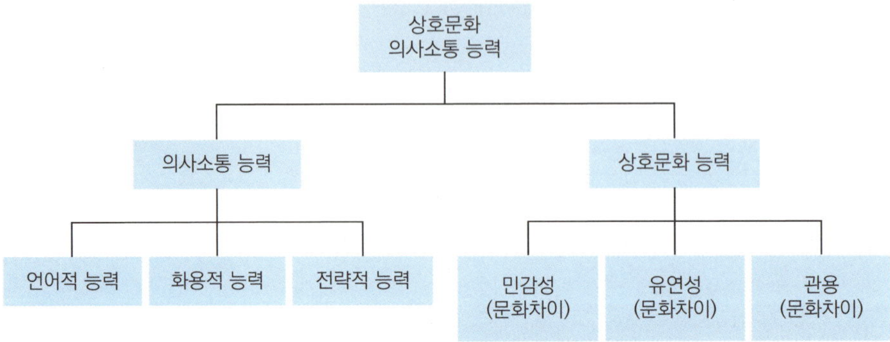

Luting & Koester(2006: 64-77)는 효과적인 상호문화 의사소통 능력은 맥락에 적합하고 효율적인 행동으로 나타나며, 충분한 지식과 적합한 동기, 기술적 행동으로 구성된다고 보았다. 상호문화 능력 촉진 요소로는 존중의 표현, 지식과 통찰, 공감, 관용, 상호작용 관리, 문제 해결, 대인 관계 조율과 같은 관계적 역할, 모호성에 대한 관용, 상호작용에 대한 비언어적 행동의 7가지를 제시하였다.

Chen(1989)은 상호문화 의사소통 능력을 개인적 특성(personal attributes), 의사소통 기술(communication skills), 심리적 적응(psychological adaption), 문화 인식(cultural awareness)의 4가지 차원으로 구분하였다. 개인적 특성은 자아 노출, 자아 인식, 자아 개념, 긴장 완화로 구성된다. 의사소통 기술은 메시지와 사회적 의사소통과의 관련성, 유연성, 상호작용 관리를 포함한다. 심리적 적응은 좌절감, 스트레스, 소외감, 모호함을 다루는 것이다. 문화 인식은 사회적 가치 · 관습 · 규범 · 구조를 이해하는 것이다.

Chen(2014)은 선술한 상호문화 의사소통 능력의 구성요소를 다음과 같이 세분화하여 수정 · 보완하였다. Chen(2014: 18)이 재구성한 상호문화 의사소통 능력은 자아 개방(개방성 · 노출의 깊이, 노출의 양), 자기 인식(사적 자의식, 공적 자의식), 사회적 적응(사회적 불안 · 적응 · 반응, 사회적 상황), 의사소통 능력(의사소통 능력, 상호문화 행동), 상호작용 개입(친절함, 분별력)의 5개 차원의 12개의 요소로 구성된다.

Ting-Toomey & Dorjee(2019: 22-30)는 상호문화 의사소통을 서로 다른 문화권

에 속한 개인 간의 의미 협상으로 정의하였다. 이에 따르면 상호문화 의사소통 과정은 상징의 의미교환 과정으로, 언어적 · 비언어적 메시지를 표현하고 해석하는 '동시적 교환' 과정이다.

상호문화 의사소통 능력의 구성 요소는 학자마다 상이하지만 공통적으로 상호문화 의사소통에 참여하는 개인의 정체성과 낯선 사람과 문화에 대한 개인의 태도와 대화 협상 과정이 주요하게 다루어진다. 상호문화 의사소통 능력은 '자신과 다른 문화권에 속한' 개인 · 집단과의 의사소통 과정에서 적합성과 효과성을 갖춘 언어적 · 비언어적 의사소통 기술을 사용하여 유의미한 결과물을 산출하는 능력으로 정의할 수 있다. 이에 따르면 상호문화 의사소통 능력은 심리적으로 다른 문화권에 속한 개인에게 우선 개방적이어야 하고, 낯선 것에 대해 열린 마음을 가져야 하며, 상대방의 의사소통 방식에 유연하게 대처할 수 있는 능력이다. 이것은 특정 지식을 갖추는 것보다는, 상대방 문화에 대한 개방성과 유연성으로 실제로 구체적인 상황에 대처할 수 있는 능력을 강조한 것이다.

이원희(2021)는 선행 연구를 토대로(Ruben, 1976; Spitzberg & Cupach, 1984, 1989; Kim, 1986, 1988, 1991, 1995, 2001, 2018; Yum, 1998; Chen, 1989, 2014; Wiseman, Hammer, & Nishida, 1989; Martin & Hammer, 1989; 1995; Orbe, Byram 1997, 2008; Spitzburg, 1997; 1998; Kim, 1986; Cupach & Imahori, 1993; Ting-toomey, 1993; Gudykunst, 1987, 1995, 1998, 2002, 2005; Chen & Starosta, 1998; Collier & Thomas, 1998; Oetzel, 1995; Orbe, 1998;Samovar & Porter, 2001; Lustig & Koester, 2003, 2006; Deardorff, 2004; Arasaratnam & Doerfel, 2005; Spitzberg & Changnon, 2009; TingToomey & Korzenny, 2011; Arasaratnam, Smita, & Banerjeeb, 2011; Ting-Toomey & Chung, 2012; Morreale, Spitzberg & Barge, 2013; Bennett & Bennett, 2015; Ting-Toomey & Dorjee, 2019) 상호문화 의사소통 능력의 구성 요소를 '상호문화 능력', '상호문화 감수성', '의사소통 능력'으로 설정 가능하다. 각 구성 요소는 의사소통 동기와 목표 성취를 위해 상호작용한다. 이러한 목표 지향성은 상호문화 맥락에서 건설적인 상호작용으로 목표를 달성하는 능력으로 상호문화적 지식과 인식에 기반한 효과성과 적합성을 갖춘 의사소통과 행동으로 산출된다.

'상호문화 능력'은 상호문화 인식, 상호문화 지식, 상호문화 태도, 상호문화 기술로 구성된다. 4개의 구성 요소 중 문화 인식과 적응 능력으로 대표되는 상호문화 인식과 상호문화 기술이 핵심적 구성 요소가 된다. '상호문화 인식'은 자문화와 목표 문화 지식과 이해, 문화 특정적 정보, 목표 문화와 관련된 규칙과 금기에 대한 지식, 목표 문화의 전통에 대한 이해, 문화적 다양성의 가치에 대한 이해, 맥락 · 규칙 · 문화와 타인의 관점수용을 포함하는 문화 해석 기술, 문화 차이 지각, 문화 지식의 깊은 이해를 포함한다. 상호문화 인식에는 문화적 자의식도 포함되는데 자아의 타자화 과정에서 객관적 재인식에 근거한 문화적 자기 인식과 자기 평가 능력을 의미한다. 이는 타인의 관점으로 자신을 인식하고 타인을 그들의 관점에서 인식하는 관점으로 확장될 수 있다. 궁극적으로 상호문화 인식은 '문화적 차이를 인지하고 수용 한계점과 경계 인식에 근거한 문화적 정체성 확립 과정'을 뜻한다. 문화적 정체성의 확립은 구체적으로 상호문화적 상황에서 적합하게 행동하고, 반응의 한계(boundaries)를 명확하게 하는 것이다. 그러므로 상호문화 능력은 상호문화 의사소통 능력의 '행동적 영역'과 주로 관련되며 상호문화 능력은 문화적 차이에 대한 인식이 외현적 행동으로 표출되는 '행동적 기술'로 정의할 수 있다(이원희, 2021).

다음으로 '상호문화 감수성'은 문화적 차이에 대한 민감성, 존중의 태도에 기반한다. 상호문화 감수성의 핵심은 '상호 존중'과 '공감' 능력이다. '존중'은 상호문화적 상호작용과 의사소통의 복잡성을 인식하고 타문화와 타문화권에 속한 개인에 대한 판단을 보류하려는 노력을 포함한다. '공감 능력'은 감정 이입과 관련되는데 구체적으로 타인과 타인의 관점 이해와 경계 · 편견 · 차별 지양을 뜻한다. 그러므로 상호문화 감수성은 상호문화 의사소통 능력의 정의적 영역과 주로 관련된다. 상호문화 감수성은 문화적 지식이 상호문화적 상황에서 적합하고 효과적인 행동으로 산출될 수 있도록 개인의 긍정적 태도와 이와 관련된 감정을 다룬다. 이러한 논의를 토대로 상호문화 감수성을 '타문화권에 속한 개인에 대한 긍정적 태도, 문화적 차이를 인식하는 민감성, 유연성, 개방성, 공감 능력, 포함하는 개인적 능력'으로 정의하였다(이원희, 2021).

Deardorff(2004: 196)는 23명의 상호문화 능력 전문가를 대상으로 한 델파이 연구에서 '태도'를 상호문화 능력의 기본적이며 필수적인 요소로 제시하였다. 3차에 걸친 델파이 연구에서 23명의 전문가 모두가 '타인의 세계관에 대한 이해(the understanding of others' worldviews)'를 상호문화 능력의 필수적 요소로 선택하였다(Deardorff, 2006: 248). 이는 상호문화 능력에서 태도의 영역, 즉 정의적 영역의 중요성을 강조한다. 이러한 태도는 결국 상호문화 감수성과도 관련된다. Byram(1997: 34) 역시 상호문화 능력과 연관된 상호문화 의사소통 교육에서 '태도'의 향상을 가장 기본적인 교육 목표로 삼았다.

선행 연구를 종합하여 상호문화 감수성의 구성 요소를 재구성하면 민족 상대주의적 관점, 모호함에 대한 관용, 개방성과 유연성, 문화적 차이에 대한 민감성을 핵심적 구성요소로 제시할 수 있다. 먼저 '민족 상대주의적 관점'은 타문화 중심적 인식과 태도로, 이는 다른 문화의 존중과 타인 지향성에 기반한다. 민족 상대주의는 사회 · 문화 현상을 연구할 때, 그 현상이 지닌 고유한 의미와 가치를 그 사회의 맥락이나 환경을 고려하여 이해하려는 정서적 태도를 의미한다. '모호함에 대한 관용'은 자문화와 다른 이해될 수 없는 문화의 불분명함을 수용하는 태도이다. 이는 다른 문화 존중과 타인 지향성에 기반한다. 모호함에 대한 관용은 사회 · 문화 현상을 연구할 때, 그 현상이 지닌 고유한 의미와 가치를 그 사회의 맥락이나 환경을 고려하여 이해하려는 정서적 태도를 의미한다. '개방성'은 문화적 다양성의 가치에 대한 이해를 토대로 다른 문화권에 속한 사람을 향한 보편적인 개방성, 호기심과 문화적 발견으로 구체화 된다. '유연성'은 자국 문화와 목표 문화의 서로 다른 인식, 표현, 상호작용 행동을 맥락에 적합하도록 조절하는 능력을 포함한다. 인지적 유연성은 목표 문화의 다양한 상황에 적합한 사회적 역할 수행 능력으로 구체화된다. 이는 문화와 관련된 행동을 인식하고 자문화 관점에서 낯선 행동이나 목표 문화권에서 적합한 말과 행동을 산출하는 것, 문화적으로 다양한 상황에 적합한 사회적 역할 수행의 토대가 된다. '문화적 차이에 대한 민감성'은 상호문화 의사소통 상황에서 문화적 차이에 의한 언어적 · 비언어적 표현을 민감하게 인식하고 적절하게 반응하는 것이다.

마지막으로 '의사소통 능력'은 목표언어/외국어 능력, 사회언어학 능력, 담화 능력, 메타 커뮤니케이션 능력으로 구성된다. '목표언어/외국어 능력'은 언어 유창성으로, 목표 언어인 외국어 능력 숙달도를 뜻한다. '사회언어학 능력'은 언어와 사회적 맥락 사이의 관계 인식, 상호작용 과정에 대한 이해를 포함한다. '담화 능력'은 상호작용 과정에 대한 지식과 자각, 상호작용 관리를 포함한다. 상호문화적으로 운용되는 상호작용 관리는 상호문화 맥락에서 적극적 상호작용을 통한 일정 수준 이상의 목표 달성 능력을 뜻한다. '메타 커뮤니케이션 능력'은 의사소통 과정의 정보 전달 능력으로 상호문화 행위에서 나타난 문제를 적합하게 다루는 기술을 의미한다. 주로 비언어적 행동이 메타 커뮤니케이션의 기능을 수행한다. 이는 상호작용 과정에 대한 지식과 자각을 포함하는 담화 능력과 맥락을 인식하는 사회언어학적 능력에 기반한다. 한국어교육에 적합한 상호문화 의사소통 능력을 시각적으로 구현하면 다음의 〈그림 2.3〉과 같다.

그림 2.3 상호문화 의사소통 능력 구성 요소(이원희, 2021)

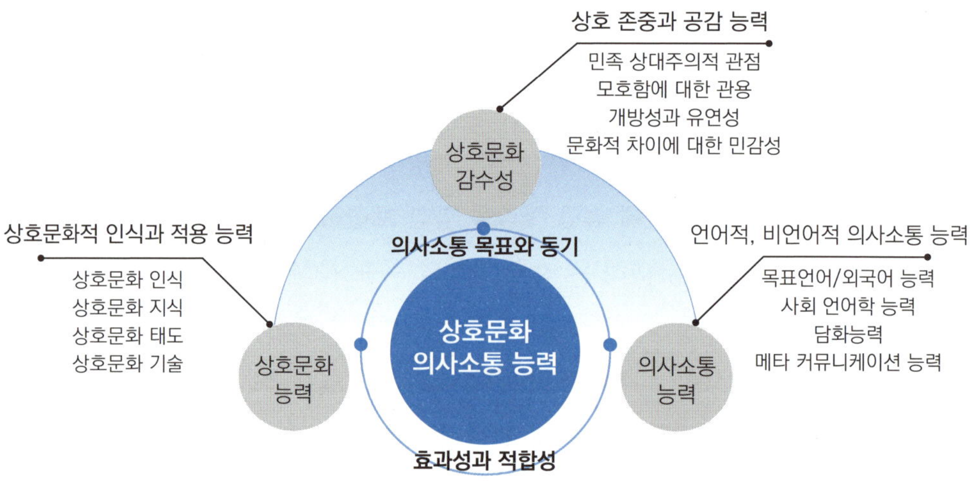

03 상호문화 의사소통 능력의 구성 요소

상호문화 의사소통 능력의 구성 요소는 연구자마다 다르지만 공통적으로 '상호문화 의사소통에 참여하는 개인의 정체성과 낯선 사람과 문화에 대한 개인의 태도와 대화 협상 과정'이 주요하게 다루어진다. 성공적인 상호문화 의사소통을 위해서는 먼저 학습자 개인의 문화적 정체성이 확립되어야 한다. 이와 함께 낯선 문화와 타인에 대한 편견 없는 사고와 긍정적 태도를 함양하는 교육이 이루어져야 한다. 그러므로 상호문화 의사소통 능력 함양을 위한 상호문화교육에는 문화에 대한 편견 없는 태도와 상호문화 갈등 상황에서 유연하게 대응할 수 있는 상호문화 기술의 영역이 포함되어야 한다. 이를 위해 학습자의 사고와 인식, 태도의 변화가 행동적 영역으로 이행될 수 있도록 인지적 · 정의적 · 행동적 영역이 통합적으로 구성된 교육 방법론이 고안되어야 한다(Brislin & Horvath, 1997).

상호문화 능력(Intercultural Competence)

한국 사회가 다문화사회로 변모함에 따라 상호문화 능력은 상호문화 의사소통 상황이 지속적으로 발생하는 한국어교육의 영역뿐만 아니라 한국 사회 전반에서 개인이 갖추어야 할 능력이 되었다. 'Intercultural Competence'는 상호문화 의사소통(Intercultural Communication, IC) 연구에서 주요하게 다루어지는 개념으로 선행 연구에서 살펴보았듯이 학술적 영역과 연구자의 관점에 따라 '문화간 능력', '문화간 역량', '문화간 유능성', '다문화적 역량', '문화간 수용 능력', '상호문화 역량' 등으로 다양하게 번역된다. 일반적으로 상호문화 능력(Intercultural Competence)은 다문화 사회에서 상호문화적 관계를 효과적으로 유지하기 위해 요구되는 개념으로 문화적 배경이 다른 개인이나 집단 사이의 적합성과 효과성을 갖춘 상호문화 의사소통 능력의 핵심적 구성 요소로 제시된다.

Chen & Starosta(1996)는 일반적인 의사소통 능력과 상호문화 의사소통 능력을 구분하고 상호문화 능력을 상호문화 의사소통의 '행동적 영역'으로 규정하였다. 상호문화 의사소통 능력의 행동적 영역으로서의 상호문화 능력은 "적합성과 효과성을 갖춘 효과적인 상호문화적 상호작용 능력"으로 정의된다. 또한 "문화적 차이의 수용, 존종, 관용, 통합이 가능한 세계시민적 자질(Chen & Starosta, 1996: 344)"이며, 문화적으로 다양한 환경에 따라 다른 정체성을 소유한 개인들 사이의 교섭을 위해 효과적이고 적절한 의사소통 기술을 사용하여 목표를 달성하는 개인적이고 "행동적 능력"으로 개념화된다(Chen & Starosta, 1996, 1997). 행동적 영역에 초점을 두었을 때 상호문화 능력은 문화적 맥락 안에서 적합하게 행동한다는 의식적 자각, 고정관념에 빠지지 않고 문화적 일반화가 가능한 사고, 문화 차이에 대한 호기심, 모호함에 대한 인내심, 상호작용을 분석하고 오해를 예측하여 타문화에서 적절한 "대안적 행동"을 포함하는 개념이다(Bennett & Bennett, 2004).

그러나 학자에 따라서는 상호문화 능력을 "인지적 · 정의적 · 행동적 영역의 통합적 능력"으로 보는 관점도 있다(Deardorff, 2006; Straub et al., 2007; Spencer-Oatey & Franklin, 2009, Bennett, 2011, 2013). Bennett(2013)은 상호문화 능력을 다양한 문화적 맥락에서 효과적이고 적절한 상호작용을 지원하는 인지적 · 정의적 · 행동적 기술과 특성으로 정의하였다. 그러므로 상호문화 능력은 효과적인 상호문화 의사소통 능력의 토대가 되는 "개념적 · 태도적 · 기술적 통합체(Bennett & Bennett, 2001: 37)"로 학습 · 훈련 · 타문화와의 접촉 경험을 통해 촉진된다고 할 수 있겠다.

Bolten(2006: 86-88)은 상호문화 능력을 상호문화 맥락에서 개인적, 사회적, 전문적이고 전략적인 행위를 효과적으로 상호작용하는 능력으로 정의하고[8] 상호문화적

---

8 Bolten(1999: 28)에 의하면 의사소통적 상호작용 자체를 구성하는 것이 상호관계주의이다. 내용 차원과 관계 차원의 상호관계에서 의사소통적 행위의 주체는 다른 사람과 함께할 때만 소통을 실현한다. 이는 주체의 행위가 상대방의 행위와 분리될 수 없다는 것을 뜻한다. 상호작용 때문에 주체의 행위는 다른 사람의 행위에 한 부분이 되고 종속된다.… (중략) …의사소통 파트너는 자아 가치 개념, 자기 자신의 기대와 상대방이 이렇게 기대하리란 기대를 가지고 이와 관계하여 의사소통 과정

행위에 영향을 끼치는 상호문화 능력의 하위 구성 요소를 〈표 2.7〉과 같이 제시하였다.

표 2.7 상호문화 능력(Intercultural Competence) 구성 요소(Bolten, 2006: 86)

구성요소	세부 내용
모호함에 대한 관용	동의하지 않는 대상들과 모호함 사이의 긴장 관계를 견딜 수 있는 능력
적응 능력	자신의 가치 체계나 사고방식을 포기하지 않고, 자신의 삶의 중심이 옮겨진 타문화의 의사소통 및 상호 행위 규범에 적응하는 능력
문화 변용(Akkulturation)에 대한 준비성	오랜 외국 체류기간 후에 그 나라의 가치, 규범, 사고방식을 수용하고 자신의 것으로 천명하려는 의지
수용한계 인지	상호문화 맥락에서 중요한 것은 '공통 분모'이므로 이를 자각하고 수용가능성의 경계를 인지하고, 유지하는 능력
상위의견에 대한 의식	의사소통 양자의 수용 의지를 끌어내기 위해 서로 다른 입장을 의식할 수 있는 능력
감정이입	문화 파트너의 심리적 상태와 사고 방식과 관련된 감정 이입 능력
융통성 또는 개방성	새로운 것을 배우고, 자신의 사고와 행동 틀을 교정하려는 마음가짐으로 익숙하지 않고 낯선 상황에서 빠르게 적응할 수 있는 능력과 즉흥성을 포함
외국어 지식	언어와 문화는 상호 의존적임을 인식
상호문화 학습에 대한 준비성	상호문화 상황을 위기나 필요악으로 인식하는 것이 아닌 학습 기회로 보는 준비성과 생소한 것에 대한 호기심
의사소통 능력	타인과 의사소통 하고 의사소통 네트워크를 만들 수 있는 능력으로 상호문화 의사소통 시 갈등과 문제적 상황의 발생이 발생했을 때 필수적인 능력

을 구성한다. 화자와 청자가 서로 다른 자아 가치 개념, 기대, 기대에 대한 기대를 근거로 상호작용을 할 때 표면적으로 나타나는 것은 언어적·비언어적인 요소들이다. 즉, 말이나 글, 억양, 악센트, 행동, 태도, 표정, 손짓, 그리고 시간이나 공간 사용, 그 외의 여러 가지 사회적 변수로 나타난다. 이러한 것들이 상호작용의 역동성 속에서 연속적으로 진행된다는 점을 고려해야 한다(유수연·김순임, 2004: 376).

문화지식	문화 요소들과 규범 지식을 넘어선, 그것의 배경과 자문화와 타문화의 체계와 관련성에 대한 지식
메타 커뮤니케이션	의사소통 과정에서 정보를 전달하는 능력으로 상호문화 행위에서 나타나는 문제들을 적절하게 다룰 수 있는 능력
표면구조와 심층 구조의 구분	표면 구조적으로 공동의 목표 구상안을 추구할 때, 문화적인 차이를 의식적으로 유지하는 능력
다원주의	민족중심주의와 반대로 상호문화 행위 연관성을 자문화적 경험을 배경으로 해석을 시도하지 않는 것으로 타문화의 자립성을 인정하며 문화 고유한 가치들을 상대화하려는 태도
역할 간격	자신에게 객관적 거리를 두고 바라보는 것, 자신을 객관화, 타자화하여 자신의 행위를 스스로 관찰할 수 있는 능력
자기 통제력	스스로 통제된 행동을 실행하는 것으로 자발적 조직과 시간관리 능력
공동작업 의식	기존 구조에 얽매이지 않기, 우연성을 수용(창조적 혼돈)하고 기존 구조에 얽매이지 않는 행동, 우연성에 대한 수용 의지
창조적 혼돈	'전형적'이 아닌 질적으로 새로운 것을 촉진하는 능력
주제화 능력	불분명하고 오해의 소지가 있는 상황을 주제화·공개할 수 있는 능력
관용 (감정이입과 연결)	타인이 수용 경계를 넘었을 때 우선 그 사람의 관점에서 이해하고 설명하려는 노력

다음으로 Canale & Swain(1980)의 의사소통 능력에 상호문화 능력(Intercultural Competence)을 더하여 상호문화 의사소통 능력이 확장될 수 있다는 견해(Dinges, 1983; Hammer, 1989; Martin, 1989; Kim, 1991, Wiseman & Koester, 1993)는 상호문화 능력이 상호문화 의사소통 능력의 핵심적 구성 요소라는 전제하에 상호문화 의사소통 능력의 구성 요소에 대하여 접근할 수 있도록 한다.

외국어 학습에서 상호문화 능력은 목표 문화와 연관된 태도와 행동, 기대감에 직면했을 때 유연한 태도로 적합하게 '행동하는 능력'으로 정의할 수 있다(Mayer, 1991: 193; Hammer, Bennett, & Wiseman, 2003: 422). 그러므로 상호문화 능력은 성공적이고 효과적인 의사소통과 상호작용의 핵심적 자원으로 기능한다(Krajewski, 2011: 138). 상호문화 능력은 상호문화적 상호작용에서 필요한 특성들을 총체적으로 일컫는 개념이다.

한편, 상호문화 능력은 나무의 개념으로 상징화되기도 한다(UNESCO, 2013: 23-24). 시각적으로 구현된 나무는 뿌리, 몸통, 나뭇가지, 잎의 네 부분으로 구성된다. 뿌리는 문화(정체성, 가치, 태도, 신념 등)와 의사소통(언어, 대화, 비언어적 행동 등)을 의미한다. 몸통은 문화 다양성, 인권, 상호문화 대화로 구성된다. 나뭇가지는 실행 단계로 명료화, 교육, 홍보, 상호문화 능력 규정과 보완 등을 포함한다. 잎은 상호문화적 책임, 상호문화 문식성, 회복력, 문화적 변환, 상호문화 시민 의식, 공존, 성찰성, 창조성, 유연성, 문맥화 단서, 가치 재평가 · 가치 전이(transvaluation), 공동체 의식에 바탕을 둔 인간애(ubuntu), 의미론적 가용성, 친절한 아이디어, 기술, 내집단과 외집단의 구분(uchi Soto), 다중언어주의(multilingualism), 성향, 정서, 지식, 번역, 상호문화 의사소통 능력으로 구성된다. 이러한 구성 요소 중 일부는 유동적이면서도 민감함을 갖추고 있어 맥락의 다양성 보완이 가능하다.

그림 2.4 상호문화 능력(UNESCO, 2013:23)

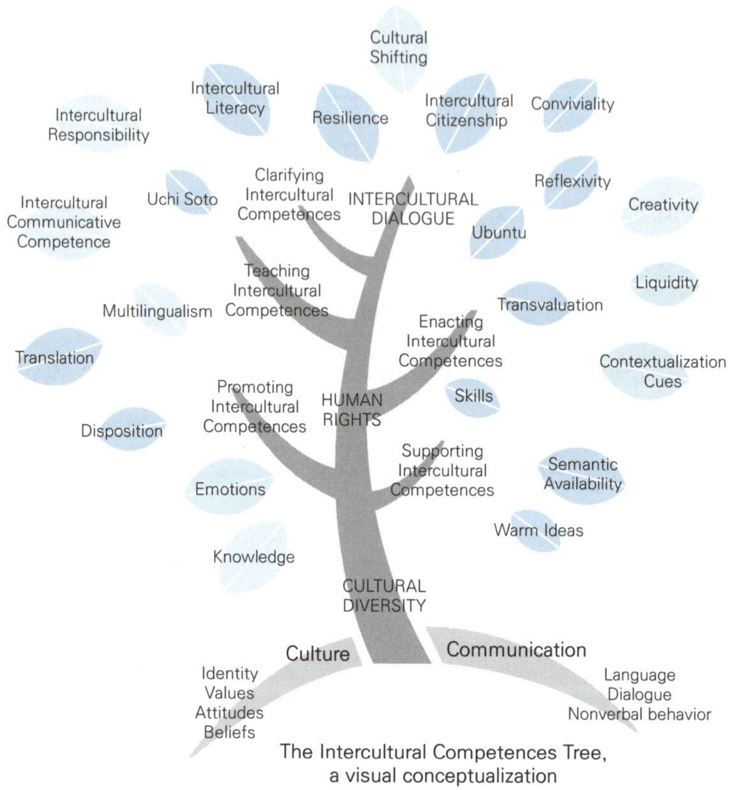

Deardorff(2004: 236)는 상호문화 능력과 관련된 개념으로 국제 역량(international competence), 상호문화 효과성(intercultural effectiveness), 글로벌 역량(global competence), 세계 시민성(Global citizenship)을 제시하였다.

Fantini(2007: 8-9)는 교차문화 인식, 글로벌 경쟁 지능(global competitive intelligence), 문화 능력(cultural competence), 문화적 감수성(cultural sensitivity), 민족 상대주의(ethno-relativity), 국제 역량(international competence), 상호문화적 상호작용, 이중문화주의, 다문화주의의 개념은 상호문화 의사소통 과정의 복합적인 현상의 제한된 측면만을 다룬다고 보고 이를 포괄하는 개념으로 상호문화 능력에 접근하였다. Fantini(2007)는 상호문화 능력을 정의하면서 문화 내부적 관점(etic)과 문화 외부적(emic) 관점, 개인의 관점과 타인의 관점을 통합하는 효과성과 적합성을 강조하였다.

한편, 상호문화 능력은 '효과성(effectiveness)'과 '적합성(appropriateness)'의 두 가지 '행동적 기술'로 정의되기도 한다(Koester, Wiseman, & Sanderm 1993, Spitzburg, 1997). 효과성은 문화적 교환 과정에서 목표를 달성하는 것을 뜻한다. 구체적으로는 의사소통 과정에서 개인의 목표를 성공적으로 성취하는 것이다. 적합성은 타문화의 규범과 규칙을 존중하는 상호작용적 능력으로, 상호문화 상호작용 맥락 특히 상호작용 과정에서 특정 문화와 문화에 내포된 규칙과 가치 있는 기준을 위반하지 않는 것이다.[9]

상호문화 능력은 효과적인 의사소통에 초점을 맞춘다. 그러므로 '사회언어학적 지각'과 성공적인 '언어적 · 비언어적 의사소통'은 상호문화 능력의 핵심적 요소이다. 상호문화 능력은 인지 능력, 지식, 기술의 단계적 변화 과정으로 오랜 시간이 수반되는 과정이다(Cross et al., 1989). 이러한 상호문화 능력의 발달과 함양은 상호문화적 경험 축적을 통해 이루어진다(Krajewski, 2011: 140).

---

9 상호문화 능력에 관한 다양한 관점은 다음과 같다. 먼저 사회과학적 측면에서 상호문화 능력은 동기, 지식, 태도, 행동, 기술 등을 하위 구성 요소로 포함한다. 다음으로 해석과 비평의 관점에서 상호문화 능력은 맥락적 측면이 강조된다. 마지막으로 직접적 접근은 개인과 맥락적 요소의 결합이다(Martin & Nakayama, 2000: 317). 해석과 비평의 관점에서 맥락은 역사, 문화적 관계, 성과 인종, 상호작용에 영향을 끼치는 모든 것을 포괄한다. 해석적 접근은 상호문화 의사소통에서 발생하는 모든 맥락을 아우른다. 비평의 관점에서 역사, 경제, 정치적 이슈 등은 강력한 맥락으로 작용한다. 직접적 접근에서 상호문화 능력은 사회과학적, 해석과 비평, 그리고 이 모든 것을 상호관련적으로 통합한다(Straffon, 2001: 27-28).

표 2.8 상호문화 능력 개념 정의(이원희, 2021)

연구자	개념
Fritz, Möllenberg, & Chen(2002)	타문화에 대해 긍정적인 태도를 함양하는 개인적 능력
Bennett & Bennett (2004)	다양한 문화적 맥락에 적절하게 대응하고 상호문화적으로 적합한 방법을 고안하여 이를 행동으로 실행하는 능력
Deardorff (2004, 2006)	개인의 상호문화적 지식, 기술, 태도에 기반하여 상호문화 상황에서 효과성과 적합성을 갖춘 의사소통 능력
Lasonen(2006)	다문화 능력(multicultural competence)과 상이한 개념으로 국제적·다문화 환경에서 근무하고, 서로 다른 문화 학습에 기여하고 협력하는 능력. Lasonen(2006: 19)은 상호문화 능력과 다른 개념으로 다문화 능력을 "소수 집단"과 관련된 윤리적 정책, 전략, 선택 능력의 함양으로 정의하였다.
Fantini(2007)	언어·문화적으로 자신과 다른 사람들과 상호작용할 때 효과적이고 적절한 의사소통 수행에 필요한 복합적 능력
Spitzberg & Chagnon (2009)	세계에 대한 다른 인지적, 정서적, 행동적 지향을 나타내는 사람들 사이의 상호작용을 적절하고 효과적으로 관리하는 능력
Kim(2009)	기존의 문화적 방식을 수정하고 새로운 문화적 방식을 학습하고 수용하며 문화적 차이와 생소함에 동반되는 스트레스를 창의적으로 관리하는 적응력
UNESCO(2013)	다양한 형태의 의사소통 능력에 기반하여 상호문화적 상황에서 의사소통에 사용되는 자원, 문화적 다양성과 인권을 핵심 근간으로 하며 상호문화 대화(intercultural dialogues) 산출에 필요한 능력

Bolten(2001: 87)은 상호문화 능력을 독립적 영역이 아닌 개인적·사회적·전문적·전략적 능력들의 유기적인 통합체로 보고 상호문화적 행위 맥락과 연계된 능력으로 규정하였다. Bennett(2006)은 상호문화 능력을 갖춘 개인은 문화적 고정 관념에 도전할 수 있으며 문화 교류의 촉진자, 촉매자의 역할을 할 수 있다고 보았다. 또한 자민족 중심주의의 근원을 인정하는 동시에 타문화에 대한 객관성을 유지할 수 있으며 문화적 공감과 타자의 세계관에 대한 상상적 참여가 가능하다고 보았다(이원

희, 2018b: 194).

상호문화 능력을 갖춘 개인은 공감 능력, 타문화에 대한 배려심, 목표 문화를 향한 관심, 유연성, 인내심, 상호간의 이해, 상호협력 도모 능력을 갖추었다. 이상적인 상호문화 능력을 갖춘 개인은 다문화 사회의 문화 갈등 상황에서 자문화와 타문화의 균형적 이해를 바탕으로 상호문화적 관점과 비판적인 사고로 문제를 인식하고 해결할 수 있다.

교육적 관점에서 상호문화 능력은 다양한 문화적 배경을 가진 사람들과의 상호작용 과정에서 세계를 경험하고 조직하는 다양한 방법을 인식하고 이를 배우려는 열린 마음으로 정의할 수 있다. 그러므로 상호문화 능력을 갖춘 학습자는 낯선 문화를 학습하고, 다양한 문화를 경험하면서 자문화의 관점을 넘어선 지식과 사고 · 신념 체계의 확장을 경험할 수 있을 것이며 이는 지속적인 상호문화 상황이 발생하는 한국어 교실에서 한국어 교사와 학습자에게 필수적으로 요구되는 능력이다. 상호문화교육에서 다루어지는 상호문화 능력은 거시 구조(akrostrukturelle) 관점, 일상 생활에서 구체적인 상호작용 · 행위 공간(Handlungsraum), 심리 · 사회적 발달 과정과 관련된다(Holzbrecher, 2004: 93-97).

학술적 관점에 따라 다소 상이하나 일반적으로 상호문화 능력의 구성 요소로는 적합성과 효과성, 문화적 지각, 태도, 기술, 지식 등이 제시된다. 상호문화 능력 · 대인 의사소통과 관련된 개념과 요인으로 동기, 지식, 기술(특정 행동이 가능한 능력으로 고차원적 기술, 미시적 기술 · 능력), 조절, 조화, 표현, 담화 능력, 결과물 등이 제시된다(Spitzberg & Changnon, 2009: 36-43).

표 2.9 상호문화 능력 구성 요소(이원희, 2021)

연구자	구성 요소
Koester, Wiseman, & Sanderm(1993), Spitzburg(1997)	적합성과 효과성
Paige(1993)	목표 문화 지식, 개인적 특성(유연성, 모호함에 대한 관용, 유머 감각, 개방성), 행동적 기술(의사소통 능력), 자아 인식(개인의 가치와 신념), 전문적 기술(과업 성취 능력) 상황적 요소(명확한 기대, 심리적 압박 등)
Lambert(1994)	세계에 대한 지식, 외국어 유창성, 문화적 공감, 외국인과 외국 문화 인정하기, 국제적인 환경에서 직업 능력의 구현
Gudykunst & Pusch(1994)	인식/주의하기(Mindfulness), 인지 유연성, 모호성에 대한 관용, 행동 유연성, 교차문화 공감
Bennett & Bennett (2001)	적합성과 효율성을 갖춘 상호작용을 위한 지식, 동기, 기술
Cornes (2004)	진정성 있는 소통 욕구, 자기 인식, 자기 확신과 통제, 감각적 민감성, 공감 능력, 감성적 통찰력, 행동적 유연성, 객관적 시각, 겸손함, 내면적 성찰
Lusting & Koester (2006)	맥락, 적합성과 효과성, 지식, 동기, 행동
Penbek, Yurdakul, & Cerit(2009)	의사소통 능력, 상호문화 인식, 개인적 속성, 심리적 적응, 교육, 사회적 기술, 새로운 환경에 대한 적응, 지각과 인식
Bennett (2013)	• 인지적: 문화적 자아 인식, 일반 문화 지식, 특정 문화 지식, 상호작용 분석 • 정의적: 호기심, 인지적 유연성, 동기, 개방성 • 행동적: 관계 형성 기술, 듣기·문제 해결 등과 같은 행동적 기술, 공감, 정보 수집 기술

Spitzberg & Changnon(2009: 2-52)은 상호문화 능력의 연구사를 검토하면서 22개의 상호문화 능력 모델을 구성 모델, 협동 지향 모델, 발달 모형, 적응 모델, 요인 모델의 5가지로 범주화하였다. 이 중 Deardorff(2004, 2006)의 피라미드 상호문화 능력 모델, 피라미드 상호문화 능력 모델과 Stiftung & Cariplo(2008)의 상호문화 능

력 모델, 정체성 협상 이론(Ting-toomey, 1993), 상호문화 능력 교육 모델(Stiftung & Cariplo, 2008), 상호문화 능력 차원(intercultural competence dimension, Fantini, 2009)을 중심으로 살펴보고자 한다.

Fantini(1999: 183-184)는 상호문화 상황에서 긍정적 태도와 인식의 중요성을 강조하고 상호문화 능력의 구성 요소인 '자신과 타인에 대한 인식', '태도', '기술', '지식(A+ASK)' 중 상호문화 능력 함양의 핵심적 요소로 '인식'을 제시하였다(Fantini, 1999: 183-184). 이를 시각적으로 구현한 것이 다음의 〈그림 2.5〉와 같다.

그림 2.5 **상호문화 능력(Fantini, 1999)**

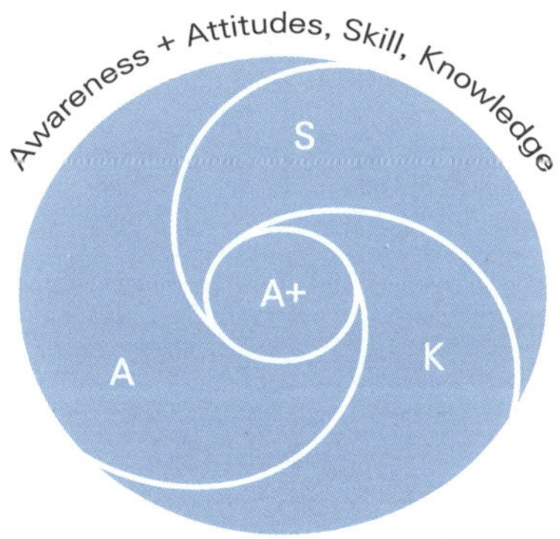

Fantini(2000: 27)는 Martin(1989), Wiseman & Koester(1993)의 논의에 기대어 상호문화 능력과 관련된 세 가지 주요 능력으로 관계를 유지 · 발전시키는 능력, 최소한의 효과적이고 적합한 의사소통 능력, 타인의 동의와 협력을 얻을 수 있는 능력을 제시하였다. 상호문화적 맥락에 필요한 요소와 개념으로 존경, 공감, 유연성, 인내, 관심, 호기심, 개방성, 동기, 유머, 모호성에 대한 관용, 판단 보류를 제시하였다. 그는 상호문화 능력의 교육적 요소를 태도(정서적), 지식(인지적), 기술(행동적)의 영역으로 구성할 것을 제안하였다(Fantini, 2000: 27-28).

Deardorff(2004, 2006)는 23명의 상호문화 전문가를 대상으로 3차에 걸친 델파이(Delphi methodology) 연구 결과를 토대로 피라미드 상호문화 능력 모델과 상호문화 능력 과정 모델을 고안하였다.

그림 2.6 **피라미드 상호문화 능력 모델(Deardorff, 2004)**

기대되는 외적 결과

(상호문화 지식, 기술, 태도 등을 토대로) 개인이
일정 수준 이상의 목적을 달성하도록 하는 효과성과
적합성을 갖춘 의사소통과 행동

기대되는 내적 결과

- 새로운 문화적 환경과 상이한 의사소통 방식과 행동에 대한 적응성
- 적합한 의사소통 방식과 행동을 선택할 수 있는 인지적 유연성
- 민족 상대주의적 관점
- 공감

지식&이해 ↔ **기술**

지식&이해
- 문화적 자아 인식
- 맥락 · 규칙 · 문화적
- 영향과 타인의 세계관을 포괄하는 문화에 대한 깊은 이해
- 문화 특정적 정보
- 사회언어학적 인식

기술
- 듣기
- 관찰
- 해석
- 분석
- 평가
- 관련짓기

필수적 태도

- (타문화의 가치와 다양성에 대한) 존중
- (상호문화 학습과 교류에서) 개방성과 판단보류
- (불확실성에 대한) 호기심과 발견

피라미드 상호문화 의사소통 능력 모델은 상호문화 능력을 단계적으로 제시하고 있다. 먼저 개방성과 판단 보류, 호기심과 발견의 태도에 기반하여 지식 · 이해와 기술의 상호작용이 이루어진다. 개방과 존중의 태도를 토대로 지식 · 이해와 기술이 형성된 후 기대되는 내적 결과 단계로 나아가며 최종 단계에서는 효과성과 적합성을 갖춘 상호문화 의사소통 능력을 산출한다.

그림 2.7 상호문화 능력 과정 모델(Deardorff, 2004)

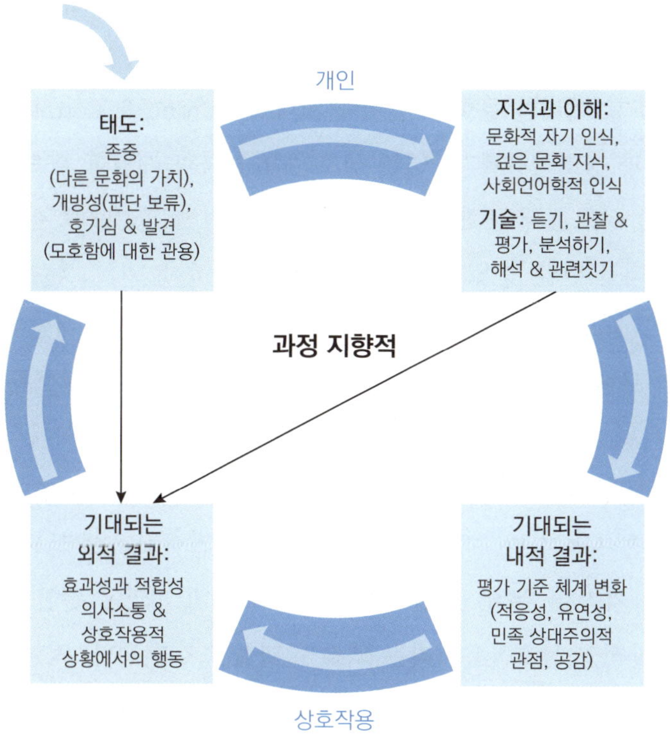

Deardorff(2004, 2006)는 피라미드 상호문화 의사소통 능력 모델과 함께 상호문화 의사소통 과정 모델(Process Model of Intercultural Competence)을 고안하였다. '상호문화 능력 과정 모델'은 단계적으로 구성된 '피라미드 상호문화 의사소통 능력 모델'의 구성 요소인 '태도', '지식 & 이해', '기대되는 내적 결과', '기대되는 외적 결과'를 일련의 순환 과정 지향적인 상호작용 과정으로 재구성한 모델이다(Deardorff, 2006: 256).

Stiftung & Cariplo(2008)는 문화 다양성의 중요성을 강조하면서 상호문화 능력을 상호문화적 상황에서 "효과적이고 적절하게 상호작용하는 능력"으로 정의하였다. 상호문화 능력은 정의적 특징, 상호문화 지식, 기술, 숙고 등에 의해 뒷받침되며 사회정치적 틀과, "개방적이고 역동적이며 끊임없이 변화하는 실제"로서 문화 개념의 중요성이 강조된다. 변화와 과정 지향적인 문화 개념은 관계에 기초하여 역동적인 실체로서 모순, 상호 혼합 및 새로운 다양성을 수용하려고 시도하며 이러한 의미에서 문화는 변화하는 의미의 흐름으로 인식된다. 그러므로 문화는 일련의 "역동적인 흐름으로서 규범, 가치, 생활방식 사이 협상의 지속적인 과정"이다(Stiftung & Cariplo, 2008: 4-7). 이러한 문화 개념에 근거하여 Stiftung & Cariplo(2008: 7)는 역동적 문화 개념과 상호작용할 수 있는 상호문화 능력의 개념화 필요성을 강조하였다. 이에 따르면 상호문화 능력은 지속적이고 역동적인 과정으로 상호문화 상황에 따라 다양한 형태를 취할 수 있다.

Stiftung & Cariplo(2008: 6-10)는 유동적이고 역동적인 문화 개념에 근거하여 상호문화 능력의 구성 요소로 태도, 문화 지식과 상호문화 기술, 상호문화 능력의 내적 결과, 상호문화 유능성의 외적 결과 4가지를 제시하였다. 문화 지식은 타인의 세계관 · 가치 · 규범과 삶의 방식 · 문화 요소가 행동과 의사소통에 미치는 역할과 영향에 대한 이해를 포함한다. 기대되는 외적 결과는 건설적 상호작용을 의미하는데 구체적으로는 가치 있는 목표 달성과 문화적 규칙 위반 지양을 뜻한다. 이는 적합한 상호작용과 효과적인 상호작용이라는 외적 결과물로 실현된다. 적합한 상호작용은 의사소통 참여자가 가치 있게 여기는 문화적 정체성, 가치 규범 등의 핵심적 측면이 의식 · 무의식적 측면에서 침해되지 않는 것을 뜻한다. 각 요소는 건설적으로 상호작용하며 상호문화 능력을 함양한다. 나선형 학습(Learning spiral) 모델은 모호성에 대한 관용과 문화적 다양성에 대한 태도가 긍정적일수록 문화 지식, 의사소통 기술, 갈등 관리 능력이 향상되며, 네 개의 구성 요소가 서로 긴밀하게 영향을 주고받는다는 것을 의미한다. Stiftung & Cariplo(2007)는 상호문화 능력을 복합적이고 다차원적인 시각적 개념으로 구현하였다.

그림 2.8 **상호문화 능력 모델(Stiftung & Cariplo, 2007: 7)**

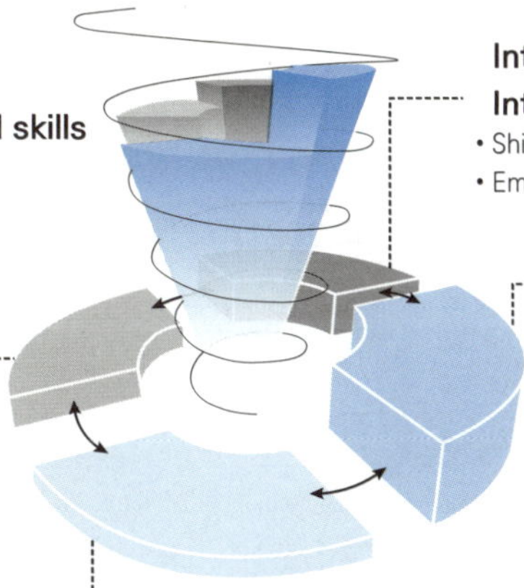

상호문화 능력은 상호문화 의사소통 상황, 즉 서로 다른 문화권에 속한 개인이나 집단 간의 의사소통 상황에서 적합하고 효과적인 지식과 기술을 사용하여 성공적인 목표 달성이라는 효과적인 결과물을 산출하는 과정이다.

이원희(2021)는 앞선 연구를 토대로 상호문화 능력을 상호문화적 상황에서 문화 차이에 대한 민감성과 상호작용 기술을 토대로 오해와 갈등을 지양하고, 갈등 발생 시 이를 적절하게 다룰 수 있는 상호문화 의사소통 능력의 '행동적 영역'으로 정의하였다. 선행 연구를 토대로 상호문화 능력을 새롭게 개념화하자면 문화적 · 맥락적 · 관계적으로 적합하고 효과적인 의사소통에 대한 상호 합의 과정으로, 효과성과 적합성을 갖춘 의사소통 산출 능력으로 정의할 수 있다.

선행 연구(Spitzberg & Cupach, 1984, 1989; Kim, 1992; Koester, Wiseman, & Sanderm, 1993; Gudykunst & Puschm, 1994; Lambert, 1994; Chen & Starosta 1996, 1998; Byram 1997, Spitzburg, 1997; Fintini 1999, 2006, 2017; 2008; Samovar & Porter, 2001; Wiseman, 2001; Fritz, Möllenberg, & Chen, 2002; Lustig & Koester, 2003, 2006; Gudykunst, 2002; Bennett & Bennett, 2004; Stiftung & Cariplo, 2007; Bennett, 2013; Cornes, 2004; Deardorff, 2004, 2006; Spitzberg & Changnon, 2009; Penbek, Yurdakul, &

Cerit, 2009; Krajewski, 2011; UNESCO, 2013)에 기반하여 한국어교육에 적합한 상호문화 능력의 구성 요소를 인식, 지식, 태도, 기술로 제시하였다. 이를 시각적으로 구현하면 〈그림 2.9〉와 같다.

그림 2.9 **상호문화 능력 구성 요소(이원희, 2021)**

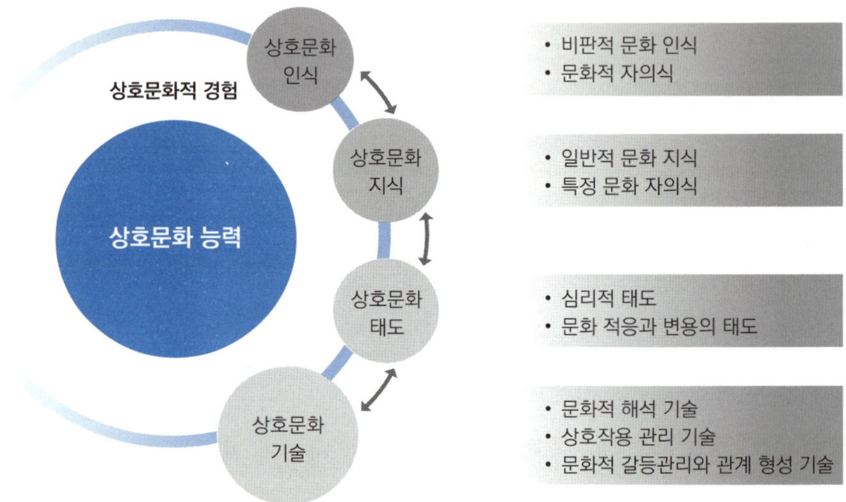

'상호문화 인식'은 비판적 문화 인식과 문화적 자의식으로 구성된다. '비판적 문화 인식(Critical cultural awareness)'은 객관적 거리두기에 기반한 자문화와 목표 문화 비교와 가치 평가로 구성된다. 비판적 문화 인식에는 자문화와 목표 문화의 문화적 차이를 인식하고 고정 관념, 선입견, 범주화에 대한 재인식과 재평가 과정이 포함된다. '문화적 자의식'은 자아와 자문화 재인식과 객관적 평가, 타인과 목표 문화 재인식과 객관적 평가, 관찰에 근거한 타자성 인식의 과정, 문화적 자기 인식과 자기 평가 능력을 모두 포함한다. 이는 자아의 타자화를 토대로 한 객관적 재인식에 근거한 문화적 자기 인식과 자기 평가 능력으로 구체화된다. 타자화는 타인의 관점으로 자신을 인식하고 타인을 그들의 관점에서 인식하는 과정으로 성취될 수 있다. 이 과정에서 문화적 차이를 인지하고 수용 한계점과 경계 인식에 근거한 문화적 정체성 확립으로 자기 인식과 자기 평가가 가능해진다. 문화적 자의식이 확립된 개인은 상호문화적 맥락에서 적합하게 행동하고 문화적 한계(boundary)를 명시적으로 표현할 수 있다.

'상호문화 지식'은 일반 문화 지식과 특정 문화 지식으로 구성된다. 상호문화 지식은 자문화와 목표 문화에 대한 지식과 이해, 문화 특정적 정보, 목표 문화와 관련된 규칙과 금기에 대한 지식, 목표 문화의 전통의 이해, 문화적 다양성의 가치 이해, 맥락 · 규칙 · 문화와 타인의 관점의 영향을 포함하는 문화 해석 기술, 문화적 차이에 대한 지식과 깊은 이해를 포함한다.

'일반 문화 지식'은 이론적 틀 안에서 설명 가능한 일반적 문화 개념 학습과 함께 가치문화 지식을 아우른다. 미국의 외국어 교육 목표인 5C의 개념은 의사전달(Communication), 문화 터득(Cultures), 다른 학과목과의 연계(Connections), 비교(Comparison), 다문화 사회에 참여(Communicaties)의 다섯 가지 개념으로 구성되어 있다. 이 중 문화 터득(Cultures)은 외국 문화를 이해하고 터득하는 것을 의미하며 외국의 행동 문화와 행동 문화에 내재하는 관념적 문화(사고방식, 태도, 믿음, 가치관 등)와의 상관 관계 이해와, 무형의 문화적 생산물과 생산물에 내재하는 관념적 문화와의 상관관계 이해로 구성된다.

강현화(2007)는 Hommly(1982)가 분류한 정보 문화, 행동 문화, 성취 문화의 세 가지 문화 유형 중 가치문화는 '행동 문화'에 해당한다고 보았다. 행동 문화는 실질적 행동, 태도, 가치 등에 관한 문화로 의사소통에 중요한 역할을 한다. 한 사회 속에서 한 민족이 행동하는 양식은 기본적인 인간의 욕구, 환경과 전통의 상호작용으로 설명된다. 가치문화는 외국어 학습에 결정적인 영향을 주는 문화 유형이며 문화 학습을 통해 한국인의 사고와 감정 구조까지 학습 가능하다.

'특정 문화 지식'은 특수목적 한국어 학습자의 상황에 따라 필요한 특정 문화 지식을 선별적으로 학습하는 것이다. 예를 들어 학문목적 학습자와 교환학생의 경우 대학 생활에 필요한 특정 전공 지식과 한국 대학 문화를 학습해야 할 것이다. 비즈니스 목적 한국어의 경우 한국의 기업 문화와 관련된 특정 언어와 문화를 습득해야 한다.

다음으로 '상호문화 태도'는 심리적 태도 그리고 문화 적응과 변용으로 구성된다. '심리적 태도'는 의사소통 동기와 목표 달성, 상호문화 의사소통의 불완전성 · 실패

시의 심리적 반응, 상호문화적 의사소통 과정에서 경험하는 스트레스 대응 과정을 포함한다. 스트레스 관리는 문화 충격과 갈등 조절 과정에서 사회적, 심리학적, 성격적 개인적 요소를 인식하고 이에 적합하게 반응하는 과정, 스트레스 최소화에 적합한 전략을 포함한다. '문화 적응과 변용의 태도'는 일련의 문화 변용 과정으로 문화횡단성(transculturality)에 근거한 문화적 공유(cultural sharing)를 뜻한다. 문화횡단성이란 서로 다른 문화를 통합하고 수렴하는 현상으로 정의할 수 있다(손태수, 2010: 57). 문화횡단성은 한 문화에서 다른 문화로 이어지는 전이 과정의 결과로 "새로운 문화적 현상들의 발생(Oritz, 2003: 102)"과 "문화적이고 비언어적인 차원의 소통"을 의미한다(Shaw, 1988: 221).

'상호문화 기술'은 문화적 상호작용, 문화적 해석 기술, 상호문화적으로 운용되는 상호작용 관리를 포함한다. 상호문화 기술은 앞서 기술한 상호문화 능력의 구성 요소인 인식, 지식, 태도가 내면화되어 '행동적 영역'으로 산출되는 과정으로, 상호문화 기술을 상호문화 능력의 핵심 요소이다(이원희, 2021). 상호문화 기술은 문화적 해석 기술, 문화적 갈등 관리와 관계 형성 기술, 상호작용 관리 기술로 구성된다.

'문화적 해석 기술'은 부호화와 해석 기술로 이는 상호작용 과정에 대한 지식과 자각을 포함하는 언어적 · 비언어적 능력에 기반한다. '문화적 상호작용'은 문화 인식을 토대로 문화적 맥락에 따라 적합하게 변화하는 사고 기준/준거 틀(frame of reference/filter)의 유연한 확장과 변용을 의미한다.

'상호문화적으로 운용되는 상호작용 관리'는 상호문화 맥락(intercultural context)에서의 적극적 상호작용 과정으로 일정 수준 이상의 목표 달성 능력을 뜻한다. 이는 문화적 상호작용, 부호화와 해석 기술, 상호작용 학습을 포함한다.

'문화적 갈등 관리와 관계 형성 기술'의 궁극적 목표는 효과성과 적합성을 갖춘 상호 목표 달성이다. 그러므로 갈등의 최소화나 원만한 합의, 즉 상호문화 의사소통 갈등의 효과적 해결이 상호문화 의사소통 능력의 촉진 요소로 예측된다. 갈등 관리는 문화 충격과 갈등 조절 과정에서 스트레스 최소화를 위한 적절한 전략을 포함한다. 의사소통 갈등은 상호작용 과정에서 서로 다른 문화에 속한 개인 혹은 집단들 사이에서 양립할 수 없는 규범, 체면, 목표, 한정된 자원, 의사소통 과정, 그리고 의사소통 산출물과 관련된 정서적 좌절 경험을 뜻한다(Oetzel & Ting-Toomey, 2001: 17).

갈등 관리 능력은 상호문화 연구의 주요한 한 분야로 다루어지며(Ting-Toomey & Oetzl, 2001; Scollon et al., 2012; Ting-Toomey & Oetzl, 2013; Sorrells, 2015) 관련 연구로는 직장과 개인 간 갈등, 갈등 양상, 정체성 관리, 체면 관리, 갈등 해결 전략, 경청과 언어적 재구성 등이 있다(Jin & Cortazzip, 2017: 402).

Ting-toomey & Chung(2012)은 갈등 대처 유형을 5가지로 나누었다. 상호문화 의사소통의 관점의 5가지 갈등 유형은 서구적 모형으로, 자신의 관심사에 초점을 둘 것인가, 타인의 관심사에 초점을 둘 것인가의 두 가지 기준에 기반하여 다섯 가지 갈등 관리 유형으로 구분된다. 지배형 혹은 경쟁형 · 통제형(dominating, or competitive/controlling)은 자신의 입장이나 목표를 강하게 주장한다. 회피형(avoiding)은 갈등 주제 · 당사자 · 갈등 자체를 회피한다. 수용형(obliging, accommodating)은 상대방의 관심에 대해서는 깊게 고려하나 자신의 관점은 중요하게 여기지 않는다. 타협형은 갈등 문제에 관한 중간 지점 합의에 도달하기 위해 양보한다. 통합형 · 협동형(integrating, collaborative)은 갈등의 협상에서 자신과 타인의 요구에 모두 민감하게 반응한다(Ting-toomey & Oetzel, 2001: 46).

의사소통 갈등은 양립할 수 없는 목표, 필요, 소망, 가치, 신념 혹은 태도에 기반한 상호의존적 당사자들 사이의 긴장과 반목과 같은 불협화음의 형태로 표출된다(Ting-Toomey, 1985: 72). 그러므로 갈등 관리 능력은 상호문화 상황에서 갈등과 오해가 발생했을 때 타협점을 찾기 위한 노력, 의견 교환, 대화 상대자의 의도와 필요성을 적절하게 수용하는 것으로 구체화된다. 이는 다양한 문화적 상황에서 의사소통의 상호작용적인 수정 과정을 포함한다. 동아시아와 같은 고맥락 문화권에서는 갈등 상황을 만들지 않기 위한 노력, 갈등 상황에서 상대방의 의도를 수용하기 위한 노력, 상대방과의 차이점 줄이기, 대화 상대자의 필요성에 주의 기울이기, 의견 교환을 통한 타협점 찾기 등 상대방의 체면을 손상하지 않기 위한 전략으로 구현된다.

상호문화 능력은 '다양한 문화적 맥락에서 적절하게 행동할 수 있는 능력', 서로 다른 문화권에 속한 개인 간의 효과적인 의사소통과 상호작용에 필요한 '행동적 능력'으로 정의할 수 있다. 그러므로 상호문화 관점의 통합 교육으로 상호문화 능력을 함양할 수 있다.

상호문화 감수성(Intercultural sensitivity)

상호문화 감수성(Intercultural sensitivity)은 효과적인 상호문화 의사소통에 요구되는 능력으로 타문화에 대한 관심과 문화적 차이를 인식하는 민감성, 존중의 태도를 바탕으로 개인의 행동을 문화적 맥락에 적절하게 수정할 수 있는 능력을 의미한다(Ruben, 1976, 1984, 1986; Bhawuk & Brislin, 1992; Chen & Starosta 1997, 1998, 1999, 2000, 2005; Bennett & Bennett, 2004; Hammer et al., 2003; Baños, 2006; Davis, 2009).

"Intercultural sensitivity"는 선행 연구에서 '상호문화 감수성(김하나, 2014, 김하나 · 이인재, 2014; 강미정, 2017; 이인혜, 2017; 한용택, 2017; 이원희, 2018b; 조용미, 2020)'과 '문화간 감수성(김옥순, 2008; 김옥순 · 전성민, 2009; 권순희, 2010; 정명희, 2010; 양주희, 2014; 이진경, 2020)'이 혼용되어 사용되고 있다. 이원희(2021)는 문화 차이에 기초한 상호교류의 개념을 강조하기 위해 '문화간 감수성' 대신 '상호문화 감수성'이 더욱 적합함을 주장하였다.

상호문화 감수성은 문화적 차이를 민감하게 인식하며 다른 문화에 대한 관심과 존경의 표시로 자신의 행동을 효과적으로 수정할 수 있는 능력으로 정의되기도 한다(Bhawuk & Brislin, 1992: 416). Hammer, Bennett & Wiseman(2003: 422)은 상호문화 능력과 상호문화 감수성을 서로 긴밀한 관련이 있지만 상이한 개념으로 정의하였다. 상호문화 능력은 자문화와 다른 문화적 맥락에서 작동하는 개인의 외현적 "행동"과 관련된 반면 상호문화 감수성은 문화적 차이를 다루는 개인적 역량의 발달 과정을 나타내며 문화적 차이를 "경험"함으로써 정립되는 세계관이다. Hammer et al.(2003)은 상호문화 감수성을 "문화적 차이를 경험하고, 문화적 차이점을 구별해 낼 수 있는 능력"으로 정의하였다. 상호문화 감수성은 주로 문화적 차이에 대한 개인의 정의적 영역이 강조되는 반면 상호문화 능력은 이러한 인지적 · 정의적 영역이 외부로 발현되는 "행동적 측면"에 초점이 맞추어지는 경향을 보인다.

상호문화 의사소통 능력의 관계적 측면에 초점을 두었을 때 상호문화 감수성은 문화 차이의 중요성 인식과 문화적 차이에 대한 민감성 함양 과정으로 정의된다(Bennett, 1986, 1993; Chen & Starosta, 1997; Wiseman et al.,1989). Bennett(1984)은 Gudykunst & Hammer(1983)의 상호문화 훈련 모델(intercultural training model)과

Hoope(1981)의 상호문화 학습 모델을 토대로 상호문화 감수성의 개념을 고안하였다. 그는 개인의 인지적 · 정의적 · 행동적 측면에서 "자민족 중심주의(ethnocentric)에서 민족 상대주의(ethnorelative)로의 일련의 변화 과정"으로 상호문화 감수성을 정의하였다.

Bennett(1986, 1993)은 상호문화 능력을 하나의 체계로 개념화하고, 상호문화 감수성 발달 이론(Developmental model of intercultural sensitivity, DMIS)을 고안하였다. 상호문화 감수성 발달 이론은 인지 구조의 발달과 변모 과정이다. DMIS는 문화 차이에 대한 '경험'이 정교화, 세련화될수록 상호문화 능력이 향상된다고 가정한다(Hammer et al., 2003: 421-423). 상호문화 감수성 발달 이론은 문화 차이에 따라 감수성을 여섯 단계로 구분하고 있는데 이는 자민족 중심주의 단계(Ethnocentric stages)에서 민족 상대주의 단계(Ethnorelatives stages)로의 스펙트럼을 가진다.

그림 2.10 상호문화 감수성 발달 이론(Bennett 1986, 1993)

자민족 중심적 단계 (Ethnocentric)			민족 상대주의적 단계 (Ethnorelative)		
부정 (Denial)	방어 (Defense)	최소화 (Minimization)	수용 (Acceptance)	적응 (Adaptation)	통합 (Intergation)

Barron & Dasli(2010)는 Bennett(1986, 1993)의 상호문화 감수성 발달 이론에 기반하여 에든버러 네이피어(Edinburgh Napier) 대학에 재학 중인 영국인 학생과 유학생을 대상으로 상호문화 감수성 연구를 진행하였다. 측정 결과 영국 학생은 자민족 중심적 태도(ethnocentric attitudes), 유학생은 민족 상대주의적 단계(ethnorelative stages)인 것으로 나타났다. 이러한 연구 결과는 일반적으로 해외 체류 경험, 즉 타문화와의 접촉 경험이 상호문화 감수성을 촉진한다는 가설을 뒷받침하는 것으로 해석할 수 있다.

Bennett et al.(2003)이 고안한 상호문화 발달 척도(Intercultural Development Inventory, IDI)는 상호문화 감수성 발달 이론(DMIS)을 토대로 고안되었다. 상호문화 감수성 발달 이론에 기반한 IDI는 문화적 이탈, 부정, 양극화(방어/역전), 최소화, 수용, 적응의 단계를 거친다. 부정(Denial)은 자문화를 기준으로 문화적인 고립 · 회피의 단계이다. 양극화(Polarization) 단계는 상호문화적 차이를 인식할 수 있으나 타문화는 열등한 것으로 여기며 자문화와 타문화의 차이를 위협으로 인식한다. 최소화(Minimization) 단계는 문화적 차이가 드러나도 이를 경시하고 자문화를 보편적인 것으로 여긴다. 수용(Acceptance)은 타문화 차이를 인식하고 자문화와 타문화의 동등성을 인정하는 단계이다. 적응(Adaptation)은 자문화와 타문화에 대한 깊은 이해에 기반하여 상호문화적 이해와 자유로운 관점이동이 가능한 단계로 이 단계에서는 민족 상대주의(Ethnorelatives stages) 관점을 갖춘 것으로 간주된다.

Ayas(2006)는 조지 워싱턴(George Washington) 대학의 의대생과 보건 과학 전공자 141명을 대상으로 상호문화 발달 척도(Intercultural Development Inventory, IDI) 측정 결과 여학생의 상호문화 감수성이 남학생보다 높았으며 민족 · 인종적 배경, 나이, 해외 체류 경험에 따른 상호문화 감수성은 유의한 차이를 보이지 않았다.

Davis(2009)는 상호문화 감수성이 유학생 상담교사에게 필수적으로 요구되는 자질임에도 유학생 상담교사의 상호문화 감수성에 관한 연구가 미비함을 지적하고 300명의 유학생 상담교사를 대상으로 IDI를 측정하였다. 상담교사는 대부분 유럽계 미국인 여성이었으며 분석 결과 민족 상대주의 세계관을 나타냈다. 상호문화 감수성은 유학생 상담 기간, 상호문화 관계 학습, 교육 수준에 따라 유의한 차이를 나타내었으며 성, 인종, 종교적 신념, 외국어 학습, 상호문화 경험에 따른 차이는 보이지 않았다.

Yuen & Grossman(2009)은 IDI를 사용하여 홍콩, 상해, 싱가폴 교사 317명의 상호문화 감수성 비교 연구를 진행하였다. IDI 평균 점수는 86.36으로, 최소화(Minimization stage) 단계로 자민족 중심주의 관점으로 나타났다. 도시별로는 상해(M=91.96), 싱가폴(M=86.68)은 최소화 단계(Minimization stage), 홍콩(M=80.79)은 부정/방어(Denial/Defence stage) 단계로 나타났다. Yuen & Grossman(2009)은 연구 대상자인 홍콩, 상해, 싱가폴 교사의 상호문화 감수성이 비교적 양호하지 못한 것으로 분석하고, 교사 교육의 일환으로 상호문화 감수성 함양을 위한 상호문화 훈련 프로그램 고안을 제안하였다.

상호문화 발달 연속체(The Intercultural Development Continuum, IDC™)는 Bennett

의 상호문화 감수성 발달 이론(Developmental model of intercultural sensitivity, DMIS)을 수정한 것으로 부정, 양극화, 최소화, 수용, 적응의 5단계로 구성되며 문화 차이를 인식하고 이에 따른 태도의 변모 과정을 명시적으로 나타낸다.

그림 2.11 상호문화 발달 연속체(1993)[10]

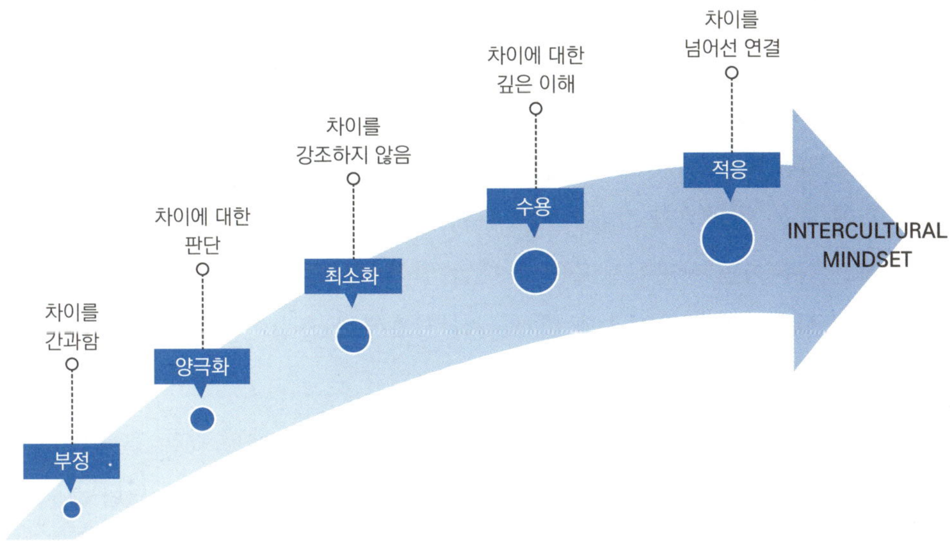

Straffon(2001)은 동남아시아 국제 학교에 재학 중인 13~19세 학생을 대상으로 IDI를 측정하여 상호문화 감수성 단계를 조사하였다. 제3문화 청소년(Third Culture Kids, TCK)을 대상으로 하여 분석한 결과 조사자의 97%가 수용과 적응의 단계인 것으로 나타났으며 상호문화 감수성은 국제 학교 재학 기간과 타문화권 거주 기간과 정적 상관 관계를 보였다. 또한 13~15세의 학생의 감수성이 17~19세보다 높게 나타났으며 특히 유럽과 북미 출신의 학생이 아시아와 호주 문화권의 학생보다 높은 상호문화 감수성을 지닌 것으로 측정되었다.

박주희 · 정진경(2008)은 상호문화 감수성 발달 이론에 기반하여 고안된 상호문화 발달 척도(IDI)의 타당도를 검증하였다. IDI와 함께 개방성, 불확실성 회피, 권위

10 https://www.idiinventory.com/idc

주의, 사회적 바람직성 척도와 타문화 접촉 경험 질문지를 실시하여 그 관계를 조사하였다. 상호문화 발달 척도(IDI)에 대한 요인분석 결과 한국인을 대상으로 하는 요인 구조는 원척도의 5요인이 아니라 7요인으로 구분하는 것이 더 적합한 것으로 나타났다. 7개의 하위 요인은 부정(Denial), 방어(Defense), 역전(Reversal), 최소화(Minimization), 수용(Acceptance), 적응(Adaptation), 고립된 소외감(Encapsulated Marginality)으로, 원척도와 비교하면 DD척도가 Denial과 Defense로 나뉘었고, AA척도가 Acceptance와 Adaptation으로 더욱 세밀하게 나뉜 요인 구조가 산출되었으며 전반적으로는 상당히 타당성 있는 척도임을 검증하였다. 또한 상호문화 감수성 발달 이론의 이론적 구조가 한국인에게도 적용될 수 있음을 확인하였다.

박주희(2008)는 한국인이 자신의 상호문화 감수성을 실제보다 높게 생각하고 있음을 밝히고 다문화적 상황에서 갈등에 대한 인식 수준을 높이고 조화로운 공동체 구성을 위해 상호문화 감수성을 높이기 위한 상호문화 훈련이 고안되어야 함을 주장하였다.

김옥순 · 전성민(2009)은 초등 교사를 대상으로 타문화에 대한 태도 발달을 측정하였다. 측정 결과 초등 교사의 상호문화 감수성은 부정/방어의 단계로 나타났다. 이들 집단은 부정 단계에서 타문화와의 조우를 회피하려는 경향은 보이지 않았으나 문화 차이를 인식하지 못하거나 타문화에 무관심한 태도를 보였다. 연구 집단의 배경 변인에 따른 상호문화 감수성의 차이는 해외 체류 기간에서 가장 유의하게 나타났다.

정명희(2010)는 IDI를 사용하여 한국 사회의 상호문화 감수성이 다문화 수용성에 미치는 영향을 분석하였는데 상호문화 감수성은 사회적 거리감, 종속적 배재주의, 다문화 수용성에 긍정적인 영향을 미치는 것으로 나타났다.

Bhawuk & Brislin(1992: 416-417)은 상호문화 의사소통 능력 함양의 핵심적 개념으로 상호문화 감수성을 제안하였으며 이때 상호문화 감수성은 인지적 · 정의적 · 행동적 영역의 통합적 구성체로 제시된다. Bhawuk & Brislin은 상호문화 감수성의 측정 요소로 개인주의와 집단주의, 개방성, 유연성의 세 가지를 제시하였다. 그러므로 개인이 속한 문화권이 개인주의 문화권인지 집단주의 문화권인지에 따라 상호문화 감수성은 차이를 보인다.

Bhawuk & Brislin(1992)은 상호문화 감수성 검사(Intercultural Sensitivity Inventory,

ICSI)를 고안하였는데 총 세 영역으로 구성되었다. 미국(US) Section 16문항, 일본(JPN) Section 16문항의 총 32문항으로 개인주의와 집단주의를 측정하였으며 각 16문항은 동일하게 구성되어 있다. 세 번째 영역은 유연성과 개방성 측정 척도로 14문항으로 구성되었다. ICSI는 총 46문항으로, 7점 리커트 척도(Likert Scale)를 사용하였다. ICSI 분석 결과 상호문화적 경험이 3년 이상일 경우 상호문화 감수성이 뛰어났으며 다양한 향토(ethnic) 음식의 향유와도 연관성을 나타내어, 타문화권의 음식 향유는 개방성, 유연성과 관련된다고 해석하였다(Bhawuk & Brislin, 1992: 432).

그러나 Kapoor & Comadena(1996)는 Bhawuk & Brislin(1992)의 상호문화 감수성 검사가 하위 영역의 구분과 정의가 모호하여 상대적으로 신뢰도가 낮다고 비판하였다.

한편, 상호문화 감수성은 "인지적, 정의적, 행동적 차원의 의식적 자가 조절 능력을 발현하고 문화적 가치와 세계관의 차이를 유지하는 타인에게 건설적으로 대응하는 능력"으로 정의되기도 한다(Davis, 2009: 22).

그러나 문화적 감수성을 인지적 · 정의적 · 행동적 측면의 구성 요소가 모두 포함되는 하나의 통합체로 정의하는 관점(Bennett, 1986; Bhawuk & Brislin, 1992; Davis, 2009)과는 달리 상호문화 감수성이 상호문화 의사소통 능력의 정의적 영역으로 정의되기도 한다(Chen & Starosta, 1996, 1997, 1999; Chen, 2014).

Chen & Starosta(1997: 4-8)는 기존 연구에서 상호문화 감수성의 정의가 명확하지 않은 것은 상호문화 능력(Intercultural competence), 상호문화 인식(Intercultural awareness)의 개념이 상호문화 감수성(Intercultural Sensitivity) 개념과 혼동되기 때문이며, 세 가지 개념은 서로 밀접하게 연관되어 있으나 '서로 다른' 개념으로 정의하였다. 이러한 관점에서 상호문화 감수성은 "적절하고 효과적인 상호문화 의사소통을 촉진할 수 있도록 문화적 차이를 인식하고 이해하기 위한 긍정적인 감정을 개발하는 개인적인 능력"으로 개념화된다(Chen & Starosta, 1997, 1999). 상호문화 감수성은 자아 존중감, 자기 통제, 감정이입, 개방성, 판단 보류, 상호작용 관리의 6가지 요소로 구성되며, 개인적 능력으로 개념화되는 상호문화 감수성의 핵심 요소는 자기 통제 능력과 감정이입이다. 선행연구에서 상호문화 감수성이 높은 개인은 자아 존중감이 높은 것으로 보고되었다(Chen & Starosta, 1997, 2000). 특히 Chen(1997)은 자기 통제(self-monitoring)와 감정이입(empathy)을 상호문화 감수성의 핵심 요소로 제시하였다.

상호문화 감수성이 상호문화 의사소통 능력의 하위 구성 요소로 정의되는 경우 상호문화 의사소통 능력의 정의적 영역으로 한정되며, 인지적 영역에는 상호문화 인식(Intercultural awareness), 행동적 영역에는 상호문화 기민성/효과성(Intercultural adroitness/effectiveness)이 제시된다(Chen & Starosta, 1997; Chen, 2014).

그림 2.12 상호문화 의사소통 능력 모델(Chen, 2014)

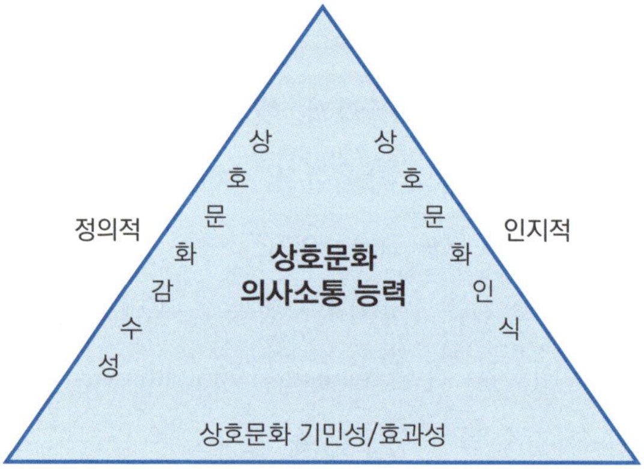

Chen & Startosta(2000)는 상호문화 감수성 척도(Intercultural Sensitivity Scale, ISS)를 고안하였는데, 상호문화 감수성 척도는 상호작용 참여도(interaction engagement), 문화 차이 존중도(respect for cultural difference), 상호작용 자신도(interaction confidence), 상호작용 향유도(interaction enjoyment), 상호작용 주의도(interaction attentiveness)의 다섯 개의 하위 영역의 24개 문항으로 구성되어 있다. 하위 영역은 상호작용 참여도 7문항, 문화 차이 존중도 6문항, 상호작용 주의도 5문항, 상호작용 향유도 3문항, 상호작용 자신도 3문항의 총 24개의 문항으로 구성되었다. 최종 고안된 24문항으로 커뮤니케이션 기초 과목을 수강하는 162명의 상호문화 감수성 측정 결과는 다음과 같다. 상호문화 감수성이 뛰어난 개인은 효율적인 상호문화 상호작용이 가능하며 상호문화 의사소통의 상황에서 긍정적인 태도를 보였다.

Peng et al.,(2005)는 Chen & Startosta(2000)의 상호문화 감수성 척도(Intercultural Sensitivity Scale, ISS)를 사용하여 중국과 태국의 상호문화 감수성 비교 연구를 시도하였는데 중국인(M=3.72)의 상호문화 감수성이 태국인(M=3.52)보다 높았다. 국적과 관계없이 영어 전공자와 다국적 근로자의 상호작용 향유도(영어 전공자 M=3.78, 다국적 근로자 M=3.76)가 높게 나타났으며 상호문화 감수성의 전체 평균(영어 전공자 M=3.69, 다국적 근로자 M=3.66) 역시 전반적으로 높게 나타났다. 문화 차이 존중도의 경우 영어 전공자(M=3.99)가 가장 높았으며 상호작용 자신도는 다국적 근로자(M=3.33)의 점수가 가장 높았다.

Nieto & Booth(2010)는 고등 교육의 상호문화 능력 분석을 위해 상호문화 감수성 측정 도구(Chen & Startosta, 2000) 24문항과 연구자가 직접 고안한 학습자 문화 인식(Student Cultural Awareness, SCAI) 12문항을 측정 도구로 선택하여 대학 강사와 대학생의 상호문화 감수성 연구를 진행하였다. 측정 결과 ESL(English as a Second Language) 환경의 대학 강사가 비ESL 환경의 강사보다 상호문화 감수성이 높았으며 대학 강사의 상호문화 감수성이 대학생보다 높게 나타났다. 또한 여학생의 상호문화 감수성이 남학생보다 뛰어났으며 ESL 환경 노출 여부에 따라 상호문화 감수성은 큰 차이를 나타내었다.

다수의 연구 결과 상호문화 감수성이 높은 개인은 사려 깊고 공감적일 뿐 아니라 높은 자존감과 자기 통제 능력을 갖추었으며(Chen & Starosta, 2000), 상호문화 감수성의 촉진 요소로는 해외 체류 경험과 같은 타문화의 접촉 경험, 외국어 능력, 교육 수준 등이 제시된다.

한국인을 대상으로 다음과 같은 연구가 진행되었다. Kim(2003)은 ELF(English as a Foreign Language) 환경의 한국 대학생 437명을 대상으로 학습 동기(motivation)와 문화간 감수성이 영어 학습의 정의적 측면에 미치는 영향력에 대해 검증하였다. Chen & Startosta(2000)의 ISS를 한국어로 번역하여 측정도구로 사용한 결과 여학생과 인문학 전공(humanities major)자의 영어 학습에 대한 동기 부여와 문화간 감수성이 높게 측정되었으며 공학과 과학 전공 남학생의 영어 성취도가 뛰어난 것으로 나타났다.

김옥순(2008b)은 한국과 중국의 예비 교사를 대상으로 상호문화 감수성 척도

(Intercultural Sensitivity Scale, ISS)를 측정한 결과 한국 예비 교사의 상호문화 감수성이 근소한 차이로 높게 나타났다. 이의 원인으로 해외 체류 경험, 즉 외국 문화와의 접촉 경험을 제시하고 한국의 예비 교사들을 위한 다문화교육의 방향성을 다음과 같이 제시하였다. 예비 교사의 상호문화 감수성 함양 방안으로 교사 교육에서 타문화와의 조우 경험을 비중 있게 다룰 것을 주장하였다.

이경아(2011)는 국내 소재 국제학교 재학 중인 학생을 대상으로 제3문화 청소년의 자아 존중감과 민족 정체성이 상호문화 감수성에 미치는 영향을 분석하였다. 상호문화 감수성 측정 결과 상호문화 감수성의 하위 영역 중 문화 차이 존중 영역의 점수가 가장 높았다. 인구 사회학적 변인에 따른 상호문화 감수성의 수준은 여성이 남성보다, 학년이 높을수록, 나이가 많을수록, 해외 거주 기간이 길수록, 영어와 제3외국어 수준이 높을수록 상호문화 감수성의 수준이 높은 것으로 나타났다. 자아 존중감과 상호문화 감수성은 유의한 정적인 상관관계가 나타났다. 자아 존중감은 상호문화 감수성 하위 5영역 모두에 영향을 미치는 것으로 나타났다. 이는 상호문화 감수성이 높은 개인 높은 자존감과 자기 통제 능력을 갖추었다는 Chen & Starosta(2000)의 연구 결과와 일치한다.

Baños(2006)는 Chen & Starosta(2000)의 상호문화 감수성의 구성 요소를 상호문화 참여, 상호문화 존중, 자신감, 상호문화 향유도의 3가지로 수정, 보완하고 상호문화 감수성의 하위 구성 요소로 자아 개념, 개방성, 판단하지 않는 태도(nonjudgmental attitudes), 공감 능력, 자기 관리(self-regulation), 상호작용의 7가지를 제시하였다.

표 2.10 상호문화 감수성 개념 정의(이원희, 2021)

연구자	정의
Bhawuk & Brislin (1992)	'문화적 차이를 인식하는 민감성과 다른 문화권의 사람을 존중하는 태도'로 자신의 행동을 적합하게 수정할 수 있는 '인지적·정서적·행동적 특성'을 아우르는 통합적 능력
Chen(1997)	다양한 문화적 환경 속에서 개인이 적절하게 행동할 수 있도록 하는 '문화 차이에 대한 민감성'으로 상호문화 의사소통 능력의 구성 요소 중 정의적 영역에 한정된 개념
Chen & Starosta (2000)	'상호문화 의사소통의 정의적 영역'으로 개인이 타문화와의 차이를 적극적으로 이해하고 구별하고 수용할 수 있는 능력
Hammer et al. (2003)	상호문화 장벽을 넘어서 효율적이고 긍정적인 관계를 수립하고 '자민족중심주의를 초월하며 문화적 차이를 겸허하고 인정하기 위한 능력'으로 상호문화 능력을 함양할 수 있는 핵심적 능력

주요 선행 연구에서는 상호문화 감수성을 타문화권에 속한 개인에 대한 긍정적 태도(Positive attitudes toward people from other cultures), 문화적 차이를 인식하는 민감성(Sensitive enough to notice cultural differences), 유연성, 개방성, 판단 보류적 태도, 공감, 자기 조절, 상호작용, 민족 상대주의 관점을 포함하는 개인적 능력으로 보았다.

이원희(2021)는 선행 연구를 토대로 상호문화 의사소통 능력의 인지적 영역과 행동적 영역을 효율적으로 연결하고 통합하는 관계적 개념으로, 상호문화 감수성을 상호문화 의사소통 능력의 정의적 영역으로 한정하였다. 상호문화 감수성의 기반은 '상호 존중'과 '공감' 능력이다. '존중'은 상호문화적 상호작용과 의사소통의 복잡성을 인식하고 타문화와 타문화권의 개인에 대한 판단을 보류하려는 노력을 포함한다. '공감 능력'은 감정 이입과 관련되는데 타인과 타인의 관점에 대한 이해와 경계 · 편견 · 차별 지양을 뜻한다. 이러한 논의에 기대어 민족 상대주의적 관점, 모호성에 대한 관용, 개방성과 유연성, 문화적 차이에 대한 민감성을 상호문화 감수성의 핵심적 구성 요소로 설정하였다.

의사소통 능력(Communication competence)

Chomsky(1965)의 보편문법(Universal grammar), 언어능력(Competence), 언어수행(Performance)의 개념은 오랜 시간에 걸쳐 주목과 논쟁을 불러일으켰다. Chomsky(1965/2015)는 선천적으로 내재된 동일한 보편문법 지식(Universal Grammar, UG)을 통해 언어를 '학습'하는 것이 아니라 '습득'하는 것으로 보았다. Chomsky는 언어능력을 '화·청자의 언어 지식', 언어수행을 '구체적인 상황에서 실제적 언어 사용'으로 정의하였다(2015: 2).

Hymes(1971, 1972, 1974, 1979)는 Chomsky의 언어능력이 언어학적 관점에서 협소한 의미로 정의되었다고 비판하고 사회언어학적 관점에서 언어능력에 접근하고 이를 "개인적인 능력을 뜻하는 자연적이고 자연스러운 단어(the normal and natural word for the abilities of individuals)"로 정의하였다. 그는 사회적인 맥락 안에서 언어를 사용하고 사회언어학적 규범 안에서 적절한 언어를 사용할 것을 주장했다. Hymes(1971, 1972, 1974, 1979)는 언어의 문법성(grammaticality), 실행 가능성(feasible), 적합성(appropriate), 실용성(practicability)을 고려한 언어 사용을 효과적인 의사소통의 구성 요소로 보았다. '문법성'은 형태적인 것으로 형식 체계 내에서 문법적, 문화적인 의사소통이 가능함을 의미한다. '실행 가능성'은 기억의 한계, 인지 수단 등의 심리학적 요소들을 다루며 언어학적, 문화적으로 적합함을 의미한다. '적합성'은 맥락적 특성과 관련된 것이다. '실용성'은 발화 수행 가능성으로, 실제로 발화가 실현 가능한 것인가와 관련된 것이다(Hymes, 1972: 12-16).

Hymes(1972: 279-281)는 문법성을 언어능력으로, 수용 가능성(acceptability)을 언어수행으로 규정하는 것에 의문을 제기하였다. 그는 기저 능력과 실제 수행, 기저 문법 능력과 기저 수행 규칙·모델의 개념을 명확히 구분할 수 없음을 근거로 언어수행의 개념을 비판하였다. 이에 따르면 언어능력은 개인의 '말하기와 듣기와 관련된 가장 일반적인 능력'으로 정의된다. Hymes는 지식과 용법(Use)에 기반하여 언어능력의 개념에 접근하였다. 그는 기저 능력(Underlying competence)이 사회언어학적 관점에서 사용될 것을 주장하였는데, 언어능력과 언어수행의 이분법적 공식에서 벗어나 언어 사용의 측면에서 "의사소통 능력(Communicative competence)"의 개념을 창안하였다.

Spitzberg & Cupach(1984: 66-67)는 Hymes(1971, 1972, 1974, 1979)의 논의에 기대어 언어능력을 '문법성', 의사소통 능력은 '상황적 적합성'과 관련된 것으로 규정하였다. 이에 따르면 언어능력은 "문법 규칙을 수반하며 수용 가능한 문화적 · 사회적 · 대인 관계의 행동 규칙"으로, 의사소통 능력은 "상호작용 맥락에 알맞게 메시지를 조절할 수 있는 능력"으로 정의된다. 그러므로 의사소통 능력은 언어 지식 이외에 맥락적 차원에서 의사소통에 영향을 끼친다. 맥락과 관련된 요소로는 문화, 환경적 구성, 상황에 대한 정의, 타인과의 상호작용, 의사소통 목적, 적합한 행동 등이 있다.

Spitzberg & Cupach(1984: 117-152)는 '능력(Competence)'[11]을 동기, 지식, 기술, 결과를 포함하는 심리적 · 행동적 영역을 아우르는 통합적 개념으로 정의하였다. '동기'는 실제 언어적 · 비언어적 의사소통 수행을 촉진하며 상호작용 능력을 함양하는 사회적 인식과 인지적 복잡성과 같은 다른 속성들을 자극한다. '지식'은 언어적, 사회적, 대인 관계의 세 측면으로 구성된다. '기술'은 언어적 비언어적 상호작용 관리를 포함한다. 이 세 영역의 지식은 적합성과 효과성의 기준에 기반하여 다양한 사람과 상황을 인지하고 구별할 수 있는 능력으로 구현된다. 따라서 동기, 지식, 기술의 인지적 · 정서적 과정은 인지적 복잡성, 역할 채택 수용과 수행 기술, 공감과 같은 지식을 포함한다. Spitzberg & Cupach(1984: 153-154)는 의사소통 만족감, 대인 관계의 호감과 견고함, 관계적 만족과 신뢰, 협상과 갈등 해결 과정에서 의사소통 목적 충족, 특정 형태로 나타나는 친밀감으로 효과적인 결과물 산출이 가능하다고 보았다. Spitzberg & Cupach(1984: 138-139)는 잠재적 행동 기술 구성 요소를 상호작용 관리, 사회적 이완, 표현, 비언어적, 타인 지향성의 5개로 설정하고 이에 대한 74개의 하위 구성 요소를 제시하였다.

---

11 연구자에 따라 'Competence'는 역량으로 번역되기도 한다. 국립국어원 표준국어대사전(https://stdict.korean.go.kr/main/main.do)에 역량은 '어떤 일을 해낼 수 있는 힘'으로 정의된다. 그러나 능력의 경우 '일을 감당해 낼 수 있는 힘, 지성 · 감성 · 기억 따위의, 정신 현상의 여러 형태, 정신적인 기능이나 신체적 기능의 가능성'으로 정의된다. Competence는 심리적이고 정서적이며 행동적 영역을 모두 아우르므로 본 연구는 'Competence'를 능력으로 지칭하였다.

'Competence'는 기술과 행동이라기보다는 "대인 관계 추론(interpersonal inference)"과 관련된 연속적인 추론 개념에 가깝다. '일련의 추론 과정'으로 Competence는 상호작용에서 동기 부여, 지식, 기술의 개별적 속성에 의해 효율적으로 구현될 수 있다. 능력(Competence)의 특성은 6가지로 정의할 수 있다. 첫째, 능력(Competence)은 일련의 기술과 행동보다는 대인 관계 추론과 관련된다. 둘째, 능력 추론(Competence inference)은 이분법보다 연속적 추론에 가깝다. 셋째, 능력 추론은 상호 의존적이고 복잡한 상호작용 과정에 근거한다. 넷째, 능력(Competence)은 적합성과 효과성에 기반한다. 다섯째, Competence는 추론이지만 대인 관계 상호작용에서 동기(부여), 지식, 기술의 개별적 속성으로 구현된다. 여섯째, 능력 추론은 개인의 특성뿐 아니라 행위 수행 기대치의 균형적 통합과 의사소통 맥락에 따라 기능한다(Spitzberg & Cupach, 1984: 153-154).

Gudykunst(2004: 235-270)는 Spitzberg & Cupach(1984)의 논의에 기대어Competence의 구성 요소로 동기, 지식, 기술을 제시하였다. 이방인(The Stranger)과의 적합하고 효과적인 의사소통에 대한 열망을 '동기'로 정의하고 동기의 구성 요소로 예측 가능성의 필요, 불안 확대를 지양하는 요구, 자아 개념의 지속성, 접근 · 회피 경향성을 제시하였다. '지식'은 적합하고 효과적인 의사소통을 위한 인식과 이해를 의미하며, 정보 수집 방법에 관한 기술, 집단 차이에 대한 지식, 개인의 유사성에 대한 지식, 선택 가능한 대안을 해석하는 지식으로 구성된다. '기술'은 적합하고 효과적인 의사소통을 위해 필요한 행동적 기술로써, 집중, 모호함에 대한 관용 능력, 불안 관리 능력, 공감 능력, 의사소통 조절 능력, 정확한 예측과 설명 능력을 의미한다.

일반적으로 Competence는 능력(ability) 혹은 일련의 숙련된 행동(a set of skilled behaviors)으로 정의된다. 그러나 일정 맥락에서 유능하고 만족스럽다고 평가받는 행동이나 능력이 다른 맥락에서는 무능하고 서투르다고 평가받기도 한다. Spitzberg & Cupach(2002: 564-611)는 사회적 기술, 대인 관계 능력, 대인 관계 기술의 거시개념에 따른 요인 분석과 능력에 관련된 요소로 타인 중심주의, 평정심, 조화와 조절, 표현(expressiveness), 맥락 능력(context competence), 미시적 능력(macro level competencies), 결과물을 제시하였다. 그러므로 능력은 행동이나 기술 그 자체로 평가받지 못하며, 사회적 평가의 관점에서 접근해야 한다. 이러한 사회적 평가의 주요한 두 가지 기준은 적합성(appropriateness)과 효과성(effectiveness)이다(Spitzberg, 2000: 375).

Spitzberg & Cupach(1989: 7) 역시 Competence를 정의하는 핵심적 개념으로 효과성과 적합성을 제하였다. Hymes(1974: 156-157)는 '적합성'을 문장과 맥락 양자 모두에 관련된 것으로 보았다. 특히 맥락 규범들(Contextual rules)의 중요성을 강조하고 맥락 역시 언어적 형식과 마찬가지로 분석해야 함을 강조하였다. '효과성'은 과제를 완수하거나 성공적인 목표 성취를 의미한다. 이는 문화적 교환 과정으로 정의할 수 있는 상호문화 의사소통에서 궁극적인 개인의 목표 달성을 뜻하는 성공적인 상호작용 능력을 의미한다. '적합성'은 사회적 · 개인 간의 규범, 기대 규칙을 넘어서거나 침해하지 않는 예절과 눈치를 의미한다. 이는 타문화의 규범과 규칙을 존중하는 상호작용적 능력으로 상호작용 과정에서 특정 문화에 내포된 규칙과 가치 있는 기준을 위반하지 않는 것이다. 적합성은 맥락에 알맞고 타당한 행동, 특정 문화권에 용인되는 적합하고 효과적인 행동의 변환으로 정의된다(Ting-Toomey & Chung, 2012: 29).

상호문화 의사소통 능력은 효과성과 적합성의 두 가지 '행동적 기술'로 정의되기도 한다(Koester et al., 1993; Spitzburg, 1997). Spitzberg(2000: 376)는 적합성과 효과성의 두 조합의 결과로 4개의 의사소통 스타일을 제시하였는데 이들의 조합에 따라 상호작용의 질이 달라진다. 그는 능숙한 의사소통의 구성 요소로 효과성과 적합성(Effectively and Appropriately)을 제시하였다. Spitzberg(2000)는 효과성과 적합성을 조합했을 때 산출 가능한 네 가지 의사소통 양식, '최적화된 의사소통(Optimizing communication)', '최소한의 의사소통(Minimizing communication)', '충분한 의사소통(Sufficing communication)', '극대화된 의사소통(Maximizing communication)'을 제시하였다.

'최적화'는 적합하고 효과적인 의사소통으로, 맥락에 적합하고 동시에 의사소통 참여자의 목표를 실현되는 의사소통의 질이 가장 높은 의사소통 양식이다. '최소화'는 부적합하고 비효과적인 의사소통으로 의사소통의 질이 매우 낮다. '충분화'는 적합하지만 비효과적으로, 최소한의 요구는 충족하나 그 이상의 의사소통 효과는 없는 상호작용 양식이다. '극대화'는 효과적이지만 부적합한 의사소통으로, 다른 것을 희생하거나 대가를 치르더라도 개인의 목표를 달성하는 것이다.

그림 2.13 **상호작용의 질(Spitzberg, 2000)**

기준(Criteria)	적합성 (Inappropriate)	↔	부적합성 (Inappropriate)
효과성 (Effective)	최적화 (Optimizing)		극대화 (Maximizing)
↕			
비효과성 (Ineffective)	충분화 (Sufficing)		최소화 (Minimizing)

효과적인 의사소통은 상황과 맥락에 적합한 방식으로 목표를 달성하는 상호작용이다(Spitzberg, 1988: 68-76). "유능한 의사소통자(Competence communicator)"는 고유한 방식으로 관계를 맺고 상호 수용 가능한 관계를 유지할 수 있다(Wiseman, 1977: 198). 또한 의사소통 동기 부여와 적절한 지식과 기술, 민감성을 갖추었다고 간주된다(Spitzberg & Cupach, 1984: 152).

제2언어교육에서 문화교육의 중요성과 상호문화 의사소통을 강조했던 Moran (2001: 110-117)은 언어교육에서 문화 학습의 결과물로 'Competence'에 접근하였다.

표 2.11 언어교육에서 Competence(Moran, 2001)

	강조점	연구자
언어 숙달도	제2언어교육에서 듣기, 말하기, 읽기, 쓰기 영역에서 유창성과 정확성 함양	ACTEL Proficiency Guidelines & Omaggio-Hadely(1993)
의사소통 능력	목표 언어와 문화의 문화적 맥락에서 효과적이고 적합한 의사소통 능력 함양을 위한 언어능력의 배양. 문법적, 사회언어학적, 담화적, 전략적 언어능력 포함	Canale & Swain(1980), Savignon(1983)
문화적 능력	목표 문화 내에서 적합한 의사소통·행동 능력. 비언어적 인사, 테이블 매너와 같이 몸동작과 같은 비언어적 행동 포함	Steel & Suozzo(1994) Damen(1987), Stern(1983)
상호문화 능력	관련된 문화를 넘어선 상호문화적 상황에서 효과적이고 적합한 상호작용 능력 함양	Lusting & Koester(1999) Samover et al. (1998), Fintini(1999)
상호문화 의사소통 능력	상호문화 능력과 의사소통 능력 함양	Byram(1997)

문화 학습의 결과물은 크게 특정 문화의 이해(Culture-specific understanding), 일반 문화의 이해(Culture-general understanding), 능력(Competence), 적응, 사회적 변화, 정체성으로 나타난다. 이 중 '능력'은 언어적 · 비언어적인 문화적 행동과 기술을 의미하며 언어 숙달도, 의사소통 능력, 문화적 능력, 상호문화 능력으로 구현된다. 이는 언어교육에서 효과적이고 적합한 언어적 · 비언어적 '의사소통 능력'을 의미한다.

Hymes(1971, 1972, 1974)는 의사소통 능력을 "언제, 어디에서, 누구와 어떤 방식으로 이야기해야 하는지를 알고 판단하는 능력"으로 정의했다. Hymes(1972)는 맥락의 의미에 영향을 미치는 맥락 매개변수들의 첫 글자들로 'SPEAKING'의 개념을 고안하였다. 이는 배경(Setting), 참여자(Participants), 목적(Ends), 행위의 특성(Act characteristics), 어조(Key), 전달 수단(Instrumentalities), 규범(The Norms), 장르(Genres)로 구성된다. Hymes(1964, 2009)는 맥락에서 확인 가능한 특성으로 발신자, 수신자,

수용자, 청중, 엿듣는 사람, 주제, 배경, 부호, 경로, 사건(event), 메시지 형식, 기조(key), 목적 등의 민족지학적 특성을 제시하였다.

Canale & Swain(1980)은 의사소통 능력을 문법적 능력(Grammatical competence), 사회언어학적 능력(Sociolinguistic competence), 담화 능력(Discourse competence), 전략적 능력(Strategic competence)의 4가지로 세분화하였다.

Celce-Murcia(1995: 81-84)는 Hymes의 의사소통 능력을 전략적 능력(Strategic competence), 담화적 능력(Discourse competence), 사회문화적 능력(Sociocultural competence), 형식화 능력(Formulaic competence), 비언어적 능력(Paralinguistic competence)으로 재정의하였다.

이원희(2021)는 선행 연구를 토대로 의사소통 능력을 언어학적 능력, 사회언어학적 능력, 담화 능력, 메타 커뮤니케이션 능력으로 구성된 통합체로 제시하였다. 이는 언어 유창성, 즉 목표 언어인 한국어 능력 숙달도와 언어와 사회적 맥락 간 관계 인식, 상호작용 과정의 절차적 지식과 자각, 상호작용 관리, 상호문화 맥락에서 적극적인 상호작용으로 일정 수준 이상의 목표를 달성하는 능력, 비언어적 행동을 포함하는 개념이다.

Chapter summary

2장에서는 상호문화 의사소통 능력의 개념과 구성 요소, 이론적 흐름을 살펴보았다. '상호문화 의사소통(Intercultural Communication)' 개념은 Hall의 『침묵의 언어(The Silent Language, 1959)』에서 비롯되었다. 상호문화 의사소통(Intercultural Communication)은 서로 다른 문화적 배경의 개인들 간의 직접적인 의사소통(face to face communication) 그리고 문화와 의사소통 연구를 포괄하는 개념이다(Gudykunst, 2003). 일반적으로 상호문화 의사소통은 적합성(appropriately)과 효과성(effectiveness)을 갖춘 대인적이고 관계적인 능력으로 정의할 수 있다. 그러므로 상호문화 의사소통 능력의 함양은 제2언어문화 교육의 핵심적 목표라 할 수 있다. 이에 본 장에서는 상호문화 의사소통 능력의 이론적 흐름에 대하여 살펴보았다.

먼저, 문헌 연구를 토대로 상호문화 의사소통 능력을 '상호문화적 의사소통 상황에서 문화적 지식과 인식, 존중과 관용의 태도가 내재화되어 효율적인 의사소통 기술과 행동으로 산출되는 과정'으로 개념화하고 구성 요소로 상호문화 능력, 상호문화 감수성, 의사소통 능력을 제시하였다.

'상호문화 능력'의 구성 요소로 문화 인식, 문화적 지식, 문화적 태도, 문화적 기술을 제시하였다. '상호문화 감수성'의 구성 요소로는 민족 상대주의적 관점, 모호함에 대한 관용, 개방성과 유연성, 문화적 민감성을 제시하였다. '의사소통 능력'은 목표 언어/외국어 능력, 사회언어학적 능력, 담화 능력, 메타 커뮤니케이션 능력으로 구성된 통합체로 정의하였다.

상호문화 의사소통 능력의 경우 다문화 사회에서 주로 연구되어 온 분야로 그간 한국사회에서는 이에 대한 연구 필요성을 느끼지 못하였다고 할 수 있다. 그러나 한국 사회가 다문화사회로 진입 · 이행하면서 다문화 사회 시민으로서 갖추어야 할 역량인 상호문화 의사소통 능력에 대한 학술적 관심이 증대되고 있는 시점이라 할 수 있다. 향후 개인 · 집단 간의 상호문화 의사소통 증대, 그리고 이에서 파생한 문화 갈등 현상을 지속적으로 연구해야 할 것이다. 이에 대한 접근은 상호문화적 관점에서 타문화에 대한 관용과 개방성, 그리고 문화 수용의 균형적 관점을 토대로 이루어져야 할 것이다.

Critical thinking and Question

01 2장에서 논의한 상호문화 의사소통 능력의 구성 요소들 중 교육적 관점에서 상호문화 의사소통 능력에 접근할 때 가장 강조해야 하는 핵심 요소는 무엇인가?

02 상호문화 의사소통 능력의 구성 요소들은 실제 한국어교육 현장에서 어떻게 교수할 수 있을까? 문화 교수와 상호문화 의사소통 능력의 접점은 어떻게 찾을 수 있을 것인가?

03 2장에서 논의한 상호문화 의사소통 능력의 구성 요소들은 한국어 학습자 개개인의 문화적 배경에 따라 달리 적용될 수 있다. 상이한 문화적 배경을 가진 한국어 학습자들이 공통적으로 혹은 필수적으로 학습해야 할 상호문화 의사소통 능력의 구성 요소는 무엇일지, 그리고 문화권별로 어떠한 구성 요소를 필수적으로 학습해야 하는지 논의해 보자.

III

한국어교육과 문화교육

자기정의(自己正義)는 이기심보다 훨씬 더 완고할 수 있다.

『장하준 Chang Ha-Joon,
사다리 걷어차기 Kicking Away the Ladder(2002)』

Introduction

모든 역사는 '현대사(contemporary history)'로의 성격을 갖는다(Croce, 1941: 19). 그러므로 한국의 전통과 문화에 관한 연구는 현재적 관점에서 출발해야 한다. "과거도 현재도 … (중략) … 홀로 완전한 의미를 가질 수 없다 … (중략) … 과거를 정식화하고 표상하는 방법에 의해 현재에 대한 우리의 이해와 관점이 형성된다(Said, 1994: 2)"는 측면에서, 한국 문화교육의 내용 역시 현재적 관점에서 끊임없는 재구성과 재평가가 요구된다.

사회심리학적 혹은 철학적 관점에서 문화교육은 자아에 대한 올바른 이해를 바탕으로 타자(他者)를 바라보는 시선을 교정하는 것으로 규정할 수 있다. 타자는 곧 세계의 일부분이며, 세계와의 소통을 통해 자아(自我)는 변화하고 성장한다. 환언하면, 나는 곧 세계의 일부이며 타자 역시 세계의 일부이므로 타자를 이해하는 것은 곧 자아에 대한 이해로 수렴될 수 있다. 그러므로 향후 문화교육의 방향성은 동화주의 혹은 민족주의에 기반한 '한류'의 시각에서 벗어나 상호문화교육으로 수렴되어야 할 것이다. 이제 문화 다양성 측면에서 타문화에 대한 이해와 존중을 바탕으로 한 문화적 소통을 토대로 문화교육의 방향성이 재설정되어야 하는 시점에 이르렀다.

현재 문화교육의 가장 큰 문제점은 한국어교육 현장에서 문화교육이 본질적 의미를 잃어버리고 '일방적' 동화주의에 치우쳐 있다는 것이다. '민족=문화'의 등식 아래 한국어교육을 국력 신장의 관점으로 규정하는 시각에서 벗어나 상호문화 의사소통으로 "더 넓은 공동체적 유대감을 확보하고, 상품과 정보 유통 시의 중간 이익이 가능한 바 한국어교육이 유대감의 바탕 위에서 이익의 성을 쌓아주는 역할(김하수, 2004: 16)"을 할 수 있다는 담론에도 귀를 기울여야 한다.[12]

12 '한국어교육과 문화교육'의 내용은 이원희의 연세대학교 석사학위 논문의 3장 1절과 3절(pp28-54)의 내용을 수정·보완한 것이다.

01 문화교육의 개념과 범주

제2언어 학습 과정에서 학습자는 목표 언어의 습득뿐 아니라 언어에 내재된 문화를 경험하게 되며 이를 바탕으로 상호문화 능력을 함양할 수 있는 기회를 얻는다. 적합하고 효과적인 의사소통을 위해서는 "언어적 행위와 비언어적 행동과 이에 내재하는 관념과 가치(강현화, 2007)"를 습득해야 하며 이것은 목표 언어의 문화 학습을 통해 가능하다. 언어 학습, 교수, 평가를 위한 유럽 언어 공통 참조 기준(CECR: 2001: 104-105)에서는 상호문화적 기능(Intercultural skills)을 다음과 같이 정의한다.

- 자국의 문화와 외국의 문화를 비교하는 능력
- 문화적 감수성(cultural sensitivity)과 타문화 출신의 사람과 만날 때 사용할 수 있는 여러 전략을 알고 실제로 사용하는 능력
- 자신의 문화와 타문화의 중재자 역할을 할 수 있는 역량과 상호문화간 오해나 갈등을 효과적으로 해결하는 능력
- 선입견을 극복하는 능력

제2언어교육에서 문화교육이 필수적 요소라는 전제하에 문화가 교육의 관점에서 어떠한 방식으로 다루어져야 하는지, 그리고 문화교육의 효용성에 관하여 질문해 보아야 할 것이다. 이러한 연구 문제의 설정은 언어와 문화의 관계에 대한 보다 근본적인 성찰을 요구한다. 언어문화 통합 교육, 즉 언어와 문화의 관계 설정에 관한 연구가 선행되어야 함을 의미한다. 이러한 관점에서 언어교육에서 문화와 언어를 분리하기보다는 "언어에 의해 그리고 언어와 함께 수행하는 문화교육(이정민, 2009: 118)"의 필요성을 강조하는 것이 지배적인 연구 경향으로 나타난다는 것에 주목해야 한다.

이러한 관점에서 한국어교육에서는 언어문화의 개념 설정을 통해 언어와 문화의 통합 교육을 시도하였다. 김대행(2003)은 언어 활동에 꼭 필요한 배경 지식으로 문화와 언어 자체에 내재된 삶의 방식으로 문화의 차별성을 환기하고, 언어 자체에 주목할 것을 주장하였다. 이에 따르면 문화 일반은 "역사, 지리, 예술 등과 같이 광범위한 문화 자체를 가리키는 것"으로 "언어활동에 꼭 필요한 배경지식으로서의 문화"를 의미하며 언어문화는 "언어 자체에 내재한 삶의 방식으로서의 문화"를 뜻한다(김대행, 2003: 161).

김중섭(2010: 229-330)은 한국어교육에서 문화는 언어교육의 목적에 초점을 두어야 한다는 관점에서 '언어문화'라는 용어에 접근할 것을 다음과 같이 제언하였다.

> 언어교육에 있어 문화교육은 경중의 문제가 아니라 본질에 해당되는 것이다. 언어교육의 목표 자체가 문화교육은 아닐 것이나 언어 역시 문화적 소산이며 문화를 가장 잘 담고 있는 그릇이기 때문이다. 학습자의 의사소통 능력을 향상시키는 데 있어 체계적이고 효과적인 문화교육은 그만큼 중요성이 크다. … (중략) … 문화교육에 있어 특히 유의해야 할 부분은 언어 교과의 관계 설정의 문제이다. 학습자의 문화적 의사소통 능력이 중요한 것은 사실이나 그 목적이 문화 자체에 있는 것은 아니며 또한, 광의의 문화 전체를 교육 대상으로 할 수는 없는 것이다. 즉, 한국어교육에서의 문화교육은 한국어 학습에 직접적으로 도움이 되거나 한국어 자체와 관련되는 부분에 관심이 모아져야 할 것이다. 이를 언어문화라는 용어 통해 살필 수 있는 바, 한국어교육에서의 문화는 언어적 목적에 초점을 두어야 하는 것이다. 따라서 문화적 내용이 한국어교육의 내용과 과정 안에서 통합되어 유기적으로 구현되도록 하는 것이 가장 바람직할 것이며, 이를 실현하기 위한 구체적인 방안이 마련되어야 한다.

성기철(2004: 234)은 '언어문화'를 언어와 문화 두 가지가 관계하고 있는 언어교육의 핵심으로 정의하였다. 이병혁(2004: 235)은 의사소통과 관련되는 모든 현상을 '언어문화'로 정의하였다. 김대행(2008: 16)은 언어와 문화의 상호 구속성을 강조하여 '언어문화'개념을 제안하였는데 이는 언어 자체가 문화라는 의미이다. 결국 '언어문화'는 언어와 문화의 대등 관계, 통합관계의 개념으로 규정할 수 있다.

'언어문화(Language culture)'의 개념 정립에 대한 논의와 함께 언어와 문화교육의 통합에 관한 연구도 다각도로 진행되어 왔다. 최정순(2004)은 문화와 언어교육의 등가적 통합을 위한 요소로 통합의 주체자로서 학습자, 적극적 참가자로서 학습자 개념을 제시하고, 학습자 중심의 문화교육을 제안하였다. 최웅환(2007: 100)은 한국어교육과 한국 문화교육이 대칭적, 등가적이어야 함을 상정하고 언어와 문화의 관계를 다음과 같이 유형화하였다.

- [언어]-[문화]
- (언어⊂)문화
- (문화⊂)언어
- 언어[문법(+문화)]

최웅환은 "외국인을 위한, 학습해야 할 대상으로서 문화적 맥락의 언어교육" 관점에서 언어[문법(+문화)] 관계 유형이 가장 합리적임을 제안하였다. 최웅환(2007)에 따르면 언어[문법(+문화)]는 포괄적 의미의 언어(교육)라는 전제하에 언어 속에 문화가 녹아 있는 관계를 의미한다. 언어를 설명하는 유용한 정보로서 문화 내용을 설명하는 관계 유형이다. 또한 상호 등가성을 고려한 한국어교육과 한국 문화교육의 연계가 실제적인 한국어교육 현장에 부합한다고 보았다.

다음으로 언어문화 교육에서 언어문화 교육 범주에 관한 연구도 진행되었다. 이미혜(2004: 151)는 '언어 중심의 문화 통합 교육'과 '문화 중심의 언어 통합 교육'을 제안하고 그 특성을 다음과 같이 구분하였다.

표 3.1 언어와 문화의 통합 유형에 따른 문화교육의 특성(이미혜, 2004)

항목	언어 중심의 문화 통합 교육	문화 중심의 언어 통합 교육
교육의 중심	언어	문화
문화교육의 목표	언어능력 향상을 위한 보조 역할	이문화에의 적응·동화, 문화 충격 완화, 이문화 학습
문화교육 방법	의사소통 중심의 언어 교수법을 적용	강의, 관찰, 체험
문화교육 내용	언어 사용 맥락, 언어 사용과 관련된 일상생활 문화, 언어에 함축된 문화, 언어 자료로 학습하는 문화적인 내용 (전통, 예술, 사회, 정치, 경제 등)	한국의 사회와 문화를 이해하기 위한 내용들, 개인적인 관심, 학습자의 요구에 따라 달라짐
교사	언어교육 전문가	문화 교사 또는 언어 교사와 문화 교사가 협력
평가	언어 숙달도 평가	문화 인지도 평가

조항록(2004)은 한국어교육에서 언어문화 범주를 언어 자체, 문화 어구 1(단일 어휘), 문화 어구2(구절/문장), 언어 예절, 언어와 사고방식, 방언, 이름, 비언어적 · 반언어적 의사소통, 매체와 언어, 언어와 사회1(일상적인 영역), 언어와 사회2(문물 영역)의 12개로 설정하고 주요 언어문화 요소를 제시하였다.

강승혜 외(2010: 58)에서는 한국문화 내용을 다음과 같이 분류하였다.

① 정신 문화: 가치관, 민족성, 세계관, 종교 및 종교관 사상
② 언어 문화: 문자, 형태, 동사, 의미, 경어법, 속담 및 은유, 문학
③ 대중 문화: 대중 예술-대중 음악, 대중 무용, 대중 미술, 대중 영화, 대중 연극
④ 고급 예술: 고급 음악, 고급 무용, 고급 미술, 고급 영화, 고급 연극
⑤ 생활 문화: 의생활, 식생활, 주생활, 여가 생활
⑥ 제도 문화: 정치 제도, 법과 행정 제도, 경제 제도, 사회 제도, 언론 제도, 교육 제도
⑦ 학문 문화: 인문 과학, 사회 과학, 자연 과학, 응용 과학
⑧ 산업 기술: 농업, 임업, 수산업, 토목, 건축 기술, 전자 기술, 전기 기술, 기계, 조선, 항공 기술, 섬유, 제지, 출판 기술, 정보, 통신 매체, 기술 화공, 생명 환경 산업, 서비스업

미국의 외국어 교육의 목표인 5Cs 중 문화(Cultures)는 "문화와 관련된 관점의 학습(Relating Cultural Practices to Perspectives)"과 "문화와 관련된 산물의 학습(Relating Cultural Practices to Perspectives)"으로 구성된다. 강현화(2007)는 이 중 문화와 관련된 관점의 학습(Relating Cultural Practices to Perspectives)에 기반하여 외국의 행동 문화(언어적 행위와 비언어적 행동)와 행동 문화에 내재하는 관념 문화(사고방식, 태도, 믿음, 가치관 등)의 상관관계에 대한 이해를 '가치문화'라고 명명하고 한국어교육 현장에서 가치문화 교수의 필요성을 제기하였다. 이를 좀 더 명확하게 이해하기 위해서는 5Cs의 개념과 목표가 무엇인지 살펴볼 필요가 있다.

미국의 외국어 교육 위원회(the American Council on the Teaching of Foreign Languages, ACTFL)는 1996년 외국어 교육 프로젝트 보고서(National Standards in Foreign Language Education Project)에서 5Cs로 불리는 외국어 교육 목표와 이에서 파생된 11가지 국가 표준을 설정하였다.[13] 이는 언어 학습을 위한 세계 표준(ACTFL World-Readiness Standards for Learning Languages)[14]으로 불린다. 5개의 C는 의사소통(Communication), 문화(Cultures), 연결(Connections), 비교(Comparisons), 참여(Communities)로 구성된다. 제시된 5개의 목표에 따라 총 11개의 하위 구성 요소들도 제시되어 있다.

이 중 문화는 문화와 관련된 관점의 학습(Relating Cultural Practices to Perspectives)과 문화와 관련된 산물에 대한 학습(Relating Cultural Products to Perspectives)으로 구성된다. 관점 학습은 언어적 행위와 비언어적 행동에 내재하는 사고방식, 태도, 믿음, 가치관 등과 같은 관념적 문화에 대한 학습을 뜻한다. 산물 학습은 문학 작품, 그림, 춤, 교육 제도와 같은 유 · 무형의 문화적 산물과 그러한 산물에 내재된 관점 학습을 뜻한다.

권오경(2009)은 선술한 강현화(2007)의 가치문화와 비슷한 개념으로 성취 문화, 행동 문화, 관념 문화로 문화 영역의 범주를 설정하였다. 이 중 관념 문화는 민족성, 가치관, 세계관, 정서, 믿음 등 집단 무의식, 혹은 집단 의식이 전승 체계를 따라 대

---

13 https://coerll.utexas.edu/methods/modules/teacher/02/fivecs.php

14 https://www.actfl.org/educator-resources/world-readiness-standards-for-learning-languages

중화 현상으로 나타나는 것을 의미한다.

이러한 논의를 토대로 문화교육 연구는 기존의 전통문화 중심의 무분별한 문화 나열에서 탈피하여 문화의 전통성과 현실성을 균형적으로 교수해야 한다는 관점으로 수렴되고 있다. 그러므로 문화교육의 범위는 의사소통에 도움이 되는 문화로 한정하되 현실에서 중요하게 작용하는 문화, 즉 현대문화와 일상생활 문화도 교수·학습의 대상으로 삼아야 한다. 이러한 관점에서, 조항록(2002)은 기존 한국어 교재에서 전통적 요소 중심으로 문화 항목이 선정됨을 비판하고 현대 일상생활 문화의 중요성을 강조하였다.

표 3.2 문화 항목 설정을 위한 한국문화 분류(조항록, 2002)

분류	인류학적, 사회학적 문화 'little C' '일상생활문화'	문명의 발달사, 성취 'big C' '성취문화'
(비교적) 순수 전통문화	L-1	B-1
(비교적) 전통에 기반한 현대 일상문화	L-2	B-2
(비교적) 순수 현대문화	L-3	B-3

다음으로, '언어교육에서 문화적 구성 요소는 무엇인가', '문화교육에서 다루어야 할 문화는 무엇인가'에 관한 연구는 끊임없이 진행되고 있으나 그 범주설정은 쉽지 않은 문제이다. 분명한 것은 문화적 구성 요소들의 선택은 '교육적 맥락(Beacco: 2010)'에 따라 결정된다는 것이다.

Seelye(1988)는 제2언어 수업에서 문화교육의 주된 목표를 다음과 같이 제시하였다.

- 문화적으로 조건화된 행동에 대한 이해
- 나이, 성, 사회적 역할, 사회적 지위 등의 사회적 변인이 의사소통과 상호작용 방식 결정에 대한 인식

• 공통적인(또는 전형적인) 상황에서 관습화된 언어 사용에 대한 인식
• 제2언어/외국어의 단어와 구가 내포하는 문화적인 함의에 대한 인식
• 실생활에서의 증거와 경험을 바탕으로 제2언어/외국어 문화를 일반화하고, 평가하고 수정할 수 있는 능력
• 다른 문화에 대한 새로운 정보를 찾고 조직하고 평가하는 능력
• 제2언어/외국어 문화에 대한 지적인 호기심, 그리고 다른 문화의 구성원들에 대한 이해, 존경심과 구별되는 긍정적인 태도.

Beacco(2010: 64)는 문화교육에서 고려해야 할 문화의 개념을 다음과 같이 제시하였다.

• 전통적 개념: 지식(사회, 역사, 지리), 정보가 담긴 텍스트 독해에 중점을 둔 개념이다. 주로 표면적이고 가시적으로 구현되어 대부분 해석 없이 이해할 수 있다.
• 기능주의적/실제적 개념: 외국에서 어떻게 "생존하는가"에 대한 답을 의미한다. 이동하기, 식사하기, 숙박하기와 같은 사회적 · 물리적 환경을 적응하며 관리 · 통제할 수 있는 실질적 능력을 의미한다.
• 언어인류학적 개념: 정해진 공동체 안에서 말(parole)을 사용하는 것은 언어 체계의 내적 "규칙"만으로 이루어지는 것이 아니다. 그것은 문법적으로도 적합한 언술 중에서 주어진 커뮤니케이션 상황에 알맞은(Hymes의 개념) 것을 결정하는 문화적 맥락과 용례에 따라 좌우된다.
• 사회학 혹은 인류학적 개념: 교양 문화와 대조를 이루는 개념이다. 교양 문화는 대부분이 미학적인 산물(예술, 문학)이다.
• 문화적 개념: 아이디어의 교류를 중시하고(문학 텍스트를 통한 것을 포함하여), 책을 통한 간접 경험을 구성하는, 하지만 실제 대화가 될 수도 있는 것이다.
• 교육적 개념: 상호문화교육을 목표로 하는 더욱 광범위한 개념이다.

이에 따르면, 제2언어교육에서 문화 학습은 현실의 언어생활과 목표 언어가 사용되는 사회에 대한 총체적인 지식 습득, 더불어 목표 사회와 문화에 대한 학습자의 인지적이며 정서적인 태도의 변화를 포괄하는 일련의 과정으로 정의할 수 있다.

이러한 관점에서, 문화교육에서 학습자 개인의 경험적 양상이 필수적이므로 실

제 맥락 안에서 언어를 사용하게 되는 방식, 즉 언어를 문화에 맞게 적절하게 사용할 뿐 아니라 실제 문화 접촉 및 체험의 방식을 고려해야 하며 이에 따라 문화교육 과정은 수업에서 학습하는 사회문화적 양상과 실제 체험하는 경험적 양상으로 나눌 수 있다(황인교, 2010: 117).

표 3.3 문화교육 과정의 양상(황인교, 2010)

	양상	수업/학습자	내용	비교
언어교육 프로그램의 문화교육	사회문화적 양상	수업 내	• 수업 내용 • 교재, 자료 • 교실 환경 • 교실 분위기	
		수업 외	• 체험 활동 • 교실 밖 환경 • 행사	교실 밖 환경 접촉은 목표어 사용 공동체가 있을 시에 가능함.
	경험적 양상	학습자 내	• 동아리 활동 • 자체 행사 • 외부 행사	
		학습자 외	• 이메일, 채팅 • 언어 교환 • 홈스테이 • 외부 행사	목표어 사용 공동체가 있을 시에 가능함.

문화교육은 학습자들이 목표 문화를 이해하고, 문화적 차이에 직면했을 때 이를 적절히 수용함으로써 상호문화적 갈등을 극복하는 모든 과정을 포함한다. Hanvey(1979)는 이것을 교차 문화 학습 모형으로 제시하였다.

표 3.4 Hanvey(1979)의 교차문화 학습 모형

단계	학습자 상황	판단
피상적 혹은 분명히 보이는 문화 특성 인식	관광 여행, 교제 → 타문화 접촉	믿을 수 없음 외래의, 색다른
자문화와 뚜렷하게 대조되는 문화 특성을 무의식적으로 인식	문화 갈등 상황	믿을 수 없음 좌절, 불합리한
자문화와 뚜렷하게 대조되는 문화 특성을 의식적으로 인식	인지적 분석	믿을 만한 인지력 있는
내부자의 입장에서 타문화를 어떻게 느끼는가에 대한 인식	문화 몰입	개인적 친밀함 믿을 만한

Hoopes(1979)는 문화 학습 모형에 동화, 이중문화주의, 적응, 다문화주의 등 다양한 선택적 적응 양식이 있음을 다음과 같이 제시하였다.

표 3.5 Hoopes(1979)의 문화 학습 모형

자민족 중심주의 → 인식 → 이해 → 수용 / 존중 → 잠재력 / 가치 평가 → 선택적 적응(① 동화 ② 이중문화주의 ③ 적응 ④ 다문화주의)

Brown(1994)은 외국인 학습자가 흥분, 도취의 과정에서 체험을 토대로 문화 이해 및 충격, 동화의 세 가지 과정을 거쳐 문화 학습이 이루어진다고 보았다. Hanvey(1979), Hoopes(1979), Brown(1994)은 모두 학습자의 인지적 · 정의적 적응과 변화 양상에 초점을 두었다. 이러한 논의에서 목표 문화에 대한 동화만이 학습자에게 최선의 문화 적응이라고 볼 수 없다. 개인에 따라서 선택적 수용과 적응이 가능할 것이다.

문화 적응과 변용 양상에 대한 논의는 상호문화교육, 국제이해교육, 다문화교육에서도 다양하게 이루어졌다. 이은정(2008: 211)은 문화교육의 하위범주로 상호문화교육, 국제이해교육, 다문화교육을 설정하고 국제이해교육과 다문화교육의 상호보완을 위한 이념으로 상호문화교육의 필요성을 제시하였다.

표 3.6 문화교육 개념 비교(이정은, 2008)

	국제이해교육	다문화교육	상호문화교육
교육 목표	세계화 시대의 지구촌 공동의 시각 형성	다문화 시대의 이민족 간의 갈등 해소와 공존	다양한 세계관의 차이 인식과 이해와 극복
한계점	국제지향성	국내지향성	연구물 부족 비현실성
하위 개념 및 관련 개념	세계시민교육 평화교육 인권교육	인격(도덕)교육	문화간 교육 상호문화학습 간문화학습
교육대상	초·중·고등학생	유·초·중·고등학생, 재외동포, 이주민, 다문화가정 자녀	초·중·고등학생 성인
교과 영역	사회·정치계열	사회, 언어, 예술	교육학, 외국어 교육 (특히 독일어)

다문화교육은 학교 교육 제도의 구조적 변화를 통해 인종, 민족, 성별, 종교, 언어, 문화적으로 다양한 배경을 지닌 학생들이 동등한 교육기회와 학업성취 기회를 갖는 것을 목표로 하는 교육 개혁 운동이자 이념이다(Banks & Banks, 2001). 다문화(Multiculture) 또는 다문화주의(Multiculturalism) 개념은 매우 다양한 의미로 사용되고 있는데, "이주 문제에 대한 적절한 해법을 모색하려는 시도"에서부터 "현대 사회가 평등한 문화적·정치적 지위를 가진 상이한 문화집단을 끌어안을 수 있어야 한다는 믿음"까지 폭넓게 정의되고 있다(윤여탁, 2008: 8). 다문화교육의 시작은 미국이나 캐나다와 같은 다문화 국가들이 경험하고 있는 다른 민족 사이의 갈등 해소, 이민자들의 통합, 해외 주재 자국민의 동질성 유지를 위한 교육적 발상에서 비롯된 것이다. 다문화교육의 철학적 개념은 진보주의 운동과도 깊은 연관이 있으며, 다문화교육의 구체적인 정의는 학자에 따라 다소 상이하다.

미국의 대표적인 다문화학자인 Banks(2005)는 다문화교육은 이념과 개념, 교육 개혁 운동 과정을 포함해야 한다고 정의하였다. 이와 달리 정의에만 초점을 둔 기존의 다문화교육을 비판하며 배려 중심적인 다문화교육을 주장하는 Pang(2005)은 배려 중심적인 다문화교육을 관계 형성과 문화적 맥락의 중요성에 초점을 맞춘 하나의 철학적 지향으로 규정하였다. 그에 따르면 배려 중심 다문화교육은 다음과 같은 6가지 패러다임 이동이 이루어진다. 첫째, 공동체와 자아를 위한 배려를 사회 경제적 정의와 변화를 위한 토대로 설정한다. 둘째, 교사에서 학습자로 이동시킨다. 셋째, 문화가 상이한 현실을 어떻게 대변하는지 설명한다. 넷째, 학습자와 교사의 상호연관성에 기반을 둔다. 다섯째, 교수학습은 사회적 과정이다. 여섯째, 교사와 학생 모두 학습에 대한 책임이 있다.

다음으로 다문화교육과 구별되는 국제이해교육의 특성은 다음과 같다. 전 세계 각국의 문화 다양성을 이해하고 상이한 문화를 비교할 수 있는 능력을 함양하며, 타문화 관점에서 자문화에 대한 깊은 이해에 도달할 수 있도록 하여 전통과 자문화의 보존과 재발견에 관심을 기울이도록 하는 것이다. 마지막으로, 상호문화적 상호작용의 구체적인 예를 교육하고 세계 문화 형성 과정을 이해할 수 있도록 함으로써 개별 문화와 보편 문화(세계 문화)의 특성과 의의를 이해할 수 있도록 하는 것이 주된 내용이다(이삼열 외, 2003: 60-61).

국제이해교육(Education for International Understanding)의 개념은 시대의 흐름에 따라 의미하는 바가 다르다. 유네스코는 발족 당시(1953)에는 '국제이해를 위한 교육(Education for International Understnding)', '세계시민 교육(Education in world Citizenship)'(1950-1953), '세계공동체적 삶을 위한 교육(Education for Living in World Community)'(1953-1954)이라는 명칭을 사용하였다. 1955년 이후에는 '국제이해와 협력을 위한 교육(Education for International Understanding and Cooperation)'의 용어를 채택하였다. 1960년대 들어와 국제정세가 다극화되고 국제분쟁이 계속되자, '국제이해와 평화를 위한 교육(Education for International Understanding and Peace)'이 주창되기도 하였다. 1970년대 들어서면서 인구, 식량, 자원, 에너지, 환경 등 세계 공동의 문제가 인구, 식량, 자원, 에너지, 환경 등 세계 공동의 문제가 심각해지자 유네스코는 1974년 총회에서 '국제이해, 협력 및 평화를 위한 교육과 인권 및 기본적 자유에 대한 교육 권고안(The Recommendation concerning Education for International Understanding, Cooperation and Peace and Education relating to Human Right and

Fundamental Freedom)'를 발표하는데, 이때 국제이해교육은 '국제교육'과 동시에 사용되었다. 1990년대 중반에 들어서는 '평화의 문화'를 진작하는 국제이해교육을 강화, 실천할 것을 결의하였다. 1994년 10월, 제44차 국제 교육대회에서는 '평화와 인권, 민주주의를 위한 교육의 통합적 실천 요강(Integrated Framework of Action on Education for Peace, Human Rights and Democracy)'을 발표하였다. 이는 인권과 자유를 강조한 1974년의 문서와 그 후 1990년대의 평화의 문화, 지속 가능한 발전, 민주주의 교육 등에 관련된 여러 문서에 나타난 도덕적 가치들의 통합이라 할 수 있다. 더불어 44차 국제 교육대회에서는 국제이해교육의 개념을 "급변하는 세계의 도전에 직면해서 세계시민으로 책임감 있게 살아가는 데 필요한 보편적 가치와 규범을 가르치는 교육"으로 규정하였다. 유엔은 2005년부터 2014년까지 10년간을 '지속 가능한 발전을 위한 교육 10년(UN Decade of Education for Sustainable Development, DESD)'으로 확장했기 때문에, 국제이해교육은 인권 교육, 평화 교육에 이어 지속 가능한 발전 교육으로 그 의미가 확대되어 갔다. 그러므로 국제이해교육은 고정된 개념이 아니며 세계의 모습과 상황, 국제 관계와 구조에 따라 달라질 수 있는 융통성과 유연성을 지닌 개념이라고 할 수 있다(한명희 외, 1996: 4-25).

지속 가능 발전 교육(Education for Sustainable Development, ESD)은 지속 가능 발전의 이념, 가치, 실제를 교육의 모든 측면과 통합하고자 하는 것이다. 구체적으로는 개개인이 인도적이고, 사회적으로 정의롭고, 경제적으로 성장 가능하며, 생태적으로 지속 가능한 미래에 기여할 수 있도록 가치, 능력, 지식, 기능, 지속 가능 발전 교육을 습득할 기회를 제공하는 것이다. 또한 학제간 연구와 총체적 접근 방식으로 비판적 사고와 창의적 사고 능력을 함양하고 미래에 대한 비전을 갖도록 하는 것이다(UNESCO: 2005).

다문화교육과 국제이해교육은 개념적 측면에서 혼동되는 경우가 있다. 그러나 다문화교육과 국제이해 교육은 발생 배경과 목표가 상이한 개념이며 상호 비판하에 발전해 왔으므로, 이들의 특성을 명확히 구분하여 이해하여야 한다.

김선옥(2007)은 외국어 교육에서 문화 학습의 최근 동향은 상호문화 학습임을 강조하고 한국 사회가 "타자성"을 만나고 "타자성"을 학습할 수 있는 다문화사회의 장이 되어가고 있음을 환기하였다. 상호문화 학습에 가장 중요한 것은 학습자와 관련된 특정 분야를 선택하고, 선택된 자료를 통해 스스로 필요한 지식을 습득하고 이를 자신의 관점에서 재창출하는 방법을 학습하는 것이다. 김선옥(2007: 187)은 상대방의 문화 속에서 내부자의 관점으로 이해할 수 있는 문화 탐구의 방법론으로써 문화인류학적 시각에서 접근할 것을 주장하고 이를 상호문화 학습에 적용할 것을 제안하였다.

이정민(2009: 123)은 목표 사회와 학습자의 모국 사회 사이의 관계 설정에 중점을 두는 상호문화 의사소통 관점에 입각한 문화교육이 다른 사회와 문화를 '발견'하고 문화적 차이에 대해 '상호문화 인식과 태도'를 갖추며 문화적 현상에 대한 '비판적인 해석'이 가능하다고 주장했다. 이러한 관찰, 해석, 분석의 과정에서 타문화의 '수용 및 동화'의 과정을 거쳐 삶 속에 타문화에서 습득된 요소의 '적용 및 활용'이 가능하다고 보았다. 그러므로 문화교육에는 학습자들이 목표 문화를 이해하고, 문화적 차이에 직면했을 때 이를 적절히 수용함으로써 문화적 갈등을 극복하는 일련의 모든 과정을 포함해야 한다.

상호문화교육은 독일과 프랑스를 중심으로 발달한 개념이다. 상호문화교육은 다양한 인종적 · 언어적 · 종교적 · 이념적 · 문화적 배경의 학습자가 타문화권에 대한 차별, 편견, 선입견, 고정 관념을 지양하고 타문화를 자신의 문화와 동등하다고 인정하고 이해하면서, 자의식을 함양하고 상호문화 능력 증진을 도모하는 교육이다.

독일어권에서는 Interkulturell(영: Intercultural, '상호문화적')이란 용어가, 영미권에서는 Multicultural(독: Multikulturell, '다문화적')이란 용어가 일반적으로 사용되고 있다. 이 용어들 이외에도 Transcultural(독일어: Transkulturell, '초문화적')과 Crosscultural(독일어: Cross-kulturell, '교차문화적') 등과 같은 용어들이 문헌에 나타난다. 비록 모든 학자들이 합의점을 찾은 것은 아니지만 Intercultural과 Multicultural이란 용어가 다른 용어들보다 훨씬 더 많이 사용되고 있다. 독일어권에서 행해지고 있는 상호문화교육 프로그램의 특징은 다음과 같다(김형민, 2010: 261-371).

(1) 교육의 목표 집단은 사회 구성원 모두이다.

(2) 교육 대상자들이 자신이 속해 있는 문화에 대한 올바른 이해를 할 수 있는 기회를 제공한다.

(3) 타문화에 대한 이해를 높여 줄 수 있는 기회를 제공한다.

(4) 다른 문화에 대한 관용(Toleranz)의 자세를 가르친다.
(5) 타문화를 단순히 인정해 주는 차원을 넘어서 적극적으로 수용할 것을 장려한다.
(6) 인종 문제를 심도 있게 다룬다.
(7) 문화 간의 공통점을 강조한다.
(8) 소수 집단을 구성하는 사람들의 연대감을 고무시킨다.
(9) 문화 간에 갈등이 생겼을 때 이성적으로 해결할 수 있는 능력을 배양한다.
(10) 상호간에 문화적으로 풍요로워질 수 있는 가능성을 강조한다.
(11) 국제적으로 연대 책임져야 할 문제에서 직접적인 이해관계가 없다는 이유로 책임을 회피하지 않도록 교육해야 한다.

국제이해교육, 다문화교육, 상호문화교육은 명시적으로 표현되어 있지 않지만 상호문화 의사소통 능력의 함양이라는 목표를 내재하고 있다는 점에서 공통점이 존재한다. 국제이해교육, 다문화교육, 상호문화교육의 개념을 이해함으로써 문화교육의 방향성을 제시해 볼 수 있을 것이다.

Ericson(2004: 31-32)은 교육학적 관점에서 문화를 인간 활동의 수단(tool)으로 규정하였다. 교육은 다양한 문화를 비판적으로 통찰하여 "최선의 문화를 선택(조용환, 2008: 241)"하는 과정으로 규정할 수 있다. 그러므로 문화와 교육의 관계는 시간적 차원에서 "상호 수단과 목적이 되는 관계(심승환, 2009: 135)"가 된다. 이에 따르면 문화와 교육은 독특성, 연관성, 상호 교류성을 공유하는 공집합과 차집합을 가진 관계이다.

문화 연구의 학제적(inter-disciplinary) 성격은 문화라는 연구 대상이 하나의 이론으로 설명될 수 없기 때문이며(Johnson, 1986), 이에 따라 문화 연구는 인류학, 기호학, 구조주의 등의 다양한 이론에 대한 수용과 발전적 변형의 과정으로 진행되어 왔다. 문화교육 역시 학제적(inter-disciplinary) 관점에서 최신이론의 수용과 동향 분석에 그치는 것이 아니라 비판적 수용과 검토를 토대로 이론의 변형과 재생산 과정을 거쳐 독립적인 학문 영역을 구축해 나가야 할 것이다. 한국어교육학의 학문적 발전은 최신 외국 이론의 수용에서 그치는 것이 아니라, 이를 토대로 실제 한국어교육학에 적용 가능한, 한국적 상황과 맥락에 적합한 대안적 이론이 제시되어야 한다.

양승태(2007: 55)는 한국사회가 지향해야 하는 관용에 대해 다음과 같이 기술하였다.

> 최근 들어 한국 사회에서 대중적 유행어가 된 듯한 '똘레랑스' 또는 '다문화주의(multiculturalism)'라는 이름은 좀 더 포괄적 차원의 이념적 흐름이나 사회-문화적 운동 맥락에서 이해되어야 한다는 입장에 기초한다. 즉, 그러한 주장은 개인적 성향이나 취향 상의 차이, 더 나아가 인종, 민족, 관습, 문화, 가치, 세계관 등의 차이에 대한 일반적 관용 및 그것들의 다원성을 인정하는 태도나 관념을 적극적으로 확산하려는 사회-문화적 운동 및 이념의 또 다른 표현이므로, 그러한 정신적 운동 및 흐름에 직면하여 기존의 민족주의 관념이 과연 폐기되어야 할 대상인지 여부에 대한 판단은 한국 현대 지성사가 해결해야 할 주요 과제로 등장한다는 것이다.

문화교육의 궁극적 지향은 소수자에 대해서는 자국 문화에 대한 자긍심을 가지면서 동시에 새로운 문화에 적응할 수 있도록 하며 다수자에 대해서는 다양한 문화를 이해하고 수용하는 '관용'의 정신을 내면화할 수 있어야 할 것이다. 이를 통해 자신에 대한 올바른 이해와 타인에 대한 배려를 이끌어 내 타자(他者)와의 진정한 소통을 가능하게 하며 더불어 문화적 다양성의 수용에 따른 사회통합의 목표도 실현 가능해질 것이다.

02 문화교육의 방향성

2000년대에 들어서면서 문화교육 연구가 본격적으로 진행되었다. 한국어교육에서 문화교육 논의는 크게 거시적 관점과 미시적 관점으로 구분할 수 있다. 거시적 관점에서는 문화의 개념과 문화교육의 범주 설정을 시도하고 언어와 문화의 통합 교육 연구와 함께 다문화 사회에서 이루어져야 할 문화교육의 방법론 논의가 주를 이루었다. 이는 문화교육의 교육 철학적 토대를 마련하고 이론적 개념을 정립하는 연구라고 할 수 있으며 주로 학술지에서 다루어졌다.

미시적 관점에서는 교재 연구 · 개발 방안, 교수 항목 설정, 학습자 요구분석, 문학 작품과 매체를 통한 교수 방법론의 적용 등 실제 교육 현장에 적용할 수 있는 구체적인 방법론, 그리고 비교언어학적 관점의 연구가 다수를 차지하며 학위논문의 대다수가 이에 해당한다.

학술지의 경우 2004년을 기점으로 양적 증가가 컸고, 학위논문의 경우 2010년에 큰 폭으로 증가하였다. 2004년을 기점으로 학술논문이 양적으로 증가한 것은 학술지 창간과 연관된 것으로 해석할 수 있다. 2004년도에 「언어와 문화」와 「한국언어문화학」의 창간으로 학술 논문이 증가한 것으로 보인다. 2010년에 이르러 학술지와 학위논문 모두 양적 증가 폭이 큰 것을 확인할 수 있는데 이는 한국어교육학 내에서 문화교육의 중요성에 대한 인식이 다양한 학술적 연구로 산출되었다고 풀이할 수 있을 것이다.

그간 한국어교육은 학습자 요구에 맞추어 급속한 학문적 발전을 이루어 왔다. 한국어교육학은 단기간 내에 빠른 양적 성장을 이루어 내었다고 볼 수 있다. 그러나 공급에 초점을 맞춘 교육 현장은 한국어교육학의 방향성에 대한 깊이 있는 성찰로 수렴될 수 없었고 이것은 한국어교육의 교육 철학적 기반의 빈곤함으로 수렴되었다. 학습자 중심의 교수 현장은 학습자 요구 조사와 교재 분석, 교육 현장 분석 등 다양한 현장 조사를 기반으로 한 실제적이고 실용적인 연구로 수렴된 반면 한국문화에 대한 이론적 연구, 심층적 문화 현상 분석 연구는 상대적으로 부족하였다.

현재의 한국문화 현상은 과거 한국문화의 변형된 결과인 동시에 내일의 한국문화를 가늠해 볼 수 있는 준거가 된다. 문화교육의 내용학 역시 현재적 관점에서 끊임없는 재구성과 재평가가 요구된다. "한국적이라는 단어는 … (중략) … 한국 사회에서 발생하거나 대다수의 한국 사람들이 채택한 것으로 폐쇄적이고 완결된 필연성이 아니라 변화와 수정이 가능한 것(정대현, 1985: 92-93)"임을 기억해야 한다. 문화는 변화와 재생산을 통해 새로운 영역으로 나아가는 복잡한 지형도를 가진 개념이자 실체이기 때문이다. 문화의 실체에 대해 홍원표(2010: 59)는 다음과 같이 기술하였다.

> 흔히 복수의 문화적 전통이 공존하는 상황을 토대로 논의가 전개되지만, 과연 문화라는 것이 하나의 실체로 존재하는지가 불분명하기 때문이다. 예컨대 사람들은 흔히 '베트남 문화', '한국문화', '미국 문화'라는 것이 있으며, 이것들을 학생들에게 가르쳐야 한다고 생각하는 경향이 있다. 그러나 탈식민주의자인 Bhabha(1994)에 의하면, 많은 경우 이러한 인식 자체가 탈식민주의가 문제시하고 있는 근대적 세계관의 산물일 가능성이 높다. 특정한 지역의 문화는 순수한 본질로 존재하는 것이 아니라 끊임없이 상호작용하면서 변화하는 혼종체(hybridity)에 가깝기 때문이다.

그러므로 현대문화와 대비되는 전통문화 역시 사회적 공동체가 통시적 · 공시적 변동을 겪으면서 "감수성의 체험을 공유하는 어떤 것(조혜정, 1994)"이므로 사회와 역사의 변동에 따라 전통 역시 생성과 변화 그리고 재생산을 경험하게 된다. 문화의 유동성에 대해 조혜정(1994: 175)은 다음과 같이 기술하였다.

> 역사적 시점에 따라 전통의 내용과 방식은 달라지게 마련인 것이며, 이렇게 볼 때 사회 안에 존재하는 복합성의 정도에 따라 다양한 전통이 동시대 안에서 공존하게 된다. 전통을 거대한 보편적 원리나 고정된 원형으로 보는 시각이라든가, 한 사회 구성원 모

두가 합의하는 하나의 '전통문화'를 상정하는 것은 전통을 연구하는 적절한 방법이 될 수 없음을 알게 된다. 지금 우리가 영원불멸의 '전통'이라고 생각하는 많은 것들이 실은 – 마치 영원 불멸할 것 같았던 '민족'이라는 범주가 그러하듯이 – 시대적 필요에 의해서 의도적으로 '선택된' 것이고 그것들은 본질적이지 않기 때문에 더욱 본질적인 것처럼 꾸며지고 신성화 되어온 것이라는 것을 알아차릴 필요가 있다.

Hobsbawm(1983)은 『만들어진 전통』에서 '전통의 발명'의 개념을 고안하고 국민국가 형성기에 유럽에서 집중적으로 '전통의 창조'가 발생한 것에 주목하였다. 특정한 정치적 목적을 위해 만들어진 전통이 시간을 지나면서 '역사적 사실'이 되었으며 '현재'의 필요를 위해 만들어 낸 과거의 이미지로 '만들어진 전통'이 생성되었다는 것이다. 이러한 '만들어진' 전통의 특수성은 과거와의 연속성을 인위적으로 내세우려는 데에 있다. 근 · 현대사가들이 '만들어진 전통들'에 대해 특정한 관심을 갖는 것은 비교적 최근의 역사적 혁신물인 '민족'과 그것에 부수된 현상들, 민족주의 · 민족국가 · 민족적 상징 · 민족사 등과 관련되어 있다. 역사적 새로움이 혁신을 내포한다는 점에서, 종종 의도적이고 혁신적인 사회공학(social engineering) 작업들에 의존한다. '전통에 발명'에의 이해를 토대로 민족적 현상에 접근해야 하며 결국, 전통의 발명에 대한 연구는 학제적인 것이다.

Hobsbawm(1983)은 '전통의 발명'과 '진정한 전통이 보여준 내구성과 적응력'이 구별되어야 함을 강조하였다. 즉, '만들어진 전통'은 19세기 유럽의 역사 · 문화적 특수성을 대변하는 용어로 기억될 수 있을 것이다. 그렇다면, 한국의 '만들어진 전통'은 무엇이며 그의 기능은 어떠할까. 이재혁(2005)은 '전통적=유교적' 등식 자체가 근대적 신화의 성격을 함축하고 있으며 '영원한 어제(eternal yesterday)'로 받아들여지는 '우리의 전통'은 조선 중기 이후의 성리학 전통이 화석화된 것으로 규정하였다.

『만들어진 전통』의 역자는 서문에서 19세기의 기념 행사들이 대체로 민중을 '위한' 것이나 민중에 '의한' 것이 아니었음을 지적한다. 더불어 포스트모더니즘과 '언어적 전환(linguistic turn)'이라는 사조가 역사적 서술의 중립성에 대한 믿음의 종식과 더불어 역사적 사료를 권력 의지에 의해 구성된 담론, 즉 일종의 '공적 기억', '학문적 권위의 세례를 받은 과거의 재현'으로 해석함에 주목한다. 결국 '만들어진 전통'

은 역사와 전통의 단절과 공백에 대한 인위적인 재구성인 동시에 정치 · 사회적인 담론으로 볼 수 있을 것이다. 이는 때로 단절된 역사에 대한 연결고리를 제공하기도 하며, 한편으로는 정치적 담론에 대한 전략과 도구로 기능하기도 한다.

그러나 또한 포스트모더니즘은 상대주의라는 위험성을 내포하고 있다. "절대적인 전통적 가치와 도덕의 제약은 존재하지 않으며 모든 것은 상대적이며, 개인의 판단에 달려있다"라는 포스트모더니즘의 명제, 혹은 전제 자체가 포스트모더니즘의 한계를 명료하게 드러낸다. 모든 것을 상대화하는 명제 자체를 절대화으로 전제와 주장이 상충하며, 이는 포스트모더니즘의 존재 자체를 무력화하는 강력한 오류이기 때문이다.

그러므로 Hobsbawm이 이야기한 '발명된 역사'에 대한 판단의 추는 한쪽으로 기울기 보다는 균형적 관점에서 끊임없는 비판과 검토를 필요로 하는 것이다. 이를 위해 전통의 개념과 전통 그 자체에 대해 끊임없이 되물으며 재규정하고, 다시 쓰는(rewriting) 작업이 필요하다. 이에는 우리가 무비판적으로 받아들였던 '역사라 믿는 사실과 진리'들과 함께 역사적 허구와 왜곡도 포함되어야 함은 물론이다.

김용규(1996:16-33)는 문화를 어떻게 정의하는가에 따라 현실 인식의 입장이 규정된다고 보고, 문화적 실천을 강조하였다.

> 전통문화라 하더라도 그것을 고정적인 것으로 이해할 수는 없으며, 당대의 삶이라는 입장에서 보았을 때 전통문화가 반드시 당시의 삶을 전적으로 반영하고 있는 것으로 이해할 수도 없다. 다만 우리의 관심이 과거가 아닌 오늘에 있다고 했을 때, 전통문화는 상대적으로 우리가 떠나온 자리를 보여준다는 의미에서 정체성의 한 모습으로 나타날 뿐이다. … (중략) … 전통은 변하는 것이며, 따라서 판소리와 고전무용을 고수하는 것만이 한국적이며 전통적이라고 할 수는 없기 때문이다. 문제는 그 변화가 삶의 현장에 근거해서 이루어지는 것인가 하는 점이다. 문화가 지배의 속성보다는 반영의 속성을 강화할 때만이 우리는 문화적 주체성을 논의할 수 있는 것이기 때문이다. 결국, 한국 사회의 요구되는 것은 직접적인 삶의 현장에 기초한 문화적 실천이라고 할 수 있으며, 이는 문화의 내용이 구체적으로 어떠한 것이어야 한다는 것을 지적하지는 않는다. 그러한 의미에서 단지 소비하는 문화, 단지 바라보는 문화가 아니라 참여함으로써 자

신을 투사하는 문화적 실천만이 오늘날의 우리에게 절실히 요구되는 것이다.[15]

정대현(1985: 92)은 '한국적'이라는 단어의 의미를 상대적인 것으로 규정하였다. 한국적인 것이란 한국 사회에서 발생하거나 대다수의 한국 사람들이 채택한 것으로 폐쇄적이고 완결된 필연성이 아니라 변화와 수정이 가능한 개념이라는 것이다. 환언하면 '한국문화'는 끊임없이 생성과 변형과 소멸을 반복하는 자생적인 삶의 형태이자 방식이라 할 수 있다.

> 문화 연구의 소재와 대상이 될 '한국문화'는 어떤 통합된, 본질 불변의 구조로 고정된 것이 아니다. 끊임없이 생성 소멸하는 나 주변의 여러 삶이 형태와 힘을 해체 모여 시키면 그것이 바로 '한국문화'가 되며 … (중략) … 지금 당장 나 주변에서 이루어지고 있는 구체화된 문화적 실천의 생성과 이를 둘러싼 국지적 힘의 다툼, 그리고 이 과정을 통한 사회 변화의 가능성 탐색이 바로 문화 연구의 영역이 되는 것이다. … (중략) … 현재의 문화 현상을 가장 잘 그려낼 수 있으면 그것이 국적과 관계없이 여전히 '한국적' 문화 연구가 되는 것이다.[16]

그러므로 현재적 관점에서 전통 문화를 조망하고 이를 교육학적 관점에 적용할 수 있어야 할 것이다. 문화교육의 가장 큰 문제점은 한국어교육 현장에서 문화교육이 본질적 의미를 잃어버리고 '일방적' 동화주의에 치우쳐 있다는 것이다. '민족=문화'의 등식 아래 한국어교육을 국력 신장의 관점으로 규정하는 시각에서 벗어나 상호문화 의사소통으로 더 넓은 공동체적 유대감을 확보하고, 상품과 정보 유통 시의 중간 이익이 가능한 바 한국어교육은 유대감의 바탕 위에서 이익의 성을 쌓아주는 역할이라는 담론에도 귀를 기울여야 할 것이다(김하수, 2004: 16).

사회심리학적 혹은 철학적 관점에서 문화교육은 자아에 대한 올바른 이해를 바탕으로 타자(他者)를 바라보는 시선을 교정하는 것으로 규정할 수 있다. 타자는 곧

---

15 최경구 편(1996), 「한국사회의 문화변동과 대중문화」, 『한국사회의 이해』, 서울: 일산사, pp.16-33.

16 전규찬(1997), 「문화 연구의 반주변부적 재배치」, 『언론과 사회』 18, 사단법인 언론과 사회, pp.218-219.

세계의 일부분이며, 세계와의 소통을 통해 자아(自我)는 변화하고 성장한다. 그러므로 향후 문화교육의 방향성은 동화주의 혹은 민족주의에 기반한 '한류'의 시각에서 벗어나 상호문화교육으로 수렴되어야 할 것이다. 이제 문화적 다양성의 측면에서 타문화에 대한 이해와 존중을 바탕으로 한 문화적 소통을 토대로 문화교육의 방향성이 재설정되어야 하는 시점에 이르렀다. 이에 향후 문화교육의 방향성에 대해 다음과 같이 제안하고자 한다.

첫째, 학제간(interdisciplinary) 연구, 민족지학적 접근을 통해 한국문화에 대한 심층적 연구가 진행되어야 할 것이다. 단기간에 문화교육에 '관한(about)' 연구와 담론이 다양하게 진행되었으나 한국문화에 대한 본질적이고 심층적인 접근은 부족하였다. 한국문화에 대한 성찰 없이 기존 연구를 교육 방법론적 측면에서만 수용한다면 기존 문화 연구와 담론의 변형된 재생산으로 수렴될 수밖에 없다. 이는 문화교육론이 단순한 한국문화 현상 읽기로 고착화 될 가능성을 내포한다. 그러므로 학제간(interdisciplinary) 관점에서 문화 연구를 비판적으로 검토하며 한국문화 현상에 대해 연구해 나가야 할 것이다.

둘째, 향후 상호문화 의사소통 능력에 관한 연구가 다각도로 시도되어야 할 것이다. 한국어교육의 목표는 음성, 단어, 문장, 문법 요소, 대화나 이야기와 관련된 한국어 관련 지식 학습을 통해 상황과 맥락에 적절하면서도 정확하고 유창한 한국어를 구사함으로써 학습자의 의사소통 능력을 함양하는 것이다. 그러므로 문화교육의 궁극적 목표 역시 학습자의 상호문화 의사소통 능력 향상에 초점을 두어야 할 것이다. 이제 한국어교육 현장뿐 아니라 한국 사회 역시 '상호문화 의사소통 상황'이 발생하는 다문화사회로 이행하였다. 그러므로 문화교육의 방향성 역시 기존의 동화주의에서 탈피하여 의사소통 갈등의 완화와 효과적인 의사소통을 위한 상호문화 의사소통 연구에 천착해야 할 것이다. 이를 통해 한국어 학습자가 자문화와 한국문화를 균형 있게 이해하고 문화 이해의 주체자로서 한국문화를 효과적으로 학습할 수 있을 것이다.

셋째, 교사 교육에 관한 연구가 시도되어야 할 것이다. 한국어교육학은 그 특성상 수요자와 교육 현장을 중심으로 연구가 진행되어 상대적으로 교사 교육이 미비하였다고 풀이된다. 교사 교육은 효율성에 측면에서 학습자 요구 중심의 연구보다 그 파급력이 비교적 크지 않다. 그러나 장기적 관점에서 교사 교육은 한국어교육학의 균형적 발전과 질적 발전을 위해 지속적으로 다루어야 할 중요한 분야이다.

향후 문화교육은 학제간(interdisciplinary) 관점에서 최신 이론의 수용과 동향 분석에 그치는 것이 아니라 이에 대한 비판적 수용과 검토를 토대로, 이론의 변형과 재생산의 과정 가운데 독립적인 학문 영역을 구축해 나가야 할 것이다.

Chapter summary

3장에서는 한국어교육에서 문화교육의 개념과 범주, 목표에 대해서 고찰해 보았다. 언어문화 개념에 기반하여 한국어교육과 문화교육의 관계를 설정해 보고 한국어교육에서의 문화교육의 중요성을 확인하였다. 한국어교육에서 문화교육의 범주는 의사소통에 도움이 되는 영역으로 한정하고, 문화교육을 실시하여 언어 학습의 문화적 장애 요인을 제거하여 문화 충격을 해소하면 학습 효율을 높일 수 있을 것이다.

문화교육은 학습자의 인지적 영역의 구조 변화와 목표 문화에 대한 일련의 태도 변화의 과정을 수반한다(Byram & Morgan, 2001). 목표 문화 학습으로 학습자는 언어 사용자와 언어가 실현되는 세계에 대한 지식을 습득할 수 있다. 이는 사회문화적 언어능력의 함양, 즉 언어에 내재된 문화적 요소와 언어가 사용되는 상황 및 맥락과 연결되는 총체적인 문화 양상의 학습으로 수렴될 수 있다. 그러므로 문화 이해는 궁극적으로 학습자의 상호문화 의사소통 능력(Intercultural Communicative Competence) 향상에 기여 할 수 있다. 맥락과 상황에 따른 화용 능력을 갖추기 위해서는 목표 언어의 문화 학습이 필수적이다.

마지막으로 학제적(inter-disciplinary), 상호문화 연구, 민족지학적 접근 방법으로 한국문화에 대한 심층적 연구가 진행되어야 한다. 단기간에 문화교육에 '관한(about)' 연구와 담론이 다양하게 진행되었으나 한국문화에 대한 본질적이고 심층적인 접근은 부족하였다. 한국문화에 대한 성찰 없이 기존 연구를 교육 방법론적 측면에서만 수용한다면 기존 문화 연구와 담론의 변형된 재생산으로 수렴될 수밖에 없다. 이는 문화교육론이 단순한 한국문화 현상 읽기로 고착화될 가능성을 내포한다. 그러므로 학제간(interdisciplinary) 관점에서 문화 연구를 비판적으로 검토하여 한국문화 현상에 대해 연구해 나가야 할 것이다.

사회심리학적 혹은 철학적 관점에서 문화교육은 자아(自我)에 대한 올바른 이해를 바탕으로 타자(他者)를 바라보는 시선을 교정하는 것으로 규정할 수 있다. 이제 문화교육의 방향성은 동화주의 혹은 민족주의에 기반한 '한류'의 시각에서 벗어나 상호문화교육으로 수렴되어야 할 것이다. 문화적 다양성의 측면에서 타문화에 대한 이해와 존중을 바탕으로 한 문화적 소통을 토대로 문화교육의 방향성이 재설정되어야 하는 시점이다. 문화교육의 궁극적 지향은 소수자에 대해서는 자국 문화에 대한 자긍심을 가지면서 동시에 새로운 문화에 적응할 수 있도록 해야 하며 다수자에 대해서는 다양한 문화를 이해하고 수용하는 '관용'의 정신을 내면화 하는 것이다. 이를 통해 자아의 올바른 이해와 타인에 대한 배려를 이끌어 내어 타자(他者)와의 진정한 소통을 가능하게 하며 더불어 문화적 다양성을 수용하여 사회통합의 목표도 실현 가능할 것이다.

Critical thinking and Question

01 Hobsbawm은 '전통의 발명'의 개념을 고안하고 국민 국가 형성기에 유럽에서 집중적으로 '전통의 창조'가 발생한 것에 주목하였다. 그러나 Hobsbawm의 주장처럼 모든 문화가 '현재'의 필요를 위해 만들어낸 과거의 이미지로 '만들어진 전통'이라 할 수 있는가?

02 문화는 고정불변의 개념이 아니지만 그럼에도 각 나라에는 고유하고 독특하고, 독자적인 문화가 존재한다. 이러한 관점에서 '한국적' 문화라는 것은 무엇인가? 구체적으로 무엇을 '한국적' 문화라고 칭할 수 있을지 논의해 보자.

03 한국어 학습자의 한국문화에 대한 이해도 필수적이지만 한국어 교사 역시 학습자의 자문화에 대한 기초적인 이해는 필수적이라 할 수 있다. 학습자를 존중하고 이해한다는 전제하에, 그리고 문화 상대주의의 관점에서 모든 문화는 동등하고 가치 있다는 관점에 동의해야 하는가? 만약 그렇지 않다면 그 이유와 근거는 무엇인가?

IV

상호문화교육

너와 나는 오직 온 존재를 기울여서만 만날 수 있다. 온 존재로 모이고 녹아지는 것은 결코 나의 힘으로 되는 것은 아니다. 그러나 나 없이는 결코 이루어질 수 없다. '나'는 '너'로 인해 '나'가 된다. '나'가 되면서 나는 '너'라고 말한다. 모든 만남은 참된 만남이다.

마르틴 부버 Martin Buber,
『나와 너 Ich und Du(1923)』

Introduction

상호문화교육의 토대는 문화교육이다. 한국어교육학에서 문화교육 연구는 인접 학문과의 연계성이 높다. 문화교육 프로그램, 문화교육 내용 구성과 관련된 연구는 기존의 국어교육이나 외국어교육의 문화교육 내용학과 사회학, 역사학, 문화인류학 등에서 연구된 한국문화에 기반한 경우가 많다. 이러한 앞선 연구의 문화 분석에서 한국어교육에 필요한 한국문화를 선별하여 한국어 문화교육 교재나 프로그램 개발이 진행되어 왔다. 기존의 논의들이 언어와 문화 통합 교육, 혹은 분리 교육에서 한국어교육에 포함되어야 하는 문화교육의 범주, 즉 내용학에 초점을 맞추었다면 상호문화교육에서는 단순히 문화교육의 지식 학습 차원을 넘어서 문화 정보 습득 과정에서의 학습자 인식의 변화에 초점을 맞추어야 할 것이다.

마지막으로 상호문화교육의 출발점은 자문화이며, 문화와 문화 사이의 차이에 대한 객관적 이해와 이를 선택적 · 변별적으로 수용할 수 있는 능력을 함양하여 자문화와 목표 문화의 유사점과 차이점을 인식하고 서로 다른 문화적 배경을 가진 개개인에 대한 존중을 토대로 서로 다름을 인정하고 어울려 사는 공감과 관용의 태도를 학습하는 것이다. 그러므로 상호문화교육에 기반한 타자에 대한 이해로 문화 교육의 방향성이 변화해야 할 것이다.

01 상호문화교육의 개념과 특성

유럽에서는 다문화사회로의 진입과 함께 다중언어주의(Plurilingualism)와 문화적 능력(Cultural competence)이 제2언어 학습에서 핵심적으로 다루어야 할 개념으로 부상하였다. 다중언어주의는 일정 수의 언어 지식이나 일정한 사회 내에 있는 상이한 언어들의 공존을 의미하는 '다언어주의'와 구별되는데, "언어적 경험이 가정에서 사용하는 언어로부터 사회 전체의 언어를 거쳐 다른 민족의 언어에 이르기까지 문화적 맥락 속에서 확장되어야 한다"는 점을 강조한다(Council of Europe, 2001: 4). 유럽 언어 공통 참조 기준(CECR, 2001: 104-105)은 문화적 능력의 관점에서 목표 언어에 접근하려는 견해를 기술하였다. 일반적 능력 항목에서 문화적 능력은 사회문화적 지식, 상호문화적 의식, 상호문화적 기능, 개성에 관련된 능력으로 기술되어 있다. 이에 따르면 상호문화적 기능은 크게 4가지로 '자신의 문화와 외국의 문화를 서로 비교할 수 있는 능력', '문화적 감수성', '상호문화간의 오해나 대립에 대해 효과적으로 해결할 수 있는 능력', '선입견을 극복할 수 있는 능력'으로 정의된다.

유럽 언어 공통 참조 기준(The Common European Framework of Reference for Languages, CECR)의 문화적 능력에 대한 세부 요소들과 다중언어주의의 개념은 상호문화교육의 방향성에 대해 다음과 같은 시사점을 제시해 준다. 이제 '원어민같이' 외국어를 구사하는 것은 제2언어 학습의 목표로는 충분하지 않다(Sapir, 1929; Hymes, 1971, 1972; Phillipson, 1992; Byram & Zarate, 1994; Byram, 1997; Kramsch, 1998a, 1998b).

Hymes(1971: 5-6)는 Chomsky(1965)의 언어능력, 언어수행 개념의 기저에는 Humboldt 언어철학적 개념이 자리잡고 있음을 언급하였다. Chomsky가 언어학적 관점에만 고립되지 않고 심리학과 철학의 관점에서 언어능력과 언어수행에 접근하였지만, Hymes는 이에서 더 나아가 Sapir(1949)의 사회적 존재로서의 인간 개념을 포함한 통합적 관점을 취해야 함을 주장하였다. 또한 Chomsky(1965: 3)의 "이상적인 화 · 청자(Ideal speaker-hearer)"와 "완전히 동질적인 언어공동체(a completely homogeneous speech community)" 개념이 언어 사용에 있어서 맥락의 관점을 간과했음을 비판하였다(Hymes, 1971: 16). 그리하여 Hymes(1972: 282)는 지식(knowledge)과 용법(use)에 기반하여 언어능력의 개념을 이해해야 함을 주장하였다. 이에 대한 근거로 언어 습득 단계의 어린 아이가 자연스럽게 문법적인 문장 지식과 함께 언제, 어디서, 누구에게 어떻게 어떠한 방식으로 적절하게 발화하는지에 대한 지식을 학습하는 것을 제시하였다. 그는 언어능력이 언어와 관련된 태도, 가치, 동기를 아우르며 언어적 특성과 용법, 언어와 상호 관련된 의사소통 규칙들과 통합되어야 한다고 주장하였다.

다음으로, 한국어교육학과 외국어 교육학에서 2000년대 이후 주목받는 개념은 '상호문화'로, 한국 사회가 '타자성'을 학습할 수 있는 다문화 사회로 변모하고 있음을 뜻한다(오영훈, 2009, 2016, 2017; 유수연, 2013a, 2013b; 장한업, 2009, 2012, 2015; 정영근, 2001, 2011, 이원희 2018a: 192).

Gudykunst & Kim(2003)은 Simmel(1950)의 "이방인" 개념을 차용하여 다문화사회의 효과적인 의사소통자로서 "이방인과의 의사소통(Communication With Strangers)" 개념을 제시하였다. Simmel(1992)은 타자는 "잠재적 방랑자(der Fremde, 199: 764)"로 기존 집단에 동화되는 불완전한 존재가 아닌 기존 집단의 구성원과 동등성하고, 집단에 얽매이지 않는 동일성과 상이성이라는 양면성을 가진 존재로 규정하였다. 또한 타자의 낯설음이 오히려 긍정적이고 특별한 형태의 상호작용이 가능하리라 보았다(Simmel, 1992: 765).

지속적인 상호문화 의사소통 상황이 발생하는 교육 현장에서, 혹은 점진적으로 다문화 사회로 변모해가는 한국 사회의 구성원으로서 다른 문화권에 속한 개인 · 집단과의 의사소통에 익숙해져야 한다. 한국 사회의 구성원 역시 외국인의 입장에서 낯선 이방인일 수 있음을 인식하고 상호문화적 시각에서 스스로를 객관화할 수 있어야 한다. 이러한 관점에서 상호문화교육에 기반한 타자에 대한 이해로 문화교육의 방향성의 변화가 요청되며, 한국 사회보다 먼저 다문화 사회로 진입한 서구의 상호문화교육의 개념과 변모 과정을 고찰하는 것은 유의미하다.

상호문화교육은 독일, 프랑스와 같은 유럽에서 발달하였으며 다양한 인종적 · 언어적 · 종교적 · 이념적 · 문화적 배경의 학습자가 타문화에 대한 차별 · 편견 · 선입견 · 고정 관념을 지양하고, 타문화를 이해하고 존중하는 가운데 상호문화 의사소통 능력 증진을 도모하는 교육이다. 이는 다문화교육과 국제이해교육과는 상이한 개념이다. 다문화교육은 다양한 문화의 수용과 관용을 중점적으로 다루는 것과 달리 상호문화교육은 다양한 문화 집단 간의 존중과 소통에 기반한 지속적인 공존 방법을 찾는 것에 초점을 둔다.

그러나 유럽의 경우 2010년대에 들어서 다문화 실패론이 대두되었다. 2010년 10월 6일 기독교민주당(CDU) 청년 당원을 상대로 포츠담에서 행한 연설에서 독일 메르켈 총리는 다른 문화가 공존하는 독일의 다문화주의는 완전히 실패했다고 선언하고 "다문화의 개념을 채택해 서로 행복하게 살자는 경향이 우리를 지배해 왔지만 이 개념은 완전히 실패했으며, 독일어를 못하는 사람은 누구라도 환영받지 못한다"고 단언하였다. 다음 해인 2011년 2월 5일 독일 뮌헨에서 개최된 국제안보회의에서 영국의 데이비드 캐머런 총리는 "서로 다른 문화가 독립해서 공존하는 영국의 다문화주의는 영국의 가치 안에서 발전하지 못했다"고 선언한다. 이어 2011년 2월 10일 프랑스 공중파 채널인 TF에 출연한 사르코지 대통령 역시 프랑스에서 다문화주의 정책의 실패를 선언하며 "우리는 그동안 우리나라에 이주하는 사람들의 정체성에 대해 신경을 썼지만 정작 이들을 받아들이는 우리들의 정체성에 대해 충분히 고민하지 않았다"며 실패의 원인을 짚었다. 연이은 '다문화정책 실패론'에 대한 선언은 유럽이 오랜 시간 지향해 온 다문화주의에 대한 논란을 촉발시켰다. 이어 2011년 2월 17일 파이낸셜타임스(FT)는 유럽연합 사무총장과의 인터뷰를 통해 '다문화주의 실패론'을 보도하였다. 이 인터뷰에서 토르뵤른 야글란 유럽회의 사무총장은 "다문화주의 탓에 국가 안에서 '별개 사회'(parallel society)들이 성장하고 있다"면서 "이를 당장 중지해야 한다. 일부 별개 사회는 위험하고 급진적인 생각을 전개하고 있다"고 지적했다. 유럽의 다문화주의 실패론에는 유로존의 경제적 문제, 특히 청년실업률 문제와 더불어 극단적 무슬림에서 파생된 '테러'와 깊게 관련되어 있다. 현재 유럽 국가의 다문화 정책은 기존의 상호문화주의 정책에서 벗어나 동화주의로 선회하고 있다. 영국, 프랑스, 독일을 중심으로 사회 통합교육 프로그램이 강화되었으며 이주노동자의 유입 통제, 이주민 2 · 3세대 대상의 교육 강화 등이 그 대표적인 예이다. 이제 유럽의 다문화정책은 오히려 다문화주의 이념에서 탈피하여 동화주의로 그 방향을 선회하고 있다. 관점에 따라 유럽의 다문화정책은 실패라기보다는 시행착오를 통한 방향성의 전환이라 해석될 수도 있다. 기존의 유럽의 다문화정책 실패론을 토대로 한국의 다문화정책의 '변별적인' 방향성이 설정되어야 한다. 한국의 상황은 유럽과는 상이하나 초기부터 이민 국가로 출범한 미국, 캐나다, 호주보다는 국민 국가로 시작되어 이주민을 받아들인 유럽의 정책이 현재 한국에 주는 시사점이 클 것이다. 그렇다면 유럽과 같은 전철을 밟지 않기 위해 이와 변별되는 한국 사회의 다문화주의와 상호문화교육의 방향성에 대한 후속 논의가 반드시 필요하다(이원희, 2018a: 200).

표 4.1 국제이해교육, 다문화교육, 상호문화교육 비교(장한업, 2018b)

	국제이해교육	다문화교육	상호문화교육
시기	1950년대	1960년대	1970년대
주체	유네스코	미국(OECD)	프랑스, 독일(유럽연합)
단위	국가	집단(흑/백)	개인
초점	국외의 다양성	국내의 다양성	국내의 다양성
목표	국제 사회의 평화	집단들의 공존	개인들의 상호작용/상생

상호문화교육은 고유한 문화와 낯선 문화가 만나는 "문화 중첩 상황(Überschneidungssituation)"(Erll & Gymnich,2010: 36)에 적합하게 대처하는 능력을 함양하는 교육으로 정의할 수 있다(정기섭, 2011: 138).

유네스코 상호문화교육지침서(UNESCO Guidelines on Intercultural Education, 2006a)는 상호문화교육의 목표로 앎을 위한 학습(learning to know), 수행을 위한 학습(learning to do), 공존을 위한 학습(learning to live together), 존재를 위한 학습(learning to be)을 설정하였다. 상호문화교육의 원칙으로는 "모든 사람을 위한, 문화적으로 적합한 양질의 교육을 통해 학습자의 문화 정체성 존중", "사회에 능동적이고 온전하게 참여하는 데 필요한 문화적 지식 · 태도 · 기술의 제공", "개인 · 민족 · 사회 · 문화 · 종교 집단 · 국민 간의 존중, 이해, 연대에 기여할 수 있게 하는 문화적 지식 · 태도 · 기술의 제공"을 설정하였다(UNESCO, 2006a: 17-39).

선술하였듯이 상호문화교육은 독일과 프랑스를 중심으로 발달하였다. 독일의 경우 상호문화교육은 기존의 동화주의적 다문화주의 정책에 대한 반성과 이에서 파생된 문제를 해결하기 위한 대안으로 부상하게 된다. 독일은 다국적 기업 연계된 비즈니스 의사소통 훈련과 이주민, 주로 이주노동자 자녀 대상의 상호문화교육, 특히 이주민 자녀에 대한 학교 교육 프로그램이 발달하였다.

상호문화 의사소통은 독일에서는 크게 세 가지 분야로 나뉘어 다루어진다. 첫째는 외국어 교육 분야 중의 하나인 외국어로서의 독일어 교육 연구를 들 수 있다. 둘째는 비즈니스 분야의 연구이다. 셋째는 상호문화 훈련(Interkulturelles Training) 연구이다(김유리, 2018: 261-262). 2000년부터 독일이 참여한 국제 학업 성취도 비교 조사 결과 교육제도가 독일의 사회적 불평등을 완충하기보다는 이를 심화하는 것으로 나타났다. 그로 인해 사회 취약 계층뿐 아니라 이주민 자녀가 겪는 교육의 사회적 불평등 문제를 막기 위한 개선책 마련이 독일 정치계의 당면 과제로 떠오른다(김재상, 2010: 299).

그리하여 1960년대 이후 외국인 노동자의 유입으로 발생한 사회적 문제를 해결하기 위해 이들을 독일 사회에 적응시키는 것을 핵심으로 하는 외국인 교육(Ausländerpädagogik) 프로그램을 실시하였다. 1970년대에 시작된 외국인 교육 프로그램은 외국인 노동자 자녀가 독일 학교에서 보상교육과 동화주의 교육을 받는 것을 기본 골자로 한다. 그러나 이는 외국인 노동자들을 단순한 노동력으로 생각하여 독일 사회에 일방적으로 적응시키는 동화주의 정책으로 비판을 받게 된다. 이에 1980년대 들어서 새로운 교육학적 대안으로 외국인들에 대한 적대감을 극복하고 문화적 다양성의 보호와 활용을 위해, 외국인 교육은 '상호문화교육' 프로그램으로 전환된다. 1990년 동독과 서독의 통일 이후 동구권의 이주노동자들이 유입되면서 상호문화교육은 새로운 양상으로 변모하는데, 유입된 소수민족들만이 아니라 독일인들에게 다른 문화를 이해하는 상호문화 학습 과정 이수를 요구한다(정기섭, 2009: 107-113, 김형민 2010: 372).

독일의 '외국인 교육' 프로그램과 '상호문화교육' 프로그램의 차이점은 교육 대상에 있다. 소수자를 대상으로 하는 외국인 교육과 달리 상호문화교육은 독일의 모든 사회 구성원이 교육 대상으로 설정된다(김형민, 2010: 371-372).

표 4.2 외국인 교육 프로그램과 상호문화교육 프로그램 비교(김형민, 2010)

	외국인 교육 프로그램	상호문화교육 프로그램
목적	주류 문화로의 동화	사회적 통합, 다문화성, 각 문화의 정체성 유지
교육 대상	비주류문화권 소수자	모든 사회 구성원들, 특히 주류문화권에 속하는 다수자
체류 외국인을 바라보는 시각	보상 교육을 필요로 하는 '사회적 결손아'	서로 교류와 접촉을 할 수 있는 이웃

독일 상호문화 독어독문학과 관련 학위 분야는 상호문화 의사소통(Interkulturelle Kommunikation)학과, 상호문화 비즈니스 의사소통(Interkulturelle Wirtschafts kommunikation)학과, 언어와 비즈니스학과, 문화 산업학과 등이 있다(김유리, 2004: 35-36, 2008; 12-14, 2018: 288-294; 김미연, 2006b: 356-359; 하수권, 2006: 90-92; 김순임, 2009: 12-13).

표 4.3 독일의 상호문화 관련 학위 과정(이원희, 2021)

	교육 목표		교육 과정
비즈니스 의사소통		예나 대학교	마기스터(Magister) 부전공 과정과 상호문화 경영학 디플롬(Diplom) 전공 과정 상호문화 경제의사 소통 교과 과정[17]
		에르푸르트 대학교	상호문화 경제 의사소통 전공 과정
		비아드리나 유럽 대학교	상호문화 경제 의사소통 전공 과정
		함부르크 대학교	상호문화교육 전공[18]
외국어 교육/ 언어교육	언어/ 외국어 교육	뮌헨 대학교	외국어로서의 독일어학과: 언어학적 관점의 상호문화 교수법, 상호문화 의사소통 교육 과정
		마인츠 대학교	• 1991년 학과명을 상호문화 독어독문학과로 변경 언어학, 번역학, 문화학에서 상호문화 연구와 강의가 이루어짐
		켐니츠 대학교	언어학 관점의 상호문화 의사소통 교육 과정
		자를란트 대학교	로만 문화학 및 상호문화 의사소통 교육 과정
		카를스루에 대학교	상호문화 독어독문학과 전공 과정
		드레스덴 공과 대학교	상호문화 연구 교육 과정
	상호문화 독일어 교육	바이로이트 대학교	• 1986년 독일 최초 상호문화 독어독문학과 창설 • 언어학 관점의 상호문화 교수법 • 주전공·부전공의 연계 전공형식 학사 학위(6학기) 과정 • 체코 우스티나트라벰 대학교와 공동 석사 학위, EMICC (European Master in Intercultural Communication) 과정

17 2004년부터는 상호문화 훈련과 코칭과 관련된 상호문화 트레이너 1년 교과 과정이 신설되어 사이버상에서 비학위과정 직업교육의 형태로 진행되고 있다.

18 학위과정은 아니나 독어독문학과 비즈니스 의사소통 연구소에서도 관련 연구가 이루어졌다.

	괴팅엔 대학교	• 2004년부터는 외국어로서의 독일어 학과를 상호문화적 독어독문학과로 개명 • 일반 석사 과정(상호문화적 행동능력과 외국어 능력)과 중국 대학(난징대, 북경외국어대) 공동학위 석사 과정[19]
	비아드리나 유럽 대학교	폴란드 아담 미츠키에비치 대학교와의 공동 학제 과정 및 공동 학사 학위 과정[20]
	만하임 대학교	학사(5학기, 독일: 2학기, 캐나다: 3학기): 캐나다 워털루 대학교와 공동 학제 과정 및 공동 학위 과정
	프라이부르크 대학교	주전공. 상호문화교육 독일어 학위 과정[21]
	슈베비슈 그뮌트 교육대학교	주전공. 상호문화교육 독일어 학위 과정[22]
	캠니츠 공과대학교	2000년 상호문화 의사소통 학과 신설, 2018년 상호문화 독일어학과 석사학위 과정 신설[23]
교육학 심리학	베를린 자유 대학교	상호문화교육학 과정
	뒤스부르크-에센 대학교	외국어로서의 독일어(Daz), 상호문화교육학 과정
	레겐스부르크 대학교	• 상호문화 심리학 전공 과정 • 상호문화적 기업체 교육 모델 개발
	켐니츠 대학교	상호문화적 기업체 교육 모델 개발

19 이외에도 자격과정(2학기)이 있으며 학부생 또는 석사과정생 모두 자격과정 수료증 취득이 가능하다.

20 독일과 폴란드 간 문화 교류 활성화와 문학, 언어, 문화학 영역에서 상호문화적 행동 능력 촉진을 목표로 하고 있다.

21 독일 언어학과 문학의 영역에서 상호문화 비교를 통해 상호문화 행동 능력을 함양함으로써 DaF 영역에서 상호문화적인 관점의 독일어 교수 능력 촉진을 목표로 한다.

22 비교문화 관점에서 독일 언어학과 문학 및 문화학을 이해하고 문화적으로 상이한 사회 적응 능력 함양을 목표로 한다.

23 상호문화 독어독문학과와 DaF 분야를 연결하여 국제화 시대에 부합하는 연구, 상담, 언어, 문학, 문화매개 능력 함양을 목표로 한다.

상호 문화 능력	잘츠부르크 대학교	상호문화 능력 석사 과정: 의사소통의 핵심 자질로 상호문화 능력 함양을 위한 상호문화 학습 과정.[24]
	빌레펠트 대학교	외국어로서의 독일어(DaF)학과: 비즈니스 관련 상호문화 능력 연구 과정
	뒤셀도르프 대학교	외국어로서의 독일어(DaF)학과: 비즈니스 관련 상호문화 능력 연구 과정
상호문화 의사소통 능력	칼루스에 대학교	문화산업학과(BA): 상호문화 의사소통 교과 과정
	파사우 대학교	문화산업학과(BA): 상호문화 의사소통 교과 과정

상호문화교육은 다양한 인종적 · 언어적 · 종교적 · 이념적 · 문화적 배경의 학습자가 타문화권에 대한 차별, 편견, 선입견, 고정 관념을 지양하고, 타문화를 자신의 문화와 동등하다고 인정하고 이해하면서, 자의식을 함양하고 상호문화 의사소통 능력을 증진하고 도모하는 교육이다. 그러므로 상호문화적 관점에는 상호문화 능력의 함양이라는 궁극적 목표가 내재되어 있다고 볼 수 있다. 상호문화교육은 한국어 학습자나 이주자를 한국어와 한국문화에 동화시키거나 반대로 한국인의 타문화의 이해에 초점을 두는 것도 아니다(이원희 2018a: 198).

상호문화교육에서 각 문화는 고유한 정체성을 유지할 것이 장려된다. 이는 타문화에 대한 관용의 자세와 다중언어주의를 장려하는 정책으로 발전한다. Holzbrecher(2004: 99-120)는 상호문화 교수법과 관련된 개념으로 '반인종차별주의 교육, 역사와 현재에서 인종적 발자취 찾기, 유럽 학습[25], 언어적 · 문화적 · 의사소통과 관련된 교육[26], 글로벌 학습, 자신과 타인에 관한 새로운 인식'을 제시하였다. 타인의 문화를 고유한 가치와 의미로 인정하며, 자아를 타인과의 관계에서 인식하고 타인의 관점으로 사고하는 것이 상호문화 학습의 핵심적 교수 · 학습 목표라

---

24 교과 과정은 이론적 개념, 교사 교육, 경제 분야로 나누어져 있다.

25 이는 독일에서 고안된 상호문화교육적 관점이라는 것을 감안하여야 한다. 이를 한국어교육에 적용하자면 '(동)아시아 역사 학습'으로 적용할 수 있을 것이다.

26 정체성 구성 수단으로써 언어 이해, 다중언어능력, 비언어적 상호문화 의사소통 능력 함양 교육을 의미한다.

할 수 있다(Holzbrecher, 2004: 107). 그러므로 상호문화교육은 학습자의 인지적 · 정의적 · 행동적 영역의 '변화 과정'에 초점 둔 교육 과정이다.

표 4.4 상호문화교육 개념 정의(이원희, 2021)

연구자	개념
Clanet (1993)	변증법적 활동을 전제로, 다름을 존중하나 그것을 초월하는 것을 허용함으로써 분화적 개별주의를 넘어서 상호문화적 보편주의적 관점을 도입한 교육 과정(장한업, 2013: 64, 재인용)
Abdallah-Pretceille (2000)	교육적 선택을 넘어선 사회의 지향점으로써 민족공동체의 문제로부터 덜 불평등한 사회적·교육적 활동 개념으로 변환되어 사회적 계약 차원에서 균형적 관계로 변화되는 과정
Council of Europe (2001)	학습자가 사회생활에 적극적이고 온전히 참여하는 데 필요한 문화적 지식, 태도, 능력을 함양하며 모든 학습자에게, 개인, 민속 집단, 사회 집단, 문화 집단, 종교 집단, 국민들 간의 존중, 이해, 연대에 필요한 문화적 지식, 태도 능력을 제공하는 과정
Holzbrecher (2004)	모든 인간이 존엄하다는 토대 위에서 다른 문화권의 사람과 그들의 가치관, 삶이 동등하게 존중되어야 한다는 사고와 태도의 전환에 기반한 사회 통합 과정
Unesco (2006a)	모든 학습자의 문화적 정체성을 존중하고, 개인, 민족 집단, 사회 집단, 문화 집단, 종교 집단, 국민 간의 존중, 이해, 연대에 필요한 문화적 지식, 태도, 능력을 제공하는 과정. 문화 집단 간의 변화하는 역동적 관계로 다양한 문화들의 공존과 공정한 상호작용, 대화와 상호 존중의 태도 함양 과정
Lázár (2007)	상호문화 상황 속에서 효과적으로 의사소통하며 다양한 문화적 맥락을 고려한 관계 형성 능력 함양 과정
Hinkel (2010)	타문화, 자문화, 자기 자신의 태도 및 표상에 영향을 주기 위한 의식 깨우기 과정

Hall(1904)은 문화 변용에 대해 심리학적으로 연구한 최초의 학자이다(Rudmin, 2003). 영어권에서는 Powell(1880, 1883)이 처음으로 문화 변용(acculturation)의 개념을 사용하였다. Powell(1883)에 따르면 문화 변용은 교차문화적 모방(cross-cultural imitation)의 상황에서 발생하는 심리적 과정이다. 초기의 연구는 주로 개인적 차원의 현상 연구였다(Thurnwald, 1932; Brooom & Kitsus, 1955; Spiro, 1955).

문화 동화(assimilation)와 문화 변용(acculturation)은 인류학과 사회학 분야에서 동일한 개념과 의미로 사용되었다. 그러나 인류학자들은 '문화 변용'을 선호한 반면 사회학자들은 '문화 동화'의 용어를 선호했다. 문화 인류학자들이 문화 변용을 선호한 것은 그들의 주요한 관심사가 소위 '원시적' 사회가 어떻게 문화 접촉을 통해 '문명화'되었는지에 있었기 때문이다. 반면 사회학자들이 문화 변용 혹은 동화를 사용하는 것은 이민자들이 현지인들과의 접촉을 통해 점진적으로 그들의 생활방식에 '순응'해 가는 과정에 초점을 두었기 때문이다.

Berry(1980)는 문화 변용 모형에서 문화 적응의 네 가지 유형으로 동화(assimilation), 통합(integration), 분리(separation), 문화 해체(deculturation)를 제시했다.

그림 4.1 **Berry(1980)의 문화 변용 모형**

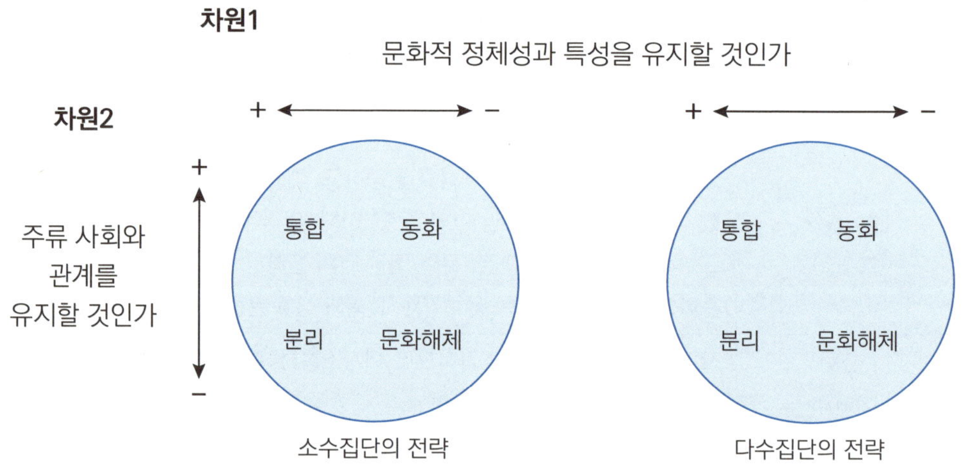

Graves(1967)는 "문화 변용 심리학(acculturation psychology)"을 최초로 적용한 연구자이다. 심리적 문화 변용은 다른 문화와 접촉하거나 개인적 혹은 민족 집단의 차원에서 문화 변용 과정에 참여하면서 경험하는 개인의 변화를 의미한다(Berry & Sam, 2016: 12-13). Berry & Sam(2016:14)은 이러한 문화 변용의 요소로 심리학적

적응과 변용을 제시하였다. 이는 행동적 변화와 적응 과정의 스트레스, 심리학, 사회문화적 변화를 포함하는 과정이다.

그림 4.2 문화 변용 요소와 관계 개념화를 위한 틀(Berry & Sam, 2016)

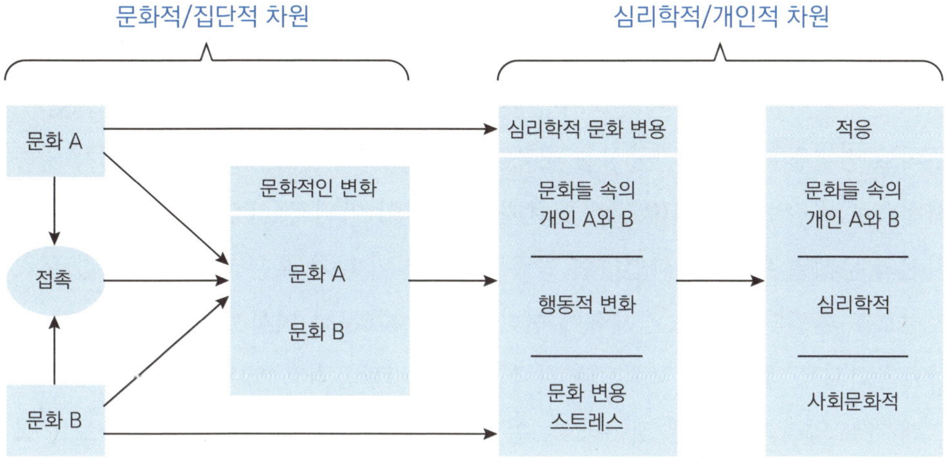

이상적인 상호문화 의사소통 능력을 갖춘 개인은 다문화 사회의 문화적 갈등 상황에서 자문화와 다른 문화에 대한 균형적 이해를 바탕으로 상호문화적 관점과 비판적 사고로 문제를 인식하고 해결할 수 있다. 문화 변용의 관점에서 상호문화교육에 접근하자면 한국어 학습자는 '문화적 정체성과 특성을 유지할 것인가'와 '한국 사회에 통합될 것인가 분리될 것인가'로 구분할 수 있다. 그러나 학문목적 학습자의 문화 변용 과정이 통합으로 귀결된다 하더라도 한국문화의 수용과 적응이 아니라 학습자 자문화의 정체성을 유지한 상태에서 한국문화의 선별적 수용과 한국인과의 선택적 접촉이 가능한 상태여야 할 것이다. 만약 상호문화교육에서 이것이 통합으로 귀결된다면 이는 단순히 한국문화로의 수용이 아니라, 학습자 자문화의 정체성을 유지한 상태에서 주류사회, 즉 한국문화의 선별적 수용이 가능한 상태를 의미한다. 그러므로 상호'문화 인식'과정에서 문화 지식의 재구성과 의사소통 상황에서 적합한 '적응성'을 토대로 한 상호문화 의사소통 능력 함양의 교육적 구성 요소가 추출되어야 할 것이다.

한국 사회가 다문화 사회로 변모함에 따라 상호문화 의사소통 능력은 상호문화 의사소통 상황이 지속적으로 발생하는 한국어교육 영역뿐 아니라 한국 사회 전반에서 개인이 갖추어야 할 능력이다. 그러므로 한국 사회 구성원 모두에게 문화적 · 집단적 차원과 심리학적 · 개인적 차원의 심리학적 문화 변용 과정을 수반한 상호문화 교육 과정이 필수적으로 요구된다. 즉, 상호문화교육을 통한 타자에 대한 이해로 다문화정책의 변화가 요구되는 것이다. 동화주의는 자민족중심주의 혹은 강요된 민족주의로 변질될 수 있는 가능성을 내포한다. 그러므로 문제의 원인은 우리가 열등한 시선으로 바라보는 타자(他者)에게 존재하는 것이 아니라, 내안의 변질되고 왜곡된 시선의 문제일 수 있다. 환언하면 민족주의 변질이 타자 혹은 타민족에 대한 폭력적 시선으로 환원되는 것을 경계해야 한다. 결국 상호문화 의사소통 능력 함양을 위한 상호문화교육 과정은 궁극적으로 한국 사회가 비관용적 사회에서 관용적 사회로 변모해 가는 양상과 관련된 것이라 할 수 있다. 그러므로 상호문화교육의 목표는 목표문화에 대한 동화도, 자문화에 대한 지나친 민족주의적 강화도 아닌, 문화 차이의 객관적 이해와, 문화를 선택적 · 변별적으로 수용할 수 있는 '상호문화 의사소통 능력'을 함양하는 것이다.

상호문화교육이 주요하게 다루어야 할 내용 중 하나는 상호문화 의사소통 과정에서 문화적 차이를 이해하고, 갈등에 유연하게 대응할 수 있는 문화 인식 과정이다. 이는 다양한 문화적 특성의 존중과 수용에 기반한 상호문화 의사소통 능력의 함양에 토대가 된다. 상호문화교육의 궁극적 지향은 소수자에 대해서는 자문화에 대한 자긍심을 가지면서 동시에 새로운 문화에 적응할 수 있도록 해야 하며 다수자에게는 다양한 문화를 이해하고 수용하는 '관용'의 정신을 내면화하는 것이다. 이에 따라 자아에 대한 올바른 이해와 타인에 대한 배려에 기반한 타자와의 진정한 소통이 가능해질 것이며 문화적 다양성의 수용을 통한 사회 통합의 목표도 실현 가능할 것이다.

02 상호문화교육의 구성 요소

Byram(1997: 7-31)은 상호문화 의사소통 과정에 사회적 맥락이 고려되어야 함을 주장하고 외국어 교육의 관점에서 상호문화 능력의 개념을 정의하였다(Byram, 1997, 2008, 2018). Byram이 제시한 상호문화 능력 구성 요소는 태도, 지식, 해석과 관계 설정 기술, 발견과 상호작용의 기술, 비판적 문화 인식(Critical cultural awareness)과 정치적 교육의 다섯 가지 요소이다.

그림 4.3 상호문화 능력 구성 요소(Byram, 1997, 2008, 2018)

	기술(Skills) 해석과 관계 형성 interpret and relate (savoir comprendre)	
지식(Knowledge) 자신과 타인에 대한 지식 상호작용에 대한 지식 개인과 사회에 대한 지식 of self and other; of interaction: individual and societal(savoirs)	**교육(Education)** 정치 교육 비판적 문화 인식 political education critical cultural awareness (savoir s'engager)	**태도(Attitudes)** 타인의 가치 평가에 대한 상대화 relativising self valuing other (savoir être)
	기술(Skills) 발견 혹은 상호작용 discover and/or interact (savoir apprendre/faire)	

'태도'는 호기심과 개방성, 자문화에 대한 믿음과 타문화에 대한 불신을 지양하는 태도(readiness to suspend disbelief about other cultures and belief about one's own)를 포함한다. 이는 평등한 관계를 유지하면서 타인과 공감할 수 있는 기회를 찾고 지속하려는 태도를 뜻한다(Byram, 1997: 34-35).

'지식'은 자문화와 타문화의 집단 문화에 대한 이해와 일반적인 상호과정 지식을 의미한다. 자문화와 타문화(대화 상대자)에 속한 사회적 집단과 산물과 관행, 관습, 사회적이며 개인적인 상호작용의 일반적인 과정에 대한 지식을 포함한다.

'해석과 관계 설정의 기술'은 타문화의 상징과 중요한 사건 · 행사의 해석, 자문화와 개인의 경험을 이해 · 해석할 수 있는 능력을 의미한다. 더불어 타문화의 기록물이나 사건을 해석 · 설명하고 자문화의 기록물과 연관 짓는 능력을 말한다.

'발견과 상호작용의 기술'은 새로운 문화적 지식과 풍습을 습득하고 상호문화 의사소통 시 즉각적으로 관련된 지식, 태도 및 기술을 활용할 수 있는 능력을 의미한다. 이는 상호작용의 제약하에서 문화와 문화적 관행에 대한 새로운 지식 습득과 지식, 태도, 기술이 작동하는 능력과 관련된다.

'비판적 문화 인식(Critical cultural awareness)/정치 교육'은 자국과 타국 문화의 명확한 기준, 관습 및 산물에 근거하여 이를 비판적으로 평가할 수 있는 능력이다. 비판적 문화 인식은 명시적 관점과 기준을 나타내는 문서, 사건에 대한 분석 능력과 상호문화 교류에서 상호작용과 중재와 지식 · 기술 · 태도를 활용하여 교류 수용 정도를 협상하는 능력으로 구체화된다.

Byram(1997: 73)은 상호문화능력의 구성 요소인 태도, 지식, 해석과 관계 설정 기술, 발견과 상호작용 기술, 비판적 문화 인식/정치 교육의 상호작용을 상호문화 의사소통 능력 모델(A Model Intercultural Communicative Competence)로 구현하였다. 앞서 기술한 5개의 '상호문화 능력' 구성 요소는 '언어학적 능력(Linguistic competence)', '사회언어학적 능력(Sociolinguistic competence)', '담화적 능력(Discourse competence)'과 상호작용하며 궁극적으로 '상호문화 의사소통 능력'을 구현한다. Byram(2009: 323)에서 이를 〈그림 4.1〉과 같이 수정 · 보완하였다.

그림 4.4 상호문화 의사소통 능력 모델(Byram, 1997, 2009)

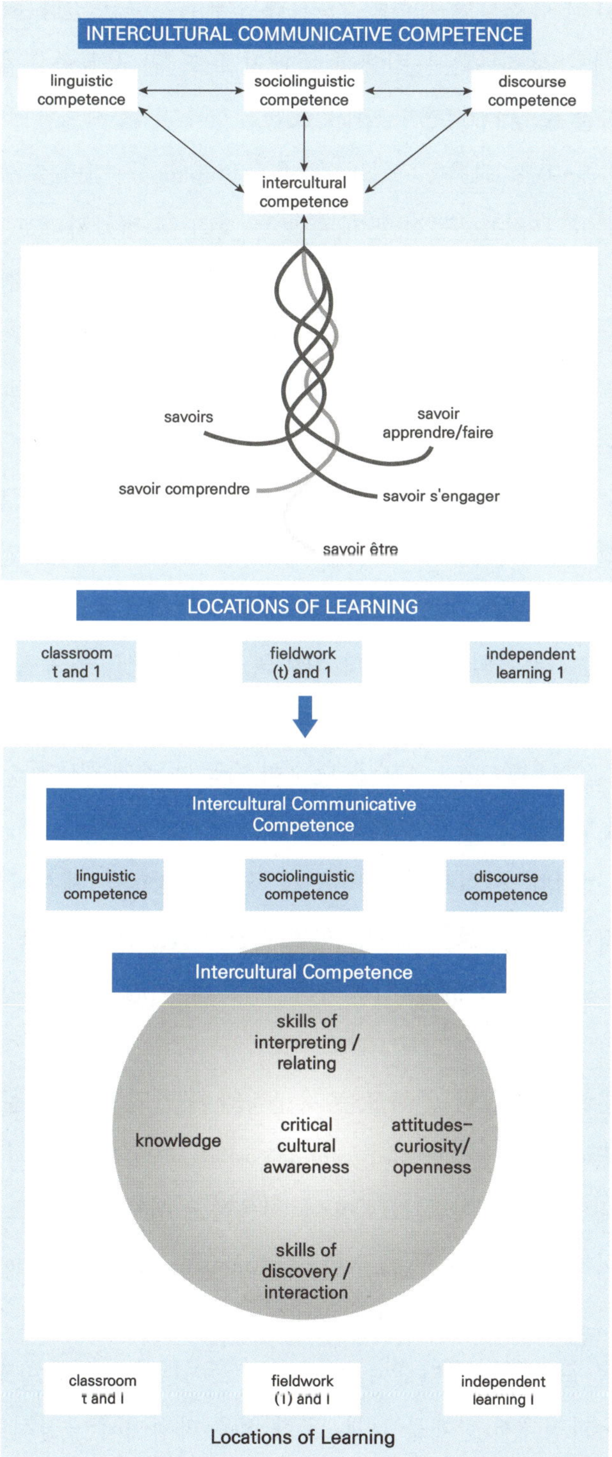

수정된 상호문화 의사소통 능력 모델에서 주목할 것은 '비판적 문화 인식(Critical cultural awareness)'이 상호문화 능력의 가장 가운데 위치하고 있다는 것이다. Byram은 수정된 모형에서 상호문화 능력에서 비판적 문화 인식의 중요성을 명시적으로 제시하고 있음을 알 수 있다(서영지, 2018: 164).

Fleming(2009: 8-9)은 '교육(education)'과 '훈련(training)' 개념은 서로 대비되거나 위계적인 개념이 아니라 변증법적 관계로 보는 것이 더 적합하다고 주장하였다. 교육 개념에 '깊이(depth)'를 생략하지 않는 것도 중요하지만 행동과 경험적 진실성에 대한 '표면(surface)' 개념을 유지하는 것도 중요하다고 보았다. 이를 상호문화 능력의 교육과 훈련 과정에 적용하자면 인지적 영역의 지식이 관용의 정서로 '내재화'되어 행동적 영역의 적응성으로 '표출'될 수 있어야 할 것이다. 그러므로 상호문화 능력은 의사소통을 성공적으로 이루려는 '동기'가 인지적 · 정서적 · 행동적 영역의 '지식과 기술'로 통합되어 의사소통 맥락에서 효과적으로 기능할 수 있어야 한다(이원희, 2019: 186-187).

상호문화교육은 자문화와 목표 문화 사이의 객관적 거리를 두고 균형적 관점에서 이를 비판적으로 수용 · 변용 능력 함양을 그 목표로 한다. 이를 위해서는 한국문화의 "문화적 문법(정수복, 2007: 47)"을 단순히 습득하는 것에서 벗어나 자문화와의 차이를 이해하고 학습자가 목표 문화의 문화적 문법을 '선택적'으로 수용할 수 있도록 교수해야 할 것이다. 사회제도 속의 인간 행위에 방향을 제시하고 규제하는 문화의 요소들을 가리키는 말로는 가치, 규범, 관습, 인습, 관행, 습속, 사고방식, 행위 양식, 심성, 의식 구조, 정신 구조, 사유 구조, 민족성, 기질, 문화 유전자, 문화 코드, 문화적 기호 등이 있다(정수복, 2007: 47).

문화교육과 훈련 프로그램의 목표는 자문화와 구별되는 다른 문화에 적응하는 것을 돕는 것에 있다(Bhawuk, 1990; Brislin & Yoshida, 1994b). 교육과 훈련의 목표는 서로 다른 문화권의 사람들이 목표 문화에 적응하고 사회 구성원으로 기능하며 업무 생산성을 높이는 것에 있다. 상호문화 훈련(Intercultural training, ICT)은 교육의 영역보다는 비즈니스의 영역에서 먼저 시작되었으며 특히, 동유럽 이주노동자의 유입이 많았던 독일을 중심으로 발달했다. 일반적으로 이러한 상호문화교육 · 훈련의 효용성은 의사소통 과정에서 장애물 극복, 문화 적응 과정에서 긍정적인 상호 존중 관계 구축, 상호문화적 상황에서 비즈니스 성취에 대한 도움에 있다. 교육의 영역에는 학업 성취, 상호문화적 상황 혹은 문화 적응 과정에서의 스트레스 관리, 예방의 과정을 포함한다.

Brislin & Horvatch(1997)는 독일어 교육에서 구체적인 상호문화교육 방법으로 다양성 교육, 비서구적 교육, 세계화 교육, 상호문화교육 등을 제시하였다. 유수연(2015)은 상호문화 이력서 작성하기, 갈등과 위기 상황에서 의사소통, 역할극(Role play)과 식사 문화 게임 등을 상호문화 의사소통 훈련 방법으로 제시하였다. 이는 결국 실제 상호문화 의사소통 상황에서 갈등과 오해의 상황을 예측하고 이에 민감하고 유연하게 대응할 수 있는 교육 방법론이다.

Warren & Adler(1977)는 문화 훈련의 목표를 8가지로 제시하였다. 다른 문화에 대한 정보 제공, 교차문화 상황에서 직업 기술, 서로 다른 태도 · 가치 · 신념에 대한 관용의 태도 함양, 목표 언어능력 향상, 교차문화 상황에서 적합한 행동 능력, 문화 충격에 적절하게 대응하는 능력, 자문화 이해와 고정 관념 해소, 교차문화 상황에서 긍정적 경험의 확장을 제시하였다. 이러한 상호문화교육 · 훈련 목표에는 개인의 직업적 · 학업적 성취를 위한 목표 문화 적응과 갈등 · 스트레스를 최소화하는 문화 적응과 변용의 과정을 포함한다.

Gudykunst & Hammer(1983)는 상호문화 의사소통 능력 훈련 프로그램을 고안하고 인지적 · 정서적 · 행동적 영역에서 개인의 상호문화 능력이 균형적으로 향상될 때 프로그램이 효율적으로 진행될 수 있다고 보았다. 상호문화 의사소통 훈련(Intercultural training, ICT) 방법론은 크게 문화 보편적인 방법론과 문화 특수적인 방법론으로 구분된다. 이는 다시 인지적 정보만 전달하는 것인지, 개인적 경험으로 행동 변화에 영향을 주는지에 따라 인지 · 교육적인 방법론과 경험 · 행동적 방법론으로 세분화 된다(Gudykunst & Hammer, 1983: 118-140, Gudykunst et al., 1996: 66-72).

'교육적 · 문화 보편적 상호문화교육'은 학습자(훈련자)에게 목표 문화와 관련된 일반적 지식을 전달하는 교육 방법이다. 구체적으로는 상호문화 의사소통 상황과 관련된 강의와 토론, 문화 적응과 관련된 비디오 시청, 상호문화 의사소통 시 오해와 갈등 해결을 위한 문화 동화 교육 방법이 있다(Gudykunst & Hammer, 1983: 131-133, Gudykunst et al., 1996: 66-67).

표 4.5 상호문화교육 방법론(Gudykunst et al., 1996)

문화 내용	교육적 효과	교육방법론
문화 보편적	정보 전달	교육적 · 문화 보편적(didactic culture-general) 상호문화교육
	행동 변화	경험적 · 문화 보편적(experiental culture-general) 상호문화교육
문화 특수적	정보 전달	교육적 · 문화 특수적(didactic culture-specific) 상호문화교육
	행동 변화	경험적 · 문화 특수적(experiental culture-specific) 상호문화교육

'경험적 · 문화 보편적 상호문화교육'은 다문화 훈련을 토대로 다른 사회의 문화 가치나 행동 방식 등을 토론할 수 있는 상호문화 의사소통 워크숍, 보편 문화와 관련된 시뮬레이션, 설문을 사용하여 다른 사람에 의해 자신이 어떻게 평가될지 스스로 가늠해 볼 수 있는 자기 평가가 대표적이다.

'교육적 · 문화 특수적 교육' 방법에는 목표 언어교육이 대표적이다. 구체적으로 문화 특수적인 정보와 연관된 브리핑, 목표 언어교육, 문화 동화 방법, 문화 정보 읽기 교수법 등이 있다.

'경험적 · 문화 특수적 교육 방법'은 이중문화 훈련으로 대표되며 서로 다른 문화적 가치를 비교할 수 있는 상호문화 워크숍, 문화 특수적인 행동 양식과 관련된 시뮬레이션, 특정 문화와 관련된 역할 놀이가 이에 속한다(Gudykunst & Hammer, 1983: 126-140, Gudykunst et al., 1996: 66-72).

Brislin & Yoshida(1994b)는 문화 훈련의 구성 요소로 문화 전반에 대한 인식과 문화적 차이 인식, 다른 문화권에서 생존에 필수적이며 가치 평가에서 중요한 지식, 상호문화 상황에서 문화적 규범의 차이에서 비롯되는 좌절, 혼란, 혐오, 분노 등에 대한 감정적 직면과 도전, 실제적 행동을 포함하는 4가지 기술적 구성 요소를 제시하였다.

유네스코 상호문화교육 지침(UNESCO Guidelines on Intercultural Education, 2006a: 32-38)은 상호문화교육의 3가지 기본 원칙으로 모든 학습자의 문화적 정체성 존중, 사회 참여에 필요한 문화적 지식 · 태도 · 기술의 제공, 개인 · 민족 · 사회 · 문화 · 종교 단체 및 국민들 간의 존중 · 이해 · 연대에 필요한 문화적 지식 · 태도 · 기술을 제시하였다. 또한 상호문화교육의 역할과 목표를 구체적으로 기술하고 있으며 상호문화교육의 3가지 기본 원칙에 따른 교육 과정과 교육 방법을 제시하였다.

표 4.6 유네스코 상호문화교육 지침(UNESCO Guidelines on Intercultural Education, 2006a)

기본 원칙		세부 항목
학습자의 문화적 정체성 존중	교육 과정	• 학습자의 지식, 역사, 문화, 가치 등의 인식과 이해에 기반한 문화 정체성, 존중감 개발 과정 • 문화 유산 감상과 이해 과정 • 학습자의 문화적 정체성, 언어, 가치관 존중
	교육 방법	• 문화적으로 적합한 드라마, 시, 노래 등의 활용 • 지역 사회의 사회·문화·경제적 요구와 상호작용을 통한 여행, 유적지·기념관 방문 등 실제적이고 참여적인 방법
사회 참여	교육 과정	• 평등하고 안전하고 자유로운 학습 과정 • 모든 형태의 차별을 제거한 교육 과정 • 학습 과정에 참여할 수 있는 동등한 기회 제공 • 이주노동자 자녀와 같은 특수한 문화적 집단을 위한 교육적 시스템 제공
	교육 방법	• 현존하는 소수·다수 집단의 문화 지식 습득 • 학습자의 모국어 혹은 목표 언어 사용 과정에서 읽기, 쓰기, 말하기의 종합적 이해 및 요구 표현, 활동 참여 • 공동 프로젝트와 같은 학습자의 적극적 참여 장려
개인과 다양한 집단 간의 존중·이해·연대	교육 과정	• 문화적 다양성을 발견하고 긍정적 인식과 존중 능력 함양 • 문화 다양성의 긍정적 가치 인식 촉진 • 다양한 사고 패턴에 대한 존중 함양
	교육 방법	• 서로 다른 문화권에 속한 교수자와 학습자 사이의 직접적 교류 • 학제간 프로젝트

상호문화교육론에 대한 선행 연구(Warren & Adler, 1977; Gudykunst & Hammer, 1983; Bhawuk, 1990; Brislin & Yoshida, 1994a, 1994b; Gudykunst et al., 1996)와 유네스코 상호문화교육 지침(2006a)을 참고하여 한국어교육에 적합한 상호문화 의사소통 능력 함양 교육 구성 요소는 다음과 같다.

표 4.7 상호문화 의사소통 능력 함양을 위한 상호문화교육 구성 요소(이원희, 2021)

인지적	**문화 인식에 기반한 자문화와 타문화에 대한 지식의 내재화** • 비판적 문화 인식: 객관적 거리두기에 따른 자문화와 목표 문화 비교와 가치 평가, 문화적 차이 인식과 고정 관념, 선입견, 범주화에 대한 비판적 인식 • 문화적 자기 인식: 타자성 인식, 자아와 자문화 재인식과 객관적 평가
정의적	**상호문화 감수성 함양에 기반한 다른 문화에 대한 긍정적 태도, 개방성과 포용성, 관용의 정신 내재화** • 타자성의 존중: 문화 충격 관리 • 모호성에 대한 관용: 개방성과 포용성, 관용의 정신 내재화
행동적	**갈등 관리와 적응성** • 상호문화 의사소통 기술: 언어·비언어적 의사소통 기술 내재화, 신체적 거리, 신체 접촉, 금기시되는 비언어적 행동에 대한 학습 • 갈등 관리: 유연하고 맥락에 적합한 임기응변 자원 도출, 되묻기, 요약하기, 질문하기 등을 사용한 의사소통 과정

상호문화 의사소통 능력 함양의 교육적 구성 요소는 자문화와 목표 문화 지식을 토대로 상호문화 의사소통 시 민감하게 의사소통 상황을 인식하고 적합성과 효과성을 갖춘 의사소통을 가능하게 하는 상호문화 인식과 적응성 함양 요소로 추출·구성되었다. 상호문화교육은 자문화와 목표 문화 사이의 객관적인 거리를 두고 균형적 관점에서 이를 비판적으로 수용·변용하는 능력 함양을 목표로 한다. 그러므로 한국문화의 백과사전적 학습에서 벗어나 학습자가 자문화와 목표 문화 비교과정에서 스스로 이를 변별할 수 있도록 해야 한다. 또한 목표 문화와 자문화와의 차이 이해과정에서 학습자가 목표 문화를 '선택적'으로 수용할 수 있도록 지도해야 할 것이다.

Chapter summary

4장에서는 상호문화 의사소통 능력에 대한 교육적 접근으로 상호문화교육의 개념과 특성을 검토하고 상호문화교육의 구성 요소를 인지적 · 정의적 · 행동적 영역으로 구분하여 제시하였다.

상호문화교육의 출발점은 자문화에 대한 이해와 "객관적 거리두기"에서 출발한다(Holzbrecher, 2004: 14-15). 자문화에 거리를 두고 '타자화'된 상태에서 자문화와 한국문화를 인식할 수 있어야 한다. 그러한 이해와 분석이 선행할 때 목표 문화를 이해하고 공감할 수 있다.

다음으로 상호문화교육이 주요하게 다루어야 할 내용 중 하나는, 문화적 소수자인 한국어 학습자가 낯선 문화적 맥락에서 차이를 이해하고, 갈등에 직면했을 때 유연하게 대응할 수 있는 일련의 언어적 · 비언어적 의사소통 기술 교육이다. 이는 다양한 문화적 특성을 존중하고 수용할 수 있는 상호문화 의사소통 능력 함양을 의미한다. 상호문화교육의 궁극적 목표는 상호문화 의사소통 상황에서 자문화에 대한 이해와 자긍심, 타문화에 대한 이해와 존중의 태도를 토대로 성공적인 의사소통을 달성하는 것에 있다. 이는 다양한 문화적 특성에 대한 존중과 수용에 기반한 상호문화 의사소통 능력 함양으로 성취 가능하다. 그러므로 상호문화교육의 관점에서 상호문화 의사소통 능력 함양을 위한 실제적인 교육 방법론이 필요하다. 이를 위해 학습자의 사고와 인식, 태도의 변화가 행동적 영역으로 이행될 수 있도록 인지적 · 정의적 · 행동적 영역이 통합적으로 구성된 교수 방법론을 고안해야 한다(Brislin & Horvath, 1997).

마지막으로 본 장에서는 한국어 학습자의 상호문화 능력 함양 교육 방법으로 상호문화교육을 제안하였는데, 이는 학습자뿐만 아니라 한국어 교사에게도 필요한 교육 과정임을 밝힌다. 상호문화교육은 본질상 교사 교육과 연계되어야 한다. 후속 연구에서 교사 교육과 관련된 상호문화교육, 상호문화 의사소통 능력 연구(Sercu, 1998; Cushner & Mahon; Lazarvic, 2017)가 진행되어야 할 것이다.

Critical thinking and Question

01 독일은 내국인에게 상호문화 학습 과정 이수를 요구한다. 상호문화교육은 본질상 교사 교육과 연계되어야 한다. 한국인을 위한 상호문화교육 과정이 개설된다면, 혹은 한국어 교사를 위한 상호문화교육 과정이 개설된다면 어떠한 교육 요소들이 필수적으로 포함되어야 하겠는가?

02 4장에서 제시한 유네스코(UNESCO Guidelines on Intercultural Education, 2006)를 활용하여 한국어 학습자를 위한 상호문화교육과정 프로그램을 설계해 보자.

03 갈등 관리는 상호문화교육에서 핵심적으로 다루어지는 요소이다. 특히, 정치적인 상황은 한국어 교실에서 다양한 갈등을 야기할 수 있다. 이러한 갈등 상황에서 한국어 교수자는 이러한 갈등에 어느 선까지 개입하는 것이 좋을까? 개입하지 않고 학습자들 스스로 해결하도록 하는 것이 최선인가? 이를 위한 적절한 상호문화적 접근 방안에 대해 이야기해 보자.

V

문화 포트폴리오

어느날인가 나의 새로운 언어로 이를 부르게 될 것이다. 아주 가볍고 자유롭게 말할 수 있으리라 생각해 보았다. … (중략) … 남은 것이 있다. 나의 도시의 토대를 이루고 있는 것과 살지 않은 것 외에는 어떠한 불행도 없다는 것, 그리고 결국에는 살지 않았다고 하는 절망 외에는 어떠한 절망도 없다는 것.

크리스타 볼프 Christa Wolf,
『남아있는 것 Was bleibt(1990)』

Introduction

문화 포트폴리오는 "상호문화 경험의 자서전(Byram, 2005: 15)"으로 일컬어지며 양적 평가의 한계를 보완하는 평가 방법으로 적합하다고 평가받고 있다(Byram, 2005; Dervin, 2004, 2006, 2009; Deardorff 2006; Stiftung & Cariplo, 2008). 문화 포트폴리오는 학습자의 다양한 문화 경험을 과정에서 인식한 자문화와 목표 문화의 차이를 기술하는 일종의 '문화기술지(ethnography)' 방법론을 사용한 문화 학습 · 평가 방법이다. 문화 포트폴리오는 학습자의 비판적 성찰과 자기 평가를 장려하는 동시에 교수자와 학습자, 학습자 간 지속적인 피드백과정에서 효율적인 문화 학습이 가능하다(Schulz, 2007: 18-20). 상호문화적 접촉과 경험에 따른 상호문화 관점 획득, 문화 학습의 중요성에 기반하여, 민족지적 문화 탐구 방법을 활용한 문화 포트폴리오는 효과적이고 유의미한 상호문화 학습 과정이라 할 수 있다.

01 문화 포트폴리오의 개념과 특성

포트폴리오(Portfolio) 평가는 1980년대 후반 대학 쓰기 수업에서 학습 과정을 포함하는 학습자 평가 과정으로 적용되기 시작하였다(Barrett, 2007: 436). 포트폴리오는 학습 결과를 중시하는 전통적 평가 방식의 한계를 보완하기 위한 대안적인 평가 방법으로 구성주의적 · 과정 중심적 · 자기 주도적 평가 방법으로 설계되었다. 교수자는 포트폴리오를 사용하여 자신의 교수 과정에 반성적으로 접근할 수 있으며 학습자는 포트폴리오를 수행하면서 학습 활동과 학습 발달 과정을 지속적으로 성찰하면서 긍정적인 학습 효과를 산출할 수 있다(Brown, 2015: 513-515).

포트폴리오는 일반적으로 교수 포트폴리오(Teaching portfolio)와 학습 포트폴리오(Teaching portfolio)로 구분된다. 교수 포트폴리오는 강의 설계와 실행을 위한 관리 장치로 교수자가 진행하는 강의 혹은 교육 과정 자료를 일정 기간에 걸쳐 수집한 것이다. 이는 교수자의 교수 활동을 체계적으로 수집해 정리한 자료로, 강의 과정을 점검하고 개선하기 위하여 활용된다. 교수 포트폴리오는 교수자의 교수 활동에 관련된 능력, 노력, 성취를 보여주는 교수 업적의 실증적 자료 모음이면서 교수 활동을 숙고하고 반성하는 자기 성찰, 동료와 학습자와 같은 관련자 집단 성찰 진술이 포함된 교수 활동의 총체적이고 실증적인 데이터베이스이다(최미나 외, 2005: 150). 교수 포트폴리오의 구성 항목으로는 교수자가 수집한 자료, 타인이 제공한 자료, 교수자 산출물과 학습자 결과물의 세 가지가 제시된다(Seldin, 2004: 10-13).

학습 포트폴리오는 학습자의 성장과 발달, 학습자의 능력과 성취, 노력을 측정하기 위한 목적으로 수집된 자료의 총체(Barrett, 2000)[27]이며 학습자의 성취나 개선을

27 http://electronicportfolios.org/portfolios/EPDevProcess.html

보여주는 작품 모음으로 정의되기도 한다. 이때 포트폴리오는 장기간에 걸쳐 학습자의 발달 과정을 지속적이고 종합적으로 평가할 수 있도록 모아놓은 모음집으로 학습자의 목표, 반성적 진술, 교사와 학생의 의견이 포함된다(조한무, 1998: 23). 학습 포트폴리오는 학습자 결과물의 집합체로 학습자의 성취와 학업 능력 향상을 보여주며 학습자의 성장과 발달 과정에서 의사소통 수단으로 기능한다. 포트폴리오는 학습 관련 자료들의 체계적인 수집과 비판적 반성을 도와주는 체계로, 학습자의 자기 성찰과 장기간에 걸친 학습자의 성장을 주요 목적으로 제시한다(Stiggins, 1994: 60-87). 포트폴리오는 학습 과정을 체계적으로 반영하고 비판적 성찰에서 비롯된 학습자의 적성과 습관 멀티미디어 기술을 다루는 구조를 제공함으로써 학습 과정을 개선하는 역할을 한다(Zubizaretta, 2009: 15-16).

표 5.1 포트폴리오의 효용(Genesee & Upshur, 1996: 99-100)

포트폴리오 제공 요소	포트폴리오 촉진 요소
지속적으로 축적된 언어 발달 기록	학습자가 평가에 개입함
총체적인 학습 관점 제공	책임감있는 자기 평가
개별 학습자 발전 과정의 통찰	학습에 대한 교사, 부모, 학습자 사이의 상호작용
학습자의 집단평가 및 공동목표 설정 기회	학습자의 자기 주도적 학습을 위한 책임감 자극
교사·학습자와 공유 가능한 가시적 결과물	학습 흥미 유발
메타언어 사용 기회	학습 활동과 관련된 비판적 사고 능력
	협동하고 공유하는 교실

학습 포트폴리오는 작품·과제 제작 과정의 활동과 범위를 기록하는 학습 과정 중심의 포트폴리오(Process folio)와 학습 결과물을 정리한 기록물과 반성을 주요하게 다루는 학습 결과 중심의 포트폴리오(Product folio)로 구분하기도 한다.[28] 평가 포트폴리오(Assessment Portfolio)는 학습자의 쓰기 결과물이나 작품집, 서류철 등을 이용한 평가로 과정 및 변화 과정의 평가를 중시한다. 성취도 자체도 중요하지만 학습자

28 Nitko(1996: 278-282)는 효율적인 학습자 평가 방법론으로 포트폴리오를 제시하였다. 이때 포트폴리오는 학습 과정과 성장 포트폴리오, 최상의 산출물 포트폴리오로 구분된다.

의 노력이나 학습 능력의 향상도 중요하며 일회성의 평가가 아니라 지속적이면서도 통합적인 평가를 강조한다. 포트폴리오 평가의 차별화된 특성은 학습자 스스로 반성할 수 있다는 것에 있다. 이는 자신을 깊이 이해하고, 목표를 향한 자기 주도적인 학습을 위한 효과적인 학습 방법이다(Zubizarreta, 2009: 11-14).

표 5.2 포트폴리오의 유형(최연희, 2000)

전시형 포트폴리오	• 학습자의 학습 결과를 반영한 성취도에 초점 • 결과물의 성취도에 초점이 맞추어지므로 학습 과정을 보여주지 못한다는 한계 • 예시: 학습자의 전시, 대회 참가 작품
수집형 포트폴리오	• 일정 단위로 학습한 내용을 수집하여 학습 과정의 평가 근거가 됨 • 무계획적으로 자료가 수집된다면 평가 목적에 맞게 사용할 수 없다는 단점 • 예시: 학습자의 경우 노트 정리 및 핸드아웃 교재 정리 모음, 과제 및 프로젝트 스토리보드 모음, 교수자의 경우 지도 학생 명단과 학생의 노력, 발표, 출결 사항 등의 특기 사항 기록
평가형 포트폴리오	• 학습 활동 결과물에 대한 체계적인 수집과 자기 평가, 동료 평가, 교사 평가를 포함하며 세부적인 학습 목표에 초점 • 학습 활동 결과물의 체계적인 수집과 자기 평가, 동료 평가, 교사 평가를 포함하며 언어 학습 발달 과정과 학업 성취도를 보여주는 결과물일 때 유의미함 • 예시: 과제 중심 수업 활동 결과물, 프로젝트 수업 활동 자료와 결과물, 자기 평가, 동료 평가, 교사 평가 자료

1990년에 들어서는 웹을 활용한 교수 체계가 적용되기 시작하였으며 이에 e-포트폴리오(Digital Portfolio)가 고안되었다. e-포트폴리오는 다양한 미디어를 사용할 수 있도록 고안되었으며 멀티미디어 기술에 기존의 포트폴리오 매뉴얼을 결합하여 개발한 시스템이다(Barret, 2000). 특히 소셜 네트워크, 블로그 등과 같은 Web 2.0의 확산으로 e-포트폴리오에의 접근성이 높아졌다(Joyes & Hartnell-Young, 2012). Wesel & Prop(2008: 70)는 웹 기반 포트폴리오가 기존 포트폴리오에 비해 타인과 의견을 나눌 수 있고, 기술 활용 측면에서 멀티미디어를 사용할 수 있다는 점에서 효과적이라고 평가하였다.

그림 5.1 e 포트폴리오와 평가 시스템(Barrett, 2005)

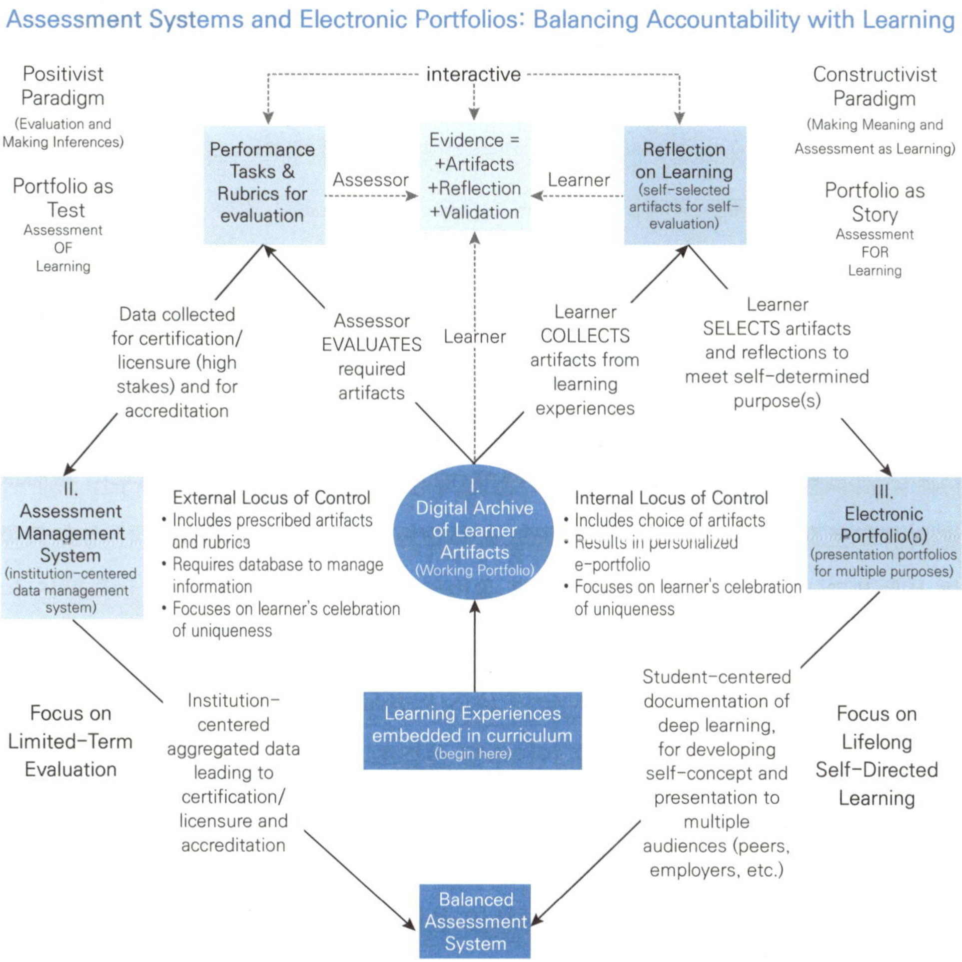

e-포트폴리오 또는 디지털 포트폴리오는 기존의 포트폴리오와 동일한 역할과 기능을 하지만, 기술의 접목으로 학습 과정을 오디오, 비디오, 그래픽 등의 멀티미디어를 활용하여 다양한 방식으로 표현할 수 있으며, 자료 접근, 자료의 운반, 자료의 수정 등이 쉽다. 덧붙여 각종 웹 기반 커뮤니케이션 도구를 활용하여 동료 학습자와 교수자와의 상호작용 및 과정 공유 활동을 포함한 학습 과정도 구체적으로 상세히 보여줄 수 있다(강인애 외, 2010: 497).

Barrett(2005: 11-13)가 고안한 e-포트폴리오 평가 시스템은 학습자의 산출물에서 출발한다. e-포트폴리오 평가 시스템은 학습 경험에서 시작되며 학습 과정 산출물은 학습자 디지털 아카이브(Digital archive)에 저장된다. 학습자 산출물은 교육 기관의 평가 시스템과 학습자 포트폴리오의 평가 근거가 되며, 이러한 과정은 상호작용적이고 반성적이다.

유럽 언어 공통 참조 기준(CEFR)은 학습자 양적 평가 방법 보완의 일환으로 질적 평가인 유럽 언어 포트폴리오(European Language Portfolio)를 고안하였다(윤선영, 2008; 강수정, 2020). 유럽 언어 포트폴리오(European Language Portfolio, PEL)는 학습자 정체성에 따라 다양하게 분류되는데, 유럽 언어 포트폴리오에 공통적으로 적용된 개념은 우리에게는 낯선 '자기 평가(Self-Assessment)'이다(윤선영, 2007: 56-57). 언어 포트폴리오는 학습자가 학습 내용과 학습 과정을 장기적으로 관리하도록 하며, 학습 자료를 수집하고 정리하는 능력을 함양하고 학습 흥미 유발 및 자기 주도적 학습을 가능하게 한다. 또한 평가 과정에서 자기 평가와 동료 평가를 활용하여 학습자 간 상호 협력 관계를 맺는 것을 가능하게 한다(권영숙, 2014: 34).

표 5.3 유럽 언어 포트폴리오(CECR : 2011) 구성 요소

언어 여권	• 언어 기능별 프로필: 일상 생활에서 사용하는 언어와 학교에서 사용하는 언어 구분 • 언어 능숙도 자기 평가: 듣기, 읽기, 말하기 대화, 쓰기, 혼자 말하기[29] • 초·중·고등 교육 과정에서 언어교육 경험, 기타 언어교육 경험 • 상호언어·문화 경험의 기록: 학습·훈련 과정에서 언어 사용, 직장·거주·해외 여행 중의 언어 사용, 언어 간 중재의 경험
언어 자서전	• 유럽 언어 공통 참조 기준(CECR)이 제시하는 언어능력과 언어 기능별 수준에 따라 해당 언어수행 기록 • 상호문화 경험과 인식: 내가 깨달은 언어와 문화, 상호문화 경험 • 언어 경험과 교차문화 의사소통 정보 • 학교, 학교 외, 해외에서의 언어 경험 • 졸업장, 외국어 자격증, 외국 체류 경험과 관련된 서류 기록
기록장	• 포트폴리오에 담긴 모든 정보를 확인할 수 있는 자료를 입력 • 15세 이상(Didier, 2006): '어떻게 배울까?'에서 목표, 학습 태도, 어려움 등을 기록 • 내 생애의 언어들: 해외 체류 경험, 외국 문화 발견, 언어능력, 학습 과정 기록

윤선영(2008, 2011)은 유럽 언어 포트폴리오(2001, 2006)를 토대로 프랑스어를 학습하는 한국어 고등학생을 대상으로 한국적 상황에 적합하게 포트폴리오를 구성하였다. '여권, 자서전, 기록장'을 참조하여 3단계로 나누어 사회적 행위자로서 '나'의 발달 과정에 초점을 두고 정체성, 학습 과정, 언어 체험 기록장이 될 수 있도록 항목을 선정하였다.

29 언어 능숙도는 기초적 이해하기(듣기, 읽기), 말하기(대화, 혼잣말), 쓰기 영역에서 언어 사용 자가 진단 기준(A1: 간단한 의사소통, A2: 짧은 사교적 대화와 언어적 상호 행위 가능, A2+: A2의 변이형으로 적극적 대화 참여 가능), 자립적 언어 사용(B1: 상호행위 유지, 일상생활 언어 문제의 유연한 처리, B1+: B1 수준의 변이형으로 처리되는 정보 양의 증가, B2: 성공적 토론 가능, 오해와 실수에 대한 인식과 이에 대한 조절·통제 가능, B2+: 토론 능력, 효과적인 사회적 담화 능력, 언어에 대한 강화된 인식), 숙달된 언어 사용(C1: 유창하고 자발적 의사소통 가능, C2: 정확성, 적합성, 수월성을 갖춘 언어능력)으로 나누어진다(CEFR, 2001).

표 5.4 포트폴리오 구성 요소(윤선영, 2008)

나는 누구인가?	• 개인 신상정보 • 가장 아끼는 물건 셋 • 5년 후 자화상: 학업 • 구사할 수 있는 외국어	• 개인 사진 및 상징물 • 가장 소중한 사람 셋 • 10년 후 자화상: 직업 • 해외 여행 경험 국가·희망 국가
무엇을 알고 있지?	**지구촌의 나: 일반지식** • 세상과 나, 지리적 지식, 시사적 지식 • 우리 안의 프랑스, 프랑스에 대한 나의 관심 • 사회 속의 나 **나의 발전: 언어활동** • 인사, 축하, 소개, 감사, 사과, 행동 요구, 질문, 대답, 요청 및 요구 • 급우·외국인과의 교신(편지, 이메일), 우편엽서, 초대장, 승낙·거절, 서류 작성, 일정표, 일기, 주제 발표 • RECEPTION ECRITE: (메뉴, 시간표, 안내문, 광고에서) 원하는 정보 찾기, 텍스트 내용 이해 • RECEPTION ORALE: 듣고 이해하기	
어떻게 알게 되었지?	• 문화 관련 스크랩 • 언어 학습 경험 기록장	• 독서 체험 기록장 • 일별 학습 과정 기록장

Byram(2005)은 상호문화 능력 측정에서 수량적 요소는 평가 과정의 단적 측면이기에, 학습자의 상호문화 능력의 정도성을 평가하기 위해서는 포트폴리오 방식이 더 적합하다고 보았다. Stiftung & Cariplo(2008: 11-12)는 상호문화 능력 평가에는 교육 과정의 효과성, 개인이 경험하는 상호문화적 교육·학습 과정, 상호문화 능력 발달 과정에서의 개인의 강점과 학습 잠재력 인식, 자신의 강점과 학습 잠재력 인식, 특정 직무와 관련된 개인의 상호문화 능력의 측정이 포함되어야 한다고 보았다. 그러므로 포트폴리오는 "상호문화 경험의 자서전(Byram, 2005: 15)"으로 일컬어지며 양적 평가의 한계를 보완하는 방법이자 대안으로 제시되고 있다(Byram, 2005; Dervin, 2004, 2006, 2009; Deardorff 2006, Stiftung & Cariplo, 2008).

문화 포트폴리오 작성으로 학습자는 깊이 있게 자신을 이해할 수 있고 교사 역시 학생을 깊이 이해할 수 있다. 이는 학습자가 다양한 문화적 경험 과정에서 인식한 자문화와 목표 문화의 차이를 기술하는 일종의 '문화기술' 방법론을 사용한 문화 학습 방법이다. 문화 포트폴리오는 민족지적 문화 탐구방법, 일종의 참여 관찰의 방법으로 학습자가 자신이 경험한 문화에 기반하여 세계관과 관점의 변화를 기술하는 '과정'으로 정의할 수 있다.

문화인류학 연구 방법은 참여 관찰을 주된 방법으로 하는 민족지적(ethnographic) 접근 방법으로 민속지적 방법론이나 민속방법론이라는 용어로도 불린다. 민족지학은 현장 속으로 들어가 직접적인 관찰과 접촉, 그리고 문화 맥락 속에서 주체의 실천을 묘사하고 해석하려는 시도로, 연구 대상 집단의 문화 규칙을 배우고 행위를 해석한다. 그러나 보편적인 법칙을 정립하는 것이 아니라, 특정 문화 속에서 구체적인 생활 경험과 문화를 구성하는 사회적 규범과 패턴을 묘사하는 것을 목적으로 한다(Morley & Silverstone, 1991: 154, 양정은 1997).

문화 포트폴리오는 외국어 수업에서 문화와 언이 학습 평가에 사용된다(Allen, 2004: 233). 문화 포트폴리오는 학습자의 개인적 흥미를 반영하며, "성장의 증거를 담은 학습자의 작품"이 포함된다. 문화 포트폴리오의 목적은 장기적이고 고차원적인 사고 기술을 학습하는 것이다. 학습자 개개인의 지적 발달 과정이 상이한 경우 포트폴리오를 활용한 문화 학습 평가는 일시적 평가보다 효과적이다(Moore, 1994: 174-177). Lee(1997)는 포트폴리오가 학습자에게 언어와 문화 통합 학습 기회를 제공하고 자기 평가와 성찰의 기능을 하며 인터넷을 활용한 효율적인 문화 학습이 가능하다 보고 이를 권장하였다. Lee(1997: 364)는 포트폴리오를 사용하여 말하기, 듣기, 읽기, 쓰기의 의사소통 기술 학습뿐만 아니라 고차원적 인지 능력을 활용한 학습이 가능하다고 주장하였다. 마찬가지로 Schulz(2007: 18-20)는 문화 포트폴리오가 제2언어 교육 현장에서 학습자의 자문화와 목표 문화의 통합에 이상적인 도구로 기능한다고 보았다. 그러므로 문화 포트폴리오는 학습자의 비판적 성찰과 자기 평가를 장려하는 동시에 교수자와 학습자, 학습자 간의 지속적 피드백 과정에서 효율적인 문화 학습이 가능하게 한다.

그러므로 상호문화적 접촉과 경험에 기반한 상호문화 관점 획득, 일련의 문화 학습 과정으로서 민족지적 문화 탐구 방법을 활용한 문화 포트폴리오 프로젝트 수업은 효과적이고 유의미한 상호문화 학습 과정이라고 할 수 있다. 이러한 문화 포트폴리오 프로젝트는 다음과 같은 관점에서 출발한다(김옥선 · 김동춘, 2009: 366).

(1) 문화는 사회적 차원이나 개인적 차원에서 항상 재조정되고 다시 공식화되는 가변적인 체계들이기 때문에 그 어떤 교사나 교재도 특정 언어권의 모든 문화 현상을 다 다룰 수 없으며 또 그럴 필요도 없다.
(2) 진정한 의미의 문화 학습은 학습자가 문화에 개인적으로 관련을 맺을 때 일어나며 이러한 과정에서 자신의 문화와 타문화의 비교를 통해 학습자는 상호문화적 관점을 얻게 된다.
(3) 문화 학습을 하나의 발견 과정으로 파악함으로써 학습 결과물보다는 학습 과정에 주안점을 둔다. 학습 과정이 포트폴리오로 기록될 필요가 있다.

개인적인 문화 경험에 따른 세계관의 변화는 양적 연구로는 측정할 수 없다. 문화 포트폴리오는 문화 기술의 과정을 통해 학문목적 학습자가 문화 분석 과정을 직접 경험함으로써 언어와 문화에 대한 상호문화적 관점 획득을 촉진할 수 있다. 문화기술지는 타자의 관점으로 문화 이해를 추구하는 과정으로 자아 혹은 자문화 중심주의의 '문화적 해석' 관점을 전환할 수 있는 방법론으로 활용할 수 있다(조용환, 1999; Creswell, 2013). 학문목적 학습자는 문화기술 과정에서 타자화되는 것이 아니라 타자의 관점 추구를 통한 관찰과 서술을 사용하여 타자의 관점을 추구할 수 있으며 자문화와 한국문화를 인식하는 과정에서 인지적 · 정의적 영역의 변화와 성장을 경험한다. 특히 자전적 문화 기술은 자신의 체험의 "다각적 성찰(multiple reflections)"은 "중층적 해석(layered accounts)"을 가능하게 하고 "체험의 지속적 변증(a continuous dialectic of experience)"을 생성한다(Jones, 2005, 배은주, 2008: 9).

Byram et al.(2008)은 '유럽 언어 공통 참조 기준'과 '유럽 언어 포트폴리오'의 보완으로 타문화와의 접촉 경험에 기반하여 학습자 자신의 태도를 성찰하고 자문화와 타문화 모두 비판적으로 판단할 수 있는 능력 함양 과정의 일환으로서 '상호문화 접촉 경험 자서전(Autobiography of Intercultural Encounters, AIE)'을 고안하였다. 상호문화 접촉 경험 자서전은 유럽 공통 참조 기준, 유럽 언어 포트폴리오와 더불어 3대 축을 이루면서 유럽연합의 언어 정책이 추구하는 다중언어주의와 문화 능력 함양을 실현하는 유용한 도구로 활용되고 있다(김옥선, 2011: 17).

표 5.5 상호문화 접촉 경험 자서전[30](Byram et al.: 2008)

구성 요소	기술 내용
상호문화 만남 기술 (Describing the encounter)	상호문화 만남의 상황에 대한 6하원칙에 따른 기술
타인 (The other person or people)	상호문화 상황에서 만난 타인의 정체성 인식: 성별, 나이, 국적, 종교, 지역 등의 기술
나의 감정[31] (Your feelings)	상호문화 만남 상황에서 가졌던 긍정적, 부정적 감정 기술
타인의 감정 (The other person's feelings)	상호문화 상황에서 다른 사람의 입장에서 생각하고 다른 사람들이 이 경험에서 어떤 감정을 느끼는지 예측하여 기술
같음과 다름 (Same and different)	나의 느낌과 다른 사람의 느낌을 기술하면서 상호문화 상황에서 학습자의 사고 방식과 감정, 타인의 사고 방식과 감정의 유사점과 차이점 기술
대화하기 (Talking to each other)	다른 문화권에 속한 사람과 효과적 상호문화 의사소통을 위한 언어적·비언어적 조절에 대한 인식과 실제 적용 경험을 동료 학습자와 이야기하기
좀 더 많이 알아내기 (Finding out more)	상호문화 의사소통 상황에서 오해를 유발할 수 있는 상황 기술. 이러한 경험에 기반하여 다른 문화와 자문화의 유사점과 차이점 서술하기
비교를 통한 이해 (Using comparisons to understand)	자문화와 다른 문화의 비교와 대조에 기반한 인식
회상과 예측 (Thinking back and looking forward)	상호문화 의사소통 경험에 대한 회상과 평가과정에서 학습자의 깨달음과 변화 기술

30 https://rm.coe.int/autobiography-of-intercultural-encounters/16806bf02d

31 상호문화 접촉 경험 자서전에서 제시한 'Your feelings'는 자서전을 기록하는 학습자 자신의 감정에 대해 질문하는 것이므로 '당신의 감정'이 아닌 '나의 감정'으로 번역하였다.

02 문화 포트폴리오 활용 교육 사례

Wright(2000: 341)는 문화 포트폴리오 프로젝트 활용 교육에서, 상호주관적 지식을 강조하고 다문화 사회에서 학습자의 비판적 사고와 인식의 확장, 특히 기존 지식의 재구성과 다면적 이해에 그 목적을 두었다. 문화 포트폴리오는 총 네 단계로 구성되는데, 학습자의 문화 인식과 고정 관념 인식에서 출발하여 실제적인 상호문화 정보를 습득하고 목표 언어 문화 정보를 학습하고 문화의 중요성을 인식하는 과정으로 구성되었다.

표 5.6 문화 포트폴리오(Wright, 2000)

단계	구성 요소
계획/개요	학습자 스스로 문화와 관련된 주제를 선택하고, 포트폴리오 개요 작성과 주제를 선택한 이유에 대해 설명하고 문화와 관련된 다섯 가지 질문에 응답한다.
초안	창의적이고 비판적 사고에 기반하여 개요, 계획 단계에서 설정한 주제를 하위 항목으로 확장한다. 이 과정에서 신문이나 잡지, 시, 예술, 콜라주, 단편 소설, 복사본, 엽서, 포스터, 비디오, 음악 등을 활용하여 자료를 수집할 수 있다.
초안의 수정	교사는 학습자의 주제에 비판적으로 접근하고 논평해야 한다. 학습자는 문화 학습의 중요성을 설명할 수 있어야 한다.
포스터 발표	포트폴리오와 포스터 발표 그리고 발표 과정의 질의응답과 문화 담론과정에서 학습자들이 문화 정보를 공유한다.

32 질문1 '문화'에 대한 현재 정의는 무엇인가?
질문2 (3개의 예시를 들어) 선택한 주제는 어떤 측면이 학습자의 공동체에서 "문화"와 연결될 수 있는가 또는 연결될 수 없는가?

Jogan et al.(2001)은 제2언어 학습 교실에서 10주간의 이메일 교환 과정 중 문화 포트폴리오 프로젝트도 함께 진행하였다. 이메일 교환은 미국 대학의 고급 스페인어 회화 학습자와 칠레 대학의 고급 영어 학습자 간에 모국어 대신 외국어를 사용한 언어 교환으로 이루어졌다. 연구 참여자들은 미국 외국어 교육 위원회(American Council on the Teaching of Foreign Language, ACTFL) 지침에 기반한 외국어로서의 영어와 스페인어 과정 중급과 고급 말하기 · 쓰기 목표 달성에 적합한 언어 과제를 활용하여 토론 과정에 참여하였다. 토론 주제는 자신과 가족, 고향, 대학생의 일상, 여가, 휴일, 개인적인 영향을 미친 사건, 중남미에 대한 미국 학생의 이미지 또는 칠레 학생의 미국의 이미지, 향후 계획, 이메일 교환 경험 평가로 구성되었다. 목표 문화의 지식 습득, 학습자의 문화 인식과 고정 관념 확인, 고정 관념의 변화를 기술하는 글쓰기 과제도 함께 진행되었다. 프로젝트 결과 학습자는 목표 문화 지식을 수정하고 확장할 수 있었다. Jogan et al.(2001: 345-346)은 외국어 학습자의 상호문화 소통과 이메일과 같은 전자 기술 사용이 교육 과정의 문화 요소를 재구성할 수 있는 기회이며 구성주의 모델에서 학습자 중심 문화교육이 가능함을 강조하였다. 특히 다른 문화권의 속한 개인과의 대화와 같은 상호문화 소통은 학습자의 문화적 인식의 함양과 문화 정보의 지속적인 수집을 가능하게 한다.

Abrams(2002)는 미국 대학의 독일어 학습자를 대상으로 교차문화 인식(Cross-cultural awareness)에 기반한 문화 포트폴리오 활용 프로젝트 수업을 진행하였다. Abrams(2002: 144-151)의 문화 포트폴리오에서는 학습자 모국어인 영어를 사용하는 것이 허용되었다. 학습자들을 전통적인 포트폴리오 방식으로 학습한 집단과, 미국인의 독일 문화에 대한 고정 관념과 독일인의 미국 문화에 대한 고정 관념을 조사하는 두 집단으로 나누어 문화 포트폴리오를 작성하고 이후 설문 조사를 진행하였

질문3 주제의 보편적 일반화나 고정 관념(최소한 세 가지 이름)은 무엇인가?

질문4 왜 당신의 주제에 대한 심층적인 지식이 당신에게 중요한가? 다시 말해서, 그것이 독일어와 독일문화 학습자 어떤 영향을 미치는가? (최소한 세 가지 예시 들기)

질문5 '글로벌 빌리지', '다문화주의', '교차문화 의사소통', '다양성' 등의 개념은 모든 문제를 다양한 관점에서 이해할 수 있음을 시사한다. 지신의 주제와 다른 세 가지 문화적 관점의 예를 제시함으로써 다면적인 관점을 제시하라.

다. 연구 결과, 고정 관념을 조사한 두 번째 집단 학습자들이 첫 번째 집단보다 독일 문화를 보다 다양한 관점에서 심층적으로 이해하고 있었다. Abrams(2002: 145)의 문화 포트폴리오를 활용한 문화 프로젝트는 학습자가 독일인의 의(衣)문화 대한 고정 관념에서 벗어나 상호문화 인식에 기반하여 문화 인식이 확장되는 인지적 과정을 단계적으로 보여준다.

표 5.7 고정 관념에 기반한 문화 프로젝트(Abrams, 2002)

구성 요소	기술 내용
고정 관념	독일인들은 레더호젠(Lederhosen)[33]을 입고 맥주를 마신다.
고정 관념 지지 증거	사운드 오브 뮤직(Sound of Music), 친구들의 농담과 그들의 고정 관념 만화(예: 마이크로 소프트 클립아트)
고정 관념과의 충돌	캠퍼스에서 독일어를 하는 학생들은 레더호젠을 입지 않는다.
독일 미디어 매체	만화 바바리안 하이킹(Bavarian hiking), 독일어권 국가에서 그들의 의상을 확인한다(사진도 도움이 된다).
독일의 상황과 미디어의 충돌	독일 영화에는 레더호젠을 입은 사람이 등장하지 않는다.
독일어 모어 화자의 정보 제공	(일반적으로 나이가 많은) 남부지방 사람들은 하이킹 시 레더호젠을 입는다. 이는 남부 사람들을 놀릴 때 주로 사용되는 이미지이다.
확장	• 온라인 의류 잡지 보기: 현재 어떤 스타일이 유행하는지와 의류 가격을 알아보기 위해 모국어 화자 인터뷰하기 • 독일어권 국가의 의류 가격 찾아보기 • 일할 때, 여가 활동에 선호하는 옷 찾아보기
성찰과 정정	고정 관념에 대해 재평가와 보고하기: 진실, 가치, 사회적 맥락, 문화 내적 관점에서 고정 관념의 해석(레더호젠은 바이에른, 오스트리아를 대표한다. 레더호젠을 입는 사람은 북부 사람들에게 시골뜨기로 인식된다.)
자문화와의 관계	독일어 학습자의 문화적 고정 관념과 명시적으로 연결 짓기: 목표 문화와 자문화 고정 관념의 유사성과 차이점 찾기

33 레더호젠은 스위스, 독일, 오스트리아에 거주하는 독일인들이 입는 전통의상으로 무릎까지 오는 반바지이다.

Allen(2004)은 구성주의 교육학과 문화 학습 인식에 기반하여 프랑스어 학습자를 대상으로 프랑스어권 국가들에 관한 고정 관념 포트폴리오 프로젝트를 진행하였다. 프로젝트 진행 결과는 다음과 같다. 학습자는 먼저 자신이 프랑스어권 국가의 문화에 고정 관념을 가지고 있음을 확인하였다. 다음으로 타문화 학습 자체가 발견 과정이라는 가정하에 기존 프랑스 문화의 특정적인 고정 관념에 어긋나거나 모순된 증거를 발견하면서 문화적 인식의 재구성 과정을 경험하였다. 학습자는 프랑스 문화뿐만 아니라 자문화를 새롭게 통찰하였으며, 문화적으로 조건화된 인식이 타문화 이해에 영향을 미친다는 것을 깨닫고 개방적 태도를 취했다. 그러므로 Allen(2004: 238)의 문화 포트폴리오는 문화적 편견을 인식하고 이의 오류를 발견하는 일련의 과정이 학습자의 비판적 사고력과 개방성 촉진과 관련된다는 것을 검증할 수 있었으며 이와 함께 문화교육 프로그램으로서 문화 포트폴리오의 효용성을 확인할 수 있었다.

Schulz(2007: 23-26)의 문화 포트폴리오는 학습자의 학습 과정과 성취를 명시적으로 확인할 수 있도록 구성되었다.

표 5.8 문화 포트폴리오의 구성(Schulz, 2007)

활용 자료	웹 사이트, 백과사전, 문서자료, 여행 리포트, 인터뷰 등
언어	목표 언어를 최대한 사용하도록 권장
평가 과정	5주차, 9주차, 학기 말 총 3번에 걸쳐 학습자 평가와 피드백 제공
평가 기준	• 과제 완료, 수집된 자료의 적합성, 자료와 인용문의 문서화, 잘 구성된 발표 • 문화 포트폴리오는 성적의 25%의 비율을 차지한다.
수행 과제	1. 학습자는 지리적·역사적·경제적·사회적·정치적 요인이 언어 사용과 의사소통 스타일을 포함하는 관점, 산물, 행위 문화적 요인에 영향을 미칠 수 있다는 것을 인식하고 설명할 수 있다. 2. 학습자는 상황적 맥락(권력 차이를 포함한 맥락 및 역할 기대, 연령, 성별, 사회 계층, 종교, 민족성, 거주지와 같은)과 사회적 변수(연령, 성별, 사회 계층, 종교, 민족성, 거주지 같은)가 의사소통 상호작용(언어적·비언어적·준언어적)과 이에 수반되는 행동 양식에 주요하게 작용하는 것을 인식하고 설명할 수 있다. 3. 학습자는 자문화와 목표 문화에서 고정 관념이나 일반화를 인식하고 이를 평가하고 설명할 수 있다. 4. 학습자는 단어, 구, 속담, 관용적 공식, 몸짓, 상징 등이 각각의 언어와 문화에서 특정한 의미를 갖는 것을 인식하고 설명할 수 있다. 5. 학습자는 다양한 문화 구성원 간의 문화적 오해와 갈등의 언어적·비언어적 원인을 인식하고 해결 방안을 인지하고, 설명할 수 있다.

Zapata(2019: 108)는 미국 대학의 제2외국어 스페인어 수업에서 학습자 언어 숙달도에 따른 문화 포트폴리오의 교육적 가치에 대한 수강생의 인식, 문화 학습과 성취도 발달 관련성을 분석하였다. 분석 결과 학습자들은 문화 포트폴리오 덕분에 히스패닉(Hispanic) 문화에 대해 더 많이 알게 되었으며 포트폴리오에 대해 긍정적으로 인식하고 있는 것으로 나타났다. Zapata(2019)는 연구 결과에 근거하여 외국어 교실에서 학습자 중심 문화 포트폴리오가 문화 학습의 효과적인 도구로 활용될 수 있다고 평가하였다.

김옥선(2007: 17-21)은 상호문화 학습의 구체적 실천 방안으로 민족지적 탐구 방법에 기초한 문화 포트폴리오 프로젝트 수업의 단계별 지침을 6단계로 제시하였다.

(1) 학습자들은 교사의 설명 대중 매체와 같은 경로를 통해 목표 문화에 대한 지식을 지

니고 있으며 문화 일반 또는 목표 문화에 대한 인식이 형성되어 있으며 이러한 인식을 바탕으로 문화에 관한 진술을 한다. 이때 설문지를 이용할 수 있다.

(2) 학습자들은 조를 짜서 조별로 주제 목표 문화권에서 하나의 특정한 문화 단면이나 문화 현상을 선정한다.

(3) 조별로 선정된 주제에 대해 신문, 영화, 슬라이드, 서적, 인터넷 등을 통한 조사뿐 아니라 학습자가 학습하는 외국어를 모국어로 말하는 화자들과 인터뷰하거나 혹은 대화하는 과정에서 이 주제를 탐색하고 관찰하고, 조별로 해당 주제에 관해 토론할 수 있다. 조사 과정 모음집을 만들어 앞 단계에서 수집된 자료들과 촬영된 비디오를 모아 놓는다. 학습자들은 자신이 속한 조나 다른 조의 블로그를 방문하여 서로 자유롭게 댓글을 다는 방식으로 학습자들은 자유롭게 문화 담론에 참여할 수 있다.

(5) 이 과정을 통하여 학습자는 자신이 무엇을 학습하였는지 그리고 자신의 관점이 어떻게 변화하였는지 성찰한다.

(6) 전체 회의에서 프로젝트 수업을 평가한다. 기록하는 의미에서 비디오를 촬영한다.

권성미(2010: 48-49)는 포트폴리오를 이용한 학습자 참여적 한국어 문화 교수·학습 모형을 설계하였다. 학습 모형은 텍스트로 명확하게 표현되는 문화와, 맥락 속에서 용인되는 화용적 문화의 두 가지 문화 포트폴리오 활동으로 구성되며 중급 이상의 한국어 통합 교육 과정에서 주 1-2회, 1-2시간 수업 설계에 용이한 교수 설계 모형이다.

그림 5.2 포트폴리오를 이용한 한국어 문화 교수 학습 모형

문화 포트폴리오 교수학습 모형의 구조

(권성미, 2010: 47)

실행 절차		학습 활동	교사 역할
준비단계	• 과제 목록 작성 • 과제 유형별 포트폴리오 활동지의 형식 설계 • 미디어 라이브러리 구축		• 자원
↓			
작성단계	미디어 활용해서 포트폴리오 활동지 일부 작성	• 목표 문화에 대한 선지식 혹은 스테레오 타입 확인 차이점 인식 • 자신의 태도 혹은 사고가 변화하는 과정에 대한 성찰 • 해석 방법과 분석 전략 학습	• 중재자 • 도출자
↓			
발표단계	• 발표 • 교사의 동료들에게 피드백 받기	• 시각의 교환 • 시각의 조율 • 관점 조정하기	• 청취자 • 안내 • 중재자 • 공동연구자
↓			
발표 후 단계	• 피드백 받은 내용 포트폴리오에 부가하기 • 미디어 라이브러리에 편집 영상 혹은 링크 게시하여 공유하고 추후 의견 나누기	• 마음과 태도의 변화 확인하기 • 시각의 교환	• 증명

문화 포트폴리오 활동지

(권성미, 2010: 52)

<table>
<tr><td>탐색 대상</td><td colspan="3">씨</td></tr>
<tr><td>사전 지식 혹은 수업 및 교재를 통해 얻은 정보</td><td colspan="3">- 어떤 사람을 높여 부르는 말이다. (※ 낮춰 부르는 말: '이름+아/야')
- 이름 + 씨, 성 + 이름 + 씨는 그 사람을 높이지만, 성+씨는 낮추는 말이니까 주의해서 사용해야 된다.</td></tr>
<tr><td rowspan="9">드라마를 통해 얻은 정보</td><td rowspan="3">1</td><td>상황</td><td>회사 같은 사무실에서 다른 직원들과 함께 일하고 있다.</td></tr>
<tr><td>화/청자</td><td>회사: 과장(남자, 30대), 청자: 사원(남, 20대)</td></tr>
<tr><td>대사</td><td>과장: 김진수 씨, 제안서 다 준비됐으면 가져 오세요.
사원: 네 알겠습니다. 과장님.</td></tr>
<tr><td rowspan="3">2</td><td>상황</td><td>떡 가게에서 일하는데 문 닫을 시간이 다 되었다.</td></tr>
<tr><td>화/청자</td><td>화자: 사장(남자, 40대), 청자: 아르바이트생(여자, 20대)</td></tr>
<tr><td>대사</td><td>A: 수정 씨는 먼저 들어가. 나는 여기 정리 좀 하고 들어갈게.
B: 사장님, 어서 들어가세요. 제가 정리하고 갈게요.</td></tr>
<tr><td rowspan="3">3</td><td>상황</td><td>커피숍에서 커피를 마시고 있다. 데이트 중이다.</td></tr>
<tr><td>화/청자</td><td>화자: 여자 친구(회사원, 20대), 청자: 남자 친구(의사, 20대)</td></tr>
<tr><td>대사</td><td>여: 동원 씨, 어제 왜 내 전화 안 받았어요?
남: 어, 미안해. 그럴 일이 좀 있었어.</td></tr>
<tr><td>기존 정보와의 충돌 혹은 새로이 알게된 것</td><td colspan="3">- 나보다 윗사람이나 나이가 아주 많은 어른에게는 '씨'를 사용하면 안 되는 것 같다.
- 회사에서 씨라고 불렀던 사람과 회식 자리에서는 '야', '김진수, 너 노래해.'라고 했다. 동일한 사람에 대해서도 상황에 따라 호칭이 바뀐다.
- OO 씨 + 반말도 가능한 조합이다.
- 애인 사이에 오빠라고 부르지 않을 수도 있다.</td></tr>
<tr><td>모국어와 비교</td><td colspan="3">- 직책을 부르는 말로 사용하지 않는다.
- 높여 부를 때면 Mr., Miss, Ms., Mrs.를 쓴다. 애인처럼 가까운 사이에는 그냥 이름을 부른다.</td></tr>
<tr><td>반영-정정</td><td colspan="3">- 동료나 아랫사람에게 사용한다. 생각보다 누군가를 많이 높이지는 않는 것 같다.
- 높임보다는 격식성이 있는 것 같다.</td></tr>
<tr><td>더 알고 싶은 것</td><td colspan="3">- 애인 사이에 '씨'를 사용하는 것과 '이름+아/야'나 '오빠'를 사용하는 것은 어떤 차이가 있는지 궁금하다.</td></tr>
</table>

상호문화교육의 관점에서 실제적인 교육 방법론의 고안은 기존에 존재하지 않았던 혁신적이고 새로운 교육학적 방법론을 창안하는 것을 의미하지 않는다. 그보다는 문화교육의 초점을 목표 문화의 일방적인 습득에서 벗어나 언어와 문화 이해 과

정에서 겪는 학습자의 '자아와 세계관 확장'과 '성장 과정'에 초점을 두어야 한다. 문화현상 인식도 중요하지만 문화 현상 변화 과정에 내재된 인식과 가치 학습이 선행되어야 한다. 이를 위해 먼저 자문화와 목표 문화에 대한 비판적 인식이 선행되어야 한다.

민족주의와 민족문화와 관련해 Hobsbawm(1983)은 '전통의 발명'을 창안하고 국민 국가 형성기에 유럽에서 집중적으로 '전통의 창조'가 발생한 것에 주목하였다. 특정한 정치적 목적을 위해 만들어진 전통이 시간이 지나면서 '역사적 사실'이 되었으며 '현재'의 필요를 위해 만들어 낸 과거의 이미지로 '만들어진 전통'이 생성되었다는 것이다. 이러한 '만들어진 전통'의 특수성은 과거와의 연속성을 인위적으로 내세우려는 것에 있다. 근 · 현대사가들이 '만들어진 전통들'에 대해 갖는 특정한 관심은 비교적 최근의 역사적 혁신물인 '민족'과 그것에 부수된 현상들, 민족주의 · 민족국가 · 민족적 상징들 · 민족사와 관련되어 있다. '만들어진 전통'은 19세기 유럽의 역사 · 문화적 특수성을 대변하는 용어로 기억될 수 있다. 그렇다면, 한국의 '만들어진 전통'은 무엇인지 또 그의 기능에 관한 논의도 필요하다.

이재혁(2005)은 '전통적=유교적' 등식 자체가 근대적 신화의 성격을 함축하고 있으며 '영원한 어제(eternal yesterday)'로 받아들여지는 '우리의 전통'이 조선 중기 이후의 성리학 전통이 화석화된 것으로 규정하였다. 강신표(2007: 317-318)는 Legger가 번역한 논어의 첫 구절부터 자신이 이해한 논어와 다르며 한문자가 영어로 번역될 때 이미 '문화적 해석'이 개입되었음을 비판하고 서구인의 동아시아 연구에 "오리엔탈리즘"이 그 기저에 내재되어 있음을 비판하였다. 이러한 '문화적 해석'은 한국어 학습자가 한국문화를 인식하고 경험할 때도 발생할 수 있다.

윤용선(2006)은 외국인들 사이에서 발생하는 갈등과 오해는 대부분 자문화 중심주의적 사고와 타문화에 대한 무지에서 비롯된 것으로 보고, 이를 해소하기 위해 정보 전달자가 아닌 수용자 중심 의사소통의 중요성을 환기하였다. 그러나 윤용선(2006: 17-19)은 Trompenarrs(1997: 199)의 '의사소통상의 스파크'를 근거로 상호문화 의사소통 대화의 양방이 상대방의 문화를 지나치게 의식할 경우에도 의사소통상의 문제가 발생할 수 있다는 점에 주목하였다. 김순임(2005: 119)은 이러한 예로 일본인과 프랑스인의 업무상 담화에서 발견한 눈길에 대한 에피소드를 제시하였다.

일본인은 계속해서 프랑스인의 눈을 쳐다보면서, 반대로 프랑스인은 눈을 아래로 내리고 대화한 이야기였다.

상호문화교육과정에서 학문목적 학습자는 '문화적 해석' 과정을 경험하며 자민족 중심주의에서 벗어나 문화적 상대주의로의 전환이 가능하다.[34] 그러나 이 과정에서 상대방의 문화를 지나치게 의식하는 문화 상대주의적 관점으로 치우침 없는 균형적 관점을 획득할 수 있어야 한다. 문화에 대한 균형적 관점은 비판적 문화 인식을 통한 자아 인식과 자문화와 목표 문화에 대한 통합적 인식을 통해 획득할 수 있다. 이원희(2021)는 학문목적 학습자의 비판적 문화 인식과 문화 해석 과정에 대한 실제적 교육 방법론으로 한국어교육에서는 아직까지 낯선 개념인 문화 포트폴리오가 효과적이라 보고 이를 한국어 교수 현장에 채택해야 함을 제안하였다.

34 많은 사람들은 자신의 생각과 가치 판단이 유일하게 옳다고 여긴다. 자신의 생각이 옳은지 여부를 성찰하는 사람은 최소한 자신의 가치를 절대화하는 우를 범하지는 않는다. 반면에 자기의 가치를 보편적인 것으로 간주하는 순간, 오해와 갈등은 피할 수 없게 된다. 이러한 태도는 자신의 가치관이 타인에 의해 침해받을 수 있다는 우려를 통해 정당화되며 자기 가치관을 절대화함으로써 방어기제를 만들어 낸다. 또한 도식화된 생각에 빠져있는 사람은 이문화에 대한 편견을 갖고 상대방을 섣불리 재단하는 우를 범한다. 유럽에는 일반적으로 다음과 같은 문화적 편견이 존재한다. 즉, "이탈리아인은 창조적이며 혼란스럽습니다", "벨기에인은 인생을 즐길 줄 알며 매사에 느리다", 폴란드인은 재즈를 좋아하며 사업을 정직하게 하지 않는다" 등이다. 이러한 판에 박힌 편견이 다행히도 긍정적이면 적어도 갈등은 일어나지 않지만, 그렇지 않은 경우에는 문제가 발생한다(윤용선, 2006: 178).

Chapter summary

5장에서는 양적 연구 방법의 보완 평가로 문화 포트폴리오의 개념과 효용성에 관해 논의하였다. 문화 포트폴리오의 효용성은 다음과 같다. 상호문화적 접촉과 경험을 통한 상호문화 관점 획득, 문화 학습의 연장선상으로 민족지적 문화 탐구방법을 활용한 문화 포트폴리오는 효과적인 상호문화 학습 과정으로 기능할 수 있다. 학문목적 학습자의 비판적 문화 인식(Critical cultural awareness)과 문화적 해석 과정의 인지적 확장과 발달을 위한 실제적 교육 방법론으로 한국어교육에서는 아직까지 낯선 개념인 문화 포트폴리오를 채택하였다.

다음으로, 자문화와 한국문화에 대한 비판적 문화 인식을 촉진할 수 있는 방법론의 일환으로 유럽 언어 포트폴리오(PEL, 2011)와 윤선영(2008, 2011)이 설계한 프랑스어 학습자를 위한 포트폴리오를 수정 · 보완하여 한국어 학습자에게 적합하도록 재구성한 '문화 인식 포트폴리오'를 고안하였다. 이는 학습자가 자아 재인식과 관찰에 기반한 자문화 한국문화의 비교, 객관화가 가능하도록 하는 하나의 시도로 목표문화인 한국문화 학습에 앞서, 자신과 자문화 재평가를 위한 인지적 영역에서의 교육 활동 과정이다.

마지막으로, 기존의 전통적인 포트폴리오 형식에서 벗어나 e-문화 포트폴리오 개발의 필요성을 밝혔다. e-포트폴리오는 접근성과 학습자 산출물 저장의 측면에서 기존의 전통적 포트폴리오보다 관리가 용이하며 접근성과 의사소통 면에도 효율적이다(Barrett, 2000, 2005, 2007; Wesel & Prop, 2008; Joyes & Hartnell-Young, 2012; 김옥선 · 김춘동, 2009; 강인애 외, 2010; 권영숙, 2013). 그러므로 향후 학문목적 학습자의 상호문화교육 도구로 e-문화 포트폴리오 개발이 이루어져야 할 것을 제언한다.

Critical thinking and Question

01 5장 본문 일부를 읽고 다음에 대해 논의해 보자. 한국문화 교수 시 다음의 본문에서 제시한 '문화적 해석'은 한국어 학습자가 한국문화를 인식하고 경험할 때도 발생할 수 있다. 그렇다면 이러한 '문화적 해석'을 해소할 수 있는 교수 방법론에 대해 논의해 보자.

> Hobsbawm의 '만들어진 전통'은 19세기 유럽의 역사·문화적 특수성을 대변하는 용어로 기억될 수 있을 것이다. 그렇다면, 한국의 '만들어진 전통'은 무엇이며 그의 기능에 관한 논의도 필요하다. 이재혁(2005)은 '전통적=유교적' 등식 자체가 근대적 신화의 성격을 함축하고 있으며 '영원한 어제(eternal yesterday)'로 받아들여지는 '우리의 전통'이 조선 중기 이후의 성리학 전통이 화석화된 것으로 규정하였다. 강신표(2007: 317-318)는 Legger가 번역한 논어의 첫 구절부터 자신이 이해한 논어와 다르며 한문자가 영어로 번역될 때 이미 '문화적 해석'이 개입되었음을 지적하고 서구인의 동아시아 연구는 "오리엔탈리즘"이 내제되어 있음을 비판하였다. 이러한 '문화적 해석'은 한국어 학습자가 한국문화를 인식하고 경험할 때도 발생할 수 있다.

02 5장에서 제시한 유럽 언어 포트폴리오를 활용하여 한국어 학습자를 위한 언어 포트폴리오를 고안해 보자.

03 5장에서 제시한 문화 포트폴리오 교수 학습 모형의 구조에 기반하여 문화 포트폴리오를 활용한 한국어 문화 수업 프로그램을 설계해 보자.

IV

VI

한국어 학습자의 상호문화 의사소통 능력 측정 결과

오직 통계연구만이 국가를 바르게 이끌 수 있다. 우리는 신의 생각을 이해하기 위하여 통계학을 공부해야 한다. 통계학의 힘으로 신의 의도를 가늠할 수 있기 때문이다.

『플로렌스 나이팅게일 Florence Nightingale(1820~1910)』

Introduction

6장에서는 제3문화에 기반한 상호문화 의사소통 과정 모델을 고안하고 상호문화적 상호작용에 기반한 한국어 교사와 학습자, 서로 다른 문화권에 속한 학습자 사이의 상호문화 의사소통에 필요한 핵심적 능력과 요소를 시각적으로 구현하였다.

검사 도구는 상호문화 능력 측정 도구, 상호문화 감수성 측정 도구, 의사소통 능력 측정 도구로 이루어졌다. 상호문화 능력 측정 도구는 Fantini(2006, 2017)의 상호문화 능력 평가(Assessment of Intercultural Competence, AIC)를 수정 · 보완하여 사용하였다. 상호문화 감수성 척도는 Chen & Startosta(2000)가 개발한 상호문화 감수성 척도(Intercultural Sensitivity Scale, ISS)를 사용하였다. 의사소통 능력은 Fantini(2006)의 목표, 지침 및 평가 형식의 언어 발달 평가(Assessment of Language development in YOGA Format, ALD)의 언어 유창성 부분을 학문목적 학습자에게 적합하도록 수정 · 보완하여 사용하였다. 수정 · 보완한 상호문화 능력 평가(AIC)를 사용하여 서울 소재 대학에 재학 중인 학문목적 학습자, 즉 유학생과 교환학생을 대상으로 상호문화 능력의 측정과 문화 인식 포트폴리오를 작성을 실시하였다.

01 연구 설계와 방법

연구 모형과 연구 문제

상호문화 의사소통이 이루어지는 한국어교육 현장에는 자문화와 목표 문화를 배제하지 않는 새로운 제3의 문화가 창출된다. 상호문화 의사소통 능력 함양 훈련 연구(Gudykunst & Hammer, 1983; Brislin & Horvatch, 1997)와 제3문화 이론(Knapp, 1999; Chuang, 2018, Ting-Toomey & Chung; 2012, 2019)에 기반하여 상호문화 의사소통 과정·전환 모델을 수정·보완해 제3문화에 기반한 상호문화 의사소통 과정 모델을 고안하였다.

그림 6.1 **상호문화 의사소통 과정 모델: 제3문화 형성 과정(이원희, 2021)**[35]

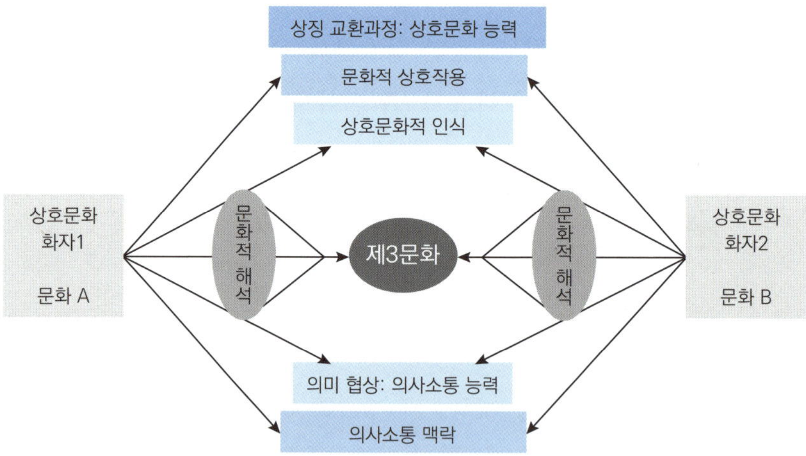

35 Knapp(1999)의 상호문화 구현 방식은 제3의 문화 발생 양상과도 관련이 있다. 서로 다른 문화의 접촉 상황에서 고유 문화(Eigenkultur)와 낯선 문화(Fremdkultur), 문화 중첩 상황(kulturelle

이는 상호문화적 상호작용에 기반한 한국어 교사와 학습자, 서로 다른 문화권에 속한 학습자 사이의 상호문화 의사소통 과정에 필요한 핵심적 능력과 요소를 시각적으로 구현한 것이다.[36] 이러한 상호문화 의사소통 능력을 함양할 수 있는 실제적인 교수 방안으로 상호문화교육 방법론에 기반한 문화 포트폴리오를 고안하였다. 문화 포트폴리오는 한국어 학습자의 문화적 인식을 함양하는 상호문화교육의 효과적인 하나의 방법론으로 고안된 것이다. 문화 인식은 상호문화 능력의 인지적 영역에서도 중요한 요소로 다루어진다. Byram(1988: 136-140, 1991: 19-20)은 언어와 문화의 통합 교육에서 문화 인식의 중요성을 강조한 바 있다.

선행 연구에서 상호문화 의사소통 능력에 긍정적으로 작용하는 요소로는 상호문화 감수성(Chen & Starosta, 1998, 2000), 상호문화 능력(Spitzberg & Cupach, 1984; Spitzberg & Cupach, 1989; Byram 1997, 2008; Fantini, 2000, 2006, 2017), 타문화에 대한 긍정적인 감정(Randolph, Landis, & Tzeng, 1977), 사회적 유연성(Gudykunst & Hammer, 1988; Sander & Wiseman, 1993), 타인 공감 능력(Ruben, 1976) 등이 제시된다. 대부분의 연구에서 자신과 타인에 대한 인식, 개방적 태도, 상호문화 문화 지식과 기술에 기반하여 도출되는 효과적인 의사소통 행동을 상호문화 의사소통 능력의 핵심 요소로 제시한다(Bloom, 1956; Gudykunst & Kim, 1984/2003; Gudykunst, 1993; Byram, 1997; Deardorff, 2004).

유럽 평의회(Council of Europe)는 다중언어주의의 관점에서 상호문화교육 과정과 교육 구성 요소를 제시하면서 언어능력을 핵심적 요소로 제시하였다. 이러한 관점에서 의사소통 능력이 상호문화 능력과 상호문화 감수성에 유의미하게 작용할 것이

Uberschnei-dungssituation)이 나타나며 이로부터 제3의 것이라 할 수 있는 '상호문화적인 것(intercultural, das Interkulturelle)'이 창출되기 때문이다. Chuang(2018: 1898)은 제3문화 모델 구축을 위해 수정된 연대기적·메타 이론 모델(A modified chronological and meta theoretical model of the third culture model building, TCB)을 고안하고 TCB의 단계적 과정을 대인관계 상호문화 의사소통, 수사학적 상호문화 의사소통, 거시문화 의사소통, 상호문화 의사소통으로 구분하였다.

36 〈그림 6.1〉의 상호문화 의사소통 과정 모델: 제3문화 형성 과정은 Ting-Toomey & Chung(2019: 22)의 상호문화 의사소통 과정·전환 모델의 모형을 차용하였으나 세부 내용 구성은 본 연구에서 완전히 새롭게 구성하였음을 밝힌다.

라 가정하고 학업 능력과 관련된 의사소통 능력을 하나의 측정 요소로 구성하였다. 의사소통 능력은 대학 강의 수강에 필요한 학문목적 한국어 능력에 기반한 의사소통 능력 측정 도구라 할 수 있다. 선행 연구에 근거하여 상호문화 의사소통 능력의 핵심적 구성 요소로 상호문화 능력, 상호문화 감수성, 의사소통 능력을 제시하였다.

그림 6.2 **상호문화 의사소통 능력 구성 요소(이원희, 2021)**

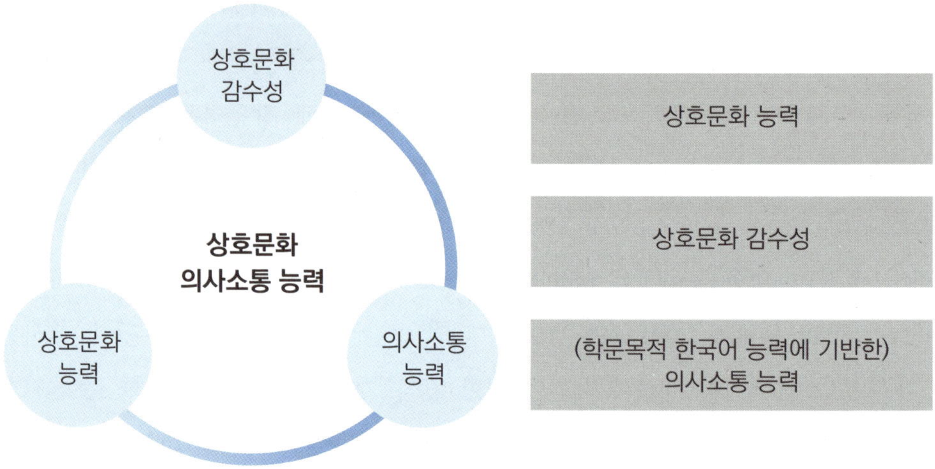

학문목적 학습자의 상호문화 능력, 상호문화 감수성, 의사소통 능력의 특성과 상관관계를 살펴보고 학습자를 대상으로 문화적 인식과 관련된 문화 포트폴리오 작성과 분석결과를 토대로 한국어 학습자에게 필요한 상호문화교육 요소가 포함된 상호문화 의사소통 능력 함양 포트폴리오를 고안하였다. 이에 설정된 연구 문제는 다음과 같다.

연구 문제 1

학문목적 한국어 학습자의 상호문화 능력, 상호문화 감수성, 의사소통 능력 수준은 어떠한가?

연구 문제 1-1 학문목적 학습자의 상호문화 능력, 상호문화 감수성, 의사소통 능력 사이에 유의한 상관관계가 있는가?

연구 문제 1-2 학문목적 학습자의 상호문화 능력은 상호문화 감수성에 유의한 영향을 미치는가?

연구 문제 1-3 학문목적 학습자의 상호문화 능력은 의사소통 능력에 유의한 영향을 미치는가?

연구 문제 2

학문목적 학습자의 상호문화 능력을 함양할 수 있는 실제적 교육 방안으로 문화 포트폴리오가 적합한가?

연구 문제 2-1 문화 인식 포트폴리오'를 활용한 결과 학문목적 학습자의 문화적 인식은 어떠한가?

연구 문제 2-2 '상호문화 의사소통 능력 함양을 위한 문화 포트폴리오'를 활용하여 어떠한 교육적 효과를 기대할 수 있는가?

학문목적 학습자의 특성은 교육 수준, 한국어 숙달도, 한국 체류 기간, 한국을 제외한 해외 체류 경험과 기간, 한국인 친구, SNS 한국인 친구이다. 특히 학문목적 한국어 학습자를 대상으로 설정하였으므로 교육 수준은 대학교 재학, 대학교 졸업, 대학원 재학, 대학원 졸업으로 세분화하였다. 목표 언어능력은 선행 연구에서도 상호문화 의사소통 능력의 촉진 요소로 주요하게 다루어진다(Chen, 1989, 2014; Imahori & Lanigan, 1989; Hammer et al.,1998; Fantini, 1999, 2000, 2005, 2009, 2012).[37] 이에 근거하여 학문목적 학습자의 한국어 숙달도를 목표 언어능력으로 설정하였다.

선행 연구에서 해외 체류 경험과 같은 타문화와의 접촉 경험은 상호문화 의사소통 능력을 촉진하는 요소로 보고되었다(Thurnwald, 1932; Brooom & Kitsus, 1955; Spiro, 1955; Chen & Startosta, 2000; Straffon, 2001; Peng, Rangsipaht, & Thaipakdee, 2005; Baños, 2006; Barron & Dasli, 2010; Fantini, 2017). 이에 타문화와의 접촉 경험으로 한국 체류 기간과 한국을 제외한 해외 체류 경험과 기간으로 세분화하여 측정하였다.

---

37 Fantini(2017: 197)에서는 연구 참여자의 외국어 능력에 따라 상호문화 능력은 통계적으로 유의한 차이를 나타내었다. 상호문화 능력의 하위 영역에서도 외국어 능력에 따라 통계적으로 유의한 차이를 보였다($p<.001$).

한국인 친구는 한국인과의 대면 접촉 경험으로 설정하였으며 SNS 한국 친구는 비대면 접촉 요인으로 설정하였다. 현재 대학에 재학 중인 학생은 90년대 중반 이후 출생자들이 대다수이며 이들의 특성상 SNS의 영향력이 중요하다고 판단하여 SNS 사용 현황과 SNS상의 대인 관계도 함께 조사하였다.[38]

먼저 학문목적 한국어 학습자의 상호문화 의사소통 능력 측정 결과를 분석하고, 양적 평가의 보완 방안으로 학습자의 상호문화 인식의 경향성을 파악하는 도구인 문화 인식 포트폴리오를 고안하여 이를 학습자에게 작성하도록 하였다. 상호문화 의사소통 능력의 양적 분석 결과와 이에 대한 보완 평가인 문화 인식 포트폴리오 결과 분석을 토대로 상호문화 의사소통 능력 함양을 위한 문화 포트폴리오를 고안하였다. 이러한 연구 모형을 도식화하면 〈그림 6.3〉과 같다.

그림 6.3 **연구 모형(이원희, 2021)**

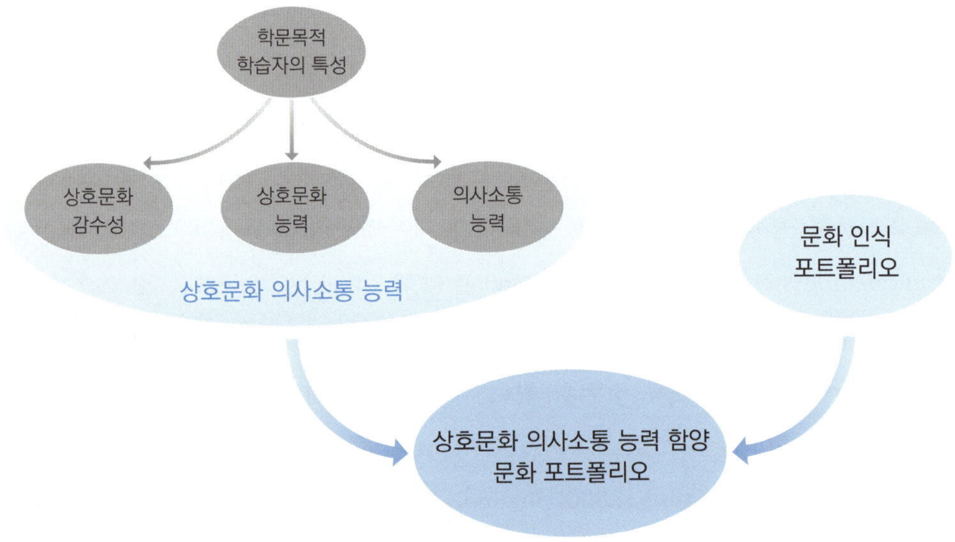

38 Z세대는 1995년 이후 태어난 세대를 지칭하며, 2000년대 초반 정보기술의 발달과 함께 자라난 세대로 유년 시절부터 디지털 환경에 노출되어 신기술에 민감하고 이를 자신의 소비 활동에도 적극 활용하는 세대이다. Z세대는 자신을 드러내는 것을 두려워하지 않고 자신의 생각과 의견을 피력하는 데 거침없으며 SNS의 다양한 커뮤니티에 참여하며 취미를 공유하며 스스로가 중심이 되어 이를 재확산하는 특징이 있다(추진기, 2020: 120).

연구 대상과 연구 절차

설문 조사와 문화 인식 포트폴리오 작성은 서울 소재 A, B 대학에 재학 중인 학문목적 한국어 학습자와 서울 소재 C대학에서 교환 학생으로 재학 중인 학문목적 한국어 학습자를 대상으로 진행하였다.

표 6.1 학문목적 학습자의 특성(이원희, 2021)

특성	분류	N	P (%)
국적	중국	50	50.0
	일본	20	20.0
	영국	20	20.0
	대만	3	3.0
	말레이시아	4	4.0
	네덜란드	1	1.0
	루마니아	1	1.0
	이란	1	1.0
모국어	중국어	54	54.0
	일본어	20	20.0
	영어	20	20
	말레이어	3	3
	네덜란드어	1	1
	루마니아어	1	1
성별	남성	36	36.0
	여성	64	64.0
연령	19세~23세	44	44.0
	24세~29세	36	36.0
	30세 이상	20	20.0

교육수준	대학교 재학	55	55.0
	대학교 졸업	33	33.0
	대학원(석사) 재학	12	12.0
한국 체류 기간	6개월 미만	27	27.0
	6개월 이상~1년 미만	25	25.0
	1년 이상~2년 미만	27	27.0
	2년 이상	21	21.0
한국을 제외한 해외 체류 기간	없음	32	32.0
	6개월 미만	56	56.0
	6개월 이상	12	12.0
한국 친구	없음	36	36.0
	5명 미만	36	36.0
	5명 이상	28	28.0
SNS 한국 친구	없음	30	30.0
	5명 미만	26	26.0
	5명 이상	44	44.0

(N=100)

학문목적 학습자 평균 연령은 25.1세로, 모국어는 중국어(54%), 영어(20%), 일본어(20%), 말레이어(3%), 네델란드어(1%), 루마니아어(1%), 페르시아어(1%)로 나타났다.

한국 체류 기간은 평균 14.8개월로 조사되었다. 학문목적 학습자는 평균 4.3명의 한국 친구가 있었으며 SNS 한국 친구는 41.2명으로 조사되었다. 그러나 한국 친구가 없다는 응답도 각각 30%(한국 친구), 36%(SNS 한국 친구)로 나타났다.

한국을 제외한 해외 체류 기간은 평균 163일로 나타났다. 한국을 제외한 해외 체류 국가는 미국, 캐나다, 영국, 독일, 프랑스, 호주, 뉴질랜드, 오스트리아, 중국, 일본, 대만, 태국, 필리핀, 피지 등 다양하게 나타났으나 주로 영어권과 유럽 국가의 비중이 높았다. 단일 국가로는 미국(57.5%)의 비율이 가장 높았다. 해외 체류의 목적은 여행과 어학연수가 주를 이루었다.

SNS 사용은 국적과 언어권에 따른 특성이 명확하게 나타났다. 영어권 학습자는 평균 3.85개의 SNS를 사용하였으며 주로 사용하는 SNS는 Whatsapp, Snapchat, Facebook, Instargram으로 나타났다. 일본어권 학습자는 평균 4.45개의 SNS를 사용하였으며 Facebook, Line, Instargram, Kakao talk을 즐겨 사용하는 것으로 조사되었다. 이 외에 Youtube도 다수 사용하는 것으로 나타났다. 중국어권 학습자의 경우에는 평균 3.12개의 SNS를 사용하였으며 Wechat, Weibo와 Kakao talk을 주로 사용하는 것으로 나타났다. 학문목적 학습자는 평균 3.6개의 SNS를 사용하고 있었으며 하루 평균 SNS 사용 시간은 4.6시간으로 조사되었다.

학문목적 학습자의 전공은 언어학, 한국언어문학, 영어영문학, 불어불문학, 중어중문학, 한국학, 동아시아학, 교육학, 심리학, 언론홍보학, 국제관계학, 정치외교학, 법학, 경제학, 경영학, 글로벌 통상, IT 융합, 무역학, 건축공학, 공업디자인, 통계학, 수학, 화학공학, 의학, 약학 등 인문 · 교육 · 사회과학 · 경제 경영 · 예체능 이공계 · 의학 계열을 포함하여 다양하게 분포하였다.

설문 배포는 2020년 1월에서 5월까지 진행되었으며 6월에 설문 회수를 완료하였다. 총 120부의 설문지를 배포하여 회수된 설문 중 유효한 설문 100부를 분석 대상으로 삼았다.[39] 학습자의 한국어 능력 수준을 감안하여 모든 설문 문항은 영어와 일본어, 중국어로 번역되었다. 설문 배포는 연구자가 직접 설문을 배포하는 대면과 Google 설문을 이용한 비대면의 두 가지 방법으로 진행되었다. 학문목적 학습자의 비밀 보장과 개인정보 보호에 대해서도 사전 설명과 함께 설문지에 공지하였다.

통계처리는 SPSS Win Ver.24 프로그램을 사용하였다. 통계학적 검증을 위한 유의수준은 α=.05로 설정하였다.

분석 방법은 다음과 같다. 먼저 사용한 척도들의 신뢰성을 검증하기 위하여 내적 일관성 평가 방법으로 Cronbach's α 계수를 이용한 신뢰도 분석을 실시하였다.

둘째, 학문목적 학습자의 특성 분석을 위해 빈도분석(Frequency Analysis)을 실시

39 총 120부의 설문을 배부하여 118부를 회수하였다. 이 중 응답이 하나라도 누락된 경우 그리고 하나의 번호로 동일하게 응답한 설문과 같이 신뢰할 수 없거나 분석하기 어려운 설문지는 모두 제외한 100부를 최종 분석에 사용하였다.

하였다. 상호문화 능력, 상호문화 감수성, 의사소통 능력을 알아보기 위해 기술통계 분석(Descriptive Statistics Analysis)을 실시하여 각 하위 영역별 평균값과 표준편차, 최댓값, 최솟값을 측정하였다.

셋째, 학문목적 학습자의 특성에 따른 상호문화 능력, 상호문화 감수성, 의사소통 능력을 알아보기 위하여 일원배치 분산분석(One-Way ANOVA)[40]을 실시하였다. 사후 검증 방법은 샤페(Scheffe's multiple range test)를 사용하였다.

넷째, 학문목적 학습자의 상호문화 능력, 상호문화 감수성, 의사소통 능력 간의 상관성 정도를 파악하기 위하여 피어슨 상관관계 분석(Pearson Correlation Analysis)을 실시하였다.[41]

마지막으로, 상호문화 능력이 상호문화 감수성에 미치는 영향과 상호문화 능력이 의사소통 능력에 미치는 영향을 알아보기 위해 각각 회귀분석(regression analysis)을 실시하였다.

연구 측정 도구

Fantini(2009: 465-466)는 Deardorff(2004: 203)의 논의를 토대로 적합한 상호문화 측정 도구 선택 시 고려해야 할 요소로 연구자의 목적과 목표, 평가 계획, 측정 도구의 이론적 토대, 종교나 지역에 편향되지 않는 문화적 편견에 대한 고려, 타당도와 신뢰도, 평가 대상자의 나이와 발달 정도, 평가 도구 관리와 관련된 비용 시간 등의 자원, 목적(비즈니스, 학업, 연구 등)에 따른 측정 결과 사용을 제시하였다.

이원희(2021)가 고안한 상호문화 능력 측정 도구는 Fantini(2006, 2017)의 상호문화 능력 평가(Assessment of Intercultural Competence, AIC)를 수정 · 보완한 것이

---

40 Fisher(1923)에 의해 고안되었으며 분산의 근원을 밝히고 통계적 유의도를 검정하는 방법으로, 세 개 이상의 집단 평균을 비교하기 위해 비교 과정에서 분산을 사용하는 통계적 기법이다. 세 개 이상의 집단 평균이 같다는 가정은 분산이 동일하다는 가정이 내포된다. 따라서 분산분석은 각 집단의 분산을 분석하나 실제로는 각 집단의 평균이 동일하다는 가설을 검증하는 것이 된다. 이러한 분산분석 중 한 가지의 기준에 의해 표본들의 추출된 모집단들의 평균치를 비교하여 모두 동일하다고 판정할 수 있는지를 결정하는 방법을 말한다(교육평가학회, 2004: 293-294).

41 변수 간의 다중공손성 문제를 측정하기 위해 변수들 간의 상관분석표와 분산팽창지수(Variance Infulation Factor, VIF) 값을 제시하였다.

다. 상호문화 능력 척도는 총 7개의 영역으로 구성되는데 설문 응답자의 기본 정보 37문항, 성격 특성에 관한 28문항, 상호문화적 상황에서 동기와 선택과 관련된 18문항, 언어 유창성 15문항, 의사소통 스타일 47문항, 상호문화 영역(대인 관계) 12문항 상호문화 능력 54문항으로 구성된다. 이 중 상호문화 능력 평가는 지식 10문항, 태도 13문항, 기술 10문항, 인식 18문항으로 구성된 5점 리커트(Likert) 척도의 검사 도구로 총 4개의 하위 영역에 51문항으로 구성되었다.[42] 51문항을 한국어 학습자에게 적합하도록 검토·수정하여 지식 9문항, 태도 13문항, 기술 10문항 인식 17문항의 총 49항목으로 구성하였다.

그러나 Stiftung & Cariplo(2008: 11-13)는 상호문화 능력에 대한 연구가 서양의 문화와 관점에 치우쳐 있음을 비판하였다. 기존의 상호문화 능력 연구는 주로 영어권에서 이루어졌으며, 잘 알려진 개념과 상호문화 학습, 훈련 및 개발 등과 관련된 모델들은 대다수가 서양의 이론적 구조들임을 밝히고 후속 연구에서 비서구적인 관점, 특히 아시아인을 대상으로 상호문화 능력이 새롭게 재정의되어야 함을 주장하였다. 이에 Stiftung & Cariplo의 논의에 기대어 고안한 상호문화 능력 측정 도구는 한국어 학습자의 특성에 맞도록 수정·보완되었다.

Fantini(2006)가 영국과 스위스인을 대상으로 실시한 상호문화 능력 평가에서 조사도구의 Cronbach's α 계수는 .824로 높은 신뢰도를 나타내었다. 본 연구에서 상호문화 능력 척도 검증 결과는 〈표 6.2〉와 같다.

---

42 Fantini(2006)의 상호문화 능력 평가 도구는 지식 11문항(구성 요소 1의 6문항, 구성 요소 2의 5문항), 태도 10문항, 기술 8문항, 지각 14문항의 총 43문항으로 구성되었으나 Fantini(2017)에서는 지식 10문항, 태도 13문항, 기술 10문항, 인식 18문항으로 구성되어 총 51문항으로 수정·보완되었다.

표 6.2 상호문화 능력 구성 요소와 척도 검증(이원희, 2021)

구성	문항 수	Cronbach's α
상호문화 지식	9	.835
상호문화 태도	13	.901
상호문화 기술	9	.852
상호문화 인식	18	.931

다음으로 상호문화 감수성 검사 도구는 Chen & Startosta(2000)가 개발한 상호문화 감수성 척도(Intercultural Sensitivity Scale, ISS)를 사용하였다. 상호문화 감수성 척도는 상호작용 참여도 7문항, 문화차이 존중도 6문항, 상호작용 주의도 5문항, 상호작용 향유도 3문항, 상호작용 자신도 3문항의 총 24개의 문항으로 구성된다.[43] 선행 연구에서 상호문화 감수성 측정 도구의 Cronbach α 계수는 .88로 비교적 높은 신뢰도를 나타내며 다수의 선행 연구를 통해 동양권 학생에게도 유의미한 측정 도구로 검증되었다.[44]

일반적으로 Cronbach's α 계수 .6이하의 문항을 제외해야 하므로 본 연구에서도 문화차이 존중도와 상호작용 향유도가 제외되어야 한다.[45] 그러나 이진경(2020:

43 44문항에서 24개의 문항을 추출한 상호문화 감수성 척도(Chen & Starosta, 2000)의 Cronbach's α값은 .88로 나타났다. 독일 대학생을 대상으로 상호문화 감수성을 측정한 Fritz, Möllenberg & Chen(2002) 연구에서 상호문화 감수성의 평균은 N=3.69(SD=.21)로 나타났다.

44 독일 대학생을 대상으로 상호문화 감수성을 측정한 Fritz, Möllenberg & Chen(2002) 연구에서 상호문화 감수성 척도의 5개 하위 영역의 Cronbach's α 계수는 각각 .58에서 .79의 범위를 나타내었다. 중국인을 대상으로 ISS 척도를 사용한 Peng(2006)의 연구에서도 Cronbach α 계수는 .80, 타당도는 .48에서 .75로 보고되었다. Peng(2006)은 중국 대학생과 다국적 근로자의 상호문화 감수성을 측정하였다. 전체 Cronbach's α 값은 .779로 나타났다. 이원희(2018b)는 서울 소재 대학에 재학 중인 중국인 학문목적 학습자의 상호문화 감수성을 측정하였는데 전체 평균은 3.64(SD=.31), Cronbach's α 값은 .780으로 나타났다. Chen & Startosta의 상호문화 감수성 척도는 다양한 문화권에서 상호문화 감수성 측정 도구로 사용될 수 있는 신뢰도가 검증된 척도라 할 수 있다.

45 Cronbach's α는 문항들의 내적일관성에 기초하여 추정하는 신뢰도 지수의 하나이다. 각 문항을 하나의 테스트로 간주하고 반응자들이 문항들에 대해 얼마나 일관성 있게 반응하는가를 계산하게 된다(한국교육평가학회, 2004: 326). Cronbach's α 계수는 일반적으로 .6 이상이면 신뢰성이 있

66)의 연구에서 상호작용 향유도 알파 계수가 .545로 측정되었으나, 상호작용 향유도와 상호작용 주의도의 알파 계수가 .57과 .48로 측정된 Yu & Chen(2008: 154)의 연구를 근거로 상호작용 향유도의 모든 문항을 분석에 포함시켰다.[46] 이를 근거로 Chen & Startosta(2000)의 상호문화 감수성 척도 총 24문항을 그대로 사용하였다. 본 연구의 상호문화 감수성 척도 검증 결과는 〈표 6.3〉과 같다.

표 6.3 상호문화 감수성 구성 요소와 척도 검증(이원희, 2021)

구성	문항 수	Cronbach's α
상호작용 참여도	7	.655
문화차이 존중도	5	.589
상호작용 자신도	5	.712
상호작용 향유도	3	.481
상호작용 주의도	3	.690

유럽 평의회는 다중언어주의의 관점에서 상호문화교육 과정과 교육 구성 요소를 고안하면서 다문화·상호문화교육의 성공이 "언어능력에 매우 좌우됨(depend heavily on language competences)"을 강조하였다.[47] 이러한 관점에서 학문목적 학습자의 학업 능력과 관련된 언어능력을 "의사소통 능력"이라는 하나의 측정 요소로 구성하였다. 연구에서 사용되는 의사소통 능력 측정 도구는 학문목적 한국어에 기반한 의사소통 능력이라 할 수 있다. 이는 한국어능력시험이나 대학 부설 한국어교육

다고 본다.

46 Yu & Chen(2008: 154)의 연구에서 상호작용 향유도와 상호작용 주의도의 Cronbach's α 계수가 낮은 원인으로 문항 구성 수의 적음을 제시했다. 이진경(2020: 66)은 이를 근거로 상호문화 향유도를 설문 항목에 포함시켰다. Yu & Chen(2008: 154)은 상호작용 주의도는 상호문화 감수성의 중요한 구성 요소로 이에 대한 이해 없이는 상호문화적 상호작용 과정에서 개인의 효과적인 참여가 어렵고 상호작용의 과정을 즐길 수 없다는 것을 근거로 상호작용 향유도와 상호작용 주의도를 구성 요소에 포함해서 연구를 진행하였다

47 https://edoc.coe.int/fr/224-education

기관 수료로 분석하기 어려운 대학 강의 수강에 필요한 학문목적 한국어, 즉 학업 능력에 기반한 의사소통 능력 측정 도구라 할 수 있다.

의사소통 능력 검사 도구는 Fantini(2006)의 목표, 지침 및 평가 형식의 언어 발달 평가(Assessment of Language development in YOGA Format, ALD)[48]의 언어 유창성 영역을 학문목적 학습자에게 적합하도록 수정 · 보완하여 사용하였다. ADL의 언어수행 영역에서 의사소통 능력과 관련된 문항 15개를 선별하여 학문목적 한국어 학습자의 상황에 맞도록 재구성하였다.

현재 대학의 전공과 교양 수업에서 팀 프로젝트를 기반으로 한 발표와 토론 수업이 다수 진행되고 있다. 이러한 수업에서는 학습자의 수업 참여와 토론 능력이 더욱 중요하게 다루어진다. 또한 학습자 참여가 강화된 팀 기반(Team Based Learning, TBL), 문제 기반 학습(Problem-Based Learning, PBL), 테크놀로지에 기반한 플립드 러닝(Flipped Learning, FL), 블렌디드 러닝(Blended Learning, BL) 수업 등이 진행되고 있음에 착안하여 학업 능력과 관련된 의사소통 능력을 측정할 수 있도록 고안하였다. 의사소통 구성 요소와 척도 검증은 다음의 〈표 6.4〉와 같다.

표 6.4 의사소통 능력 구성 요소와 척도 검증(이원희, 2021)

구성	문항수	Cronbach's α
수업 이해도	7	.883
수업 참여도	3	.716
토론 능력	3	.830
발표 능력	2	.833

48 YOGA는 "Your Objectives, Guidelines, and Assessment"의 약자이다.

02 상호문화 의사소통 능력 측정 결과

상호문화 능력 측정 결과

학문목적 학습자의 상호문화 능력 정도를 파악하기 위해 기술통계 분석을 실시하였다. 학문목적 학습자의 상호문화 능력 전체 평균과 표준편차는 M=3.73, SD=.50으로 나타났다. 하위 영역에서는 상호문화 태도가 가장 높았으며 상호문화 지식이 가장 낮게 나타났다. 학문목적 학습자의 상호문화 능력의 하위 영역의 평균(Mean), 표준편차(Standard Deviation), 최솟값(Minimum), 최댓값(Maximum)의 기술통계 값은 〈표 6.5〉와 같다.[49]

표 6.5 상호문화 능력 기술통계(이원희, 2021)

	평균(M)	표준편차(SD)	최솟값(Min)	최댓값(Max)
상호문화 지식	3.44	.62	2.11	4.89
상호문화 태도	3.99	.57	2.00	5.00
상호문화 기술	3.59	.64	1.89	5.00
상호문화 인식	3.79	.60	2.11	5.00
전체	3.73	.50	2.62	4.96

(N=100)

49 김선녀(2013)가 측정한 한국 이주 몽골인의 상호문화 능력의 평균은 3.00(SD=.47)으로 나타났다. 다만 김선녀의 경우 본 연구에서 사용한 Fintini(2017)의 측정 도구가 아닌 수정 전 버전인 Fintini(2007)를 사용했다. 김선녀(2013)가 사용한 Fintini(2007)를 수정·보완한 이소연(2017)에서 한국어 연수 과정 외국인 학습자의 상호문화 능력은 평균은 3.28(SD=.73)로 나타났다. 이소연은 총 50문항의 구성을 지식 10문항, 문화적 태도 12문항, 문화적 인식 9문항, 문화저 기술 8문항으로 총 39문항으로 수정·보완하였다.

학문목적 학습자의 교육 수준, 한국 체류 기간, 한국어 숙달도, 한국을 제외한 해외 체류 경험과 기간, 한국인 친구, SNS 한국 친구에 따른 상호문화 능력의 하위 영역별 평균과 표준편차는 〈표 6.6〉과 같다.

표 6.6 학문목적 학습자의 특성과 상호문화 능력 평균과 표준편차(이원희, 2021)

특성	분류	N	M/SD	상호문화 지식	상호문화 태도	상호문화 기술	상호문화 인식	전체
교육 수준	대학교 재학	55	M	3.31	3.87	3.41	3.73	3.58
			SD	.61	.59	.66	.62	.50
	대학교 졸업	33	M	3.56	4.15	3.85	3.73	3.85
			SD	.57	.48	.55	.62	.46
	대학원 (석사) 재학	12	M	3.63	4.02	3.62	3.83	3.80
			SD	.65	.57	.55	.59	.40
한국어 숙달도	초급	25	M	3.25	3.83	3.22	3.68	3.55
			SD	.57	.61	.64	.52	.45
	중급	50	M	3.35	3.97	3.56	3.73	3.69
			SD	.61	.55	.58	.63	.49
	고급	25	M	3.78	4.18	3.99	4.03	4.01
			SD	.55	.52	.57	.54	.46
한국 체류 기간	6개월 미만	30	M	3.38	4.05	3.62	3.81	3.72
			SD	.58	.45	.59	.52	.42
	6개월 이상 ~1년 미만	14	M	3.30	3.80.	3.62	3.62	3.54
			SD	.54	.67	.59	.63	.50
	1년 이상~ 2년 미만	23	M	3.42	4.02	3.44	3.73	3.68
			SD	.58	.48	.65	.58	.43
	2년 이상	33	M	3.66	4.05	3.70	4.05	3.86
			SD	.74	.65	.75	.61	.59

한국을 제외한 해외 체류 기간	없음	32	M	3.25	3.79	3.34	3.62	3.50
			SD	.53	.55	.56	.56	.59
	6개월 미만	56	M	3.46	4.02	3.63	3.83	3.74
			SD	.64	.55	.58	.60	.44
	6개월 이상	12	M	3.78	4.30	4.30	4.04	4.02
			SD	.54	.51	.51	.57	.54
한국 친구	없음	12	M	3.33	3.89	3.48	3.74	3.62
			SD	.52	.61	.64	.54	.43
	5명 미만	36	M	3.28	3.87	3.42	3.70	3.67
			SD	.67	.46	.62	.54	.48
	5명 이상	36	M	3.77	4.26	3.93	3.97	3.98
			SD	.55	.56	.56	.65	.47
SNS 한국 친구	없음	28	M	3.19	3.93	3.30	3.72	3.54
			SD	.48	.61	.45	.59	.33
	5명 미만	30	M	3.36	3.93	3.50	3.54	3.60
			SD	.66	.48	.67	.33	.53
	5명 이상	26	M	3.64	3.89	3.82	3.60	3.86
			SD	.60	.45	.65	.53	.52

(N=100)

학문목적 학습자의 교육 수준에 따른 상호문화 능력은 대학교 졸업 〉 대학원 재학 〉 대학교 재학의 순으로 나타났다. 대학교 졸업(M=3.85, SD=.46)과 대학원 재학(M=3.80, SD=.40)의 평균값의 차이는 근소하였다. 상호문화 능력의 하위 영역 중 상호문화 능력은 대학원 재학 〉 대학교 졸업 〉 대학교 재학 순으로, 교육 수준이 높아짐에 따라 평균값이 상승하는 경향을 보였다. 상호문화 태도와 상호문화 기술은 상호문화 능력 전체 평균값과 같은 양상을 보이며 대학교 졸업 〉 대학원 재학 〉 대학교 재학 순서로 나타났다.

한국어 숙달도는 숙달도가 향상됨에 따라 상호문화 능력의 평균값이 상승하였으며 고급의 상호문화 능력 평균값(M=4.01, SD=.46)이 가장 높게 측정되었다. 상호문화 지식, 태도, 기술, 인식의 하위 영역 역시 한국어 숙달도가 향상함에 따라 평균값이 상승하였다.

한국 체류에 따른 상호문화 능력은 체류 기간 6개월~1년 미만(M=3.54, SD=.50)이 가장 낮았으며 점차 평균값이 상승하여 체류 기간 2년 이상의 평균값(M=3.86, SD=.59)이 가장 높았다. 하위 영역 중 상호문화 지식, 상호문화 태도, 상호문화 인식 역시 체류 기간 6개월~1년 미만이 가장 낮았으며 점차 상승하여 체류 기간 2년 이상의 평균값이 가장 높았다. 상호문화 태도의 평균은 2년 이상(M=4.05, SD=.45) = 6개월 미만(M=4.05, SD=.65) 〉 1년 이상~2년 미만 〉 6개월~1년 미만의 순서로 나타났다.

한국을 제외한 해외 체류 경험은 해외 체류 기간이 늘어날수록 상호문화 능력의 평균값이 상승하여 해외 체류 6개월 이상의 평균값(M=4.02, SD=.54)이 가장 높게 측정되었다. 상호문화 능력의 하위 영역 역시 해외 체류 기간 6개월 이상 〉 해외 체류 6개월 미만 〉 해외 체류 기간 없음의 순서로 나타났다.

상호문화 능력 전체 평균과 상호문화 능력 하위 영역의 평균 모두 한국 친구 5명 이상(M=3.98, SD=.47)의 평균이 가장 높았다. 다음으로 한국 친구 없음, 한국 친구 5명 미만의 순서로 나타났다. 그러나 한국 친구 5명 미만(M=3.67, SD=.48)과 한국 친구 없음(M=3.62, SD=.43)의 평균값의 차이는 근소하였다.

SNS 한국 친구의 수가 늘어날수록 상호문화 능력의 평균값도 높아져 한국 친구 5명 이상의 상호문화 능력 평균값(M=3.86, SD=.52)이 가장 높았다. 하위 영역에서는 상호문화 지식과 기술의 영역에서 전체 평균값과 마찬가지로 한국 친구 5명 이상 〉 5명 이하 〉 친구 없음의 순서로 나타났다. 상호문화 태도와 인식은 한국 친구 5명 미만 〉 5명 이상 〉 친구 없음의 순서로 나타났다.

다음으로, 학문목적 학습자의 상호문화 능력 49문항의 기술통계를 실시하였다. 상호문화 지식 설문항목의 기술통계 결과는 〈표 6.7〉과 같다. 상호문화 지식은 상호문화 하위 영역 중 평균(M=3.44, SD=.62)이 가장 낮았다.

표 6.7 상호문화 지식(이원희, 2021)

	설문 항목	M	SD
1	한국문화를 정의하고 구성 요소들을 설명할 수 있다.	3.31	.87
2	한국문화의 기본적인 규범과 금기 사항을 알고 있다(예: 인사, 복장, 행동).	3.85	.76
3	문화적 스트레스(cultural stress)의 징후를 인식하고 이를 극복하기 위한 전략을 알고 있다.	3.37	.87
4	한국어, 문화 학습을 돕기 위한 몇 가지 기술을 알고 있다.	3.73	.92
5	한국인과 나의 행동의 차이점을 안다(예: 인사, 복장, 행동 등).	3.91	.79
6	나의 문화와 한국문화를 형성하는 중요한 역사적·사회적·정치적 요소들을 대조할 수 있다.	3.24	1.15
7	나는 서로 다른 문화간의 문화 적응 단계(cross-cultural adjustment stages)를 설명할 수 있다.	2.98	1.08
8	한국문화를 배우고 적응하기 위한 다양한 학습 과정과 전략을 설명할 수 있다.	3.31	.93
9	사회생활, 직업 분야에서 한국인들의 공통적이고 일반적인 상호작용 행동을 묘사할 수 있다(예: 가족 역할, 팀 작업, 문제 해결 등).	3.22	1.01
	상호문화 지식	3.44	.62

(N=100)

설문 항목 중 '한국인과 나의 행동의 차이점을 안다(M=3.91, SD=.79)'와 '한국문화의 기본적인 규범과 금기 사항을 알고 있다(M=3.85, SD=.76)'가 상호문화 지식의 평균(M=3.44, SD=.62)보다 높게 나타났다. '문화적 스트레스(cultural stress)의 징후를 인식하고 이를 극복하기 위한 전략을 알고 있다(M=3.37, SD=87)', '한국문화를 배우고 적응하기 위한 다양한 학습 과정과 전략을 설명할 수 있다(M=3.31, SD=.87)', '한국문화를 배우고 적응하기 위한 다양한 학습 과정과 전략을 설명할 수 있다(M=3.31, SD=.93)', '나의 문화와 한국문화를 형성하는 중요한 역사적 · 사회적 · 정치적 요소들을 대조할 수 있다(M=3.24, SD=1.15)', '사회생활, 직업 분야에서 한국인들의 공통적이고 일반적인 상호작용 행동을 묘사할 수 있다(M=3.22, SD=1.01)', '나는 서로 다른 문화간의 문화 적응 단계(cross-cultural adjustment stage)를 설명할 수 있다(M=2.98,

SD=1.08)'는 설문 항목은 상호문화 지식의 평균(M=3.44, SD=.62)보다 낮았다. 제시된 설문 항목들은 상호문화 능력의 전체 평균(M=3.73, SD=.50)과 비교하여도 낮게 측정되었다. 상호문화 지식 설문 항목 중 문화 차이와 금기에 관련된 지식은 높게 나타났다. 그러나 문화 전반과 사회 · 정치적 차이에 대한 지식은 낮게 측정되었다. 이것은 학습자가 문화를 선택적으로 이해하고 집중하는 것으로 해석 가능하다. 학문목적 학습자는 문화 갈등의 요소 혹은 한국문화에 대한 부적응과 관련된 요소, 목표문화 내에서 갈등을 발생시키는 것이나 문화적으로 수용될 수 없는 금기에 대한 지식에 대한 지식 습득은 선별적으로 취하지만 이와 관련이 없는 한국문화 일반에 대한 학습자의 관심이 낮다고 풀이할 수 있다.

사회적 상호작용, 문화적 스트레스(cultural stress) 인식과 극복 전략, 문화 학습 전략, 문화 적응 단계 등은 한국어 학습만으로는 관련 지식의 습득이 어렵다. 이는 언어 학습을 넘어선 상호문화 학습, 즉 상호문화 의사소통 훈련에 수반된 문화적이고 사회언어학적인 학습을 통해 획득할 수 있는 상호문화 지식의 영역이다. 특히 문화 스트레스 인식과 극복은 상호문화 의사소통 과정과 학문목적 학습자의 유학 생활 적응과 관련되는 중요한 요소이다. 스트레스 관리는 문화 충격과 갈등 조절 과정과 관련된 사회적, 심리학적, 성격적 개인적 요소를 인식하고 이에 적합하게 반응하는 과정, 스트레스 최소화 전략을 포함한다. 문화 적응과 문화 변용(Powell, 1880, 1883; Berry, 1980; Hall; 1904; Berry & Sam, 2016)과 관련된 상호문화 학습으로 상호문화적 상황 혹은 문화 적응 과정에서 경험하는 스트레스를 효과적으로 다룰 수 있다.

문화 훈련 프로그램의 주요한 목표 중 하나는 자문화와 구별되는 목표 문화에의 적응을 돕는 것이다(Bhawuk, 1990; Brislin & Yoshida, 1983). 이러한 문화 교육의 효용성은 상호문화 과정에서 장애물 극복, 문화 적응 과정에서 긍정적인 상호 존중의 관계, 상호문화 상황에서의 비즈니스 목표 달성 등을 포함하며, 학문목적 학습자를 대상으로 설정할 경우 학업 성취, 상호문화 상황 혹은 문화 적응 과정에서의 스트레스 관리와 예방의 과정을 포함한다.

다음으로 상호문화 태도 설문 항목의 기술통계 결과는 〈표 6.8〉과 같다.

표 6.8 상호문화 태도(이원희, 2021)

	설문 항목	M	SD
10	한국의 문화 구성원들과 교류할 의향을 보여주었다(한국인을 피하지도, 주로 자국 사람들을 찾아다니지도 않았다).	4.12	.91
11	나는 한국과 한국어, 한국문화 학습에 의지가 있으며 이를 명확히 표현할 수 있다.	4.23	.75
12	한국어로 의사소통 시 한국문화에 적합한 언어와 행동을 사용하기 위해 노력한다.	4.22	.80
13	한국어와 문화를 접했을 때 긍정적 감정만 수용하는 것이 아니라 좌절감과 같은 부정적 감정도 건설적으로 다룰 수 있다.	3.95	.83
14	한국문화의 다양한 상황에 적합한 사회적 역할 수행 의지를 보여주었다(예: 가정에서는 어머니의 역할을, 학교에서는 선생님의 역할을 하는 것).	3.86	.91
15	한국의 새로운 문화적 측면에 관심이 있다(예: 가치관, 역사, 전통 등).	4.10	.83
16	한국인의 행동, 가치관, 태도, 스타일 등의 차이를 이해하려고 노력하고 있다.	4.22	.80
17	한국문화에 적합한 의사소통을 하기 위해 언어적·비언어적 영역에서 노력한다.	4.01	.87
18	한국에 있는 동안, 나의 결정과 선택이 한국 사회에 미치는 영향과 결과를 성찰하려는 의지를 보여주었다.	3.73	.85
19	한국과 나의 나라의 서로 다른 인식, 표현, 상호작용 행동을 조절할 수 있다.	3.77	.79
20	한국에 있는 동안, 나에게 익숙하고 선호했던 것과는 상당히 다른 경우에도, 대안적인 방법으로 교류하려는 의지를 보여주었다.	3.76	.90
21	한국에 있는 동안, 내가 선택한 것들의 윤리적 영향(결정, 결과, 결과 등)에 대해 기꺼이 대처하겠다는 의지를 보여주었다.	3.88	.90
22	나는 상호문화적 상호작용과 의사소통의 복잡성을 인식하고 이에 대한 판단을 보류하려고 노력했다.	3.96	.78
	상호문화 태도	3.99	.57

(N=100)

상호문화 태도는 상호문화 능력 하위 영역 중 평균(M=3.99, SD=.57)이 가장 높았다. 설문 항목 중 '한국에 있는 동안, 나에게 익숙하고 선호했던 것과는 상당히 다른 경우에도, 대안적인 방법으로 교류하려는 의지를 보여주었다(M=3.76, SD=.90)', '한국에 있는 동안, 나의 결정과 선택이 한국 사회에 미치는 영향과 결과를 성찰하려는 의지를 보여주었다(M=3.73, SD=.85)'를 제외한 모든 항목이 상호문화 능력 전체 평균(M=3.73, SD=.50)을 상회하였다.

'나는 한국과 한국어, 한국문화 학습에 의지가 있으며 이를 명확히 표현할 수 있다(M=4.23, SD=.75)', '한국인의 행동, 가치관, 태도, 스타일 등의 차이를 이해하려고 노력하고 있다(M=4.22, SD=.80)', '한국의 문화 구성원들과 교류할 의향을 보여주었다(M=4.12, SD=.91)', '한국의 새로운 문화적 측면에 관심이 있다(M=4.10, SD=.83)', '한국문화에 적합한 의사소통을 하기 위해 언어적 · 비언어적 영역에서 노력한다(M=4.01, SD=.87)'는 상호문화 태도의 평균(M=3.99, SD=.57)보다 평균값이 높았다.

그러나 '나는 상호문화적 상호작용과 의사소통의 복잡성을 인식하고 이에 대한 판단을 보류하려고 노력했다(M=3.96. M=.78)', '한국어와 문화를 접했을 때 긍정적 감정만 수용하는 것이 아니라 좌절감과 같은 부정적 감정도 건설적으로 다룰 수 있다(M=3.95, SD=.83)', '한국에 있는 동안, 내가 선택한 것들의 윤리적 영향에 대해 기꺼이 대처하겠다는 의지를 보여주었다(M=3.88, SD=.90)', '한국문화의 다양한 상황에 적합한 사회적 역할 수행 의지를 보여주었다(M=3.86, M=.91)', '한국과 나의 나라의 서로 다른 인식, 표현, 상호작용 행동을 조절할 수 있다(M=3.77, SD=.79)', '한국에 있는 동안, 나에게 익숙하고 선호했던 것과는 상당히 다른 경우에도, 대안적인 방법으로 교류하려는 의지를 보여주었다(M=3.76, SD=76)'는 상호문화 태도의 평균(M=3.99, SD=.57)을 하회하였다. 특히 상호작용에서 문화 차이를 인식하고 자국의 사회화와는 다른 대안적 방법을 통한 의사소통과 목표 문화에 적합한 '재사회화' 과정을 의미하는 '한국문화의 다양한 상황에 적합한 사회적 역할 수행 의지를 보여주었다(M=3.86, M=.91)'는 단기간에 내재화하기 힘든 태도와 인식의 변화를 포함한다. 효과적인 의사소통을 위한 언어적 · 비언어적 기술의 사용은 학습자의 가치와 신념의 변화 없이 가능한 것이다. 그러나 선술한 대안적 방법을 사용한 의사소통 결과물 산출과 재사회와 과정에 대한 긍정적인 태도는 현상적 결과로 산출되는 두 문화 사이의 근본적 차이 분석과 이에의 깊은 인식이 없이는 불가능하다. 이는 문화 현상 학습보다는 문화를 형성하는 가치관과 사고 학습을 통해 습득 가능하다.

강현화(2007)는 한국인의 표면적으로 드러나는 행동의 이면에 감추어진 의식 구조, 가치관, 태도, 믿음 등 사회 구성원들이 공통으로 중요하게 여기는 가치적 측면을 '가치문화'로 정의하였다. '가치문화' 학습으로 보다 효율적인 의사소통이 가능하다고 보았다. 가치 문화는 한국인의 행동 문화에 내재하는 관념적 문화를 뜻한다. 그러므로 학문목적 학습자를 위한 상호문화교육에는 자문화와 한국문화의 감정 구조와 행동 기제의 근저에 작용하는 한국문화의 다층적 구조를 학습하고 이들의 차이를 구별할 수 있는 비판적 문화 인식 과정이 가치문화 교육 내용에 포함되어야 한다.

특히 상호문화적 상황에서 대안적 의사소통 방법을 고안하기 위해서는 자문화와 목표 문화 사이의 문화 변용의 과정을 거쳐야 하는데, 이는 일정 기간 이상 학습자와 한국인 · 한국문화 사이의 지속적이고 긍정적인 문화 교류를 통하여 형성된다. 학습자가 한국인과의 교류 과정에서 받는 자극의 종류와 학습자의 인지적 · 정서적 특성에 따라 문화 적응과 변용의 과정이 성공적으로 이루어질 수도 있으며 그렇지 못할 가능성도 있다.[50] 이러한 관점에서 상호문화교육 과정에서 문화 변용(Cultural assimilation)의 요소를 주요하게 다루어야 할 필요성이 있다.[51]

Berry(1980)의 문화 변용 관점에서 문화 동화는 흔히 일방적 동화와 자발적 동화의 결합으로 나타난다. 주변화로 인한 문화 해체(deculturation)가 발생하기도 하는데 학문목적 학습자의 문화 탈락은 유학 생활에 적응하지 못한 채 중도 귀국하는, 즉 중도 이탈로 나타날 수 있다. 그러므로 문화 변용의 관점에서 상호문화교육 과정에

---

50 Berry(1987)는 문화 변용의 과정을 다음과 같이 세 단계로 나누고 있다. 첫째, 접촉 시기(Contact period)로 두 개의 서로 다른 문화가 만나는 초기 단계이다. 둘째, 갈등 시기(Conflict period)로 이주자들을 받아들인 사회가 변화의 압력을 가하는 시기이다. 그 결과 이주민들은 정체감의 혼란을 경험할 수 있다. 셋째, 해결기(Resolution period)로 문화 갈등이 문화 적응의 네 가지 유형인 동화(assimilation), 통합(integration), 분리(separation), 문화 해체(deculturation) 중 하나로 귀결된다고 보았다.

51 문화 동화(Cultural assimilation)는 학자에 따라 문화 적응, 문화 변용, 문화 접변, 문화 동화 등으로 불린다. 이원희(2021)는 임선일(2010)의 논의에 기대어 문화 적응 정도를 표현하기 위해 '문화 변용'의 용어를 사용하였다. 문화가 다른 두 사회 집단이 비교적 장시간에 걸쳐 접촉 관계에 들어갈 때 그 결과로 어느 한쪽 또는 양쪽 구성원들의 문화에 변화가 일어나는 것을 문화 적응이라고 한다(Redfield, Liton & Herkovits, 1936). 문화 변용과 관련된 심리학의 초기 연구는 이민자, 유학생 정신건강에 대한 임상적 연구로 시작하여 1980년대 이후 문화 학습, 스트레스 대처, 사회 정체감 이론 등의 패러다임이 등장하였다(정진경 · 양계민, 2004: 112).

학습자의 문화적 정체성과 한국 사회와의 긍정적 관계 설정 과정을 포함하는 문화 변용 · 적응 과정이 포함되어야 한다. 이러한 문화 적응 과정은 단순히 학습자가 목표 문화로 통합되는 것을 목표로 설정해서는 안 된다. 개인에 따라 동화, 분리, 혹은 주변화의 과정으로도 유학 생활을 영위할 수 있으므로 각 단계에 따른 상호문화교육 과정이 단계적으로 고안되어야 하겠다.

상호문화 능력에서 상호문화 기술은 주로 행동적 영역으로 나타난다(Fantini, 2000; Luting & Koester, 2006). 상호문화 기술에는 메시지, 사회적 의사소통 관련 요소와 유연성, 상호작용 관리(Chen, 1989), 듣기, 관찰, 해석, 분석, 평가, 관련 짓기가 포함된다(Deardorff, 2006). 학문목적 학습자의 상호문화 기술(M=3.59, SD=.64)은 상호문화 능력 전체(M=3.73, SD=.50)의 평균보다 낮았다. 〈표 6.9〉는 상호문화 기술의 설문 항목별 평균과 표준편차이다.

상호문화 기술 설문 항목에서는 '나는 나의 스타일과 한국인과의 전문적인 상호작용 함양을 위해 특정 문화 정보를 사용했다(M=3.37, SD=.93)', '나의 행동이 스스로의 학습, 성장 그리고 한국인에게 미치는 영향을 관찰했다(M=3.35, SD=.99)', '나는 우리나라 사람과 한국인 사이의 문화간 갈등과 오해가 발생했을 때 해결하는 데 도움을 주었다(M=3.22, SD=1.17)'가 상호문화 기술의 평균값보다 낮게 나타났다.

'나는 한국문화와 자문화의 차이점을 인식하고 대조할 수 있다(M=3.70, SD=.95)', '나는 한국문화에 적응하고 스트레스를 줄이기 위해 적절한 전략을 사용한다(M=3.62, SD=.85)'는 상호문화 기술의 평균은 상회했지만 상호문화 능력 전체 평균값(M=.3.73, SD=.50)보다는 낮았다. 이는 학문목적 학습자가 상호작용 과정에서 문화 정보의 활용, 자신의 행동 영향력 인식, 상호문화 갈등과 오해 발생 시 중재자 역할, 문화 차이 대조 기술, 문화 적응 과정에서 스트레스 최소화 전략이 부족하거나 비교적 적절하게 대응하지 못한다고 스스로 인식하고 있는 것으로 해석 가능하다.

표 6.9 상호문화 기술(이원희, 2021)

	설문 항목	M	SD
23	나는 한국문화에 속한 사람들과 교류할 때 융통성을 보여주었다.	4.00	.93
24	나는 한국문화에서 불쾌하게 여겨지는 것을 피하기 위해 행동, 복장 등을 적절히 상황에 맞추었다.	3.85	1.00
25	나는 한국문화와 자문화의 차이점을 인식하고 대조할 수 있다.	3.70	.95
26	나는 한국말과 한국문화에 대해 배우기 위해 전략을 사용한다.	3.57	.88
27	나는 나의 나라와 다른 한국의 문화적 상황에서 적절하게 상호작용하는 능력을 보여주었다.	3.59	.81
28	나는 한국문화에 적응하고 스트레스를 줄이기 위해 적절한 전략을 사용한다.	3.62	.85
29	나의 행동이 스스로의 학습, 성장 그리고 한국인에게 미치는 영향을 관찰했다.	3.35	.99
30	나는 나의 스타일과 한국인과의 전문적인 상호작용 함양을 위해 특정 문화 정보를 사용했다.	3.37	.93
31	나는 우리나라 사람과 한국인 사이의 문화간 갈등과 오해가 발생했을 때 해결하는 데 도움을 주었다.	3.22	1.17
상호문화 기술		3.59	.64

(N=100)

상술한 항목은 상호문화 의사소통 과정의 오해와 갈등, 충격을 최소화하는 의사소통 효율성과 관련된 항목으로, 표면적인 한국문화 학습만으로 습득 가능한 지식이 아니다. 이는 상호문화교육의 관점에서 상호문화 의사소통의 전략적 기술을 교육함으로써 보완 가능하다.

상호문화 기술은 상호문화 의사소통 능력의 하위 구성 요소로 정의되기도 하는데 집중, 모호함에 대한 관용, 불안 관리, 공감, 의사소통 조절, 정확한 예측과 설명이 핵심 구성 요소이다(Gudykunst, 2004). 교육학적 관점에서 상호문화 기술은 상호문화 의사소통과 관련된 인식, 지식, 태도를 실제 행동으로 구현하고 운영할 수 있는 능력으로 정의된다(Byram, 2009). 상호문화 능력의 구성 요소인 지식, 태도, 인식이 내재화되어 실제 태도로 표출되는 것이 상호문화 기술이다.

〈표 6.10〉은 상호문화 인식의 설문 항목별 평균과 표준편차이다. 상호문화 인식(M=3.79, SD=.60)은 상호문화 능력의 전체 평균값과 큰 차이를 보이지는 않았으나, 다소 높게 측정되었다(+0.6). '개인의 행동이 특정 문화 전체를 대표하는 것처럼 일반화하는 것의 위험성을 잘 알고 있다(M=4.08, SD=.92)', '나는 다양한 문화적 스타일(cultural styles)과 이를 표현하는 방법이 사회적 상황, 언어에 미치는 영향의 중요성을 잘 알고 있다(M=4.01, SD=.86)', '나의 상호문화 발달 단계의 중요성을 잘 알고 있다(M=3.93, SD=.84)', '자국과 한국의 언어 · 문화 사이의 유사점과 차이점을 안다(M=3.88, SD=.83)', '나는 한국문화 내의 계급, 성별, 연령, 능력 등의 차이에 따른 다양성에 대한 잘 알고 있다(M=3.86, SD=.83)', '나는 한국의 다양한 문화적 상황들에서 의사소통을 위한 상호작용 수정의 중요성을 잘 알고 있다(M=3.84, SD=.80)', '나는 내 사회적 정체성에 대한 한국문화 구성원들의 반응의 중요성을 잘 알고 있다(M=3.83, SD=.94)', '나는 특정 상황에서 가치관과 윤리 반영의 중요성을 잘 알고 있다(M=3.83, SD=.87)'는 상호문화 인식의 평균값(M=3.79, SD=.60)을 상회하였다.

반면 '한국 사람에게 수용적이거나 비수용적인 나의 선택과 그 결과의 중요성을 잘 알고 있다(M=3.76, SD=.97)', '상호문화적 상황(intercultural situation)에서 타인이 나를 의사소통자(communicator), 촉진자(facilitator), 중재자(mediator)로 인식하는 것의 중요성을 잘 알고 있다(M=3.76, SD=.90)', '나의 습관과 취향에 따라 "문화적으로 조건화된(culturally conditioned)" 사람으로서 자신의 중요성을 잘 알고 있다(M=3.63, SD=.79)', '한국 사람들이 나를 어떻게 보는지 그리고 왜 그렇게 보는지에 대한 인식의 중요성을 잘 알고 있다(M=3.62, SD=.80)', '자국인과 한국인의 두려움, 조롱, 혐오, 우월감 등의 감정 표현 차이의 중요성을 잘 알고 있다(M=3.52, SD=.96)'의 평균값이 상호문화 인식의 평균(M=3.79, SD=.60)을 하회하였다. 이는 상호문화 능력의 전체 평균값(M=3.73, SD=.50)과 비교하여도 다소 낮았다.

표 6.10 상호문화 인식(이원희, 2021)

	설문 항목	M	SD
32	자국과 한국의 언어·문화 사이의 유사점과 차이점을 알고 있다.	3.88	.83
33	자국인과 한국인의 두려움, 조롱, 혐오, 우월감 등의 감정 표현 차이의 중요성을 잘 알고 있다.	3.52	.96
34	나는 한국의 다양한 문화적 상황들에서 의사소통을 위한 상호작용 수정의 중요성을 잘 알고 있다.	3.84	.80
35	한국 사람들이 나를 어떻게 보는지 그리고 왜 그렇게 보는지에 대한 인식의 중요성을 잘 알고 있다.	3.62	.80
36	나의 습관과 취향에 따라 "문화적으로 조건화된(culturally conditioned)" 사람으로서 자신의 중요성을 잘 알고 있다.	3.63	.79
37	나는 내 사회적 정체성에 대한 한국문화 구성원들의 반응의 중요성을 잘 알고 있다(예: 인종, 계급, 성별, 나이 등).	3.83	.94
38	나는 한국문화 내의 계급, 성별, 연령, 능력 등의 차이에 따른 다양성에 대한 잘 알고 있다.	3.86	.83
39	개인의 행동이 특정 문화 전체를 대표하는 것처럼 일반화하는 것의 위험성을 잘 알고 있다.	4.08	.92
40	한국 사람에게 수용적이거나 비수용적인 나의 선택과 그 결과의 중요성을 잘 알고 있다.	3.76	.97
41	윤리적 딜레마에 대한 나의 해결방법과 해결에 영향을 준 나의 가치들의 중요성을 잘 알고 있다.	3.83	.87
42	한국인의 나에 대한 반응에는 한국의 문화적 가치가 반영되어 있음을 잘 알고 있다.	3.87	.88
43	나는 특정 상황에서 가치관과 윤리 반영의 중요성을 잘 알고 있다.	3.85	.87
44	나는 다양한 문화적 스타일(cultural styles)과 이를 표현하는 방법이 사회적 상황, 언어에 미치는 영향의 중요성을 잘 알고 있다.	4.01	.86
45	나의 상호문화 발달 단계의 중요성을 잘 알고 있다.	3.93	.84
46	친구나 동료와 같은 타인의 상호문화 발달 단계의 중요성을 잘 알고 있다.	3.72	.94
47	나의 상호문화 발달의 방해 요소와 그것을 극복하는 방법의 중요성을 잘 알고 있다.	3.62	.91

48	상호문화적 상황(intercultural situation)에서 내가 의사소통자(communicater), 촉진자(facilitator), 중재자(mediator)로 생각하는 방법의 중요성을 잘 알고 있다.	3.76	.90
49	상호문화적 상황(intercultural situation)에서 타인이 나를 의사소통자(communicater), 촉진자(facilitator), 중재자(mediator)로 인식하는 것의 중요성을 잘 알고 있다.	3.66	.92
상호문화 인식		3.79	.60

(N=100)

'한국 사람에게 수용적이거나 비수용적인 나의 선택과 그 결과의 중요성을 잘 알고 있다'는 결국 자신의 선택과 결과의 중요성 인식의 영역으로 볼 수 있다. 이는 추상적 사고의 영역으로 관찰과 사고에 기반한 자아 객관화가 이루어지는 영역이다. 내면의 인식과 판단이 행동으로 표출되어 상호작용 대상과의 상호교류 과정에서 발생하는 변화와 영향력을 관찰하고 인식하는 일련의 과정을 뜻한다. 인식의 단계적 과정에는 '지식과 문화적 가치 판단의 행동적 표출/구현 → 상호문화적 상호작용 → 나로 인한 대화 상대자의 변화 혹은 대화 상대자로 인한 나의 변화'가 수반되며, 상호문화 의사소통 과정의 시작과 끝맺음 과정에서 상호 교환되는 언어적 · 비언어적 정보뿐만 아니라 인지적 · 정서적 변화 과정의 관찰을 요구하는 과정이다.

자신과 타인의 상호문화 발달 단계 인식, 상호문화 상황에서 의사소통자 · 촉진자 · 중재자로서 자아 인식 항목이 낮게 측정되었는데, 자신과 타인 인식은 타자화된 자기 인식의 관점에서 자신과 문화, 사회에 대한 객관적 시각 획득의 과정으로 획득 가능하다(Byram, 1989, 1997, 2008, 2009). 이는 문화적 자기 인식(Cultural self-awareness)의 과정을 거쳐 자아와 자문화 재인식과 객관적 평가, 타인과 목표 문화 재인식과 객관적 평가, 관찰에 따른 타자성 인식 등을 통해 활성화될 수 있다.

Fantini(1999, 2000, 2006, 2009, 2012, 2019)는 상호문화 능력의 네 가지 구성 요소로 '자신과 타인에 대한 인식', '태도', '기술', '지식' 중 상호문화 능력 함양의 핵심적 요소로 '인식'을 제시하였다. 제2언어교육의 관점에서 특히 문화 인식(Cultural awareness)의 중요성이 강조된다(DES, 1990; Byram, 1994, 1998). 학습자가 자문화와 목표 문화의 유사점과 차이점을 이해하고, 목표 문화에 속한 사람들의 관점을 이해하고 자문화에 대한 객관적 시각을 갖출 수 있기 때문이다(DES, 1990: 36). '자신의 선택과 결과의 중요성에 대한 인식' 역시 문화 인식과 학습으로 습득 가능한 것으로 보인다. 그러므로 향후 상호문화교육 과정에는 이러한 문화적 인식을 촉진할 수 있는 교육 과정이 포함되어야 할 것이다.

다음으로 학문목적 학습자의 교육 수준, 한국어 숙달도, 한국 체류 기간, 한국을 제외한 해외 체류 경험과 기간, 한국인 친구, SNS 한국인 친구에 따른 상호문화 능력 측정을 위해 일원배치 분산분석을 실시하였다.

학문목적 학습자의 특성에 따른 상호문화 능력 분석 결과 교육 수준(F=7.081, p=.001), 한국어 숙달도(F=6.34, p=.001), 한국을 제외한 해외 체류 기간(F=5.33, p=.000), 한국인 친구(F=7.081, p=.001), SNS 한국인 친구(F=4.828, p=.001)가 통계적으로 유의하게 검증되었다. 그러나 한국 체류 기간(F=1.684, p=.176)은 통계적으로 유의한 차이가 없는 것으로 나타났다.

교육 수준은 대학 졸업생 집단과 대학 재학생 집단 사이에서 유의한 차이를 보였으며 졸업생의 평균값이 가장 높았다. 그러나 대학교 졸업생(M=3.85, SD=.46)과 대학원 재학생(M=3.80, SD=.40)의 평균값의 차이는 크지 않았다. 사후검정인 Scheffe 분석 결과에서도 대학교 졸업과 대학교 재학 집단에서 통계적으로 유의한 차이를 보였다.

한국어 숙달도는 고급 학습자(M=3.99, SD=.45) 〉 중급(M=3.65, SD=.46) 〉 초급(M=3.49, SD=.45) 순으로 나타나, 한국어 숙달도가 향상될수록 상호문화 능력의 평균값도 높아졌다. Scheffe 분석 결과, 고급 집단과 초급 · 중급 집단에서 통계적으로 유의한 차이가 나타났다.

표 6.11 학문목적 학습자의 특성과 상호문화 능력(이원희, 2021)

변수	구분	N	M	SD	F(p)	Scheffe
교육 수준	대학교 재학	55	3.58	.50	7.081 (.001) **	대학교 졸업 > 대학교 재학
	대학교 졸업	33	3.85	.46		
	대학원(석사) 재학	12	3.80	.40		
한국어 숙달도	초급	24	3.49	.45	6.34 (.001) **	고급 > 초급, 중급
	중급	51	3.65	.46		
	고급	25	3.99	.45		
한국 체류 기간	6개월 미만	27	3.59	.46	1.684 (.176)	
	6개월 이상-1년 미만	25	3.92	.35		
	1년 이상-2년 미만	27	3.71	.59		
	2년 이상	21	3.85	.61		
한국을 제외한 해외 체류 기간	없음	32	3.54	.49	5.33 (.000) ***	6개월 이상 > 없음
	6개월 미만	56	3.77	.45		
	6개월 이상	12	4.04	.55		
한국인 친구	없음	36	3.61	.43	7.081 (.001) **	5명 이상 > 5명 이하, 없음
	5명 미만	36	3.57	.48		
	5명 이상	28	3.97	.47		
SNS 한국인 친구	없음	30	3.54	.33	4.828 (.001) **	5명 이상 > 없음
	5명 미만	26	3.60	.53		
	5명 이상	44	3.86	.52		

*p<.05, **p<.01, ***p<.001

한국을 제외한 해외 체류 기간이 늘어날수록 상호문화 능력 평균값도 높아졌다. 집단 간의 유의한 차이를 확인하기 위하여 사후검정인 Scheffe 분석 결과 해외 체류 기간 6개월 이상 집단과 해외 체류 6개월 미만 · 경험 없음 집단에서 통계적으로 유의한 차이가 나타났다.

한국인과의 대면 접촉 요소로 설정된 한국인 친구의 평균값은 한국인 친구 5명 이상(M=3.97, SD=.47) 〉 친구 없음(M=3.61, SD=.43) 〉 5명 이하(M=3.57, SD=.48)의 순으로 측정되었다. Scheffe 분석 결과 5명 이상인 집단과 한국 친구가 없는 집단 · 5명 이하인 집단에서 통계적으로 유의한 차이를 보였다.

SNS 한국인 친구는 5명 이상(M=3.86, SD=.52) 〉 5명 이하(M=3.60, SD=.53) 〉 없음(M=3.54, SD=.33)의 순으로 나타났다. Scheffe 분석 결과 SNS 한국인 친구가 5명 이상인 집단과 친구가 없는 집단이 통계적으로 유의한 차이를 나타내었다.

통계적으로 유의하게 검증된 '교육 수준, 한국어 숙달도, 한국 체류 기간, 한국을 제외한 해외 체류 기간, 한국인 친구, SNS 한국인 친구'의 상호문화 능력 하위 영역 분석을 위해 일원배치 분산분석(One-way ANOVA)을 실시하였다.

표 6.12 교육 수준과 상호문화 능력(이원희, 2021)

특성	교육수준	N	M	SD	F(p)	Scheffe
상호문화 지식	대학교 재학	55	3.34	.69	1.748 (.014)	
	대학교 졸업	33	3.28	.52		
	대학원(석사) 재학	12	3.92	.23		
상호문화 태도	대학교 재학	55	3.61	.78	3.926 (.054)	
	대학교 졸업	33	3.85	.57		
	대학원(석사) 재학	12	4.30	.32		
상호문화 기술	대학교 재학	55	3.45	.91	2.363 (.049) *	대학교 졸업 > 대학교 재학
	대학교 졸업	33	3.61	.35		
	대학원(석사) 재학	12	4.18	.34		
상호문화 인식	대학교 재학	55	3.67	.64	2.360 (.254)	
	대학교 졸업	33	3.58	.74		
	대학원(석사) 재학	12	4.03	.50		

*p<.05, **p<.01, ***p<.001

교육 수준에 따른 상호문화 능력의 하위 영역 중 상호문화 지식과 상호문화 기술에서 유의한 차이를 보였다. 사후분석을 통한 집단 간 비교에서는 상호문화 기술의 영역에서 대학교 졸업과 대학교 재학 사이에 유의미한 차이가 나타났다. 대학교 졸업 집단이 대학교 재학 집단보다 높은 평균값을 나타내었다.[52]

표 6.13 한국어 숙달도와 상호문화 능력(이원희, 2021)

특성	한국어 숙달도	N	M	SD	F(p)	Scheffe
상호문화 지식	초급	24	3.34	.69	6.099 (.003) **	고급 > 초급, 중급
	중급	51	3.28	.52		
	고급	25	3.92	.23		
상호문화 태도	초급	24	3.61	.78	2.473 (.090)	
	중급	51	3.85	.57		
	고급	25	4.30	.32		
상호문화 기술	초급	24	3.45	.91	10.542 (.000) ***	고급 > 초급, 중급
	중급	51	3.61	.35		
	고급	25	4.18	.34		
상호문화 인식	초급	24	3.67	.64	2.701 (.072)	
	중급	51	3.58	.74		
	고급	25	4.03	.50		

*p<.05, **p<.01, ***p<.001

상호문화 능력은 한국어 숙달도에 따라 통계적으로 유의하게 나타났다. 상호문화 능력 전체 평균은 전체적으로 한국어 숙달도가 증가함에 따라 평균값이 높아지는 정(+)의 상관관계를 나타내었다(F=6.34, p=.001).

학문목적 학습자의 한국어 숙달도와 상호문화 능력 하위 영역의 일원배치 분산

52 Fantini(2017: 193)에서 교육 수준(초등교육, 중등교육, 고등교육)에 따른 유의한 차이는 나타나지 않았다(p>.05).

분석에서는 상호문화 지식(p=.014)과 기술(p=.049)이 통계적으로 유의한 것으로 검증되었다. Scheffe 사후 검증에서는 상호문화 지식과 상호문화 기술의 영역에서 한국어 고급 집단과 중급 · 초급 집단 간의 유의미한 차이가 나타났다. 그러므로 학문 목적 학습자의 한국어 숙달도가 높을수록 자문화와 한국문화의 전반적인 지식, 사회언어학적 지식, 문화적 금기사항 지식 습득이 늘어나며 상호작용 능력, 상호문화 갈등 상황 인식과 대처, 문화 적응의 관점에서 감정 관리 능력이 향상되는 것으로 해석할 수 있다.

〈표 6.14〉는 한국을 제외한 해외 체류 기간에 따른 상호문화 능력과 해외 체류 경험의 통계적 유의성을 분석한 것이다.[53] 해외 체류 기간이 늘어날수록 상호문화 능력의 모든 하위 영역의 평균값이 증가하였다. 한국을 제외한 해외 체류 기간을 독립 변수로 투입하여 일원배치 분산분석을 실시한 결과 상호문화 인식을 제외한 상호문화 지식, 태도, 기술의 영역에서 해외 체류 경험 6개월 이상인 집단이 해외 체류 경험이 없는 집단과 통계적으로 유의한 차이를 나타냈다.

53 Fantini(2019: 195-196)에서 해외 체류 경험과 기간에 따라 상호문화 능력은 유의한 차이를 나타내었다. 상호문화 지식은 해외 체류 기간 12개월 이상, 2-12개월, 1-2개월 집단이 1개월 미만의 집단과 유의한 차이를 보였다. 상호문화 태도에서는 해외 체류 기간 12개월 이상 집단이 2-12개월 1개월 미만의 집단과 유의한 차이를 보였다. 상호문화 기술에서는 12개월 이상 집단이 2-12개월 1개월 미만의 집단과 유의한 차이를 나타냈으며 2-12개월과 1-2개월 집단 사이에서도 유의한 차이를 보였다. 상호문화 인식에서는 12개월 이상 집단이 2-12개월 1개월 미만의 집단과 유의하였으며 2-12개월과 1-2개월 집단 사이에서도 유의한 차이를 보였다.

표 6.14 해외 체류 기간과 상호문화 능력(이원희, 2021)

특성	체류 기간	N	M	SD	F(p)	Scheffe
상호문화 지식	없음	32	3.25	.53	3.656 (.029) *	6개월 이상 > 체류 기간 없음
	6개월 미만	56	3.46	.64		
	6개월 이상	12	3.78	.54		
상호문화 태도	없음	32	3.79	.55	4.128 (.019) *	6개월 이상 > 체류 기간 없음
	6개월 미만	56	4.02	.55		
	6개월 이상	12	4.30	.51		
상호문화 기술	없음	32	3.34	.60	5.037 (.008) **	6개월 이상 > 체류 기간 없음
	6개월 미만	56	3.63	.58		
	6개월 이상	12	3.98	.80		
상호문화 인식	없음	32	3.62	.56	2.527 (.085)	
	6개월 미만	56	3.83	.60		
	6개월 이상	12	4.04	.57		

*p<.05, **p<.01, ***p<.001

다음으로 한국인 친구를 독립 변수로 투입하여 상호문화 능력 하위 영역에 미치는 통계적 유의성을 검증해 보았다. 상호문화 능력 하위 영역에서는 상호문화 지식, 상호문화 태도, 기술의 영역이 통계적으로 유의하였다. Scheffe 사후 검증에서는 상호문화 지식, 상호문화 태도, 상호문화 기술 모두 한국인 친구 5명 이상의 집단이 한국 친구 5명 이하 · 친구 없음 집단과 통계적으로 유의한 차이를 보였다.

표 6.15 한국인 친구와 상호문화 능력(이원희, 2021)

	친구	N	M	SD	F(p)	Scheffe
상호문화 지식	없음	36	3.33	.51	6.229 (.003) **	5명 이상> 5명 이하, 없음
	5명 미만	36	3.28	.67		
	5명 이상	28	3.76	.54		
상호문화 태도	없음	36	3.89	.60	4.841 (.010) *	5명 이상> 5명 이하, 없음
	5명 미만	36	3.86	.46		
	5명 이상	28	4.25	.56		
상호문화 기술	없음	36	3.48	.63	6.205 (.003) **	5명 이상> 5명 이하, 없음
	5명 미만	36	3.42	.62		
	5명 이상	28	3.92	.55		
상호문화 인식	없음	36	3.74	.53	1.691 (.190)	
	5명 미만	36	3.70	.60		
	5명 이상	28	3.96	.64		

*p<.05, **p<.01, ***p<.001

SNS 한국인 친구에 따른 상호문화 능력 측정 결과는 〈표 6.16〉과 같다. 주목할 만한 것은 직접 만나는 친구보다 SNS 한국 친구의 표준편차가 매우 크다는 것이다. SNS 한국 친구 유무, 명수의 평균 차가 직접 만나는 한국인 친구 유무, 명수보다 평균값의 차이가 크게 나타났다. 직접 만나는 한국 친구와 SNS 한국 친구의 숫자 차이가 대단히 컸는데 특히 SNS 한국 친구는 0부터 수백 명까지 개인에 따른 편차가 대단히 크게 나타났다. 직접 만나는 친구와 SNS 한국 친구가 다른 것은 SNS상의 활동을 매우 중시하는 Z세대의 특성으로도 해석 가능하다.

표 6.16 SNS 한국인 친구와 상호문화 능력(이원희, 2021)

	친구	N	M	SD	F(p)	Scheffe
상호문화 지식	없음	30	3.19	.48	5.477 (.006) **	5명 이상 > 없음
	5명 미만	26	3.36	.66		
	5명 이상	44	3.64	.60		
상호문화 태도	없음	30	3.93	.48	.979 (.392)	
	5명 미만	26	3.89	.45		
	5명 이상	44	4.07	.67		
상호문화 기술	없음	30	3.30	.45	6.902 (.002) **	5명 이상 > 없음
	5명 미만	26	3.50	.68		
	5명 이상	44	3.83	.65		
상호문화 인식	없음	30	3.73	.61	1.830 (.166)	
	5명 미만	26	3.66	.58		
	5명 이상	44	3.91	.58		

*p<.05, **p<.01, ***p<.001

앞서 기술했듯이, Berry(1980)의 문화 변용의 관점을 적용하자면 한국 친구의 유무는 '주류 사회와의 관계'와의 관련성이 있는데, 학습자 개개인의 태도가 매우 다름을 유추할 수 있다. 그러므로 학문목적 학습자는 한국 친구와의 교류 성향을 통해 주류 사회와의 관계를 유지하려는 통합과 동화의 단계와, 주류 사회와의 관계를 유지하지 않으려는 분리와 주변화의 구분이 매우 명확하다고 해석할 수 있다.

Berry(1980)의 문화 변용 관점에서 한국인과 접촉과 교류가 없는 학문목적 학습자는 '문화적 정체성과 특성 유지'의 면에서 자문화를 고수하려는 의지가 강하며 '주류 사회와 관계 유지' 유지의 측면에도 소극적인 것으로 풀이되며 문화 변용의 단계 중 분리와 문화 해체의 유형으로 수렴될 가능성이 크게 나타났다. 그러므로 이들이 문화 분리와 해체에 이르지 않도록 문화 적응 과정을 촉진하는 학습이 필요하다는 것을 확인할 수 있다.

요약하자면, 학문목적 학습자의 상호문화 능력 측정 결과는 다음과 같다. 상호문화 능력의 하위 영역별로는 상호문화 태도(M=3.99, SD=.57) 〉 상호문화 인식(M=3.79, SD=.60) 〉 상호문화 기술(M=3.59, SD=.64) 〉 상호문화 지식(M=3.44, SD=.62)의 순서로 나타났다.

학문목적 학습자의 특성에 따른 상호문화 능력 분석 결과 교육 수준(F=7.081, p=.001), 한국어 숙달도(F=6.34, p=.001), 한국을 제외한 해외 체류 기간(F=5.33, p=.000), 한국 친구(F=7.081, p=.001), SNS 한국 친구(F=4.828, p=.001)는 통계적으로 유의한 차이를 나타내었다. 그러나 한국 체류 기간(F=1.684, p=.176)은 통계적으로 유의한 차이가 없는 것으로 나타났다.

상호문화 능력의 하위 설문 항목 분석 결과 상호문화 인식과 상호문화 태도의 영역은 평균값보다 높게 나타났으며 상호문화 지식과 상호문화 기술의 영역은 상호문화 능력 전체 평균값보다 낮게 측정되어 학문목적 학습자의 상호문화 지식과 태도 관련 상호문화교육의 필요성을 확인할 수 있었다.

구체적으로 상호문화 지식 영역에서 한국문화 일반, 사회적 상호작용, 문화적 스트레스(cultural stress) 인식과 극복 전략, 문화 학습 전략, 문화 적응 단계, 문화적 스트레스 인식과 극복 과정이 포함된 상호문화교육의 필요성을 확인하였다.

상호문화 기술에서 상호문화교육 · 훈련 요소에 적합한 상호작용 능력, 문화 특정적 정보의 사용, 한국어 · 한국문화 학습 전략, 상호문화 갈등 관리를 포함한 상호문화 기술과 관련된 상호문화교육 프로그램이 필요함을 알 수 있었다. 갈등 상황은 감정적으로 타인과 자신의 체면이 손상될 가능성이 크므로 체면 손상 회피 태도가 갈등 관리 양상에서 드러날 수 있다. 그러므로 상호문화 갈등에서 체면 손상을 최소화하되 학습자가 갈등 상황을 회피하지 않고 자신의 의견과 의사소통 목적을 명확하게 표현할 수 있도록 상호문화 의사소통 갈등 관리와 관련된 상호문화교육 요소가 고안되어야 할 것이다.

상호문화 태도와 인식의 영역은 상호문화 능력의 평균값보다는 높게 측정되었으나 세부 설문 항목별로 상호문화교육의 필요성을 확인할 수 있었다. 상호문화 태도에서는 대안적 방법으로 의사소통과 재사회화 과정에 대한 긍정적인 태도 함양과 문화를 형성하는 가치관과 사고 학습, 즉 가치문화 학습이 필요함을 알 수 있었다. 또한 학습자의 문화적 정체성과 한국 사회와의 긍정적 관계 설정 과정을 포함하는 문화 적응과 변용 과정을 포함하는 상호문화교육 과정의 필요성을 확인하였다.

상호문화 인식에서는 자신과 타인의 상호문화 발달 단계 인식, 상호문화 상황에서 의사소통자 · 촉진자 · 중재자로서 자기 인식이 낮게 측정되어 학문목적 학습자의 문화적 인식을 촉진할 수 있는 상호문화교육 과정이 필요하다. 구체적으로 자아에 대한 거리두기와 타자화 과정에서 인지적 · 정서적 변화 과정이 수반되는 '비판적 문화적 인식'과 관련된 상호문화교육 과정의 필요성을 확인하였다.

상호문화 감수성 측정 결과

학문목적 학습자의 상호문화 감수성 전체 평균은 3.88(SD=.38)로 선행 연구와 비교했을 때 비교적 양호하게 나타났다. 기술통계 결과 문화차이 존중도(M=4.30, SD=.47)와 상호작용 향유도(M=4.26, SD=.64)는 평균을 상회했으며, 상호작용 자신도(M=3.72, SD=.63)와 상호작용 참여도,(M=3.68, SD=.52) 상호작용 주의도(M=3.42, SD=.63)는 상호문화 감수성의 전체 평균보다 낮았으며 특히 상호작용 주의도의 평균이 낮았다. 학문목적 학습자는 비교적 다른 문화를 존중하는 태도를 갖춘 것으로 풀이할 수 있으며 상호작용 과정에서 다른 문화의 사람들과 교류에 대해 긍정적으로 느끼는 경향이 높음을 유추할 수 있다. 그러나 상호작용 과정에서 다루어지는 정보 습득 과정에서 민감성이 비교적 낮은 것으로 풀이할 수 있다. 학문목적 학습자의 상호문화 감수성 하위 영역의 평균, 표준편차, 최솟값, 최댓값의 측정 결과는 〈표 6.17〉과 같다

표 6.17 상호문화 감수성 기술통계(이원희, 2021)

상호문화 감수성 하위 영역	평균	표준편차	최솟값	최댓값
상호작용 참여도	3.68	.52	2.00	5.00
문화차이 존중도	4.30	.47	2.33	5.00
상호작용 자신도	3.72	.63	2.33	5.00
상호작용 향유도	4.26	.64	2.00	5.00
상호작용 주의도	3.42	.63	1.40	5.00
전체	3.88	.38	2.97	4.85

(N=100)

학문목적 학습자의 교육 수준, 한국 체류 기간, 한국어 숙달도, 한국을 제외한 해외 체류 경험과 기간, 한국 친구, SNS 한국 친구에 따른 상호문화 감수성의 하위 영역별 평균과 표준편차는 〈표 6.18〉과 같다.

학문목적 학습자의 교육 수준에 따른 상호문화 감수성은 대학원 재학 〉 대학교 재학 〉 대학교 졸업의 순이었다. 대학교 재학에서 대학교 졸업까지 감소하다가 대학원 재학에서 증가하는 형태이나 대학교 재학(M=3.83, SD=.48)과 졸업(M=3.93, SD=.57)의 차이는 크지 않았다.

한국어 숙달도에 따른 상호문화 감수성은 고급 〉 초급 〉 중급의 순으로 나타났는데, 초급(M=4.01, SD=.55)과 고급(M=4.02, SD=.54)의 차이는 매우 근소하게 나타났다.

표 6.18 학문목적 학습자의 상호문화 감수성 평균과 표준편차(이원희, 2021)

특성	분류	N	M/SD	상호작용 참여도	문화차이 존중도	상호작용 자신도	상호작용 향유도	상호작용 주의도	전체
교육 수준	대학교 재학	55	M	3.51	4.22	3.75	4.39	3.33	3.83
			SD	.52	.40	.51	.54	.57	.48
	대학교 졸업	33	M	3.82	4.32	3.65	3.92	3.52	3.93
			SD	.46	.59	.65	.71	.63	.57
	대학원 재학: 석사	12	M	4.07	4.56	3.77	4.61	3.58	4.13
			SD	.30	.21	.76	.54	.86	.42
한국어 숙달도	초급	25	M	3.53	4.31	3.75	4.45	3.45	3.86
			SD	.65	.45	.54	.54	.60	.55
	중급	50	M	3.63	4.26	3.77	4.21	3.36	3.89
			SD	.49	.44	.57	.65	.67	.50
	고급	25	M	3.93	4.37	3.60	4.18	3.51	3.97
			SD	.33	.53	.60	.70	.60	.49
한국 체류 기간	6개월 미만	30	M	3.62	4.23	3.54	4.01	3.34	3.80
			SD	.54	.48	.60	.72	.50	.54
	6개월 이상 ~1년 미만	14	M	3.56	4.28	3.69	4.44	3.28	3.84
			SD	.52	.35	.48	.59	.53	.45
	1년 이상 ~12년 미만	23	M	3.70	4.39	3.74	4.13	3.50	3.94
			SD	.50	.57	.60	.64	.77	.56
	2년 이상	33	M	3.89	4.30	3.96	4.55	3.58	4.05
			SD	.48	.57	.62	.43	.69	.56
한국을 제외한 해외 체류 기간	없음	32	M	3.51	4.10	3.61	4.37	3.30	3.74
			SD	.57	.41	.56	.59	.51	.51
	6개월 미만	56	M	3.74	4.38	3.68	4.18	3.41	3.93
			SD	.50	.49	.58	.69	.65	.52

	6개월 이상	12	M	3.86	4.43	4.19	4.36	3.78	4.16
			SD	.33	.35	.52	.55	.75	.40
한국인 친구	없음	12	M	3.66	4.27	3.68	4.22	3.40	3.87
			SD	.57	.45	.57	.59	.64	.53
	5명 미만	36	M	3.63	4.34	3.65	4.25	3.34	3.87
			SD	.54	.38	.66	.75	.62	.53
	5명 이상	36	M	3.84	4.28	3.89	4.33	3.55	3.77
			SD	.41	.58	.38	.58	.63	.44
SNS 한국인 친구	없음	28	M	3.70	4.24	3.81	4.22	3.50	3.92
			SD	.58	.43	.58	.71	.53	.53
	5명 미만	30	M	3.54	4.36	3.62	4.29	3.22	3.84
			SD	.43	.36	.60	.64	.65	.46
	5명 이상	26	M	3.75	4.30	3.71	4.28	3.48	3.92
			SD	.52	.47	.59	.61	.67	.53

(N=100)

한국어 체류 기간에 따른 상호문화 감수성은 전체적으로 체류 기간이 증가함에 따라 상호문화 감수성의 평균값도 증가하는 형태를 나타내었다. 그러나 6개월 이상 1년 미만(M=3.99, SD=.49), 1년 이상 2년 미만(M=3.99, SD=.58)에서는 정체되는 경향을 나타내었다.

한국을 제외한 해외 체류 경험자의 상호문화 감수성은 해외 체류 기간 6개월 이상(M=4.16, SD=.40) 〉 6개월 미만(M=3.93, SD=.52) 〉 체류 경험 없음(M=3.74, SD=.51)의 순으로 나타나, 해외 체류 기간이 늘어날수록 상호문화 감수성의 평균값도 높아졌다. 선행 연구에서 해외 체류 경험과 같은 타문화와의 접촉 경험은 상호문화 감수성을 촉진하는 주요한 요소로 보고되었다(Chen & Startosta, 2000; Straffon, 2001; Peng, Rangsipaht, & Thaipakdee, 2005; Baños, 2006; Barron & Dasli, 2010; 김옥순, 2008b; 김옥순 · 전성민, 2009; 이경아, 2011).

한국인 친구는 한국인 친구가 없는 집단의 평균값이 높았다. 그러나 한국 친구가 없는 집단(M=3.96, SD=.55)과 5명 미만 집단(M=3.97, SD=.58)과 평균값의 차이가 매우 작았다.

한국인과의 비대면 접촉으로 제시된 SNS 한국 친구는 5명 이상=친구 없음 〉 5명 미만의 순으로 나타났다. 그러나 5명 이상과 친구 없음(M=3.92, SD=.53)과 5명 미만(M=3.84, SD=.46)의 평균값 차이는 매우 근소하게 나타났다.

다음으로 학문목적 학습자의 특성에 따른 상호문화 감수성 측정을 위해 일원배치 분산분석을 실시하였다. 분석 결과 한국을 제외한 해외 체류 기간(F=2,949, p=.057)에서 통계적으로 유의한 차이가 나타났다. 집단 간의 유의한 차이를 확인하기 위하여 사후검정인 Scheffe 분석 결과 해외 체류 기간 6개월 이상 집단과 해외 체류 경험 없음 집단에서 통계적으로 유의한 차이가 나타났으며 해외 체류 경험 6개월 이상 집단의 평균값이 높았다.

그러나 교육 수준(F=2.633, p=.077), 한국어 숙달도(F=1.778, p=.125), 한국 체류 기간(F=2.540, p=.061), 한국인 친구(F=.1,471, p=.235), SNS 한국인 친구(F=.527, p=.402)는 통계적으로 유의한 차이가 없는 것으로 나타났다.

표 6.19 학문목적 학습자의 특성과 상호문화 감수성(이원희, 2021)

변수	구분	N	M	SD	t/F(p)	Scheffe
교육 수준	대학교 재학	55	3.97	.49	2.633 (.077)	
	대학교 졸업	33	3.93	.60		
	대학원(석사) 재학	12	4.25	.45		
한국어 숙달도	초급	24	4.01	.55	1.778 (.125)	
	중급	51	3.97	.54		
	고급	25	4.02	.54		
한국 체류 기간	6개월 미만	27	3.85	.59	2.540 (.061)	
	6개월 이상-1년 미만	25	3.99	.49		
	1년 이상-2년 미만	27	3.99	.58		
	2년 이상	21	4.18	.53		
한국을 제외한 해외 체류 기간	없음	32	3.90	.53	3.462 (.035) *	6개월 이상 〉 없음
	6개월 미만	56	4.00	.56		
	6개월 이상	12	4.21	.44		
한국인 친구	없음	36	3.96	.55	1.471 (.235)	
	5명 미만	36	3.97	.58		
	5명 이상	28	3.77	.44		
SNS 한국인 친구	없음	30	3.99	.57	.527 (.402)	
	5명 미만	26	3.95	.51		
	5명 이상	44	4.01	.55		

*p<.05, **p<.01, ***p〈.001

학문목적 학습자의 상호문화 감수성을 분석하기 위해 상호문화 감수성의 각 설문 항목별 기술통계를 실시하였다. 상호작용 참여도의 기술통계 결과는 〈표 6.20〉과 같다.

상호작용 참여도(M=3.62, SD=.52)는 상호문화 감수성 전체 평균(M=3.77, SD=.44)보다 낮았다. 상호작용 참여도의 개별 설문 문항에서는 '나와 문화적으로 거리가 있는 상대의 인상을 섣불리 결정짓지 않고 기다리는 편이다(M=2.03, SD=.95)' 가장 낮은 평균값을 나타냈다. 이는 역채점 문항임을 감안할 때 학문목적 학습자는 판단 보류에 대한 경향성이 낮은 것으로 해석 가능하다.

표 6.20 상호작용 참여도(이원희, 2021)

	설문 항목	M	SD
1	나와 다른 문화권의 사람들과의 상호작용을 즐긴다.	3.89	.86
11	나와 문화적으로 거리가 있는 상대의 인상을 섣불리 결정짓지 않고 기다리는 편이다.*	2.03	.95
13	나는 다른 문화에 개방적인 편이다.	4.20	.88
21	나는 다른 문화권의 상대와 상호작용할 때 자주 상대에게 긍정적인 반응을 보낸다.	3.80	.93
22	나는 다른 문화권의 사람과 상호작용하는 상황을 피한다.*	4.18	.86
23	나는 다른 문화권의 사람과 의사소통 시 상대방에게 언어적·비언어적 신호로 내가 이해하고 있는 바를 자주 보여준다. 즉, 말과 행동으로 이해한 것을 자주 표현한다.	3.87	.89
24	나는 다른 문화권의 속한 사람과 나의 차이에 대해 즐거움을 느낀다.	3.83	.99
상호작용 참여도		3.68	.52

*역채점 문항

'나는 다른 문화에 개방적인 편이다(M=4.20, SD=.88)', '나는 다른 문화권의 사람과 상호작용하는 상황을 피한다(M=4.18, SD=.86)', '나는 다른 문화권의 사람과 의사소통 시 상대방에게 언어적 · 비언어적 신호로 내가 이해하고 있는 바를 자주 보여준다. 즉, 말과 행동으로 이해한 것을 자주 표현한다(M=3.87, SD=.89)', '나와 다른 문화권의 사람들과의 상호작용을 즐긴다(M=3.83, SD=.99)', '나는 다른 문화권의 상대와 상호작용할 때 자주 상대에게 긍정적인 반응을 보낸다(M=3.80, SD=.93)'는 상호문화 감수성 전체 평균을 상회하였다. 이는 학문목적 학습자가 상호문화 의사소통 과정에서 개방적이고 언어적 · 비언적 신호를 사용하는 것에는 어려움이 없는 것으로 해석할 수 있다.

‘나는 다른 문화권의 사람과 상호작용하는 상황을 피한다(M=4.18, SD=.86)’는 항목의 경우 평균을 상회하지만, 역채점 문항임을 감안할 때 다른 문화권에 속한 개인과의 의사소통 상황을 피하는 경향성이 낮으며 상호문화 의사소통 상황에 대한 부담감은 비교적 크지 않다고 추론할 수 있다.

문화차이 존중도의 기술통계 결과는 〈표 6.21〉과 같다. 문화차이 존중도는 상호문화 감수성의 하위 영역 중 가장 높게 측정되었다(M=4.30, SD=.47). ‘나의 문화가 다른 문화보다 더 좋다고 생각한다(M=3.35, SD=1.15)’는 항목만이 문화 차이 존중도의 평균보다 낮았다.

표 6.21 문화차이 존중도(이원희, 2021)

	설문 항목	M	SD
2	나와 다른 문화권의 사람들은 편협하다고(폐쇄적이라고) 생각한다.*	4.36	.90
7	나와 다른 문화권의 사람들을 좋아하지 않는다.*	4.66	.60
8	나와 다른 문화권에 속한 사람들의 가치를 존중한다.	4.69	.58
16	나는 다른 문화권에 속한 사람들의 행동을 존중한다.	4.37	.92
18	나는 다른 문화권에 속한 사람들의 견해를 받아들이지 않을 것이다.*	4.38	.99
20	나의 문화가 다른 문화보다 더 좋다고 생각한다.	3.35	1.15
문화차이 존중도		4.30	.47

*역채점 문항

‘나와 다른 문화권에 속한 사람들의 가치를 존중한다(M=4.69, SD=.58)’, ‘나는 다른 문화권에 속한 사람들의 행동을 존중한다(M=4.37, SD=.92)’는 문화차이 존중도의 평균보다 높았다. ‘나와 다른 문화권의 사람들은 편협하다고 생각한다(M=4.36, SD=.90)’, ‘나와 다른 문화권의 사람들을 좋아하지 않는다(M=4.66, SD=.60)’, ‘나는 다른 문화권에 속한 사람들의 견해를 받아들이지 않을 것이다(M=4.38, SD=.99)’ 문항 역시 문화차이 존중도의 평균(M=4.30, SD=.47)을 상회하였는데, 역채점 문항임을 감안할 때 학문목적 학습자는 상호문화 감수성 척도 결과만으로는 자민족 중심주의의 관점에서는 벗어난 것으로 해석할 수 있다.

〈표 6.22〉는 상호작용 자신도 설문 항목의 기술통계이다. 상호작용 자신도(M=3.72, SD=.63)는 다른 문화권에 속한 개인 혹은 집단과 교류할 때 개인의 자신감 정도성을 측정하는 영역이다. 상호작용 자신도는 상호문화 감수성의 전체 평균(M=3.88, SD=.38) 보다 낮았으나 그 차이가 비교적 크게 나타나지는 않았다.

표 6.22 상호작용 자신도(이원희, 2021)

	설문 항목	M	SD
2	나와 다른 문화권의 사람과 상호작용하는 것에 대해 확신이 있다.	3.72	.83
3	나와 다른 문화권의 사람 앞에서 이야기하는 것이 어렵다.*	3.57	.98
4	나와 다른 문화권의 사람과 상호작용할 때 무슨 말을 해야 할지 항상 알고 있다.	3.02	.99
5	나와 다른 문화권의 사람과 상호작용할 때 내가 원하는 만큼 사교적일 수 있다.	3.40	.92
6	나와 다른 문화권의 사람과 상호작용할 때 자신감이 있다.	3.41	.91
	상호작용 자신도	3.72	.63

*역채점 문항

'나와 다른 문화권의 사람과 상호작용할 때 무슨 말을 해야 할지 항상 알고 있다(M=3.02, SD=.99)', '나와 다른 문화권의 사람과 상호작용할 때 내가 원하는 만큼 사교적일 수 있다(M=3.40, SD=.92)', '나와 다른 문화권의 사람과 상호작용할 때 자신감이 있다(M=4.31, SD=.92)'는 상호문화 자신도의 평균(M=3.72, SD=.91)보다 낮았다. 학문목적 학습자는 상호작용 과정에서 담화에 적합한 언어 선택에 어려움을 느끼며 실제 상호문화 의사소통 과정에서 적합한 표현을 사용하여 의사소통에 참여하고 있는지에 대한 확신과 자신감이 낮은 것으로 유추할 수 있겠다.

상호작용 향유도는 상호문화 감수성의 하위 영역 중 평균값(M=4.26, SD=.63)이 가장 높았다. 이는 상호작용 과정에서 정서적 영역, 즉 감정적 반응을 평가하는 것으로, 상호작용 시의 좌절감, 분노와 같은 부정적 감정 측정의 영역이다. 상호문화 의사소통 과정에서 경험하는 좌절감은 오해나 갈등 혹은 의사소통의 목표를 달성하지 못했을 때 경험하는 감정을 뜻한다. 세 문항 모두 역채점 문항임을 감안할 때 학문목적 학습자는 상호작용 과정에서 분노와 좌절감, 무기력과 같은 부정적 감정을 경험하는 경향이 낮다고 해석 가능하다. 혹은 부정적 감정을 표현하지 않은 것으로도 추측 가능하나 이는 양적 연구만으로는 온전히 판단할 수는 없다.

표 6.23 상호작용 향유도(이원희, 2021)

	설문 항목	M	SD
9	나와 다른 문화권의 사람과 상호작용할 때 쉽게 화가 난다.*	4.61	.65
12	나와 다른 문화권의 사람과 함께 있을 때 종종 좌절한다.*	4.06	.91
15	나는 다른 문화권의 사람과 상호작용할 때 종종 내 자신이 쓸모없다고 느낀다.*	4.13	1.01
상호작용 향유도		4.26	.64

* 역채점 문항

상호작용 주의도는 상호작용 과정에서 메시지를 감지하고 지각하는 개인적 능력으로 상호문화 감수성의 중요한 구성 요소이다(Yu & Chen, 2008: 154). 상호작용 주의도(M=3.72, SD=.59)는 상호문화 감수성(M=3.77 SD=.44)의 전체 평균과 큰 차이가 없었다.

표 6.24 상호작용 주의도(이원희, 2021)

	설문 항목	M	SD
14	나는 다른 문화권의 사람과 상호작용할 때 매우 주의 깊다.	3.89	.93
17	나는 다른 문화권의 사람과 상호작용할 때 가능한 한 많은 정보를 얻으려고 한다.	4.01	.88
19	나와 다른 문화권에 속한 사람과 의사소통 할 때 그들이 보여주는 미세한 표현들에 민감하여 그것의 미묘한 의미를 잘 알고 있다.	3.27	.90
상호작용 주의도		3.42	.63

(N=100)

'나는 다른 문화권의 사람과 상호작용할 때 가능한 한 많은 정보를 얻으려고 한다(M=4.01 SD=.88)', '나는 다른 문화권의 사람과 상호작용할 때 매우 주의 깊다(M=3.89 SD=.98)'는 상호문화 주의도의 평균(M=3.42, SD=.63) 뿐만이 아니라 상호문화 감수성 전체 평균(M=3.88, SD=.38)보다도 높았다.

설문 항목 중에는 '나와 다른 문화권에 속한 사람과 의사소통 할 때 그들이 보여주는 미세한 표현들에 민감하여 그것의 미묘한 의미를 잘 알고 있다(M=3.27, SD=.90)'가 낮게 측정되었다. 상호작용과정에서 메시지를 감지하고 지각하는 민감성은 낮으나 상호문화 의사소통 과정에서 필요한 정보 습득을 위해 노력하는 것은 학문목적 학습자 대상의 문화 차이 학습 프로그램이 필요하다는 것을 알 수 있다. 그러므로 학문목적 학습자가 상호문화 의사소통 시 인지적 측면에서 정확한 정보를 습득하고, 행동적 · 기술적 측면에서 문화적 의미 차이를 인식할 수 있도록 교수해야 할 것이다.

학문목적 한국어 학습자의 상호문화 감수성 측정 결과 문화차이 존중도(M=4.30, SD=.47)와 상호작용 향유도(M=4.26, SD=.64)는 상호문화 감수성의 평균(M=3.88, SD=.38)을 상회했으며, 상호작용 자신도(M=3.72, SD=.63)와 상호작용 참여도(M=3.68, SD=.52), 상호작용 주의도(M=3.42, SD=.63)는 상호문화 감수성의 전체 평균(M=3.88, SD=.38)보다 낮았다. 학문목적 학습자는 다른 문화를 존중하는 태도를 갖추었으며 상호작용 과정에서 다른 문화의 사람들과 교류를 긍정적으로 느끼는 경향이 높았다. 그러나 상호작용 과정에서 메시지를 감지하고 지각하는 개인적 능력, 즉 상호문화 의사소통 과정에서 미세한 표현의 의미를 깨닫고 반응하는 민감성은 낮은 것으로 나타났다.

학문목적 학습자의 특성에 따른 상호문화 감수성 분석 결과 한국을 제외한 해외 체류 기간(F=2.949, p=.057)에서 통계적으로 유의한 차이가 나타났다. 구체적으로는 해외 체류 경험 6개월 이상이 체류 경험이 없는 집단과 통계적으로 유의한 차이를 보였다. 해외 체류 경험은 다수의 선행 연구에서도 상호문화 감수성의 촉진 요소로 검증되었다(Chen & Startosta, 2000; Straffon, 2001; Peng, Rangsipaht, & Thaipakdee, 2005; Baños, 2006; Barron & Dasli, 2010; 김옥순, 2008b; 김옥순 · 전성민, 2009; 이경아, 2011). 본 연구에서도 상호문화 감수성의 촉진 요소로 해외 체류 경험과 기간이 통계적으로 유의하여 선행 연구 결과를 뒷받침한다. 그러나 교육수준(F=2.633, p=.077), 한국어 숙달도(F=1.778, p=.125), 한국 체류 기간(F=2.540, p=.061), 한국인 친구(F=.1,471, p=.235), SNS 한국인 친구(F=.527, p=.402)는 통계적으로 유의한 차이가 없는 것으로 나타났다.

학문목적 학습자의 상호문화 감수성 분석 결과 상호문화 의사소통 과정에서 개방적이고 언어적·비언적 신호를 사용하는 것에는 어려움이 없는 것으로 보인다. 또한 상호작용 과정에서 분노와 좌절감, 무기력과 같은 부정적 감정의 경험과, 자민족중심주의적 경향성이 낮은 것으로 분석할 수 있다. 그러나 상호작용 과정에서 적합한 담화 선택에 어려움을 느끼며 실제 상호문화 의사소통 과정에서 적절하고 효과적으로 의사소통에 참여하고 있는지에 대한 확신과 자신감이 낮은 것으로 나타났다.

의사소통 능력 측정 결과

학문목적 학습자의 의사소통 능력(M=3.17, SD=.80)은 상호문화 능력(M=3.73, SD=.50), 상호문화 감수성(M=3.88, SD=.38)보다 낮게 나타났다. 의사소통 능력의 하위 영역에서는 수업이해도(M=3.22, SD=.83)의 평균값이 가장 높았으며 발표 능력(M=3.05, SD=.96)의 평균값이 가장 낮게 나타났다. 학문목적 학습자는 전반적인 의사소통 능력을 스스로 높게 평가하고 있지 않으며 특히 토론 능력과 발표 능력에 대한 자신감이 낮은 것으로 해석 가능하다. 학문목적 학습자의 의사소통 능력 하위 영역의 평균, 표준편차, 최솟값, 최댓값의 측정 결과는 〈표 6.25〉와 같다.

표 6.25 의사소통 능력 기술통계(이원희, 2021)

학업능력 하위 영역	평균	표준편차	최솟값	최댓값
수업 이해도	3.22	.83	1.29	5.00
수업 참여도	3.20	.79	1.00	5.00
토론 능력	3.16	.88	1.00	5.00
발표 능력	3.05	.96	1.00	5.00
전체	3.18	.75	1.13	5.00

(N=100)

<표 6.26>은 교육 수준, 한국 체류 기간, 한국어 숙달도, 한국을 제외한 해외 체류 경험과 기간, 한국인 친구, SNS 한국인 친구의 빈도분석 결과는 다음과 같다.

표 6.26 학문목적 학습자의 특성과 의사소통 능력 평균과 표준편차

특성	분류	N	M/SD	수업 이해도	수업 참여도	토론 능력	발표 능력	전체
교육 수준	대학교 재학	55	M	2.99	3.01	2.98	2.80	2.94
			SD	.77	.71	.88	.91	.70
	대학교 졸업	33	M	3.55	3.46	3.34	3.28	3.41
			SD	.76	.79	.73	.83	.69
	대학원 재학: 석사	12	M	3.36	3.30	3.44	3.45	3.39
			SD	.94	.91	1.11	1.23	.92
한국어 숙달도	초급	25	M	2.73	2.94	2.68	2.58	2.74
			SD	.70	.71	.84	.73	.62
	중급	50	M	3.16	3.12	3.10	2.97	3.12
			SD	.76	.68	.78	.89	.67
	고급	25	M	3.83	3.60	3.72	3.64	3.74
			SD	.72	.93	.85	1.03	.72
한국 체류 기간	6개월 미만	30	M	2.91	2.99	2.82	2.70	2.88
			SD	.68	.60	.65	.69	.57
	6개월 이상 ~1년 미만	14	M	3.77	3.61	3.69	3.65	3.71
			SD	.81	.78	.67	.96	.71
	1년 이상 ~2년 미만	23	M	3.30	3.20	3.13	3.13	3.23
			SD	.75	.75	.94	.90	.70
	2년 이상	33	M	3.20	3.14	3.29	3.00	3.18
			SD	.91	1.06	1.22	1.22	.91

구분	집단	N						
한국을 제외한 해외 체류 기간	없음	32	M	2.87	2.97	2.99	2.79	2.90
			SD	.61	.65	.58	.82	.54
	6개월 미만	56	M	3.16	3.14	3.09	3.03	3.13
			SD	.83	.77	.88	.95	.75
	6개월 이상	12	M	3.83	3.78	3.81	3.22	3.73
			SD	.49	.75	.63	1.12	.54
한국 친구	없음	12	M	3.01	3.00	2.80	2.82	2.94
			SD	.78	.78	.96	.93	.74
	5명 미만	36	M	3.07	3.05	2.92	2.93	3.02
			SD	.79	.73	.83	.87	.69
	5명 이상	36	M	3.62	3.58	3.76	3.34	3.60
			SD	.82	.82	.72	1.12	.76
SNS 한국 친구	없음	28	M	3.02	3.21	2.92	2.97	3.03
			SD	.85	.81	.96	.96	.76
	5명 미만	30	M	3.00	3.10	2.96	2.93	3.00
			SD	.77	.70	.84	.91	.69
	5명 이상	26	M	3.51	3.32	3.40	3.19	3.41
			SD	.82	.88	.88	1.01	.78

(N=100)

학문목적 학습자의 교육 수준에 따른 의사소통 능력은 대학교 졸업(M=3.41, SD=.69) 〉 대학원 재학(M=3.39, SD=92) 〉 대학교 재학(M=2.94, SD=.70)의 순이었다. 대학교 재학에서 대학교 졸업에서 상승하다가 대학원 재학에서 매우 근소하게 감소하는 양상을 보였는데, 대학교 졸업과 대학원 재학 평균값의 차이는 근소하였다.

한국어 숙달도에 따른 의사소통 능력은 고급(M=3.74, SD=.72) 〉 중급(M=3.12, SD=.67) 〉 초급(M=2.74, SD=.62)의 순서로 학문목적 학습자의 한국어 숙달도가 향상될수록 의사소통 능력 평균값도 상승하는 경향을 보였다.

학문목적 학습자의 한국 체류 기간에 따른 의사소통 능력은 7개월~11개월

(M=3.71, SD=.71)의 의사소통 능력이 가장 높았다. 구체적으로는 7개월~11개월(M=3.71, SD=.71) 〉13개월 이상~24개월 미만(M=3.23, SD=.70) 〉 24개월 이상(M=3.18, SD=.91) 〉 1개월~6개월(M=2.88, SD=.57)의 순으로 나타났다.

한국을 제외한 해외 체류 경험자의 의사소통 능력 평균값(M=3.34, SD=.92)은 한국을 제외한 해외체류 무경험자(M=2.90, SD=.54)에 비해 높게 측정되었다. 한국을 제외한 해외 체류 기간 6개월 이상(M=3.73, SD=.54)의 의사소통 능력의 평균값이 해외 체류 경험 6개월 미만(M=3.13, SD=.75)보다 높게 나타났다.

한국 친구에 따른 의사소통 능력은 한국 친구 5명 이상(M=3.60, SD=.76)의 의사소통 능력 평균값이 가장 높았다. SNS 한국 친구 역시 한국 친구 5명 이상(M=3.41, SD=.78)의 평균값이 가장 높았다.

학문목적 학습자의 특성에 따른 의사소통 능력의 차이를 알아보고자 일원 배치 분산 분석을 실시한 결과는 〈표 6.27〉과 같다. 교육 수준(F=3.487, p=.034), 한국어 숙달도(F=6.34, p=.001), 한국을 제외한 해외 체류 기간(F=5.917, p=.004), 한국인 친구(F=7.081, p=.001)가 통계적으로 유의하게 검증되었다. 그러나 한국 체류 기간(F=1.684, p=.176)과 SNS 한국인 친구(F=2.919, p=.059)는 통계적으로 유의한 차이가 없는 것으로 나타났다.

교육 수준은 대학 졸업생 집단과 대학 재학생 집단 사이에 통계적으로 유의한 차이를 보였으며 졸업생의 평균값이 가장 높았다. 대학교 졸업생(M=3.34, SD=.46)과 대학원(석사) 재학생(M=3.44, SD=.40)의 평균값의 차이는 크지 않았다. 집단 간의 유의한 차이를 확인하기 위하여 사후검정인 Scheffe 분석 결과 대학교 졸업생과 대학교 재학생 간의 유의미한 차이가 나타났다.

한국을 제외한 해외 체류 기간은 해외 체류 기간이 늘어날수록 의사소통 능력의 평균값도 점차적으로 상승하였다. 집단 간의 유의한 차이를 확인하기 위하여 사후검정인 Scheffe 분석 결과 해외 체류 기간 6개월 이상 집단(M=4.02, SD=.54)과 해외 체류 경험 없음(M=3.50, SD=.48) 간의 유의미한 차이가 나타났다.

마지막으로 학문목적 학습자의 한국어 숙달도가 향상될수록 의사소통 능력의 평균값도 높아졌다. 초급(M=3.99, SD=.65)에서 중급(M=3.65, SD=.46), 중급에서 고급(M=3.99, SD=.45)으로 갈수록 의사소통 능력의 평균값이 상승하였으며 Scheffe 분석 결과, 고급 집단과 초급·중급 집단 간의 통계적으로 유의한 차이가 나타났다.

표 6.27 학문목적 학습자의 특성과 의사소통 능력(이원희, 2021)

변수	구분	N	M	SD	t/F(p)	Scheffe
교육 수준	대학교 재학	55	2.98	.50	4.945 (.009) **	대학교 졸업 > 대학교 재학
	대학교 졸업	33	3.34	.46		
	대학원(석사) 재학	12	3.44	.40		
한국 체류 기간	6개월 미만	27	3.72	.42	1.684 (.176)	.
	6개월~1년 미만	25	3.54	.50		
	1년~2년 미만	27	3.68	.43		
	2년 이상	21	3.86	.59		
한국어 숙달도	초급	24	3.49	.45	7.654 (.001) **	고급 > 초급, 중급
	중급	51	3.65	.46		
	고급	25	3.99	.45		
해외 체류 기간	없음	32	3.50	.48	5.917 .004	6개월 이상> 없음
	6개월 미만	56	3.74	.44		
	6개월 이상	12	4.02	.54		
한국인 친구	없음	36	3.61	.43	7.081 (.001) **	5명 이상 > 5명 이하, 없음
	5명 미만	36	3.57	.48		
	5명 이상	28	3.97	.47		
SNS 한국인 친구	없음	30	3.54	.33	2.919 (.059)	
	5명 미만	26	3.64	.53		
	5명 이상	44	3.86	.52		

*p<.05, **p<.01, ***p<.001

한국인 친구는 5명 이상(M=3.97, SD=.47)의 평균값이 가장 높았으나 한국 친구 없음(M=3.61, SD=.43) 집단의 평균값이 한국 친구 5명 미만(M=3.57, SD=.48)의 평균값보다 높게 나타났다. 집단 간의 유의한 차이를 확인하기 위하여 Scheffe 분석 결과,

한국 친구 5명 이상의 집단과 한국 친구 없음 · 5명 이하의 집단 사이에 통계적으로 유의한 차이를 보였다.

SNS 한국인 친구는 5명 이상(M=3.86, SD=.52), 5명 이하(M=3.64, SD=.53), 친구 없음(M=3.54, SD=.33)의 순서로 의사소통 능력의 평균값이 측정되었으나 집단 간의 통계적인 유의한 차이는 검증되지 않았다.

다음으로 학문목적 학습자의 의사소통 능력을 분석하기 위해 하위 영역별, 각 설문 항목별 기술통계를 실시하였다. 수업 이해도의 기술통계 결과는 〈표 6.28〉과 같다.

표 6.28 수업 이해도(이원희, 2021)

	설문 항목	M	SD
3	나는 전공 수업에서 필기와 노트 정리를 잘할 수 있다.	3.49	1.05
4	나는 한국어 TV 프로그램을 보고 듣고 잘 이해할 수 있다.	3.28	1.11
5	나는 한국어 영화를 보고 듣고 잘 이해할 수 있다.	3.32	1.06
6	나는 수업 중 전공 교수님의 한국어를 잘 이해한다.	3.38	1.08
7	나는 수업 중 교양 교수님의 한국어를 잘 이해한다.	3.56	.90
14	나는 전공 관련 한국어 용어를 잘 알고 있다.	2.86	1.18
15	나는 전공 서적을 읽고 이해하는 데에 어려움이 없다.	2.68	1.14
	수업 이해도	3.22	.83

(N=100)

수업 참여도 설문 항목 중 '나는 전공 서적을 읽고 이해하는 데에 어려움이 없다(M=2.68, SD=1.14)'는 의사소통 능력의 15개 설문 항목 중 평균값이 가장 낮았다. '나는 전공 관련 한국어 용어를 잘 알고 있다(M=2.86, SD=1.189)'의 평균값도 낮게 나타났는데, 수업 참여도뿐 아니라 의사소통 능력 인식의 평균값보다도 낮았다. 이는 학문목적 학습자가 전공 수업과 관련해서 전공 서적과 전공 관련 학술 용어 학습에 대해 어려움을 겪고 있다는 것을 의미한다.

반면 '나는 수업 중 교양 교수님의 한국어를 잘 이해한다(M=3.56, SD=.90)'와 '나는 수업 중 전공 교수님의 한국어를 잘 이해한다(M=3.38, SD=1.08)'는 수업 참여도와 의사소통 능력 인식 전체 평균을 상회하였다.

수업 참여도(M=3.20, SD=.83)는 의사소통 능력 인식의 전체 평균을 상회하였다. 그러나 '나는 전공 수업과 교양 수업 내용을 잘 정리하고 요약할 수 있으며 수업 중 토론에도 잘 참여한다(M=3.12, SD=.94)', '나는 수업 중 질문이 있을 때 한국어로 자신감 있게 질문할 수 있다(M=3.05, SD=1.07)'는 수업 참여도(M=3.20, SD=.79)와 의사소통 능력 전체(M=3.18, SD=.75) 평균보다 낮게 나타났다. 학문목적 학습자는 한국 학생들과 어울리는 개인적인 접촉보다는 수업 중의 질문에 대한 응답이나 토론 참여에 대해 소극적인 태도를 취한다는 것으로 해석 가능하다.

표 6.29 수업 참여도(이원희, 2021)

	설문 항목	M	SD
1	나는 수업 중 팀 프로젝트에서 한국 학생들과 잘 어울린다.	3.42	.93
2	나는 전공 수업과 교양 수업 내용을 잘 정리하고 요약할 수 있으며 수업 중 토론에도 잘 참여한다.	3.12	.94
8	나는 수업 중 질문이 있을 때 한국어로 자신감 있게 질문할 수 있다.	3.05	1.07
수업 참여도		3.20	.79

(N=100)

〈표 6.30〉은 학문목적 학습자의 토론 능력 하위 설문 항목의 평균과 표준편차이다. 토론 능력 설문 항목 중 '나는 한국 학생들과 한국어로 토론할 때 적합한 단어와 문법을 사용해서 잘 말할 수 있다(M=2.99, SD=1.04)'와 '나는 한국 학생들과 한국어로 토론할 때 한국 학생들의 질문을 잘 이해한다(M=3.16, SD=1.04)'도 평균값을 넘지 못했다. 학문목적 학습자는 전공 수업에서 질문이나 토론과 같은 활동을 통해 수업에 참여하는 방식에는 적극적이지 않다고 스스로 인식하고 있는 것으로 해석할 수 있다.

토론 능력 설문 분석 결과 학문목적 학습자는 토론 수업 시 적합한 의사소통 능력을 갖추고 있다고 스스로 인식하고 있지 못하며 토론 중의 한국 학생들과의 의사소통 과정의 이해도도 높지 않은 것으로 나타났다.

표 6.30 토론 능력

	설문 항목	M	SD
9	나는 한국 학생들과 한국어로 토론하는 것이 두렵지 않다.	3.32	.97
10	나는 한국 학생들과 한국어로 토론할 때 한국 학생들의 질문을 잘 이해한다.	3.16	1.04
11	나는 한국 학생들과 한국어로 토론할 때 적합한 단어와 문법을 사용해서 잘 말할 수 있다.	2.99	1.04
	토론 능력	3.16	.88

(N=100)

〈표 6.31〉은 학문목적 학습자의 발표 능력의 하위 설문 항목 평균과 표준편차이다. 발표 능력(M=3.05, SD=.75)은 의사소통 능력의 하위 영역 중 평균이 가장 낮았다. '나는 전공 수업 시간에 한국어로 자신감 있게 발표할 수 있다(M=3.02, SD=1.10)'와 '나는 전공 수업 시간에 적합한 단어와 문법을 사용해서 한국어로 발표를 잘할 수 있다(M=3.07, SD=.96)' 모두 의사소통 능력 전체(M=3.18, SD=.75)의 평균값보다 낮았다. 이는 학문목적 학습자는 적합한 단어와 문법을 사용한 발표에 대한 확신이 없는 편이며 전공 수업에서 발표 과정에 대한 심리적인 자신감이 비교적 높지 않은 것으로 풀이할 수 있다.

표 6.31 발표 능력(이원희, 2021)

	설문 항목	M	SD
12	나는 전공 수업 시간에 한국어로 자신감 있게 발표할 수 있다.	3.02	1.10
13	나는 전공 수업 시간에 적합한 단어와 문법을 사용해서 한국어로 발표를 잘할 수 있다.	3.07	.96
	발표 능력	3.05	.96

(N=100)

학문목적 학습자의 의사소통 능력 측정 결과 전반적으로 의사소통 능력에 대한 학습자 인식이 높게 나타나지 않았다. 의사소통 능력 설문 중에서 전공 수업 중 적합한 단어와 문법을 사용한 발표, 전공 수업 중 한국어 발표에 대한 자신감, 토론 수업 중 적합한 단어와 문법의 사용, 전공 관련 한국어 용어 이해, 수업 중 한국어 질문에 대한 자신감, 전공 서적 이해, 토론 수업 중 한국 학생의 질문 이해도가 평균보다 낮게 나타났다. 주목할 만한 것은 전공 수업과 발표 능력과 관련된 학습자의 자기 인식이 전반적으로 낮게 측정되었다는 것이다. 학문목적 학습자는 전공 수업 중 한국어 발표에도 자신감이 없는 편이며 토론 수업 중 적합한 단어와 문법을 사용하고 있다고 스스로 확신하지 못하고 있었다. 또한 전공 서적과 전공 관련 한국어 용어에 대한 이해가 낮고 수업 중 한국어를 사용한 질의 응답에 대해서도 소극적인 것으로 나타났다.

상호문화 의사소통 능력의 함양은 궁극적으로 적합성과 효과성을 갖춘 학습자의 한국어 능력 함양에 있다. 한국어 능력 시험과 같은 객관적 능력 평가 지표도 중요하지만, 실제 학문목적 학습자의 대학 강의 수강에 필수적 능력인 발표와 토론 능력, 전공 지식과 관련 한국어 능력에도 주의를 기울여야 하며, 의사소통 능력에의 긍정적 인식이 학업 유능감이나 자신감에 영향을 줄 수 있다는 점에서 학문목적 학습자의 의사소통 능력에 주목해야 한다.

상호문화 능력, 상호문화 감수성, 의사소통 능력 상관관계

상호문화 의사소통 능력의 구성 요소로 상호문화 능력, 상호문화 감수성, 의사소통 능력을 제시하였다. 상호문화 의사소통 능력의 구성 요소의 상관성 정도를 파악하기 위해 Pearson 상관분석(Pearson correlation analysis)을 실시하였는데, 그 결과는 〈표 6.32〉와 같다. 상호문화 능력은 상호문화 감수성($r=.523$, $p<.01$), 의사소통 능력($r=.477$, $p<.001$)에 대해 통계적으로 유의한 정(+)적 상관관계를 보였다. 그러나 상호문화 감수성과 의사소통 능력은 통계적으로 유의한 상관관계를 보이지 않았다.

상호문화 능력 전체 점수는 상호문화 감수성($r=.523$, $p<.01$), 상호문화 참여도($r=.571$, $p<.01$), 상호문화 자신도($r=.355$, $p<.01$), 문화차이 존중도($r=.235$, $p<.05$), 상호

작용 주의도(r=.458, p〈.01)와 정(+)적인 상관관계를 나타냈다. 이러한 결과는 상호문화 능력이 높을수록 상호문화 감수성이 유의하게 높아진다고 해석할 수 있다.

다음으로 상호문화 능력 전체 점수는 의사소통 능력(r=.477, p〈.01), 수업 이해도(r=.415, p〈.01), 수업 참여도(r=.377, p〈.01), 토론 능력(r=.510, p〈.01), 발표 능력(r=.364, p〈.01)과 정(+)적인 상관관계를 나타냈다. 이러한 결과는 상호문화 능력이 의사소통 능력 함양의 핵심 요소임을 알 수 있다. 선행 연구에서 상호문화 능력은 다문화 사회에서 상호문화 관계를 효과적으로 유지하기 위해 요구되는 개념으로 문화적 배경이 다른 개인 사이의 적합과 효과성을 갖춘 상호문화 의사소통 능력의 핵심적 구성 요소로 제시된다(Chen & Starosta, 1996, 1997; Lustig, & Koester, (2003; Bennett & Bennett, 2004; Deardorff, 2004, 2006; Straub, Weidemann & Weidemann, 2007; Fantini, 2007, 2017; Fleming, Byram, & Feng, 2009; Spencer-Oatey & Franklin, 2009; Bennett, 2011, Peng, Wu, & Fan, 2013, 2015; Deardorff & Arassaratnam, 2017).

본 연구의 결과는 이러한 선행 연구를 뒷받침하며 학문목적 학습자의 상호문화 능력이 향상될수록 상호문화 감수성과 의사소통 능력도 향상됨을 확인하였다. 상호문화 능력이 높은 학습자는 문화 차이에 대한 민감성과 타문화 존중의 태도를 갖추며 대학 강의 수강을 위한 의사소통 능력에도 큰 어려움이 없는 것으로 해석 가능하다.

표 6.32 상호문화 능력, 상호문화 감수성, 의사소통 능력 상관관계(이원희, 2021)

	상호문화 능력					상호문화 감수성						의사소통 능력				
	상호문화 능력	상호문화 지식	상호문화 태도	상호문화 기술	상호문화 인식	상호문화 감수성	상호문화 참여도	문화차이 존중도	상호문화 자신도	상호문화 향유도	상호문화 주의도	의사소통 능력	수업 이해도	수업 참여도	토론 능력	발표 능력
상호문화 능력	1															
상호문화 지식	.774**	1														
상호문화 태도	.801**	.364**	1													
상호문화 기술	.871**	.604**	.683**	1												
상호문화 인식	.810**	.532**	.588**	.529**	1											
상호문화 감수성	.523**	.347	.526	.340	.507**	1										
상호문화 참여도	.571**	.331**	.642**	.466**	.435**	.714**	1									
문화차이 존중도	.235*	.045	.288**	.174	.269**	.551**	.327**	1								
상호문화 자신도	.355**	.210*	.340**	.189	.430**	.700**	.309**	.260**	1							
상호문화 향유도	.192	.195	.146	.055	.237*	.677**	.319**	.210*	.345**	1						
상호문화 주의도	.458**	.380**	.428**	.312**	.378**	.772**	.545**	.247*	.447**	.347**	1					
의사소통 능력	.477**	.440**	.323**	.452**	.328**	.158	.248*	−.019	−.012	.018	.296**	1				
수업 이해도	.415**	.402**	.282**	.405**	.255*	.053	.152	.014	−.055	−.117	.200*	.898**	1			
수업 참여도	.377**	.301**	.335**	.372**	.219*	.155	.262**	−.050	−.038	.068	.271**	.845**	.659**	1		
토론 능력	.510**	.521**	.335**	.435**	.362**	.209*	.226*	−.017	.056	.103	.322**	.862**	.737**	.634**	1	
발표 능력	.364**	.314**	.190	.369**	.301**	.133	.227*	−.014	−.010	.008	.240*	.888**	.746**	.687**	.640**	1

*p<.05, **p<.01

상호문화 능력이 상호문화 감수성에 미치는 영향

상호문화 능력이 상호문화 감수성에 미치는 영향을 분석하기 위해 상호문화 능력을 독립변수(independent variable), 상호문화 감수성을 종속변수(dependent variable)로 설정하여 회귀분석을 실시한 결과는 〈표 6.33〉과 같다. 회귀모형은 통계적으로 유의하며(F=39.966, p〈.001), 회귀식에 대한 R^2이 .274로 27.4%의 설명력을 보여주고 있다. 분산팽창계수(Variance Inflation Factor, VIF) 값이 10 이하이므로 다중공선성에는 문제가 없다.[54]

표 6.33 상호문화 능력이 상호문화 감수성에 미치는 영향(이원희, 2021)

영향변수	B	SE	β	t	p	VIF
(상수)	2.328	.258		9.041	.000	1.000
상호문화 능력	.420	.069	.523	6.080	.000	
F=39.966, p=.000, R^2=.274						

*p<.05, **p<.01, ***p<.001

학문목적 한국의 학습자의 상호문화 능력은 상호문화 감수성에 β=.523(p〈.001)로 통계적으로 유의한 정적(+) 영향을 미치는 것으로 나타났다. 그러므로 상호문화 능력이 높을수록 상호문화 감수성이 유의하게 높아지는 효과가 있다고 할 수 있다. 이는 상호문화 능력과 상호문화 감수성의 긴밀한 상호관계를 주장한 선행연구(Williams, 2001; King & Baxter Magolda 2005; Deardorff, 2006; Hunter, White, & Godbey, 2006) 결과와도 일치하는 분석 결과이다.

54 학자에 따라서는 다중공선성이 있다는 판단 기준이 공차는 .3 이하, 분산팽창계수(Variance Inflation Factor, VIF)는 3 이상으로 다소 엄격하게 주장하기도 하지만, 통상 공차 .1 이하, VIF 10 이상일 때 다중공선성이 있다고 판단한다(이종환, 2014: 331).

상호문화 능력이 의사소통 능력에 미치는 영향

상호문화 능력이 의사소통 능력에 미치는 영향을 분석하기 위해 상호문화 능력을 독립변수, 상호문화 감수성을 종속변수로 하여 회귀분석을 실시한 결과는 〈표 6.34〉와 같다.

회귀모형은 통계적으로 유의하며(F=28.810, $p<.001$), 회귀식에 대한 R^2이 .227으로22.7%의 설명력을 보여주고 있다. 분산팽창계수(VIF) 값이 10 이하이므로 다중공선성에는 문제가 없다고 할 수 있다.

표 6.34 상호문화 능력이 의사소통 능력에 미치는 영향(이원희, 2021)

측정 도구	B	SE	β	t	p	VIF
(상수)	.457	.507		.901	.370	1.000
상호문화 능력	.729	.136	.447	5.367	.000	
F=28.810, p = .000, R^2=.227						

*p<.05, **p<.01, ***p<.001

학문목적 한국의 학습자의 상호문화 능력은 의사소통 능력에 β=.447(p〈.001)로 통계적으로 유의한 정적(+) 영향을 미쳐 상호문화 능력이 높을수록 의사소통 능력이 유의하게 높아지는 효과가 있다고 해석 가능하다.

소결

학문목적 한국어 학습자의 상호문화 능력, 상호문화 감수성, 의사소통 능력을 측정하고 분석한 결과, 학문목적 한국어 학습자의 상호문화 능력 측정 결과 하위 영역별로는 상호문화 태도(M=3.99, SD=.57) 〉 상호문화 인식(M=3.79, SD=.60) 〉 상호문화 기술(M=3.59, SD=.64) 〉 상호문화 지식(M=3.44, SD=.62)의 순서로 나타났다. 상호문화 인식과 상호문화 태도의 영역은 평균값보다 높게 나타났으며 상호문화 지식과 상호문화 기술의 영역은 상호문화 능력 전체 평균값보다 낮게 측정되어 학문목적 학습자를 대상으로 상호문화 지식과 태도 함양을 위한 상호문화교육의 필요성을 확인하였다.

학문목적 학습자의 특성에 따른 상호문화 능력 분석 결과 교육 수준(F=7.081, p=.001), 한국어 숙달도(F=6.34, p=.001), 해외 체류기간(F=5.33, p=.000), 한국인 친구(F=7.081, p=.001), SNS 한국인 친구(F=4.828, p=.001)는 통계적으로 유의한 차이를 나타내었다. 그러나 한국 체류 기간(F=1.684, p=.176)은 통계적으로 유의한 차이가 없는 것으로 나타났다.

상술하였듯이, 상호문화 태도와 인식 영역은 상호문화 능력의 평균값보다는 높았으나 학습자의 특성에 따른 상호문화교육의 필요성을 확인하였다. 먼저 상호문화 인식에서는 문화적 자기 인식(Cultural self-awareness) 과정에서 자아와 자문화 재인식과 객관적 평가, 타인과 목표 문화 재인식과 객관적 평가, 타자성 인식의 중요성을 확인하고 향후 상호문화교육 과정에는 이러한 문화적 인식을 촉진할 수 있는 교육 과정이 포함되어야 함을 제언하였다. 특히 상호문화 태도 영역에서 문화 변용(Cultural assimilation)의 요소를 상호문화교육에서 주요하게 다루어야 함을 강조하였다.

학문목적 한국어 학습자의 상호문화 감수성 측정 결과 하위 영역별로 문화차이 존중도(M=4.30, SD=.47) 〉 상호작용 향유도(M=4.26, SD=.64) 〉 상호작용 자신도(M=3.72, SD=.63) 〉 상호작용 참여도(M=3.58, SD=.52) 〉 상호작용 주의도(M=3.42, SD=.38)의 순서로 나타났다. 학문목적 학습자의 특성에 따른 상호문화 감수성 분석 결과 한국을 제외한 해외 체류 기간(F=2,949, p=.057)에서 통계적으로 유의한 차이가 나타났다. 그러나 교육수준(F=2.633, p=.077), 한국어 숙달도(F=1.778, p=.125), 한국 체류 기간(F=2.540, p=.061), 한국인 친구(F=.1,471, p=.235), SNS 한국인 친구(F=.527, p=.402)는 통계적으로 유의한 차이가 없는 것으로 나타났다.

상호문화 감수성 구성 요소와 설문 항목 분석 결과 학문목적 학습자는 상호작용 과정에서 분노와 좌절감, 무기력과 같은 부정적 감정을 경험하는 경향이 낮으며 자민족 중심주의적 경향성이 낮다고 스스로 인식하는 것으로 나타났다. 그러나 다른 설문 항목 분석 결과 상호문화 의사소통 과정에서 필요한 정보 습득과 반응 과정에 필요한 민감성 함양을 위한 상호문화교육의 필요성을 확인할 수 있었다.

학문목적 한국어 학습자의 의사소통 능력 측정 결과 전반적으로 의사소통 능력과 관련된 학습자의 인식이 높게 나타나지 않았다(M=3.18, SD=.75). 하위 영역별로는 수업 이해도(M=3.22, SD=.83) 〉 수업 참여도(M=3.20, SD=.79) 〉 토론 능력(M=3.16, SD=.88) 〉 발표 능력(M=3.05, SD=.96)의 순서로 나타났다. 학문목적 학습자의 특성에 따른 의사소통 능력 분석 결과 교육수준(F=3.487, p=.034), 한국어 숙달도(F=6.34, p=.001), 해외 체류 기간(F=5.917, p=.004), 한국인 친구(F=7.081, p=.001)가 통계적으로 유의하게 검증되었다. 그러나 한국 체류 기간(F=1.684, p=.176)과 SNS 한국 친구(F=2.919, p=.059)는 유의한 차이가 없는 것으로 나타났다.

설문 항목 분석 결과 학문목적 학습자는 전공 수업 중 한국어 발표에 대한 자신감이 없는 편이며 토론 수업 중 적합한 단어와 문법을 사용하고 있다고 스스로 확신하지 못하고 있다. 또한 전공 서적과 전공 관련 한국어 용어에 대한 이해가 낮고 수업 중 한국어를 사용한 질의 응답에 대한 자신감도 낮은 것으로 나타났다.

상호문화 능력, 상호문화 감수성, 의사소통 능력의 상관관계 분석 결과 상호문화 능력은 상호문화 감수성(r=.523, p〈.01), 의사소통 능력(r=.477, p〈.001)과 통계적으로 유의한 정(+)적 상관관계를 보였다.

상호문화 능력이 의사소통 능력에 미치는 영향을 분석하기 위해 회귀분석을 실시한 결과, 상호문화 능력은 상호문화 감수성에 β=.523(p〈.001)으로 통계적으로 유의한 정적(+) 영향을 미쳐 상호문화 능력이 높을수록 상호문화 감수성이 유의하게 높아지는 효과가 있다고 할 수 있다.

다음으로, 상호문화 능력이 의사소통 능력에 미치는 영향을 알아보기 위해 회귀분석을 실시한 결과, 상호문화 능력은 의사소통 능력에 β=.447(p〈.001)로 통계적으로 유의한 정적(+) 영향을 미쳐 상호문화 능력이 높을수록 의사소통 능력이 유의하게 높아지는 효과가 있다고 할 수 있다.

그러므로 학문목적 학습자의 상호문화 능력이 향상될수록 상호문화 감수성과 의사소통 능력도 향상된다고 할 수 있다. 상호문화 능력이 높은 학습자는 문화적 차이에 대한 민감성과 타문화 존중의 태도를 갖추며 대학 강의 수강에도 큰 어려움이 없는 것으로 해석할 수 있다.

Chapter summary

6장에서는 연구 설계와 방법에서는 연구 대상과 검사 도구, 연구 진행 및 분석 방법에 대해 논의하였다. 본 장은 제3문화 상호문화 의사소통 과정 모델을 고안하고 상호문화적 상호작용에 기반한 한국어 교사와 학습자, 서로 다른 문화권에 속한 학습자 사이의 상호문화 의사소통 과정에 필요한 핵심적 능력과 요소를 시각적으로 구현하였다.

검사 도구는 상호문화 능력 측정 도구, 상호문화 감수성 측정 도구, 의사소통 능력 측정 도구로 구성되었다. 상호문화 능력 측정 도구는 Fantini(2006, 2019)의 상호문화 능력 평가(Assessment of Intercultural Competence, AIC)를 수정 · 보완하여 사용하였다. 상호문화 감수성 척도는 Chen & Startosta(2000)가 개발한 상호문화 감수성 척도(Intercultural Sensitivity Scale, ISS)를 사용하였다. 의사소통 능력은 Fantini(2006)의 목표, 지침 및 평가 형식의 언어 발달 평가(Assessment of Language development in YOGA Format, ALD)의 언어 유창성 부분을 학문목적 학습자에게 적합하도록 수정 · 보완하여 사용하였다. 설문 조사와 문화 인식 포트폴리오 작성은 서울 소재 대학에 재학 중인 학문목적 한국어 학습자와 교환 학생을 대상으로 진행하였다.

학문목적 학습자의 상호문화 의사소통 능력 측정 결과는 다음과 같다. 학문목적 학습자의 상호문화 인식과 상호문화 태도의 영역은 평균값보다 높게 나타났으며 상호문화 지식과 상호문화 기술의 영역은 상호문화 능력 전체 평균값보다 낮아 학문목적 학습자를 위한 상호문화 지식과 태도와 관련된 상호문화교육이 필요함을 확인하였다. 구체적으로 상호문화 지식에서 한국 문화 일반, 사회적 상호작용, 문화 학습 전략, 문화 적응 단계, 문화적 스트레스 인식과 극복 과정의 요소를 포함한 상호문화교육 프로그램이 고안되어야 한다.

상호문화 기술에서는 상호문화교육 · 훈련 요소에 적합한 상호작용 능력, 문화 특정적 정보의 사용, 한국어 · 한국 문화 학습 전략, 상호문화 갈등 관리 등을 포함한 상호문화 기술과 관련된 상호문화교육 프로그램이 구체적으로 고안되어야 함을 확인하였다.

상호문화 태도와 인식은 상호문화 능력의 평균값보다는 높았으나 세부 설문 항목별로 상호문화교육의 필요성을 확인할 수 있었다. 상호문화 태도에서는 대안적 방법을 사용하여 의사소통과 재사회와 과정에 대한 긍정적인 태도 함양과 문화를 형성하는 가치관과 사고 학습, 가치 문화 학습의 필요성이 확인되었다. 또한 학습자의 문화적 정체성과 한국 사회와의 긍정적 관계 설정 과정을 포함하는 문화 적응 과정에 기반한 상호문화교육 프로그램이 고안되어야 할 것이다.

상호문화 인식에서는 자신과 타인의 상호문화 발달 단계 인식, 상호문화 상황에서 의사소통자 · 촉진자 · 중재자로서 자의식이 낮게 나타나 한국어 학습자의 비판적 문화적 인식 확립을 위한 상호문화 수업 활동과 문화적 인식을 촉진할 수 있는 상호문화교육 과정을 구체적으로 설계해야 함을 확인하였다.

학문목적 한국어 학습자의 상호문화 감수성 측정 결과 학문목적 학습자는 상호작용 과정에서 분노와 좌절감, 무기력과 같은 부정적 감정 경험과 자민족 중심주의 경향성이 낮은 것으로 인식하고 있었다. 그러나 상호문화적 의사소통 과정에서 정보 습득과 반응 과정에 필요한 민감성 함양을 위한 상호문화교육의 필요성을 확인할 수 있었다.

학문목적 학습자의 의사소통 능력 측정 결과 학문목적 학습자는 전공 수업 중 한국어 발표에 대한 자신감이 없는 편이며 토론 수업에서도 적합한 단어와 문법을 사용하고 있다고 스스로 확신하지 못하고 있다. 또한 전공 서적과 전공 관련 한국어 용어 이해가 낮고 수업 중 한국어를 사용한 질의 응답에 대한 자신감도 높지 않은 것으로 나타났다.

상호문화 의사소통 능력의 구성 요소의 상관성 정도를 파악하기 위해 상관분석을 실시한 결과 상호문화 능력은 상호문화 감수성($r=.523$, $p<.01$), 의사소통 능력($r=.477$, $p<.001$)과 통계적으로 유의한 정(+)적 상관관계를 보였다.

상호문화 능력이 의사소통 능력에 미치는 영향을 알아보기 위해 회귀분석을 실시한 결과, 상호문화 능력은 상호문화 감수성에 β=.523(p<.001)으로 통계적으로 유의한 정적(+) 상관관계를 나타내어, 상호문화 능력이 높을수록 상호문화 감수성이 유의하게 높아지는 효과가 있다고 할 수 있다. 다음으로, 상호문화 능력이 의사소통 능력에 미치는 영향을 알아보기 위해 회귀분석을 실시한 결과, 상호문화 능력은 의사소통 능력에 β=.447(p<.001)로 통계적으로 유의한 정적(+) 영향을 미쳐 상호문화 능력이 높을수록 의사소통 능력이 유의하게 높아지는 효과가 있다고 할 수 있다. 그러므로 상호문화 능력이 높은 학습자는 문화적 차이에 대한 민감성과 타문화 존중의 태도를 갖추며 대학 강의 수강을 위한 의사소통 능력에도 큰 어려움이 없는 것으로 해석할 수 있다.

학문목적 학습자의 상호문화 의사소통 능력 측정 결과, 학문목적 학습자의 상호문화 능력이 향상될수록 상호문화 감수성과 의사소통 능력도 향상됨이 확인되었다. 또한 학문목적 학습자를 위한 "문화적 인식" 학습의 중요성을 확인하였다. 이론적 배경에서 기술하였듯이, 상호문화교육이 주요하게 다루어야 할 내용 중 하나는 상호문화 의사소통 과정에서 문화적 차이를 이해하고, 갈등에 유연하게 대응할 수 있는 "문화적 인식" 과정이다.

Critical thinking and Question

01 문화 차이 이해와 갈등 관리를 위한 문화 인식 교수 방법론 설계의 핵심 교수 요소는 무엇안가?

02 상호문화 의사소통 능력 함양을 위한 한국어 문화 교육 모형을 설계해 보자.

03 학문목적 학습자의 의사소통 능력 측정 결과 전공 서적과 전공 관련 한국어 용어에 대한 이해가 낮은 것으로 나타났다. 한국어 능력 시험과 같은 객관적 능력 평가 지표도 중요하지만, 실제 학문목적 학습자의 대학 강의 수강을 위해 필수적 능력인 발표나 토론 능력, 전공 지식과 관련된 한국어 능력에도 주의를 기울여야 한다. 의사소통 능력 인식이 학업 유능감이나 자신감에 영향을 줄 수 있다는 점에서 의사소통 능력에 주목해야 한다. 학문목적 한국어 학습자의 대학 강의 수강과 관련된 의사소통 능력 측정 도구가 개발된다면 어떠한 요인들이 포함되어야 할지 논의해 보자.

Ⅶ

문화 포트폴리오를 활용한 상호문화교육 1

나는 누구도 경멸하지 않습니다. 더욱이 그의 지능이나 교양 때문에 그러는 일은 전혀 없습니다. 왜냐하면 누구도 자기 맘대로 바보나 범죄자가 되지 않을 수는 없기 때문입니다. 왜냐하면 우리도 똑같은 상황에 처한다면 아마 모두가 똑같이 돼버릴 것이고, 상황이란 우리 바깥에 있기 때문입니다. 지능이란 따지고 보면 우리의 정신적 본질의 극히 사소한 한 면에 불과한 것이고 교양이란 그것의 아주 우연한 형식에 불과한 것입니다. 우둔함이란 인간사의 일반적 본질에 속하는 것입니다. 그것의 존재에 대해 나는 속수무책일 뿐입니다. 증오란 사랑과 마찬가지로 허용된 것이며 나는 남을 경멸하는 자들에 대해 가장 심한 증오를 품고 있습니다. 교양이나 쓸데없는 잡동사니, 또는 학식이라고 불리는 우스꽝스러운 걸치장을 소유하고서 그의 형제인 대중을 그들의 경멸적인 이기주의의 제물로 삼는 사람은 숱하게 있습니다. 귀족주의란 인간 내부의 성령에 대한 가장 비열한 경멸입니다. 이에 나는 그 자신의 무기를 되돌립니다. 즉, 거만에는 거만으로, 조소에는 조소로.

『게오르크 뷔히너 Karl Georg Büchner,
기센의 고백(1834)』

Introduction

7장에서는 자문화와 한국문화에 대한 비판적 인식을 촉진하는 방법론의 일환으로 유럽 언어 포트폴리오(PEL, 2011)와 윤선영(2008, 2011)이 설계한 프랑스어 학습자를 위한 포트폴리오를 수정 · 보완하여 한국어 학습자에게 적합하도록 재구성한 '문화 인식 포트폴리오'를 고안하였다. 이는 학습자가 자아 재인식과 자문화 한국문화의 관찰과 비교, 그리고 객관화가 가능하도록 하는 하나의 시도로 목표 문화인 한국문화 학습에 앞서, 자신과 자문화 재평가를 가능하게 하는 인지적 영역의 교육 활동 과정이라고 할 수 있다.

01 문화 인식 포트폴리오

상호문화 의사소통 능력이 한국어교육 현장에서 한국어 교사와 학습자의 상호작용, 혹은 서로 다른 문화권의 학습자 사이의 상호작용 과정에서 자연스럽게 습득되는 것인지 확정할 수는 없다. 그러나 외국어 교육에서 상호문화 의사소통 능력이 필수적이라는 앞선 논의(Chen & Starosta, 1996, 1999; Byram 1997, 2008, 2009; Kramsch, 1998; Fantini, 1999, 2000, 2006, 2009, 2012; Lustig, & Koester, 2003; Deardorff 2004, 2006; Fleming, Byram, & Feng, 2009; Peng, Wu, & Fan, 2013, 2015; Deardorff & Arassaratnam, 2017; 유수연, 2008, 2015)에 기대어 상호문화 의사소통 능력 함양 문화 포트폴리오를 고안하였다.

상호문화교육의 관점에서 실제적인 교육 방법론을 고안하는 것은 기존의 존재하지 않았던 혁신적이고 새로운 교육학적 방법론의 창안을 의미하지는 않는다. 그보다는 목표 문화의 일방적인 습득에서 벗어나 언어와 문화 이해 과정을 경험하며 학습자의 '자아와 세계관이 확장'되는 일련의 성장 과정에 문화교육의 초점을 두는 것이다. 이를 위해서는 학습자의 자문화와 한국문화에 대한 비판적 인식이 선행되어야 한다.

교육적 관점에서 문화 인식은 문화 학습의 핵심 과정이다(Byram, 1994, 1998, 2007; DES, 1990). 제2언어 학습자는 자문화와 목표 문화의 유사점과 차이점을 이해하고, 목표 문화에 속한 사람들의 관점을 이해하고 자문화와 목표 문화를 객관적으로 이해할 수 있기 때문이다(DES, 1990: 36). 학습자는 비판적 문화 인식까지 문화 해석 영역을 확장하는 교육적 기회를 얻을 수 있다. 그러므로 이러한 문화 인식을 촉진하는 상호문화교육 프로그램의 일환으로 문화 인식 포트폴리오를 구성하였다.

때때로 '한국적'이라는 단어의 의미는 상대적인 것으로 규정되기도 한다(정대현,

1985: 92). 한국적인 것이란 한국 사회에서 발생하거나 대다수의 한국 사람들이 채택한 것으로 폐쇄적이고 완결된 필연성이 아니라 변화와 수정 가능한 개념이다. 환언하면 '한국문화'란 끊임없이 생성과 변형과 소멸을 반복하는 자생적인 삶의 형태이자 방식이라 할 수 있다. 그러므로 한국문화의 현상적 인식도 중요하지만 문화 현상의 변화 과정과 이에 내재된 한국인의 사고 방식과 가치학습이 선행되어야 할 것이다. 이 과정에서 학문목적 학습자는 먼저 자문화와 목표 문화를 비판적으로 인식할 수 있어야 한다.

이를 위해 학습자의 자문화와 한국문화에 대한 비판적 인식 촉진하는 교육 방법의 일환으로 유럽 언어 포트폴리오(European Language Portfolio, PEL) (2011)와 윤선영(2008, 2011)이 설계한 프랑스어 학습자를 위한 포트폴리오를 한국어 학습자에게 적합하도록 재구성한 '문화 인식 포트폴리오'를 고안하였다. 전체 항목의 구성은 유럽 언어 포트폴리오(2011)에서 제시한 16세 이상 성인용 언어 여권, 언어 자서전을 참조하여 "자아 인식, 외국어 학습, 해외 체류 경험에 대한 인식, 자문화 인식, 문화 차이에 대한 긍정적 · 부정적 인식, 문화 차이 인식, 한국에서의 경험과 관련된 감정"의 8개 영역으로 구성하였다. 이는 학습자가 자아 재인식과 관찰 과정에서 자문화 한국문화의 비교와 객관화가 가능하도록 하는 하나의 시도로 한국문화 학습에 앞서, 자신과 자문화 재평가를 위한 인지적 영역의 교육 활동 과정이다. 문화 인식 포트폴리오는 한국어 교사에게도 학습자의 문화적 배경의 이해를 넓히는 자료가 될 수 있다. 〈표 7.1〉은 본 연구에서 고안한 문화 인식 포트폴리오 구성 요소이다.

표 7.1 한국어교육을 위한 문화 인식 포트폴리오 구성(이원희, 2021)

자아 인식1	• 나의 취향, 내가 좋아하는 것과 그 이유 • 내게 소중한 사람들과 그 이유
자아 인식2	• 과거·현재·미래의 나의 모습 • 과거: 과거 시제 문법과 자신의 성격과 태도를 나타내는 다양한 형용사를 사용해 자신을 표현하기 • 미래: 미래 시제 문법을 사용한 미래의 나의 모습
외국어 학습	• 이제까지 학습한 외국어 기술 • 앞으로 학습하고 싶은 외국어 기술
해외 체류 경험	• 과거 해외 체류 경험 기술 • 앞으로 여행 혹은 체류하고 싶은 관심 국가 기술
자문화 인식	• 자문화 소개와 설명 • 자신의 고향 설명 • 한국 사람에게 소개하고 싶은 자국 문화
한국문화 인식	• 한국문화에 대한 긍정적 인식 • 한국문화에 대한 부정적 인식
문화 차이 인식	• 한국문화를 이해할 수 없는 상황 기술 • 문화 차이를 해소하려는 나의 태도와 구체적 방법
한국에서의 경험과 관련된 감정	• 한국 생활 중 경험한 긍정적 감정과 부정적 감정: 감정을 경험한 상황을 구체적으로 기술하기

문화 인식 포트폴리오 분석

새롭게 고안된 문화 인식 포트폴리오의 효용성을 검증하기 위해 국내 대학에 재학중인 학문목적 한국어 100명을 대상으로 실제로 적용해 보았다. 한국어 교양 수업을 수강하는 외국인 유학생 학습자에게 작성하도록 하고, 실제로 학습자가 기술한 문화 포트폴리오를 분석함으로써 자문화와 한국문화 인식의 경향성을 파악하고자 하였다. 문화 인식 포트폴리오는 한국어 교사에게도 학습자의 문화적 배경의 이해를 넓히는 자료가 될 수 있다.

문화 인식 포트폴리오에 대한 학습자의 구체적 작성 사례는 〈그림 7.1〉에 제시하였으며 포트폴리오 분석 결과는 〈표 7.2〉와 같다.

학문목적 학습자의 문화 인식 포트폴리오 분석 결과 자아 인식 영역은 학습자들이 가장 작성하기 어려워한 부분이었는데, 특별히 좋아하고 싫어하는 것에 대해서 평소 잘 생각해 보지 않았기 때문에 어렵다는 학습자가 많았다. 좋아하는 것과 싫어하는 것에는 K-pop과 명동에서의 쇼핑 등 한국 대중문화와 관련된 것들이 다수 등장하였다.

현재의 나를 설명할 때에는 주로 유학 생활의 즐거움이나 어려움, 학업의 부담에 대한 느낌을 서술한 것이 다수를 차지하였다. 미래의 계획에 대한 기술에는 대학원 진학, 취업, 결혼 등을 중심으로 기술하였다.

한국문화 기술은 생활문화부터 가치관에 이르기까지 다양하게 나타났다. 학문목적 학습자는 '교통의 편리함, 정돈된 교통 법규, 청결한 환경, 편리한 생활 환경, 합리적인 생활 법규' 등 자국의 문화와 환경에 비교하여 나은 점을 한국문화에서 발견했을 때 이를 긍정적으로 인식하는 경우가 많았다.

가치관의 경우, 예의 · 예절, 친절함과 한국인의 정을 긍정적으로 인식하고 있었다. 또한 K-pop과 같은 대중문화에 우호적인 태도를 다수 발견할 수 있다.

다소 빈번히 언급되는 나이와 관련된 기술은 개인에 따라 긍정적으로 인식되기도 하고 부정적으로 인식된다. 나이와 선후배 관계에서 예의를 중시하는 한국 특유의 문화에 대한 의문도 다수 나타났다. 예의와 존댓말과 관련해서는 긍정적인 반응과 부정적 반응이 모두 나타났다.

그림 7.1 문화 인식 포트폴리오 작성 예시

한국문화와 자문화에 대한 인식

어떤 한국문화가 가장 좋나요?/한국에 와서 좋은점은? 그 이유는?

Kpop 나는 무대에서 아이돌의 모습이 좋아하다.

어떤 한국문화가 가장 좋나요?/한국에 와서 좋은점은? 그 이유는?

한국 거리가 깨끗해서 쓰레기 없는게 너무 좋아 여기서 함부로 쓰레기를 버릴 수 없으니까.

어떤 한국문화가 가장 좋나요?/한국에 와서 좋은점은? 그 이유는?

편의시설 편리해요.

한국 사람에게 소개하고 싶은 나의 나라/고향의 (좋은/우수한) 문화는 무엇인가요? 그 이유는?

중국 사람들이 예의가 있다. 예의 없는 것은 단지 소수의 사람일 뿐이다.
이유: 다른 나라 오해가 많으기 때문에.

어떤 한국문화가 가장 좋나요?/한국에 와서 좋은점은? 그 이유는?

한국 예의 문화.
중국에 가까워서 고향에 갈 때 편해요.

한국에서의 경험과 관련된 감정

한국에 와서 가장 기분이 좋았을 때와 그 이유는?

한국에 와서 가장 기분이 좋았을 때 한국어로 한국사람이랑 잘 교류할 수 있을 때

한국에 와서 가장 기분이 좋았을 때와 그 이유는?

콘서트에 갈 때.
아이돌 만날 수 있다...

한국에 와서 가장 기분이 나빴을 때와 그 이유는?

집에 있을 때 감기에 걸렸을 때 옆에서 친구도 없고 부모님께 말하기 없다. 걱정하실까봐요.

한국에 와서 가장 기분이 나빴을 때와 그 이유는?

전공 과목을 공부할 때에는 알아듣지 못했다.. 한국인과 소통할 때 이해하지 못했다 기분이 안 좋다.

학습자에 따라 나이에 따른 서열 관계나 예의를 지키는 것을 긍정적 교양으로 인식하기도 하고, 높임법이나 수직적 상하 관계에 대한 부정적 인식이나 이해할 수 없다는 반응이 나타나기도 했다. 마찬가지로 술 문화도 긍정적, 부정적 인식과 감정 평가가 달리 나타났다. 학습자 개인이 술 문화를 즐기는 경우 이를 긍정적으로 인식

하고 있었다. 주목할 만한 것은 한국인의 술 문화에 대한 학습자의 고정 관념이 다수 발견되었다는 것이다.

한국문화에 대한 긍정적 · 부정적 인식, 문화 차이 인식, 한국에서의 경험과 관련된 긍정적 · 부정적 감정의 경우에는 〈표 7.2〉와 같이 각 문화 항목별로 구분하여 학문목적 학습자의 문화 인식과 특정 문화 항목과의 관련성을 살펴보았다. 〈표 7.2〉에 제시된 문화 유형은 강현화 · 홍혜란(2011)을 기준으로 삼았다.[55]

문화 차이 인식, 문화와 관련된 감정은 실생활에서 접하는 어려움과 관련이 높았다. 의사소통과 수업 적응 등 의사소통 능력과 관련된 어려움, 유학 생활의 외로움, 거주지의 방음 문제로 인한 불편함 등 지극히 현실적인 문제들이 다수 드러났다. 문화 차이 인식에서는 자문화를 기준으로 한국문화를 해석하는 경향성이 높게 나타났다. 특정 문화권에서 자문화의 특성과 자문화를 기준으로 문화의 상이성을 판단하는 경향이 학습자 기술에 다수 드러나 있었다. 이는 문화적 차이가 드러나도 자신의 문화와 세계관을 보편적인 것으로 여기는 경향성이 문화 인식 포트폴리오 기술에서 드러난 것이라 볼 수 있다.

이러한 기술은 민족 상대주의적 관점 학습의 필요성을 환기한다. 상호문화 감수성에서 민족 상대주의적 관점은 핵심적 구성 요소로 제시된다(Bennetm 1986, 1993; Hammer, Bennett, & Wiseman, 2003). 그러므로 자문화 중심주의에서 탈피하여 자문화와 목표 문화의 동등성을 인정하고, 문화 해석의 관점이동 과정에서 자아 정체성과 세계관 전환, 태도의 변화가 필요하다. 그러나 주지해야 할 것은, 문화 상대주의가 가지는 한계점에 대해서도 인지할 수 있어야 한다. 문화 상대주의 관점에서 모든 문화는 동등하며 가치 있다는 전제에 따르면 선술한 명예 살인, 여성 할례 그리고 카스트 제도와 같은 문화까지도 동등하게 존중해야 한다는 오류가 발생된다. 그러므로 반드시 문화 상대주의 관점의 범위와 한계를 설정할 필요성이 있다. 또한 문화의 가치 체계와 가치 평가, 그리고 문화의 옳음과 옳지 않음을 반드시 학습해야 한다. 문화에 대한 깊은 이해와 타문화 존중의 태도 그리고 문화 상대주의 관점에서

---

55 강현화 · 홍혜란(2011)에서 제시한 문화 유형은 성취 문화(문화, 예술, 인물, 역사, 생활), 행동 문화(한국어, 생활, 가치관, 종교, 정치, 행정, 경제, 법률, 과학, 교육, 지리), 정부 문화(한국어, 예절, 생활 풍속, 가치관, 종교, 정치, 법규)로 구성된다.

허용되는 문화의 범주의 명확한 인식을 포함한 문화 존중의 태도 함양을 위한 실제적인 상호문화교육 방법론이 필요하다.

표 7.2 문화 인식 포트폴리오 분석

한국문화에 대한 긍정적 인식	문화 차이에 대한 인식	한국에서 경험한 긍정적 감정	한국에서 경험한 부정적 감정
• 규범: 생활 법규 • 생활: 교통 • 생활: 공공 생활 • 생활: 쇼핑 • 식생활: 술 문화 • 식생활: 커피 문화 • 생활: 복식 • 지리: 지역명소 • 지리: 날씨와 생활 • 가치관: 예의와 예절 • 가치관: 한국인의 정서 • 예술: 대중문화	• 가치관: 권위주의 (선후배 문화) • 가치관: 빨리빨리 • 가치관: 존댓말, 예의와 예절 • 주거생활 • 일상생활 • 식생활: 음식 문화 • 식생활: 술 문화 • 행동: 예절관련 • 태도1: 문화 차이 이해를 위한 노력과 시도 • 태도2: 문화 차이를 크게 경험한 적이 없음(혹은 회피). • 기타	• 규범: 생활 법규 • 생활: 교통[56] • 생활: 공공 생활 • 생활: 쇼핑 • 식생활: 술 문화 • 식생활: 커피 문화 • 생활: 복식 • 지리: 지역 명소 • 지리: 날씨와 생활 • 가치관: 예의와 예절[57] 한국인의 정서[58] • 예술: 대중문화	• 한국어 능력 • 시험 • 대학 생활 • 대인 관계 • 외로움 • 경제: 경제생활 • 지리: 지리와 지형 • 기타

56 "한국에는 지하철과 버스가 많다. 버스 정류장은 다음 버스가 언제 오는지 볼 수 있다, 지하철과 버스를 30분 이내에 환승하는 것은 무료이다. 버스를 환승하며 많은 돈을 절약할 수 있다" 등으로 기술되었다.

57 "한국문화 중에 예의가 중요하는 점을 좋아한다. 예의는 한국 사람들의 모양을 볼 수 있는 부분이다, 교양이 있다, 한국에 와서 한국어와 예의 문화를 배울 수 있다. 한국인들과 소통을 더 잘 할 수 있을 것 같아요, 인사, 선후배는 길에서 만날 때마다 절을 한다" 등으로 기술되었다.

58 "한국에서 인정이 많다, 한국 왔어 아무리 어려운 점이 있어서 한국 사람들 다 도와주다, 서비스업 너무 좋아요, 한국 사람들은 매너 잘 했다, 한국 사람들은 남을 돕는 데 열심이기 때문에, 한국 교육 문화가 좋아한다" 등으로 기술되었다.

문화 차이 인식에서는 문화 차이를 크게 경험한 적이 없다, 불편하거나 이해할 수 없는 한국문화가 없다는 기술도 다수 나타났는데 이는 두 가지로 해석할 수 있다. 실제로 문화적 불편함을 느끼지 못했을 수도 있지만 불편함을 드러내는 것을 회피하였을 가능성도 배재할 수 없다. 실제로 문화 차이 기술은 학습자 개인의 경험에 기반한 판단이 많았다. 이러한 경우 '성급한 일반화의 오류'가 발생할 수 있다. 상술했듯이, 술 문화에 대한 학습자의 고정 관념에 기반한 기술이 다수 발견되었다. 술 문화와 관련된 기술에서 "한국인들은 친구들과 만날 때 술을 '꼭' 마신다, 한국인들 밥 한 끼'마다' '모두' 소주를 마신다" 등의 표현은 자신의 관찰에 기반한 한국 사람과 한국의 술 문화에 대한 일반화의 오류를 범한 기술로 볼 수 있다. 이는 한국문화에 대한 성급한 일반화의 오류와 편견으로, 학습자 경험에 기반한 한국인과 한국문화에 대한 대표적인 고정 관념이다.

자문화와는 다른, 이해할 수 없는 한국문화를 고정 관념으로 일반화하여 인식하기 전에 문화 차이에 대한 수용과 존중에 기반한 한국문화의 가치 평가가 이루어져야 한다. 가치 평가는 관용에 기반한 선택적 수용의 태도로 전환될 수 있어야 한다. 이러한 인지적 · 정서적 변화 과정은 성급한 일반화의 오류를 지양하는 판단 보류의 태도, '자문화와는 다른, 이해할 수 없는 문화'의 모호함에 대한 관용의 태도로 구체화될 수 있다. 이는 결국 상호문화 감수성을 촉진할 수 있는 상호문화교육의 필요성을 환기한다.

한국에서 경험한 긍정적 감정에는 대인 관계적 측면 그중에서도 한국인과의 교류가 가장 큰 부분을 차지하였다. 문화 인식 포트폴리오 분석 결과 한국인과의 긍정적 관계 설정과 개인적 접촉 경험이 한국에 대한 우호적인 감정을 강화하는 것으로 나타났다. 이와 함께 한국 드라마와 영화, K-pop과 같이 한국 대중문화와 관련된 경험도 다수를 차지하였다.

부정적 감정은 실생활에서 접하는 어려움과 관련성이 높았다. 한국인과의 의사소통과 전공 수업 수강에서 겪는 불편함 등 의사소통의 어려움[59], 유학 생활의 외로

59 구체적으로는 "전공 과목을 공부할 때는 알아듣지 못했다, 말하기 좋지 않을 때. 알아듣지도 말하지도 못하기 때문에 다른 사람과 교류 할 수 없었다, 한국인과 소통할 때 이해하지 못했다. 기분이 안 좋다, 한국어 실력이 부족하다, 말하기 좋지 않을 때, 알아듣지도 말하지 못할 때, 어학당에서 3급

움과 대인 관계[60], 경제 생활과 비싼 물가로 인한 불편함 등 지극히 현실적인 생활 문제와 관련된 것들이 다수 드러났다.[61]

학문목적 학습자의 문화 인식 포트폴리오 분석 결과 학습자의 문화권에 따라 문화적 차이가 드러나도 자신의 문화와 세계관을 보편적인 것으로 여기는 경향이 일부 드러났다. 자문화와는 다른 이해할 수 없는 한국문화를 학습자의 고정 관념으로 일반화하여 인식하기 전에, 문화 차이에 대한 수용과 존중에 기반한 '문화 인식'이 필요함을 확인할 수 있었다.

다음으로 문화에 대한 성급한 일반화의 오류와 한국인에 대한 고정 관념 인식, 자민족 중심주의 관점에서의 문화 해석 경향성을 부분적으로 확인할 수 있었다. 이러한 성급한 일반화의 오류와 고정 관념, 자문화 중심의 관점에서 벗어나기 위해서는 비판적 문화 인식과 관련된 상호문화교육이 필요하다. 문화 차이 존중에 기반한 자문화와 목표 문화의 가치 평가가 이루어져야 하며, 비판적 문화 인식에 기반한 선택적 문화 인식의 태도가 확립되어야 한다. '비판적 문화 인식(Critical cultural awareness)'은 자문화와 목표 문화의 문화적 차이를 인식하고 고정 관념, 선입견, 범주화에 대한 재인식과 재평가 과정이 포함된다. '문화에 대한 균형적 관점'은 비판적 문화 인식을 통한 자아 인식과 자문화와 목표 문화의 통합적 인식으로 획득할 수 있다. 그러므로 학문목적 학습자의 비판적 문화 인식과 문화에 대한 균형적 관점 확립을 위한 새로운 형태의 문화 포트폴리오가 구성되어야 한다.

주목할 만한 것은 6장의 상호문화 감수성의 하위 영역인 상호문화 존중도의 설문 항목 분석에서 학문목적 학습자는 자문화 중심주의에서 벗어난 것으로 해석 가능한 통계 결과치가 산출되었다. 6장에서 기술하였듯이, '나와 다른 문화권에 속한

떨어졌을 때, 성적이 좋지 않을 때, 선생님에게 혼났을 때" 등으로 기술되었다.

60 구체적으로는 "아플 때. 외국에서 유난히 외로움을 느낀다, 집에 있을 때 감기에 걸렸을 때 옆에서 친구도 없고 부모님께 말할 수 없다. 걱정하실까 봐요, 아프고 혼자 지내기가 힘들어서 중국으로 돌아가고 싶을 것이다, 친한 친구는 다른 학교에 가요, 혼자 집에 있을 때 너무 외로웠다, 한국에 막 왔을 때 기분이 나빠요 그 이유는 부모님이 보고 싶다" 등으로 기술되었다.

61 구체적으로는 "한국의 과일 너무 비쌉니다, 한국 물품 비싸기 때문에 기분이 나빠요, 한국의 보증금이 정말 비싸다, 많은 곳에서 모바일 지불이 이루어지지 않다. 나는 항상 지갑을 가지고 잊어 버린다" 등으로 기술되었다.

사람들의 가치를 존중한다(M=4.69, SD=.58)', '나는 다른 문화권에 속한 사람들의 행동을 존중한다(M=4.37, SD=.92)'는 문화차이 존중도의 평균보다 높았다. '나와 다른 문화권의 사람들은 편협하다고 생각한다(M=4.36, SD=.90)', '나와 다른 문화권의 사람들을 좋아하지 않는다(M=4.66, SD=.60)', '나는 다른 문화권에 속한 사람들의 견해를 받아들이지 않을 것이다(M=4.38, SD=.99)' 문항 역시 문화차이 존중도의 평균(M=4.30, SD=.47)을 상회하였는데, 역채점 문항임을 감안할 때 학문목적 학습자는 상호문화 감수성 척도 결과만으로는 자민족 중심주의의 관점에서는 벗어난 것으로 추론할 수 있었다.

그러나 문화 인식 포트폴리오 분석에서는 문화권에 따라 자신의 문화와 세계관을 보편적인 것으로 여기는 경향이 일부 드러났으며, 문화에 대한 성급한 일반화의 오류와 한국인에 대한 고정 관념, 자민족 중심주의 관점에서 문화 해석의 경향성을 부분적으로 확인할 수 있었다.

정리하자면 상호문화 감수성 측정 결과와 문화 인식 포트폴리오의 결과가 다수 상반된다는 것이다. 즉, 양적 연구 결과만으로는 확인할 수 없는 학습지의 인지적 · 정의적 요소를 문화 인식 포트폴리오를 통해 확인할 수 있었다. 문화 인식 포트폴리오의 효용성 검증을 위해 학문목적 한국어 한국어교육 현장에 실제로 적용한 결과, 양적 연구에서는 밝히기 어려운 학습자의 문화적 태도에 관한 유의미한 결과를 산출했다고 볼 수 있다.

Dervin(2004) & Byram(2005)이 언급하였듯이, 수량적 요소는 평가 과정의 단적 측면으로 학습자의 상호문화 의사소통 능력의 정도성 평가에 제한점이 있다. 그러므로 학문목적 학습자의 상호문화 의사소통 능력 관련 요소를 측정하기 위해서는 반드시 양적 평가와 질적 평가가 상호 보완적으로 이루어져야 할 것이다(Dervin, 2004, 2006, 2009; Byram, 2005; Deardorff, 2006, Stiftung & Cariplo, 2008).[62]

62 상호문화 능력 평가 관련 연구가 상대적으로 적은 이유는 다음과 같다. 첫째, 상호문화 능력은 행동(act)과 수행(performance)과 관련되어 관련 요소의 수량화가 어렵다. 둘째, 상호문화 학습은 대개 암시적이어서 명시적 지식으로 평가할 수 없으며 평가가 필요한 경우 총괄평가보다는 형성평가가 더 적합하다. 셋째, 상호문화 능력은 인지적 요소뿐 아니라 정의적 요소와도 연결되어 평가일의 기분, 분위기, 상황, 신체 컨디션에 따라 상이한 태도를 보일 수 있고 그에 따라 측정 결과 또한 달

02 상호문화 의사소통 능력 문화 포트폴리오 교육 설계

학문목적 학습자의 상호문화 의사소통 능력 분석 결과와 문화 인식 포트폴리오 설계와 분석에 기반하여 '상호문화 의사소통 능력 함양 문화 포트폴리오'를 고안하였다. 상호문화 의사소통 능력 함양 문화 포트폴리오 구성 모형은 6장의 학문목적 학습자의 상호문화 의사소통 능력 측정 결과와 7장의 문화 인식 포트폴리오 분석 결과를 토대로 구성하였다.

6장의 학문목적 학습자의 상호문화 의사소통 능력 분석 결과 '상호문화 지식'의 영역에서 한국문화 일반, 사회적 상호작용, 문화 학습 전략, 문화 적응 단계, 문화적 스트레스 인식과 극복 과정에 대한 상호문화교육의 필요성을 확인하였다.

'상호문화 인식'에서는 자신과 타인의 상호문화 발달 단계에 대한 인식, 상호문화 상황에서 의사소통자 · 촉진자 · 중재자로서 자아 인식이 낮게 측정되어 학문목적 학습자의 문화적 자아인식을 촉진할 수 있는 상호문화교육 과정 설계의 필요성을 확인하였다. 또한 한국 사회의 계급, 성별, 연령, 능력의 차이에 따른 다양성과 이에 대한 문화 인식과 관련된 상호문화교육의 구성요소 학습의 필요성을 확인할 수 있었다. 이러한 문화 지식 습득은 한국 사회 내에서 학습자의 사회적 위치와 정체성을 객관화할 수 있는 인식의 토대가 된다.

'상호문화 기술'에서는 상호문화교육 · 훈련 요소에 적합한 상호작용 능력, 문화 특정적 정보의 사용, 한국어 · 한국문화 학습 전략, 상호문화 갈등 관리 등을 포함한 상호문화 기술과 관련된 상호문화교육의 필요성을 확인하였다.

'상호문화 태도'에서는 대안적 방법을 활용한 의사소통과 재사회와 과정에 대한

라질 수 있다(Dervin, 2004: 72).

긍정적인 태도 함양 그리고 문화를 형성하는 가치관과 사고에 대한 상호문화 학습, 즉 가치문화 학습의 중요성을 강조하였다. 또한 학습자의 문화적 정체성과 한국 사회와의 긍정적 관계 설정 과정을 포함하는 문화 적응 과정과 관련된 상호문화교육 프로그램의 필요성을 확인하였다. 특히 상호작용에서 문화적 차이를 인식하고 자국의 사회화와는 다른 대안적 방법의 의사소통과 한국문화에 적합한 '재사회화' 과정 학습은 단기간에 내재화하기 힘든 인식과 태도의 변화를 포함하므로, 자문화와 변별되는 한국문화의 감정 구조와 행동의 근저에 작용하는 한국문화의 심층 구조의 학습이 필수적이다.

상호문화 감수성 분석 결과 학문목적 학습자는 상호문화 의사소통 과정에서 개방적이고 언어적 · 비언적 신호를 사용하는 것에는 큰 어려움이 없는 것으로 보인다. 상호작용 과정에서 분노와 좌절감, 무기력과 같은 부정적 감정을 경험하는 경향이 낮으며 비교적 민적 상대주의적 관점과 타문화 존중의 태도를 갖춘 것으로 나타났다. 그러나 상호작용 과정에서 적합한 담화 선택에 어려움을 느끼며 실제 상호문화 의사소통 과정에서 적절하고 효과적으로 의사소통에 참여하고 있는지에 대한 확신과 자신감이 낮은 것으로 나타났다.

의사소통 능력 측정 결과 전반적으로 의사소통 능력과 관련된 학습자의 인식이 높게 나타나지 않았다. 학문목적 학습자는 전공 수업 중 한국어 발표에 대한 자신감이 없는 편이며 토론 수업 중 적합한 단어와 문법을 사용하고 있다고 스스로 확신하지 못하고 있었다. 전공 서적과 전공 관련 한국어 용어의 이해도가 낮고 수업 중 한국어를 사용한 질의 응답에 대한 자신감도 낮았다.

6장의 상호문화 의사소통 능력 측정과 분석 결과를 학문목적 한국어 학습자를 대상으로 일반화하기에는 연구 표본의 크기에서 한계점이 있다. 그러나 학문목적 학습자가 한국문화에 이해의 필요성을 인식하고 이에 긍정적 태도를 갖추었음에도 관련된 상호문화교육이 제대로 이루어지지 않아 학문목적 학습자의 요구를 충족시키지 못하고 있다는 점에 주목해야 할 필요성이 있다.

다음으로, 문화 인식 포트폴리오 분석 결과 자문화와 다른 이해할 수 없는 한국문화를 고정 관념으로 일반화하기 전에, 먼저 문화 차이 수용과 존중에 기반한 '문화 인식'이 필요함을 확인할 수 있었다. 학문목적 학습자의 문화권에 따라, 문화적 차이가 나타나도 자신의 문화와 세계관을 보편적인 것으로 여기는 경향도 일부 드러났다. 문화에 대한 성급한 일반화의 오류와 한국인에 대한 고정 관념 인식, 자민족 중심주의적 관점에서의 문화 해석 경향성을 부분적으로 확인할 수 있었다. 성급한 일반화의 오류와 고정 관념, 자문화 중심주의 관점에서 벗어나기 위한 문화 인식과 관련된 상호문화 감수성 교육이 필요하다. 그러나 지나친 문화 상대주의적 관점을 지양하는 비판적 문화 인식, 문화 가치 판단 교육도 반드시 실시해야 한다.

상호문화교육이 주요하게 다루어야 할 내용 중 하나는 상호문화 의사소통 과정에서 문화적 차이를 이해하고, 갈등에 유연하게 대응할 수 있는 "비판적 문화 인식"의 과정이다. 이는 다양한 문화적 특성을 존중하고 수용할 수 있는 상호문화 의사소통 능력의 기반이 된다. 6장 2절의 상호문화 의사소통 능력 측정 결과와 7장 1절의 문화 인식 포트폴리오 분석 결과를 토대로 한 학문목적 한국어 학습자의 상호문화 의사소통 능력 함양 문화 포트폴리오 수업 설계는 〈표 7.3〉과 같다.

〈표 7.3〉은 6장의 상호문화 의사소통 능력 측정 결과와 문화 인식 포트폴리오 분석 결과, 유럽 공통 참조기준의 상호문화적 기능, 그리고 〈표 7.1〉의 학문목적 학습자 대상의 상호문화 의사소통 능력 함양 문화 포트폴리오 설계를 기반으로 상호문화 의사소통 능력 함양을 위한 상호문화 교수 요목을 구성한 것이다.

표 7.3 학문목적 학습자 대상 상호문화 의사소통 능력 함양 문화 포트폴리오 설계(이원희, 2021)

대상	대학에 재학 중인 학문목적 한국어 학습자
기간	한 학기에 해당하는 교양 한국어 혹은 문화 수업 (주당 1회 3시간 15주 수업 기준 45시간)
성격	• 학문목적 학습자의 문화적 자기 인식 • 한국어 교양·문화 수업과 병행하는 학습 도구
평가	• 학습자의 자기 평가, 과정 평가 도구 • 동료 평가 도구 • 교사의 학습자 평가 도구
언어 숙달도	• 토픽과 한국어학당 수료 기준 중급 이상 • 학습자의 한국어 숙달도를 고려하여 한국어 외에도 모국어 사용 허용 • 그림·사진과 같은 상징 사용 유도
구성	인지적 영역에서의 문화 인식 과정 • 문화 인식 ⇒ 자문화와 한국문화 학습 • 자문화와 한국문화 차이 인식 ⇒ 상호문화 인식, 상호문화 관점 획득 • 자문화와 한국문화 가치 평가 ⇒ 관용에 기반한 선택적 수용의 태도

상호문화 의사소통 능력 함양 교수 요목은 크게 문화적 차이 인식, 문화적 규범 차이에서 비롯되는 감정적 영역, 실제적 행동 영역의 세 요소로 구성된다. 이는 상호문화 의사소통 능력의 인지적, 정의적, 행동적 영역과 관련된다.

문화 인식의 영역은 '상호문화 인식'과 다른 문화권에서 생존에 필수적이며 가치 평가에서 중요하다고 판단되는 '문화적 금기'와 관련 지식, '세계시민 교육'으로 구성된다.

문화적 규범의 차이에서 비롯되는 감정적 영역과 태도를 다루기 위해 '상호문화 감수성', '문화 충격 관리', '문화 적응과 변용'을 주요 교육 요소로 제시하였다.

행동적 영역은 '언어적 · 비언어적 상호문화 의사소통 기술'을 주요 구성 요소로 제시하였다. 구체적으로는 공손성과 관련된 담화 맥락, 신체적 거리, 신체 접촉, 금기시되는 비언어적 행동, 갈등 상황에 대한 예측과 유연한 대처로 구성된다.

표 7.4 학문목적 학습자 대상 상호문화 의사소통 능력 함양 문화 포트폴리오 설계(이원희, 2021)

	주제	목표	한국어 문형과 표현	과제	문화 학습
1 주차	문화 인식1	자문화 인식	정의·특징 표현1	문화 포트폴리오 1 자문화를 설명하는 글쓰기	자국인의 가치관
2 주차	문화 인식2	한국문화 인식	정의·특징 표현2	문화 포트폴리오 2 목표 문화를 설명하는 글쓰기	한국인의 가치관
3 주차	문화 인식3	문화적 자기 인식	시간 순서·나열 표현	문화 포트폴리오 3 나의 성장 과정 묘사하기	자국과 한국의 의례 문화
4 주차	상호 문화 인식	비판적 문화 인식	비교·대조 표현	문화 포트폴리오 4 문화적 고정 관념에 대한 나의 생각 서술하기	자국과 한국의 고정 관념과 편견
5 주차	문화적 금기	문화적 금기 학습	거절·허락의 표현	문화 포트폴리오 5 문화적 금기에 대해 서술하기	자국과 한국의 문화적 금기
6 주차	상호 문화 감수성1	문화 차이의 선택적 수용	가능성·추측, 추측 표현	문화 포트폴리오 6 이해할 수 없는 한국 문화에 대한 나의 판단과 태도 서술하기	자국에 없는 한국의 문화 VS 한국에 없는 자국의 문화
7 주차	상호 문화 감수성2	민족 상대주의 관점 획득/ 문화 상대주의의 한계 인식	제안과 권고하기 표현	문화 포트폴리오 7 민족주의에 대한 나의 인식 변화 과정 서술	문화 제국주의와 민족 주의의 개념
8 주차	중간평가: 나의 한국어 학습 평가하기, 문화 포트폴리오 정리하기, 중간시험				

	주제	목표	한국어 문형과 표현	과제	문화 학습
9 주차	문화 충격 관리	문화 스트레스 관리	감정 관련 어휘와 표현	문화 포트폴리오 9 한국에서 경험한 부정적 감정 서술하기	한국의 대중 문화1
10 주차	문화 적응	문화 적응 과정 학습	사동·피동 표현	문화 포트폴리오 10 한국에서 경험한 긍정적 감정 서술하기	한국의 대중 문화2
11 주차	세계 시민 교육	국제화 시대의 시민의식 함양	요청하기·의무 표현	문화 포트폴리오 11 한국의 공공예절, 사이버 예절 서술하기	자국과 한국의 예절과 에티켓
12 주차	갈등 관리	행동적 유연성	사과의 표현 되묻기, 요약하기 표현	문화 포트폴리오 12 상호문화 갈등 상황을 해결하기 위한 나의 노력 서술하기	자국과 한국의 갈등 표현 양상
13 주차	상호 문화 의사소통 기술	언어적 의사소통 기술 내재화	의견 묻고 말하기, 동의·반대 표현	문화 포트폴리오 13 상호문화 의사소통 상황에서 나의 노력과 선택 기술하기	자국과 한국의 언어적 차이점과 특성
14 주차	나의 한국어 학습	나의 한국어 학습 평가하기	확신, 가능성, 추측 표현 익히기	동료 문화 포트폴리오 평가하기	언어문화 포트폴리오 정리하기
15 주차	종합 정리: 언어문화 포트폴리오 피드백과 기말시험				

이러한 수업 설계에 기반하여 실제 활용할 수 있는 상호문화 의사소통 능력 함양 문화 포트폴리오를 고안하였다. 상호문화 의사소통 능력 함양 문화 포트폴리오는 상호문화 능력, 의사소통 감수성, 의사소통 능력 함양 포트폴리오로 세분화할 수 있다.

상호문화 의사소통 능력 함양 문화 포트폴리오 구성 모형은 학문목적 학습자의 상호문화 능력에서 통계적으로 평균값이 낮은 부분과 문화 인식 포트폴리오 분석 결과를 토대로 구성하였다. 학문목적 학습자의 상호문화 능력 측정 결과 상호문화 지식의 평균값(M=3.44, SD=.62)은 4영역 중 가장 낮았다. 구체적으로는 상호문화 인식에서 자신의 선택과 결과의 중요성, 한국사회에서 나의 사회적 정체성 인식과 반응, 문화적 조건화 인식이 낮게 측정되었다. '자신의 선택과 결과의 중요성 인식'은 추상적 사고의 영역으로 자아를 객관적으로 인식하고 자신과 타인, 사회를 객관적으로 관찰하는 것이다. 이는 내면의 판단과 인식이 결과적으로 행동으로 표출되어 상호작용하는 개인 혹은 사회와의 상호교류 과정에서의 변화와 영향력에 대한 일련의 인식 과정으로, '지식과 문화적 가치 판단에 따른 행동 표출 → 상호문화적 상호작용 → 나로 인한 대화 상대자의 변화 혹은 대화 상대자로 인한 나의 변화'가 수반되어야 한다. 이러한 변화 과정은 상호문화 의사소통 과정의 시작과 끝맺음의 과정에서 교환되는 언어적 · 비언어적 정보뿐만 아니라 인지적 · 정서적 변화 과정의 관찰을 필수적으로 요구한다.

또한 학문목적 학습자는 적합한 상호작용 능력, 문화 특정적 정보의 사용과 자신의 행동 영향력 예측 능력이 다소 부족한 것으로 나타났으며, 자신과 타인의 상호문화 발달 단계 인식, 상호문화 상황에서 의사소통자 · 촉진자 · 중재자로서 자아 인식 역시 낮게 측정되었다. 이러한 능력은 문화적 자기 인식 과정에서 자아와 자문화 재인식과 객관적 평가, 타인과 목표 문화 재인식과 객관적 평가, 관찰을 통한 타자성 인식을 촉진함으로써 활성화 될 수 있다.

상호문화 능력의 태도의 영역에서 자국과 한국의 인식, 표현, 상호작용 행동 차이의 인식과 표현, 의사소통 결정 · 선택에 따른 결과 성찰, 대안적 방법을 사용한 의사소통, 목표 문화의 새로운 문화적 측면에 대한 관심, 한국문화에 적합한 역할 수용 의지, 즉 재사회화에 대한 수용적 태도가 낮게 측정되었다. 문화적 차이를 인식하고 자국의 사회화와는 다른 대안적 방법을 활용한 의사소통과 한국문화에 적합한 '재사회화' 과정은 단기간에 내재화하기 힘든 인식과 정서와 태도의 변화를 아우른다. 이를 위해 한국문화에 대한 백과사전식 지식을 습득에서 벗어나 자문화와 한국문화의 차이 이해를 통해 한국문화를 비판적으로 인식하고 '선택적'으로 수용할 수 있도록 지도해야 할 것이다.

상술했듯이, 학문목적 학습자의 문화 인식 포트폴리오 분석 결과 자문화와는 다른 이해할 수 없는 한국문화를 고정 관념으로 일반화하기 전에 먼저 문화 차이의 수용과 존중에 기반한 자문화와 한국문화 가치 평가에 대한 '문화 인식'이 필요함을 확인할 수 있었다. 이는 결국 상호문화 의사소통 상황에서 '상호문화적 인식'의 필요성을 환기한다. 상호문화 인식 함양을 위한 수업 활동은 크게 문화적 자기 인식, 자문화와 목표 문화의 비판적 문화 인식으로 세분화할 수 있다. 이러한 논의에 기반한 상호문화 능력 문화 포트폴리오 구성 모형은 〈그림 7.2〉와 같이 구현된다.

그림 7.2 상호문화 능력 문화 포트폴리오 구성 모형

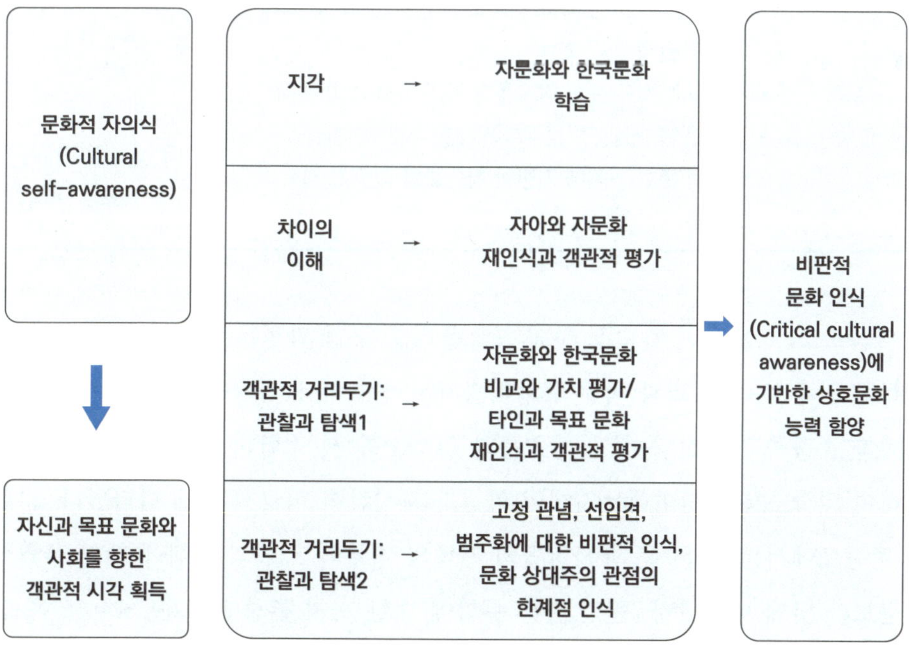

6장의 상호문화 인식 문항의 통계 분석 결과 사회적 정체성 인식, 한국문화 내의 사회문화적 다양성, 자신의 선택의 중요성 인식 등이 평균보다 낮게 나타났다. 이는 한국 사회 내에서의 사회적 위치와 정체성을 객관화할 수 있는 사회문화적 자아 인식이 필요하다는 의미이다. 그러므로 문화 인식에서 자신과 타인을 객관화여 새인식할 수 있는 관점 획득을 위한 교수 · 학습 과정이 필요하다. 구체적으로 인지적 영역에서 학문목적 학습자의 문화 인식 확립을 위한 상호문화교육 활동이 필요하다. 이는 자아에 대한 거리두기와 타자화와 과정에서 인지적 · 정서적 변화를 필요로 하는 '문화 인식' 과정에 초점을 맞춘 상호문화교육 과정을 의미한다. 이러한 논의를 토대로 상호문화 인식 함양 문화 포트폴리오 구성은 4장에서 기술한 상호문화 접촉 자서전 구성 요소 중 상호문화 만남, 타인, 상호문화 만남이 포함되도록 구성하였다.

표 7.5 상호문화 능력 함양 문화 포트폴리오 구성 요소

상호문화 상황	상호문화 능력	상호문화 접촉 자서전(AIE) 구성 요소
문화적 인식	• 타자화된 자기 인식을 토대로 자신과 문화, 사회에 대한 객관적 시각 획득 • 자문화와 목표 문화 비교를 통한 문화적 차이 인식 • 고정 관념, 선입견, 범주화에 대한 (비판적) 인식 • 비판적 문화 인식에 기반한 자문화와 타문화 지식의 내재화	• 타인 • 같음과 다름 • 대화하기 • 좀 더 많이 알아내기 • 비교와 대조로 이해하기

다음으로, 상호문화 감수성 문화 포트폴리오 구성 과정은 다음과 같다. 6장의 상호문화 감수성 측정 결과 학문목적 학습자는 상호작용 과정을 즐기고 자신과 다른 문화를 존중하고 있으나 실제 상호문화 의사소통 시 적합하고 효과적인 방법을 사용하여 의사소통에 참여하는지에의 확신과 자신감이 비교적 낮게 나타났다. 문화차이 존중도에서는 '다른 문화 사람들의 견해의 거부와 자신의 문화에 대한 우월성이 평균보다 낮게 나타났다. 반면 다른 문화에 대한 가치 존중(M=4.69, SD=.58)은 상호문화 감수성 24개 설문 항목 중 가장 높게 나타났다. 상호문화 감수성 측정 결과 학문목적 학습자는 타문화 존중도가 높으며 자문화를 우월하게 생각하지 않는 것으로 나타났다.

그러나 문화 포트폴리오 작성 과정에서는 문화 차이 인식은 자문화를 기준으로 한국문화를 해석하고 있음이 드러났다. 이는 6장의 상호문화 감수성 통계 측정(양적 연구)과는 완전히 상반되는 결과이다. 7장 1절의 문화 포트폴리오 기술(질적 연구)

에서는 자문화를 기준으로 한국문화를 인식하는 구체적인 기술이 다수 발견되어 양적 연구와 질적 연구가 결과적으로는 전혀 다른 향상을 나타내었다. 이것은 '인지적 영역에서 학습자가 다른 문화를 존중해야 하며, 민족 상대주의적 관점의 중요성을 인식하고는 있으나 이것이 정의적 · 행동적 영역으로 연결되지 않고 있다'는 것으로 해석 가능하다. 그러므로 상호문화 감수성 함양 교육은 인지적 영역에서 학습자의 지각이 긍정적 태도와 감정으로 발현될 수 있도록 촉진하는 일련의 태도의 변화 과정을 의미하며, 학습자의 관념 속에 존재하는 민족 상대주의적 관점을 '태도화'하는 과정으로 자민족 중심주의에서 민족 상대주의로의 관점과 태도의 변화를 포함한다.

앞서 학문목적 학습자의 문화 포트폴리오 분석 결과에는 문화에 대한 성급한 일반화의 오류, 학습자의 경험에 기반한 고정 관념과 자민족 중심주의적 관점에서의 문화 해석의 경향이 부분적으로 강하게 나타났다. 이는 민족 상대주의적 관점, 모호함에 대한 관용, 개방성과 유연성, 문화적 차이에 대한 민감성을 촉진할 수 있는 상호문화 감수성 함양 훈련이 상호문화교육의 구성 요소로 포함되어야 함을 뜻한다.

상호문화 감수성 함양 문화 포트폴리오는 다른 문화에 대한 긍정적 태도, 개방성과 포용성, 관용의 정신 내재화, 자민족 중심주의에서 민족 상대주의 관점으로의 전환이라는 인지적 · 정서적 영역의 학습 과정을 포함한다. 구체적으로 타자성 존중, 모호성에 대한 관용, 상호문화 의사소통의 불완전과 실패 시의 심리적 반응과 문화 충격 관리 등으로 구체화 될 수 있다.

정의적 영역에서 태도 변화는 인지적 영역에서 문화 인식의 변화 과정이 선행되거나, 혹은 인지적 영역의 변화와 동시적으로 이루어져야 한다. 이에는 '다른 것은 틀린 것'이 아니라는 개방적 관점 인식이 선행되어야 한다. '다른 것과 틀린 것'의 구분은 자아와의 객관적 거리두기에서부터 시작된다. 자민족 중심주의의 근원을 인정하는 동시에 타문화에 객관성을 유지하는 것은 문화적 공감과 타자의 세계관에 대한 공감이 가능하다. 이러한 논의를 토대로 한 상호문화 감수성 함양 문화 포트폴리오 구성 모형은 〈그림 7.3〉과 같다.

그림 7.3 상호문화 감수성 문화 포트폴리오 구성 모형

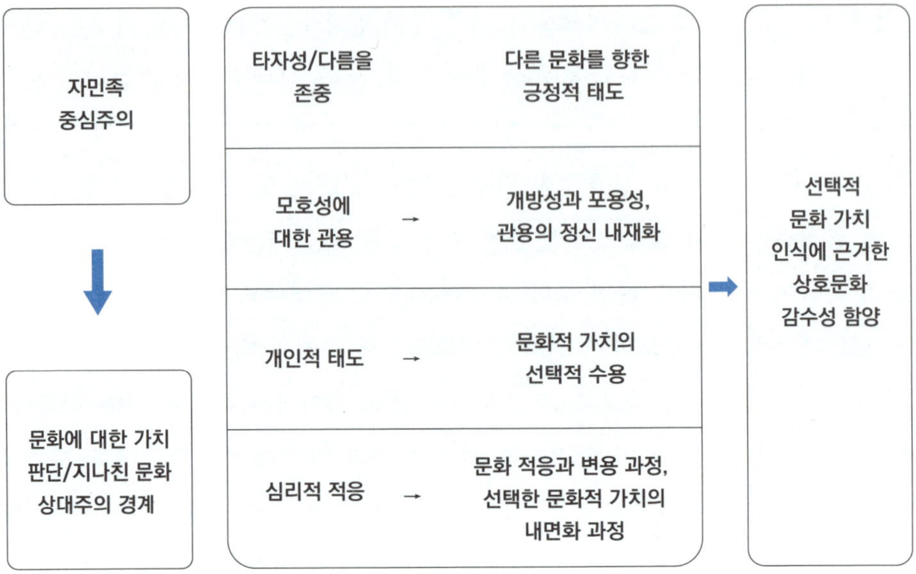

〈그림 7.3〉의 상호문화 감수성 함양 문화 포트폴리오 모형을 구체화하기 위해 상호문화 감수성 훈련 포트폴리오를 〈표 7.6〉과 같이 고안하였다. 이는 앞서 기술한 문화 포트폴리오의 보완의 개념으로 한국어 학습자의 상호문화 감수성 함양을 위해 "다른 것과 틀린 것"을 구분하는 문화 상대주의적 관점에서 문화 학습 모형을 적용하였으며 상호문화 능력 평가 지침서(INCA, 2004)[63]에서 제시된 시나리오 평가와 2장에서 기술한 상호문화 접촉 경험 자서전(Autobiography of Intercultural Encounters, AIE)'을 참고하여 구성하였다. INCA는 간접평가와 직접평가 방식을 모두 사용한 혼합 평가로 상호문화 능력을 측정한다. 간접평가에는 설문지, 직접평가는 시나리오,

63 오스트리아, 체코, 독일, 영국이 공동으로 연구·개발한 상호문화 능력 평가(Intercultural Competence Assessment, INCA) 지침서는 유럽 공통 평가 참조 기준(Council of Europe, 2001), Byram(1997), Kühlmann(1996), Müller-Jacquier(2000)의 연구에 기반하여, 상호문화 의사소통이 발생하는 비즈니스 환경에서 일하는 개인·공동체를 위해 고안되었다. 상호문화 능력 평가는 개방성, 지식, 적응성의 세 가지 기준에 의해 하위 구성 요소의 6가지로 구성된다. 개방성은 다름·타자성에 대한 존중과 모호함에 대한 관용을 포함한다. 지식은 지식의 발견과 감정이입, 적응성은 행동적 유연성과 의사소통적 자각으로 구성된다(INCA LdVII, 2004: 4-11).

역할극, 포트폴리오가 제시된다. 그러나 상술하였듯이, 지나친 문화 상대주의에 대한 경계가 필요하다. 문화 상대주의 관점 내에서 존중 혹은 인정 가능한 문화의 범위를 명료하게 설정해야 함을 뜻한다.

문화 상대주의는 본질상 "절대적인 전통적 가치와 도덕의 제약이 없다."는 전형적인 포스트모더니즘적인 사고와 맞닿아 있다. 그러나 "윤리, 도덕과 법과 같은 절대성은 존재하지 않는다"라는 명제 자체를 절대화하기 때문에 전제가 오류를 내포하고 있다. 보충 설명하자면 "절대적인 가치와 도덕과 법은 존재하지 않는다"는 명제 자체를 절대적 명제로 상정하기 때문에 전제와 주장이 상충하므로 논리와 근거를 상실한 명제이다. 포스트모더니즘적 사고에 의하면 천부 인권과 같은 인간의 존엄성, 타인을 위한 희생과 헌신과 같은 선의 실행, 인간에 대한 신뢰 등은 절대적 진리조차 무효화 된다. 그러나 포스트모더니즘에서 부정하는 절대적인 선과 도덕이 구현되지 않았다면 인류는 지속되기 어려웠을 것이다. 그러므로 보편적이며 절대적인 도덕, 윤리의 개념과 상황 윤리를 구분할 수 있어야 하며 이와 연관된 문화의 가치를 단계적으로 구분해서 교수해야 한다. 절대적인 윤리나 도덕, 진리가 존재하지 않는다면, 혹은 모호하다면 도덕률이나 자연법과 같은 가치 판단의 준거와 문화적 전통의 근원이 설 자리를 잃게 된다. 인간은 순간순간 '가치 판단'을 통해 가장 좋은 것을 '선택' 하는데 그 기준이 모두 상대적이라면 이 세상은 모든 질서가 사라진 상태가 될 것이다. 문화 상대주의와 맞닿아 있는 포트스모더니즘은 기존의 모든 윤리와 도덕의 해체를 그 목적으로 하고 있다. 그러나 윤리와 도덕은 명료하며 인간 안에 내재되어 있다. 마찬가지로 문화 역시 타문화 존중의 기반 안에서 문화의 가치체계의 경중을 판단하여 가치 있는 문화와 가치 없는 문화를 구분할 수 있으며, 이에 기반하여 선택한 문화를 존중하며 개방적으로 수용할 수 있는 문화적 감수성이 반드시 필요하다. 모든 문화가 가치 있다면 '명예 살인', '여성 할례'와 같은 문화 역시 존중되어야 할 문화라는 치명적 오류를 산출하게 되기 때문이다. 그러므로 상호문화 감수성 포트폴리오 구성 혹은 상호문화 감수성 교수에서 지나친 문화 상대주의를 경계해야 한다. 상대방의 관점과 가치를 존중하는 것에도 한계와 범위를 설정하여 선택적인 문화 가치 인식과 존중에 대하여 반드시 교수하여야 한다. 이것이 상호문화 감수성 함양 교육의 핵심이다.

표 7.6 상호문화 감수성 문화 포트폴리오 구성 요소

상호문화 상황	상호문화 감수성	상호문화 접촉 자서전(AIE) 구성 요소
자문화와 목표 문화의 맥락에서 금기시되는 상황 혹은 문화적 맥락에서 부절적한 상황	• 한국에서는 괜찮지만 자문화에서는 금기시되거나 부적절한 문화에 대한 설명 • 한국문화와 자문화의 차이 이해 • 상대방의 관점에서 바라보기 • 선택적 문화 가치 인식	• 나의 감정 • 타인의 감정 • 비교에 근거하여 이해하기 • 회상하고 앞서 예측하기 • 지나친 문화 상대주의 경계하기

마지막으로, 의사소통 능력 포트폴리오는 인지적 · 정의적 영역에서 상호문화교육 과정에서 변화된 학습자가 실제로 언어적 · 비언어적 의사소통 능력을 사용하여 상호문화 의사소통 능력을 구현해 내는 것을 교육 목표로 삼았다. 행동적 유연성과 갈등 상황의 중재자 역할은 상호문화 의사소통 상황에서 중요하게 다루어지는 핵심 요소들이다.

6장의 통계 분석 결과에서 의사소통 과정에서 상호작용 수정에 대한 중요성 인식이 낮다는 결과는, 학문목적 한국어 학습자가 의사소통 과정에 수반되는 상호문화 기술의 중요성을 충분히 인지하지 못하는 것으로 해석 가능하다. 적합성과 효과성을 갖춘 상호문화 의사소통은 지속적인 언어적 · 비언어적 의사소통 '수정' 과정을 수반하기 때문이다. 이러한 즉각적인 의사소통 수정으로 갈등과 오해를 최소화할 수 있다. 그러므로 상호문화 의사소통 과정에서 상호 교환되는 언어적 · 비언어적 정보에 선택적으로 집중할 수 있는 능력과 상호문화 의사소통 기술, 언어 · 비언어적 의사소통 기술을 내재화할 수 있어야 한다.

의사소통 능력 구성 요소에 따른 의사소통 능력 문화 포트폴리오 구성 모형은 〈그림 7.4〉와 같다.

그림 7.4 의사소통 능력 문화 포트폴리오 구성 모형

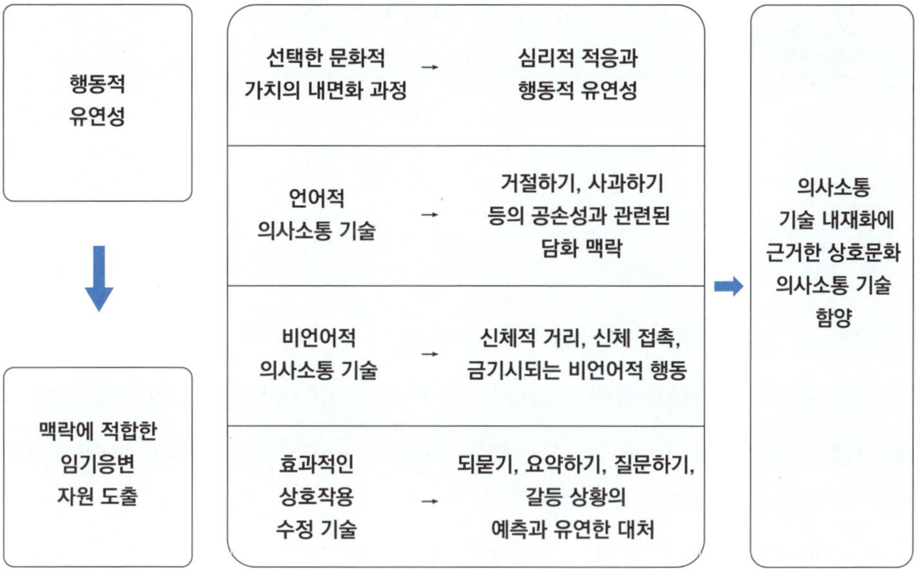

다음으로, 의사소통 능력 문화 포트폴리오는 행동적 영역의 상호문화 의사소통 능력 함양을 위한 텍스트 기반 시나리오의 예시로 고안한 것이다. 이는 〈표 7.7〉과 같다.

표 7.7 의사소통 능력 문화 포트폴리오 구성 요소

상호문화 상황	의사소통 능력 함양	상호문화 접촉 자서전 구성 요소
갈등 관리와 적응성	• 언어적·비언어적 의사소통 기술 내재화 • 심리적, 신체적 거리의 상호문화적 인식 • 금기시되는 비언어적 행동 학습 • 유연성을 사용하여 맥락에 적합한 임기응변 자원 도출 • 오해의 소지가 있는 상황을 주제화·공개할 수 있는 능력	• 자기 통제력 • 역할 간격 • 공동 작업 의식 • 회상과 예측 • 주제화 능력

Chapter summary

7장에서는 자문화와 한국문화에 대한 비판적 인식을 촉진할 수 있는 방법론의 일환으로 유럽 언어 포트폴리오(PEL, 2011)와 윤선영(2008, 2011)의 프랑스어 학습자를 위한 포트폴리오를 수정 · 보완하여 한국어 학습자에게 적합하도록 재구성한 '문화 인식 포트폴리오'를 고안하였다.

7장에서 고안한 문화 인식 포트폴리오의 효용성 검증을 위해 한국어 교양 수업을 수강하는 외국인 유학생 학습자에게 문화 인식 포트폴리오를 작성하도록 하였다. 학문목적 학습자의 문화권에 따라, 문화적 차이가 드러나도 자신의 문화와 세계관을 보편적인 것으로 여기는 경향도 일부 드러났으며, 문화에 대한 성급한 일반화의 오류와 한국인에 대한 고정 관념, 자민족 중심주의적 관점이라는 문화 해석의 경향성을 부분적으로 확인할 수 있었다. 문화 인식 포트폴리오의 효용성 검증을 위해 학문목적 한국어 한국어교육 현장에 실제로 적용한 결과, 양적 연구에서는 밝히기 어려운 학습자의 문화에 대한 인지적이고 정의적인 측면의 평가라는 측면에서 유의미한 결과를 산출했다.

마지막으로, 학문목적 학습자의 상호문화 의사소통 능력 측정 결과와 문화 인식 포트폴리오 분석 결과를 토대로 상호문화 의사소통 능력 함양을 위한 문화 포트폴리오를 고안하였다. 상호문화교육에 기반한 문화 포트폴리오는 상호문화 의사소통의 구성 요소인 상호문화 능력, 상호문화 감수성, 의사소통 능력 함양 포트폴리오로 구성된다.

Critical thinking and Question

01 학문목적 학습자의 상호문화 능력을 함양 교육 방안으로 '문화 인식 포트폴리오'가 한국어교육 현장에서 어떻게 활용될 수 있는지 논의해 보자.

02 '문화 포트폴리오'를 통해 어떠한 교육적 효과를 기대할 수 있는가?

03 상호문화 감수성에 대해 논의해 보자. 타문화를 존중하고 타인의 입장에서 공감하고 판단하는 것이 상호문화 감수성의 핵심이다. 그러나 상호문화 감수성은 문화 상대주의와는 상이한 개념이다. 상호문화 감수성과 문화 상대주의는 어떠한 차이점과 공통점이 있는가?

Ⅷ

문화 포트폴리오를 활용한 상호문화교육 2

한 사람에게 위로를 줄 수 있는 것이 다른 사람을 상처 입혀 죽일 수 있다. 정신을 위험으로 받아들인 곳에서 언제나 책을 금지했다는 것은 우연이 아니다. 신문과 잡지 그리고 방송 보도가 엄격한 검열을 받았다. 두 줄의 글 사이에 난 인쇄공의 조그만 사격선에 다이너마이트를 충분히 쌓아 놓고 세계를 공중 폭파할 수 있다. 테러가 지배하는 나라에서는 단어가 무장봉기보다 더욱더 두렵다. 마지막 단어가 처음 단어의 결과인 경우가 흔하다. 언어는 자유의 마지막 보루일 수 있다. 어떤 대화나 남몰래 넓게 보급된 시가 혁명에서 반도들이 외쳐 대는 빵보다 더 비싸다는 것을 우리는 알고 있다.

『하인리히 뵐 Heinrich Böll,
언어는 자유의 마지막 보루다
Die Sprache als Hort der Freiheit Essayistische Schriften und Reden Vol. 1, 2 and 3(1979)』

Introduction

8장에서는 6장의 학문목적 학습자의 상호문화 의사소통 능력 측정 결과와 7장의 문화 인식 포트폴리오 분석 결과를 토대로 상호문화 의사소통 능력 함양을 위한 문화 포트폴리오를 고안하였다. 상호문화교육에 기반한 문화 포트폴리오는 상호문화 의사소통 능력의 하위 요소인 상호문화 능력, 상호문화 감수성, 의사소통 능력 함양 포트폴리오로 구성된다.

01 상호문화 능력 함양 문화 포트폴리오

〈표 8.1〉은 상호문화 인식 함양 포트폴리오 구성이다. 이는 목표 문화와 사회를 관찰하고 분석한 자기 기록의 성격을 갖는다. 학문목적 학습자의 상호문화 의사소통 통계 분석 결과와 문화 포트폴리오 해석에 근거하여 학문목적 학습자를 위한 상호문화교육에는 자문화와 한국문화의 감정 구조와 행동의 근저에 작용하는 문화의 심층적 구조 인식과 관련된 상호문화교육 과정이 설계되어야 한다고 보고 이를 반영한 상호문화 능력 함양 문화 포트폴리오를 구성하였다.

상호문화 능력 함양 문화 포트폴리오는 Abrams(2002)과 Allen(2004)의 문화 포트폴리오를 활용한 프로젝트 수업과 장한업(2011)의 상호문화교육을 위한 고정 관념과 관련된 수업 활동을 참고하여 고안되었으며, 학문목적 학습자의 자문화와 한국문화의 비판적 문화 인식(Critical cultural awareness)을 주요하게 다루고 있다.

표 8.1 상호문화 능력 함양 포트폴리오 구성

과제	제목: 문화 인식 유형: 문화 기술지 성격: 목표 문화(한국문화)와 사회의 관찰과 분석을 통한 자기 기록
목표	표현: 의사소통 갈등을 해결하기 위한 언어적·비언어적 표현 문화: 문화 개념 정의하기 자아와 자문화에 대한 재인식과 객관적 평가 타인과 목표 문화 재인식과 객관적 평가 관찰에 근거한 타자성 인식 지식: 문화 학습에 기반한 한국인의 사고와 감정 구조 학습

언어소통 능력	비교·대조 등 특정 대상을 설명하고 분석하기, 이유·근거 표현하기, 간접화법을 사용하여 자신의 의견 표현하기
언어 활동	읽기, 듣기, 쓰기, 말하기
학습 도구	텍스트를 읽고 쓸 수 있는 핸드아웃 양식
과제 전 단계는 위에 제시된 모든 활동을 하는 것이 아니라 그날의 문화 주제와 관련된 활동을 선택해서 진행한다.	**과제 전 단계** 문화의 개념 정의와 관련된 동영상 보기 문화 개념 정의와 관련된 글 읽기 외국인의 시각에서 한국문화에 대한 분석·해석과 관련된 동영상 보기 한국에 와서 이해할 수 없었던, 혹은 좋았거나 싫었던 문화를 조(팀)원과 이야기하고 그렇게 느꼈던 이유 말해보기
교육과정 및 활동방법: **동료평가와 자기 평가** **교사의 명시적·암시적 교정**	**과제: 문화의 개념을 정립하고 문화 인식에 근거한 자문화와 한국문화에 대한 지식 기술하기** **[상호문화 접촉 경험 자서전(AIE): 타인, 같음과 다름, 대화하기, 좀 더 많이 알아내기, 비교에 근거하여 이해하기]** **문화 지식: 문화에 '대해' 생각하기** [문화 지식: 문화 지식은 이론적 틀 안에서 설명 가능한 일반적이며 보편적인 개념을 학습하는 것이다.] * 다음의 빈칸을 채워보세요. 내가 생각하는 문화는 무엇인가? 그리고 문화는 어떤 기능(역할)을 하는가? [문화에 대한 정의를 5문장 이상 작성하기] 문화는 ____________(이)다. 문화는 ____________을/를 할 수 있다. 문화는 ____________을/를 할 수 없다. 문화는 ____________와/과 비슷하다. 문화는 ____________와/과 다르다.

고정관념, 선입견, 범주화에 대한 비판적 인식 유도

[고정 관념, 선입견 범주화에 대한 비판적 인식 유도: 먼저 학습자가 자국과 목표 문화에 대해 가지고 있는 고정 관념에 대해 기술함으로 문화적 고정 관념과 문화적 지식에 대한 인식을 확인하고 수정할 수 있도록 유도한다.]

브레인스토밍 단계

* 다음의 빈칸을 채워보세요.
[학습자 모국] 은/는 사물, 이념, 장소, 특징 (이)다.[64]
한국은 사물, 이념, 장소, 특징 (이)다.
[학습자 모국] 은/는__________이/가 인기가 많다.
한국은 [ ] 이/가 인기가 많다.
[학습자 모국] 사람은 __형용사__ (이)다
한국 사람은 __형용사__ (이)다
[학습자 모국] 사람은__________을/를 좋아한다.
한국 사람은 __________을/를 좋아한다.
[학습자 모국] 사람은 __________을/를 싫어한다.
한국 사람은 __________을/를 싫어한다.

자문화와 목표 문화 비교에 근거한 문화 차이 인식

글쓰기 단계
[자문화와 목표 문화 비교에 기반한 문화 차이 인식은 비교, 대조 표현을 사용하여 학습자의 자문화를 재인식하고 자문화와 한국문화에 특성에 대한 인지적 자각을 유도하는 과정이다.]

* 과제1-1
'자신의 나라'에 대해 떠오르는 것을 **20개의 문장**으로 표현해 봅시다. 완결된 문단이나 글을 쓰는 것이 아닙니다. 각 문장은 연결되지 않아도 됩니다. 독립된 문장 20개를 써 보십시오

64 브레인스토밍 단계는 장한업(2011: 134)을 참고하였다.

글쓰기 단계는 학습자의 한국어 수준에 따라, 강의 운영 시간에 따라 선택적으로 운용될 수 있다.

* 과제1-2

'한국'에 대해 떠오르는 것을 **20개의 문장**으로 표현해 봅시다. 완결된 문단이나 글을 쓰는 것이 아닙니다. 각 문장은 연결되지 않아도 됩니다. 독립된 문장 20개를 써 보십시오.

* 과제2

학습자의 문화 충격, 문화 적응과 관련된 글쓰기 과제 제시

자문화와 목표 문화 비교에 근거한 문화 차이 인식

[자문화와 목표 문화에 대한 가치 평가는 상호문화 능력의 하위 영역 중 상호문화 인식과 태도와 관련된다. 이는 자문화와는 다른 이해할 수 없는 한국 문화를 고정 관념으로 일반화하기 전에 자문화와 목표 문화에 대한 학습자의 인지적 평가와 정서적 태도를 기술해 보는 것이다. 이러한 기술 과정은 인지적·정서적 영역에서 학습자의 변화를 이끌어낼 수 있다는 전제에 근거하여 성급한 일반화의 오류에서 벗어나 자문화와는 다른, 이해할 수 없는 문화에 대한 판단 보류와 수용의 태도 함양을 위한 예비적 단계로 구성하였다.]

한국과 나의 나라의 같은 점/비슷한 점은?
1
2.
3.

한국과 나의 나라의 다른 점/차이점은?
1
2.
3.

한국 사람과 나의 나라 사람의 같은 점/비슷한 점은?
1
2.
3.

한국 사람과 나의 나라 사람의 다른 점/차이점은?
1
2.
3.

자문화와 목표 문화에 대한 가치평가

[자문화와 목표 문화 가치 평가: 객관적 거리두기에 기반한 자문화와 한국문화의 비교와 가치 평가 과정에서 비판적 문화 인식 능력을 함양할 수 있다. 비판적 문화 인식은 상호문화 능력의 핵심적 구성 요소이다.]

내가 좋아하는 나의 나라 문화 3가지와 그 이유는?
1
2.
3.

내가 좋아하는 한국문화 3가지와 그 이유는?
1.

2.

3.

내가 싫어하는/이해할 수 없는 나의 나라 문화 3가지와 그 이유는?
1
2.
3.

내가 싫어하는/이해할 수 없는 한국문화 3가지와 그 이유는?
1
2.
3.

과제 후 단계

- 조(팀)별 발표
- 다른 조(팀)의 발표를 듣고 자신과 다른 시각과 관점 인식하기
- 조(팀)별 발표에 근거한 평가
- 개인·조(팀)별 완성물의 오류 피드백에 대한 교사의 명시적·암시적 교정

상호문화 능력 함양 문화 포트폴리오는 학습자의 자문화와 한국문화, 사회 관찰과 분석에 근거한 자기 기록의 성격을 갖는다. 그러므로 상호문화 능력 함양 포트폴리오는 일종의 '문화 인식' 포트폴리오라고 할 수 있다. 문화 인식은 자아의 타자화 과정에 근거한 객관적 재인식을 토대로 문화적 자기 인식과 비판적 문화 인식(Critical cultural awareness)으로 구체화된다.

'문화적 자기 인식'이란 자아와 자문화에 재인식과 객관적 평가, 타인과 목표 문화의 재인식과 객관적 평가, 관찰에 근거한 타자성 인식, 객관적 거리두기에 의한 자문화와 목표 문화 비교와 가치를 의미한다. 자문화와 목표 문화의 비교와 가치 평가는 타자화된 자기 인식에 기반하여, 문화와 사회에 대한 객관적 시각 획득의 토대가 된다. 이러한 과정에서 학습자는 문화 인식의 확장을 경험하고 개방성을 획득할 수 있다. '비판적 문화 인식' 과정에서 학습자는 타인의 관점으로 자신을 인식하고 타인을 그들의 관점에서 인식하는 시각을 획득할 수 있으며 수용 한계점 인식에 근거한 문화적 정체성을 확립할 수 있다. 상호문화 능력 함양 포트폴리오는 학습자의 문화적 정체성 확립을 위해 고안되었다.

02 상호문화 감수성 함양 문화 포트폴리오

상호문화 감수성 함양 문화 포트폴리오는 Wright(2000)의 문화 포트폴리오 구성 단계와 Schulz(2007)의 문화 포트폴리오 수행 과제를 참고하여 상호문화 의사소통 능력의 정의적 영역, 즉 태도의 측면에서 상호문화 감수성 함양 방법론으로 고안한 것이다.[65]

상호문화 감수성 함양을 위한 문화 포트폴리오는 자문화와 목표 문화에서의 금기 혹은 문화적으로 부적절한 사항에 대한 예시이다. 이는 두 가지 상황으로 구성된다. 먼저 한국에서 부적절하거나 금기시되는 문화를 학습자가 인식하지 못하고 이에 부적절하게 대응한 상황이 제시된다. 다음으로, 한국에서는 문제가 되지 않으나 자문화에서는 부적절하거나 금기시되는 문화에 대해 학습자와 다른 문화권에 속한 개인이 학습자의 문화적 맥락에서 부적절하게 대응하는 상황이 제시된다. 상호문화 감수성은 이 두 가지 상황에 대해서 학습자의 반응과 대응을 기술하도록 구성되어 있다.

제시된 상호문화 감수성 함양 문화 포트폴리오는 한국문화와 자문화의 차이 이해, 문화 차이에 따른 오해 해소, 상대방의 관점과 입장에서 생각하고 상대방의 감

65 이 학습법은 상호문화 트레이너(한국어교육에서는 한국어교사)가 학습자에게 문화적 차이가 심각한 상호문화 의사소통 상황을 가상으로 설정해주고, 학습자 스스로 문화적 차이와 갈등 해결을 위한 적절한 행동법을 찾도록 유도한 후 역할극을 활용하는 학습법이다. 상호문화 능력 평가 지침서(INCA, 2006)는 텍스트와 동영상을 활용하여 상호문화적 상황(text-based)과 중국으로의 출장(video-based) 상황을 제시하고 이에 대한 학문목적 학습자의 평가를 통해 상호문화 능력을 평가하였다. 또한 역할극을 보고 상호문화적 상황을 관찰하고 평가하도록 하였다. 유수연(2015)에서는 사례 연구와 필름 분석 과정을 도대로 학습자가 상호문화적 상황을 분석하고 상호문화적 상황에서 사용되는 언어적·비언어적 양상에 대해서 인식하고 학습, 평가하도록 하였다.

정을 예측하는 것을 주요 과제로 제시한다.

표 8.2 상호문화 감수성 함양 포트폴리오 구성

과제	제목: 문화 차이에 따른 상호문화 의사소통 과정 유형: 텍스트 기반 역할극 성격: 상호문화적 상황에 대한 관찰과 분석을 통한 평가
목표	표현: 문화 차이에 따른 오해를 해결하기 위한 언어적·비언어적 표현 언어: 문화 차이를 설명할 수 있는 적합한 비교와 대조 표현 익히기 문화: 타자성의 존중을 통한 문화 충격 관리 상호문화 인식을 통한 문화 차이에 대한 인식 문화 차이에 대한 선택적 수용을 통한 심리적 적응과 문화적 가치의 내면화 과정 학습하기 지식: 다른 문화의 문화적 금기 사항이나 부적절한 상황에 대한 인식
언어소통 능력	한국어 추측 표현에 관련된 어휘와 문법 지식
언어 활동	읽기, 듣기, 쓰기, 말하기
학습 도구	텍스트를 읽고 쓸 수 있는 핸드아웃 양식
교육과정 및 활동방법: 동료평가와 자기 평가 **교사의 명시적 ·암시적 교정**	**과제 전 단계** 각 나라의 문화적 금기 사항이나 문화적으로 부적절한 행동에 대해 조별로 이야기 한 후 이를 간단히 정리해서 발표해 보기 다른 나라의 문화에 대한 지식과 정보의 부족으로 실수했던 경험에 대해 이야기하기
	과제: 문화적 지식과 정보의 부족으로 인한 오해의 상황에 대한 인식과 이에 대한 반응 기술 **[상호문화 접촉 경험 자서전(AIE): 나의 감정, 타인의 감정, 대화하기, 좀 더 많이 알아내기, 비교를 통해서 이해하기, 회상하고 앞서 예측하기]** 저는 상해에서 온 왕진입니다. 저는 연세대학교 경제학과 2학년 학생입니다. 전공시간에 한국인 친구 세연 씨와 친하게 지내게 되었습니다. 세연 씨가 어려운 한국어 공부도 도와주고, 도서관에서 함께 공부하는 친한 친구가 되었습니다. 그런데 저의 생일날 세연 씨가 저에게 벽시계를 선물했습니다. 저는 당황했습니다. 중국에서는 벽시계를 절대로 선물하지 않습니다. 이는 중국어로 '끝나다, 죽다'라는 단어와 발음이 같기 때문입니다. 이것을 세연 씨에게 어떻게 설명해야 할까요?

공감과 감정이입

[상호문화 감수성의 핵심적 구성 요소로 제시된 공감과 감정이입은 학습자 자신의 문화에 대한 객관적 관점 획득의 토대가 된다. 공감 능력은 감정 이입과 관련되는데 구체적으로 타인과 타인의 관점의 이해와 경계·편견·차별 지양과 관련된다.]

1. 벽시계를 선물 받았을 때 왕진 씨의 기분은 어땠을까요?
2. 왕진 씨가 세연 씨에게 기분이 나쁘다고 하면 미나 씨의 기분이 어떨까요?

타자성의 존중

[타자성 존중은 자민족 중심주의에서 민족 상대주의 관점으로의 전환을 뜻한다. 이는 타문화 존중과 타인 지향성에 기반한다.]

3. 왕진 씨와 세연 씨 두 사람 모두의 기분을 상하게 하지 않으려면 이 문제를 어떻게 해결해야 할까요?

문화적으로 어색하거나 부적절한 상황: 한국문화

저는 독일에서 온 다니엘입니다. 연세대학교 국어국문학과 1학년입니다. 이번 학기에 한국 문학의 이해 수업을 듣고 있습니다. 첫 시간에 옆에 앉은 한국인 학생에게 "안녕, 너는 이름이 뭐야?"라고 질문했습니다. 그런데 질문을 받은 학생이 경제학과 3학년 학생이라고 저에게 반말을 하지 말라고 했습니다. 독일은 한국처럼 존댓말을 사용하지 않아서 존댓말을 사용하는 것이 익숙하지 않고 사실 조금 이해하기 어렵습니다. 앞으로 저는 어떻게 해야 할까요?

자문화와 목표 문화 비교

[자문화와 목표 문화의 비교는 문화적 차이 인식과 존중에 기반하여 타문화에 대한 긍정적인 감정을 촉진하는 상호문화 감수성의 인지적 토대가 된다.]

1. 한국어는 존댓말이 매우 발달했습니다. 이와 같이 여러분의 모국어와 한국어의 다른 점에는 어떤 것이 있을까요?

다름에 대한 이해

[다름에 대한 이해는 문화 차이에 대한 민감성을 촉진할 수 있다. 문화적 차이에 대한 민감성은 상호문화 감수성의 주요 구성 요소이다.]

2. 왜 한국어는 특별히 존댓말이 발달했을까요? 그 이유를 생각해 봅시다.

모호성에 대한 관용과 판단부류

[모호성에 대한 관용과 판단 보류는 갈등과 오해의 상황에서 상대방의 입장에서 생각하고 타인의 감정에 공감하는 것으로 상호문화 감수성이 구체적으로 구현된다고 볼 수 있다.]

3. 다니엘 씨가 반말을 했을 때 한국인 학생의 기분은 어땠을까요?

문화 충격 관리

[문화 충격 관리는 정서적 영역으로 상호문화 의사소통에서 발생하는 오해와 실패에 대한 심리적 반응을 뜻한다. 이러한 문화 충격 관리는 상호문화 감수성의 구성 요소인 개방성과 유연성과 관련된다.]

4. 한국인 학생이 다니엘 씨에게 반말을 사용하지 말라고 하셨을 때, 다니엘 씨의 기분은 어땠을까요? 그리고 다니엘 씨는 한국인 학생에게 어떻게 말해야 할까요?

타자성의 존중

[타자성의 존중은 문화 상대주의적 관점에 토대가 된다. 상호문화 의사소통 상황에서 문화 상대주의적 관점에 기반하여 상호문화 감수성이 실제로 구현될

수 있다.]

5. 다니엘 씨는 한국인 학생에게 독일과 한국의 문화가 다르다는 것을 설명하고 싶습니다. 독일어에도 존칭은 있지만 한국어와 같이 존댓말이 다양하게 발달하지 않았고, 한국처럼 나이에 따라 사용하지 않는다는 것을 설명하고 싶습니다. 어떻게 하면 한국인 친구의 기분이 나쁘지 않게 설명할 수 있을까요?

자문화와 목표 문화에 대한 가치 평가

[자문화와 목표 문화의 비교에 근거한 가치 평가는 학습자의 상호문화적 지식을 강화하고 문화 차이에 대한 인식을 토대로 상호문화 감수성의 구성 요소인 문화적 민감성을 촉진할 수 있다.]

6. 한국 사람들도 때때로 지나친 존댓밀 문화가 불편하다고 생각합니다. 여러분 나라의 말과 비교했을 때 존댓말은 꼭 필요할까요? 여러분의 생각은 어떤가요?

문화 충격 관리와 심리적 적응

[문화 충격 관리와 심리적 적응은 상호문화 의사소통 능력의 정의적 영역으로 성공적인 문화 적응의 관점에서 목표 문화의 선택적 수용으로 연결된다.]

7. 이와 같이 불편하거나 이해할 수 없는 한국문화가 있을 때, 여러분은 어떻게 하나요?

과제 후 단계

- 다른 조(팀)의 발표를 듣고 자신의 대응 방법과 담화 사용 양식의 차이점에 대해 인식하기
- 조(팀)별 발표 평가
- 개인·조(팀)별 완성물 오류 피드백에 대한 교사의 명시적·암시적 교정

상호문화 감수성은 타문화권에 속한 개인에 대한 긍정적 태도, 문화적 차이를 인식하는 민감성, 유연, 개방성, 공감 능력, 자기 조절 능력, 민족 상대주의를 포함하

는 개인적 능력으로 구성된다. 상호문화 감수성 함양 문화 포트폴리오는 다른 문화에 대한 긍정적 태도, 개방성과 포용성, 관용의 정신과 같은 상호문화 감수성의 구성 요소들을 촉진할 수 있는 과정으로 구성되었다.

포트폴리오는 타자성 존중에 근거한 민족 상대주의적 관점을 단계적으로 학습하고 상호문화 의사소통의 실패 시 심리적 반응 조절과 모호성에 대한 관용으로 구성된다.

먼저 자문화와 목표 문화의 비교는 결국 자문화와 한국문화의 가치 평가를 위한 상호문화 인식과 지식의 영역이다. 이는 자민족 중심주의에서 '민족 상대주의 관점'으로의 전환을 위한 문화 인식 과정이라 할 수 있다. 구체적으로는 '자문화와 목표 문화에 대한 객관적 거리두기 → 자문화와 목표 문화 비교 → 차이 인식하기 → 다름에 대한 이해 → 문화 차이의 수용과 존중 → 자문화와 목표 문화 가치 평가 → 관용에 기반한 선택적 수용의 태도'의 단계적 과정을 거친다. 이는 자민족 중심주의의 근원을 인정하는 동시에 타문화 존중에 기반한 타자의 세계관에 대한 공감과 세계관의 확장을 가능하게 한다.

03 의사소통 능력 함양 문화 포트폴리오

의사소통 능력 함양 문화 포트폴리오는 학습자가 실제로 언어적 · 비언어적 의사소통 능력을 사용하여 상호문화 의사소통의 목적을 성공적으로 성취하는 것을 교육 목표로 삼았다. 학습자의 인지적 · 정서적 영역에서의 변화가 행동적으로 표출될 수 있도록 상호문화적 상황을 제시하고 이에 대한 학습자의 반응을 기술할 수 있도록 고안하였다. 구체적으로는 갈등 관리, 행동적 유연성, 맥락에 적합한 임기응변 지원 도출, 효과적인 상호작용 수정 기술은 상호문화 의사소통 상황에서 중요하게 다루어지는 요소들이다. 상호문화 의사소통 능력 함양 문화 포트폴리오는 텍스트 기반 시나리오에 기반한 하나의 예시로 구성된 것이다.[66]

66 시나리오와 역할극은 다수의 상호문화 의사소통 능력 함양 훈련에서 주요하게 다루어지는 상호문화교육 방법 중 하나이다. 이러한 시나리오는 텍스트 기반 지필 평가로 학습자가 상호문화적 상황에 대해 읽고 질문(대처 방안)을 기술하는 방식으로 진행된다. 텍스트 기반 시나리오 평가와 역할극은 INCA의 상호문화 능력 측정에도 주요한 평가 기준으로도 사용된다.

표 8.3 의사소통 능력 함양 문화 포트폴리오 구성

<table>
<tr><td>과제</td><td>제목: 상호문화 의사소통 과정
유형: 텍스트 기반 역할극
성격: 상호문화적 상황 관찰과 분석에 근거한 평가</td></tr>
<tr><td>목표</td><td>행위: 의사소통 갈등을 해결하기 위한 언어적·비언어적 표현
언어: 의사소통 시 갈등 해결을 위한 적합한 표현 익히기
문화: 의사소통 갈등 상황에서 유연성에 기반한 임기응변 자원 도출
언어·비언어적 의사소통 기술 내재화, 신체적 거리, 신체 접촉, 금기시 되는 비언어적 행동 학습
지식: 상호문화 의사소통 과정에서 사회언어학적, 화용적 능력 학습하기</td></tr>
<tr><td>언어소통 능력</td><td>한국어 공손성에 관련된 어휘와 문법 지식</td></tr>
<tr><td>언어 활동</td><td>읽기, 듣기, 쓰기, 말하기</td></tr>
<tr><td>학습 도구</td><td>텍스트를 읽고 쓸 수 있는 핸드아웃 양식</td></tr>
<tr><td rowspan="2">교육과정 및 활동방법:

동료 평가와 자기 평가

교사의 명시적 ·암시적 교정</td><td>과제 전 단계
의사소통 갈등 혹은 오해의 상황과 관련된 동영상을 보고 조별로 자유롭게 자신의 생각을 이야기하기
실제로 의사소통 갈등 혹은 오해의 상황에서 해결 경험 이야기하기</td></tr>
<tr><td>과제: 의사소통 갈등 혹은 오해의 상황 인식과 이에 대한 반응 기술
[상호문화 접촉 경험 자서전(AIE): 타인, 같음과 다름, 대화하기, 좀 더 많이 알아내기, 비교를 통해서 이해하기]

* 다음의 글을 읽고 대답해 봅시다.

영국에서 온 한나 씨는 연세대학교 한국학과 대학원에서 한국어교육을 전공하고 있습니다. 한나 씨의 아버지는 영국인이고 어머니는 한국인입니다. 한나 씨는 영국에서 태어났고 한나 씨의 아버지께서 한국어를 모르기 때문에 영국에서는 한국어를 배우거나 사용한 적이 없습니다. 한국학 대학원에 입학하기 전에 6개월 정도 한국어를 배운 것이 전부입니다. 그래서 한나 씨는 한국학 대학원에서 공부하는 것이 재미있지만 한국어가 어려워 조금 힘듭니다. 요즘 한나 씨는 대학원에서 많은 사람과 친해졌습니다. 특히 한국인 친구들이 많이 생겨서 기쁩니다. 그런데 이상한 일이 있었습니다. 9월달에 한국학과 친구인 은경 씨가 "시간 날 때 밥 한번 같이 먹자"라고 해서 은경 씨의 연</td></tr>
</table>

락을 계속 기다렸지만 학기가 끝나는 12월이 되어도 은경 씨는 함께 식사를 하자는 말을 하지 않습니다. 한나 씨는 기분이 나쁘지만 조금 참고 다음 주에 은경 씨에게 왜 식사를 하지 않냐고 물어볼 예정입니다. 한나 씨는 은경 씨에게 어떻게 이야기해야 할까요?

언어적 의사소통 기술

[언어적 의사소통 기술은 상호문화 의사소통의 맥락에서 사회문화적으로 적합한 한국어 구사 능력과 관련된다. 의사소통 갈등 상황에서는 갈등을 완화할 수 있는 공손성과 관련된 적합한 문법 표지의 사용과 관련된다.]

1. 월요일 날 한나 씨는 은경 씨에게 이것을 이야기하려 합니다. 은경 씨가 기분이 상하지 않게 어떻게 이야기 할 수 있을까요?

효과적인 상호작용 수정 기술

[효과적인 상호작용 수정 기술에는 구체적으로 되묻기, 요약하기, 질문하기 등이 있다. 이는 갈등 상황에 대한 예측과 유연한 대처를 가능하게 한다.]

2. 한나 씨가 은경 씨에게 왜 식사 약속을 하지 않느냐고 묻자 은경씨가 "아, 그것은 한국에서 하는 일반적인 인사말이야, 미안해. 말이 나온 김에 우리 다음 주에 저녁 함께 먹을까"라고 말했습니다. 한나 씨는 "시간 날 때 밥 한번 같이 먹자"는 말이 왜 일상적인 인사말인지 이해가 되지 않습니다. 기분이 조금 상했습니다. 그렇지만 은경 씨의 기분을 상하게 하고 싶지 않습니다. 한나 씨는 은경 씨에게 어떻게 이야기해야 할까요?

갈등 관리

[갈등 관리는 행동적 유연성을 통한 맥락에 적합한 임기응변 자원도출을 유도하며, 의사소통의 능력의 구성 요소 중 효과적인 메타 커뮤니케이션 관리 능력과 연관된다.]

	3. 1번과 2번 문항에 대해 조(팀)별로 동료 학습자와 자신의 기록을 나누어 보고, 상호문화 의사소통 과정에서 오해와 갈등을 줄일 수 있는 상호작용 기술과 방법에 대해 이야기해 봅시다. 4. 조(팀)별 학습 활동 시 잘못된 표현, 문법을 동료 피드백으로 수정해 봅시다.
	과제 후 단계 • 다른 조(팀)의 발표 듣고 자신의 대응 방법 담화 사용 양식의 차이점에 대해 인식하기 • 조(팀)별 발표에 근거한 평가 • 개인·조(팀)별 완성물 오류 피드백에 대한 교사의 명시적·암시적 교정

상호문화 의사소통 능력은 의사소통 능력은 언어학적 능력, 사회언어학적 능력, 담화 능력, 메타 커뮤니케이션 능력으로 구성된다. 의사소통 능력 함양 포트폴리오는 사회언어학적 능력과 담화 능력에 초점을 두어 학습자의 갈등 관리와 적응성 함양을 중점적으로 다루었다. 갈등 관리는 결국 행동적 유연성에 기반한 맥락에 적합한 임기응변 자원 도출 과정이라 할 수 있으며 이를 구체화하여 상호문화 의사소통 포트폴리오로 구성해 보았다. 이것은 상호문화 능력의 하위 구성 요소인 상호문화 기술과도 관련되며 상호문화 의사소통 능력의 행동적 영역과도 연결된다. 상호문화 의사소통 능력의 행동적 영역은 크게 언어 · 비언어적 상호문화 의사소통 기술과 행동적 유연성에 기반하여 맥락에 적합한 임기응변 자원으로 산출된다. 언어적 의사소통 기술에는 거절하기, 사과하기 등의 공손성과 관련된 담화 맥락 학습하기가 주요하게 다루어진다. 비언어적 의사소통은 신체적 거리, 신체 접촉, 금기시되는 비언어적 행동을 상호문화적 맥락에 적절하게 조절할 수 있어야 한다. 효과적인 상호작용 수정 기술에는 되묻기, 요약하기, 질문하기 등의 의사소통 과정이 포함된다. 상호문화 의사소통 함양 문화 포트폴리오는 이러한 언어적 · 비언어적 의사소통 기술과 상호작용 수정 기술을 사용하여 맥락에 적합한 의사소통 임기응변 자원 도출의 과정을 학습자 스스로 인식하고 기술할 수 있도록 고안하였다.

Chapter summary

8장에서는 학문목적 학습자의 상호문화 의사소통 능력 측정 결과와 문화 인식 포트폴리오 분석 결과를 토대로 상호문화 의사소통 능력 함양을 위한 문화 포트폴리오를 고안하였다. 상호문화교육에 기반한 문화 포트폴리오는 상호문화 의사소통의 구성 요소인 상호문화 능력, 상호문화 감수성, 의사소통 능력 함양 포트폴리오로 구성된다.

'상호문화 능력' 함양 문화 포트폴리오는 학문목적 학습자의 자문화와 한국문화에 대한 비판적 문화 인식(Critical cultural awareness)을 주요하게 다루고 있다. '상호문화 감수성' 함양 문화 포트폴리오는 자민족 중심주의에서 '민족 상대주의로 학문목적 학습자의 관점과 태도의 변화'를 유도하도록 고안되었다. '의사소통 능력' 함양 문화 포트폴리오는 인지적 · 정의적 영역에서 상호문화교육 과정에서 관점과 태도의 변화를 경험한 학습자가 실제로 언어적 · 비언어적 의사소통 능력을 사용하여 '상호문화 의사소통 능력을 구현해내는 것'을 교육 목표로 삼았다.

이와 같은 연구 결과에 근거하여 다음과 같이 제안하고자 한다. 자문화와 목표문화 지식을 토대로 상호문화 의사소통 시 민감하게 의사소통 상황을 인식하고 적합성과 효과성을 갖춘 의사소통을 가능하게 하는 상호문화 의사소통 능력 함양의 실제적인 상호문화교육 방법론으로 문화 포트폴리오 교육이 필요함을 밝힌다.

더불어 문화 인식 포트폴리오를 한국어교육 현장에 적용해 봄으로써 양적 연구에서 밝히기 어려운 학습자의 문화적 태도와 관련하여 유의미한 결과를 산출하였다. 그러나 상호문화 의사소통 능력 함양을 위한 문화 포트폴리오가 실제로 학문목적 학습자의 상호문화 의사소통 능력 함양에 유의미한 영향을 미치는지에 대한 검증은 이루어지지 못했다. 한국어교육 현장에서의 문화 포트폴리오의 적용과 검증은 후속 연구에서 이루어져야 할 것이다.

다음으로, 5장에서 논의하였듯이 기존의 전통적인 포트폴리오 형식에서 벗어나 e-문화 포트폴리오 개발의 필요성을 밝힌다. e-포트폴리오는 접근성과 학습자 산출물 저장의 측면에서 기존의 전통적 포트폴리오보다 관리가 용이하며 접근성과 의사소통 면에도 효율적이다(Barrett, 2000, 2005, 2007; Wesel & Prop, 2008; Joyes & Hartnell-Young, 2012; 김옥선 · 김춘동, 2009; 강인애 외, 2010; 권영숙, 2013). 그러므로 향후 학문목적 학습자의 상호문화교육 도구로 e-문화 포트폴리오가 활용될 수 있도록 후속 연구가 진행되어야 할 것이다.

Critical thinking and Question

01 상호문화 의사소통 능력은 양적 평가, 혹은 질적 평가의 단일 평가만으로는 온전히 측정되기 어렵다. 그렇다면 한국어 학습자의 상호문화 의사소통 능력의 측정에는 양적 연구와 질적 연구, 즉 양적 평가와 질접 평가가 상호보완적으로 이루어져야 할 것이다. 어떠한 양적, 질적 연구 방법이 고안되어야 하는지 논의해 보자.

02 8장의 상호문화 의사소통 능력 함양을 위한 문화 포트폴리오가 실제로 학문목적 학습자의 상호문화 의사소통 능력 함양에 유의미한 영향을 미치는지에 대한 검증은 이루어지지 못했다. 이를 검증하기 위해서는 어떠한 후속 연구가 진행되어야 할지 대해 논의해 보자. 또한 8장에서 고안한 상호문화 의사소통 포트폴리오의 보완점에 대해서도 이야기해 보자.

03 5장에서 논의하였듯이 이미 다양한 e-포트폴리오가 교육 현장에 활용되고 있다. 향후 학문목적 학습자의 상호문화교육 도구로 e-문화 포트폴리오가 어떠한 방향으로 개발되어야 할지 논의해 보자.

참고문헌

강수정(2020), “중도입국 한국어 학습자를 대상으로 한 학습일지의 적용과 그 효용성: CEFR기반 언어포트폴리오를 통한 질적 평가 방안으로서의 활용 가능성을 중심으로”, 『다문화사회연구』, 13(1), 숙명여자대학교 아시아여성연구원. pp.5-49.

강인애 · 유승현 · 강연경(2011), “학습성찰도구로서 e-포트폴리오 활성화를 위한 연구, 경 희대학교 사례를 중심으로”, 『한국콘텐츠학회논문지』 11(2), 한국콘텐츠학회, pp.495-506.

강현주(2018), “한국어 교사의 상호문화 능력 함양을 위한 문화교육 현황과 개선 방안”, 『Journal of Korean Culture』 43, 한국어문학국제학술포럼, pp.119-144.

강현화(2007), “한국인의 가치문화 교수 방안”, 『언어와 문화』 3(2), 한국언어문화교육학회, pp.85-115.

강현화(2010a), “문화교수의 쟁점을 통해서 본 문화교수의 방향성 모색”, 『한국언어문화학』 7-1, 국제한국언어문화학회, pp.1-30.

강현화(2010b), “한국어교육학 연구의 최신 동향 및 전망”, 『국어국문학』 155, 국어국문학회, pp.39-78.

강현화 · 홍혜란(2011), 한국문화교육 항목 선정에 관한 기초 연구-선행 연구, 교재, 기관 현황 조사 자료의 비교를 통하여-, 『외국어로서의 한국어교육』 36, 연세대학교 언어교육원 한국어학당. pp. 1-35.

고경숙(2008), “문화간 의사소통 관점에서 본 한국어 교사의 역할”, 『언어와 문화』 4(3), 한국언어문화교육학회, pp.1-20.

권영숙(2014), “e-언습장과 언어포트폴리오가 독일어 학습효과에 미치는 영향에 관한 연구”, 『외국어로서의독일어』 35, 한국독일어교육학회, pp.29-54.

김대행(2003), “한국어교육과 언어문화”, 국어교육연구, 『서울대학교 국어교육연구소』 12, pp.157-180.

김미연(2006a), “이문화간 의사소통 트레이닝의 필요성”, 『독일어문학』 33, 한국독일어문학회, pp.145-164.

김미연(2006b), “이문화간 의사소통 교육 방안”, 『독일어문학』 14(3), 한국독일어문학회, pp.355-377.

김미연(2008), “문화간 전문인력 양성을 위한 교과과정”, 『독어교육』 43, 한국독어독문학교육학회, pp.7-31.

김서진(2020), 외국인 교환학생을 위한 비교과 프로그램 개선 방안 연구-한국어교육에서의 상호문화역량을 중심으로, 한양대학교 교육대학원 석사학위 논문.

김선녀(2013), 한국 이주 몽골인의 문화적 역량과 문화적응 스트레스의 관계: 사회적지지의 조절효과를 중심으로, 서울기독대학교 대학원 박사학위논문.

김수진(2010), 문화간 의사소통능력 신장을 위한 한국문화교육 방법 연구, 한국외국어 대학교 대학원 박사학위논문.

김순임(2005), “이문화간 의사소통 능력의 개념에 관한 고찰.” 『독일언어문학』 29, 한국독일언어문학회, pp.97-129.

김순임(2009), “이문화간 의사소통 능력 향상을 위한 교육내용 구상”, 『독어교육』 45, 한국독어독문학교육학회, pp.7-34.

김순임 외(2007), “유럽연합 국가와의 문화간 의사소통 교육을 위한 기반연구”, 『독어교육』 46, 한국독어독문학교육학회, pp.405-436.

김순임 · 민춘기(2014), “상호문화 능력학습을 위한 교양 교과목 개발을 위하여”, 『교양교육연구』 8(5), 한국교양교육학회, pp.517-555.

김예리나(2018), 학습자 경험을 활용한 한국어 상호문화교육 연구, 서울대학교 석사학위 논문.

김예슬(2017), 상호문화적 관점에서 본 한국어 교재 분석, 이화여자대학교 석사학위논문.

김옥선(2007), “한국어교육에서의 상호문화 학습의 실천”, 『언어와 문화』 3(2), 한국언어문화교육학회, pp.182-202.

김옥순(2008a), “해외체류경험과 외국어 사용 능력에 따른 문화간 감수성 수준의 차이: 경기지역 대학생을 중심으로”, 『미래청소년학회지』 5(1), 미래를여는청소년학회, pp.45-67.

김옥순(2008b), 한 · 중 예비교사들의 문화간 감수성 비교연구. 『비교교육연구』 18(1), 한국비교교육학회, pp.193-217.

김옥선(2011), “상호문화 의사소통능력의 내용과 평가”, 『외국어로서의 독일어』 28, 한국독일어교육학회, pp5-29.

김옥선 · 김춘동(2009), "웹 2.0과 외국문화교육-문화 E-포트폴리오의 설계를 중심으로", 『독일어문학』 17, 한국독일어문학회, pp.351-372.

김옥순 · 전성민(2009). "초등 교사의 문화간 감수성 조사연구: 경기도를 중심으로", 『한국교원교육연구』 26, 한국교원교육학회, pp.59-83.

김유리(1998), 상호문화적인 의사소통과 인사말, 서울대학교 대학원 석사학위논문.

김유리(2004), "한국대학에서의 상호문화교육인력 양성을 위한 상호문화적 비즈니스 커뮤니케이션", 『독어교육』 31, 한국독어독문학교육학회, pp.31-51.

김유리(2009a), "문화간 커뮤니케이션 분야의 독일 대학교육 모델", 『독일언어문학』, 43, 한국독일어문학회, pp.261-278.

김유리(2009b), "이문화 비즈니스 커뮤니케이션을 활용한 독일문화교육", 『외국어로서의 독일어』 24, 한국독일어교육학회, pp.87-108.

김유리(2017a), "상호문화적 행동 능력 관점에서의 외국어 교재 분석", 『외국어로서의 독일어』 41, 한국독일어교육학회, pp.59-79.

김유리(2017b), "한독 기업 커뮤니케이션의 언어적 특징-고객 불평 대화 사례 분석을 중심으로", 『독어학』 36, 한국독어학회, pp.57-85.

김유리(2018), "문화간 의사소통 능력 향상을 위한 외국어 수업 설계: 고등학교 독일어 교과목 사례를 중심으로", 『Foreign languages education』, 25(3), 한국외국어교육학회, pp.183-201.

김정은(2009), "한국어교사의 이문화능력과 교사를 이한 이문화교육방안", 『언어와 문화』 5(3), 한국언어문화교육학회, pp.75-97.

김정숙(1997), "한국어 숙달도 배양을 위한 한국문화교육 방안", 『교육 한글』, 10, 한글학회. pp.317-326.

김주흠(2019), 광고 매체를 활용한 KSL 학습자의 상호문화교육 방안 연구, 영남대학교 대학원 석사학위논문.

김중섭(2005), "외국인을 위한 한국문화교육 연구의 현황 및 과제", 『이중언어학』, 27, 이중언어학회, pp.59-85.

김재상(2010), "2000년대 독일 교육문화의 새로운 패러다임-교육 개혁 정책과 함부르크학제 개혁안 논쟁을 중심으로", 『독일어문학』 18(1), 한국독일언어문학회,

pp.289-314.

김지혜(2014), “상호문화교육의 실천을 위한 검토-한국어 교사의 상호문화교육을 위한 시론”, 한국언어문화교육학회 학술대회, 한국언어문화교육학회, pp.73-83.

김하수(2004), “외국어 교육학으로서의 한국어교육학”, 제16차이중언어학회 전국학술대회 춘계대회 발표논문집, 이중언어학회.

김하수(2008), “언어와 문화교육에 대한 화용론적 해석”, 『외국어로서의 한국어교육』 33, 연세대학교 언어연구교육원 한국어학당, pp.1-17.

김형민(2010), “독일 상호문화교육의 배경과 초기 발전과정”, 『독일언어문학』, 47, 한국독일언어문화학회, pp.359-379.

김혜민(2015), 한국어 상호문화교육을 위한 교수 전략 연구, 서울대학교 대학원 석사학위논문.

김혜숙(2012), “상호문화적 국어교육의 교수-학습 방향 모색-다문화 사회의 통합형 문법교육을 위하여”, 『새국어교육』 93, 한국국어교육학회, pp.5-46.

곽보민(2019), 중도입국 아동을 위한 한국어 상호문화교육 수업모형의 개발 및 적용 연구: 초등학교 저학년 학생을 중심으로, 고려대학교 대학원 석사학위논문.

권성미(2010), “포트폴리오를 이용한 학습자 참여적 한국어 문화 교수 · 학습 모형 연구”, 『한국언어문화학』 7(1), 국제한국언어문화학회, pp.31-58.

나원주 · 김영규(2016), “한국어 교사의 상호문화 인식 조사 연구”, 『한국어교육』 27(3), 국제한국어교육학회, pp.49-80.

민현식(2003), “국어교육과 한국어교육에서의 문화교육”, 『외국어교육』, 10(2), 한국외국어교육학회, pp.429-452.

민춘기(2003), “상호문화 학습의 이론적 토대”, 『독일언어문학』, 12, 한국독일어교육학회, pp.127-147.

박석준(2008), “국내 대학의 학문목적 한국어교육 현황 분석 -입학 후 과정을 중심으로”, 『한국어교육』 19(3), 국제한국어교육학회, pp.1-32.

박성(2017), 다문화교실에서 역할극을 통한 한국문화교육 연구-상호문화성을 중심으로, 『한국언어문화학』, 14(1), 국제한국언어문화학회, pp.111-142.

박영순(2003), “한국어교육으로서의 문화교육에 대하여”, 『이중언어학』 23, 이중언어학회. pp.67-89.

박종수(2017), “상호문화교육 프로그램 개발을 위한 제언”, 『다문화와 인간』 6(1), 대구가톨릭대학교 다문화 연구소, pp.145-165.

박주희, 정진경 (2008). “타문화에 대한 태도 발달 검사의 타당화 연구”, 『한국심리학회지: 사회및성격』 22(1), 한국심리학회지: 사회및성격, pp.1-21.

박현주(2019), “한국어 교사의 상호문화 능력 함양을 위한 문화교육 현황과 개선 방안”, 『Journal of Korean Culture』 43, 한국어문학국제학술포럼, pp.119-144.

박혜숙(2016), “신세대 특성과 라이프 스타일 연구-Z세대를 중심으로”, 『인문사회 21』 7(6), (사)아시아문화학술원, pp.753-767.

서영지(2016), 고등학교 프랑스어 교육에서의 상호문화접근법 적용 방안 연구, 서울대학교 대학원 박사학위논문.

서영지(2018), “Michael Byram의 ‘문화적 전환’에 관한 연구: 사회문화능력에서 상호문화의 사소통능력으로”, 『프랑스문화 연구』 36, 한국프랑스문화학회, pp.149-172.

서혁(2017), “학교교육과 한국언어문화교육의 쟁점과 과제”, 『한국언어문화학』 14(3), 국제한국언어문화학회, pp.221-248.

성기철(2001), “한국어교육과 문화교육”, 『한국어교육』 12(2), 국제한국어교육학회, pp.111-135.

성시온(2010), 한국어 교사의 문화지능(Cultural Intelligence) 조사 연구, 연세대학교 교육대학원 석사학위논문.

손태수(2010), 『한중록』과 『레드 퀸』: 번역과 문화횡단 양상 고찰, 성균관대학교 대학원 박사학위논문.

신응철(2009), 『문화, 철학으로 읽다』, 서울: 북코리아.

신승혜(2015), “중국 결혼이민여성 대상 상호문화교육 방안-한국과 중국의 신화를 활용하여”, 『中國學論叢』 48, 한국중국문화학회, pp.255-289.

심승환(2009), 다문화교육의 의미에 대한 교육철학적 고찰, 『교육척학연구』 45, 한국교육철학학회, pp.121-150.

안희은(2019), “한국어교육 정책의 발전방향 고찰”, 『예술인문사회융합 멀티미디어논문지』 9(5), 인문사회과학기술융합학회, pp.55-64.

양민애(2008), “한국어 교사 교육에서의 이문화교육의 필요성과 방향”, 『이중언어학』 38, 이중언어학회, pp.235-261.

양주희(2014), 한국어 교사의 문화간 감수성 측정 연구, 이화여자대학교 교육대학원 석사학위논문.

오영훈(2009), "다문화교육으로서 상호문화교육-독일의 상호문화교육을 중심으로", 『교육문화 연구』, 15(1), 교육문화 연구소, pp.27-44.

오영훈 · 김창아(2015). "교육연극을 활용한 상호문화교육의 이해-Schulz-von Thun의 의사소통 모델을 중심으로-", 『독일언어문학』 67, 한국독일언어문학, pp.23-42.

오지혜(2013), "문화 능력의 재개념화를 통한 한국어 문화교육 내용 연구-문화 교재 분석을 중심으로-", 『한국언어문화학』 10(1), 국제한국언어문화학회, pp.75-97.

오지혜(2019), "내러티브 기반의 문화간 의사소통 평가 연구", 『한국언어문화학』 16(2), 국제한국언어문화학회, pp.171-197.

유네스코 아시아 · 태평양 국제이해교육원(2008), 『다문화 사회의 이해: 다문화교육의 현실과 전망』, 파주: 동녘.

유수연(2005), "문화간 의사소통 연구 동향과 나아갈 길-독일의 사례를 중심으로", 『독독일어문학』 29, 한국독일어문학회, pp.373-394.

유수연(2006), "문화간 의사소통 트레이닝을 위한 의사소통 분석틀에 대하여", 『외국어로서의 독일어』 19, 한국독일어교육학회, pp.169-190.

유수연(2008), 『문화간 의사소통의 이해: 다문화시대의 소통방법』, 서울: 한국문화사.

유수연(2012), "상호문화 의사소통능력 개발을 위한 이론과 실제", 『외국어로서의 독일어』 30, 한국독일어교육학회, pp.81-101.

유수연(2013a), "상호문화 학습을 위한 외국어교육에서의 지역학의 역할", 『국제지역학논총』 6(1), 국제지역연구학회, pp.79-94.

유수연(2013b), "학습자 관점에서 본 상호문화 의사소통 능력 향상을 위한 강의모형 연구와 전망", 『외국어로서의 독일어』, 32, 한국독일어교육학회, pp.23-43.

유수연(2015), 『언어, 문화, 상호문화 의사소통』, 서울: 한국문화사.

유수연, 김순임(2004), "문화간 의사소통 연구 동향과 나아갈 길: 독일의 사례를 중심으로", 『독일어문학』 29, 한국독일어문학회, pp373-394.

유풍(2019), 상호문화적 접근에 기반한 문화교육에서의 가치관교육-중국인 한국어 학습자를 대상으로, 한성대학교 대학원 박사학위논문.

윤보연(2014), "상호문화교육의 관점에서 본 유네스코 문화교실 수업의 의미", 『글로벌 교육연구』 5(2), 글로벌교육연구학회, pp.9-90.
윤여탁(2008), “다문화교육으로서의 한국어교육: 현실과 방법론”, 『국어교육연구』 22, 서울대학교 국어교육연구소, pp.7-34.
윤영(2015), “한국문화교육에서 질적 연구 방법의 활용 현황 및 과제”, 『언어와 문화』 11(2), 한국언어문화교육학회, pp.3-27.
윤영(2016), ”국외 한국어 학습자를 위한 문화교재 개발 방향-상호문화주의 관점의 반영을 바탕으로”, 『人文社會科學研究』 50, 호남대학교 인문사회과학연구소, pp.33-55.
윤용선(2006), “이문화간 의사소통 이론에 관한 연구”, 『국제지역연구』, 10(2), 한국 외국어대학교 외국학종합연구센터, pp.161-192.
원미진(2009), “한국어 교사의 이문화간 소통능력 구성요인에 대한 탐색적 연구”, 『한국어 교육』 20(2), 국제한국어교육학회, pp.85-105.
원승룡 외(2001) 『문화이론과 문화읽기』, 서울: 서광사.
이경희(2011), “다문화사회 교육의 두 관점: 다문화교육과 상호문화교육”, 『다문화교육』 2(1), 한국다문화교육연구학회, pp.37-55.
이병혁(2004), “언어사회학에서 본 한국언어문화”, 국제한국언어문화학회 제1차 국제학술대회 발표논문집, 2004.
이미혜(2004), “한국어와 한국문화의 통합 교육: 언어교육과 문화교육의 통합양상을 고려한 교육방안”, 『국제한국언어문화』 1(1), 국제한국언어문화학회, pp.143-163.
이선미(2018), 상호문화 관점에서의 한국어 교사 대상 문화교육 방안 연구-식생활 문화-, 이화여자대학교 대학원 석사학위논문.
이성희(2013), “화성인류학자를 활용한 예비 한국어 교사의 상호문화 능력 교육 방안-‘정의적 능력’을 중심으로”, 『한국언어문화학』 10(2), 국제한국언어문화학회, pp.225-246.
이성희(2016), “다문화 결혼이주여성을 위한 상호문화교육 방안”, 『온지논총』 48권, 온지학회, pp.141-166.
이소연(2017), 문화간 의사소통능력을 고려한 한국문화 교수요목 설계 연구, 부경대학교 대학원 박사학위 논문.
이신혜(2017), 전통 자장가를 활용한 상호문화교육 방안 연구-결혼이주여성의 한국-베트남 상호문화이해를 중심으로, 경인교육대학교 대학원 석사학위논문.
이원희(2018a), “상호문화관점에서의 한국어 교재 개발 연구-K-MOOC를 활용한 한국어

문화 교재 개발 방안", 국제한국어교육학회 제28차 국제학술대회논문집, 국제한국어교육학회, pp.187-203.

이원희(2018b), "학문목적 학습자의 상호문화 의사소통 능력 함양을 위한 상호문화 감수성 연구", 『이중언어학』 71, 아중언어학회, pp.187-219.

이원희(2019), "AIC-CCS를 활용한 중국인 학문목적 학습자의 상호문화능력 연구", 『한국어교육』 30(2), 국제한국어교육학회, pp.163-195.

이인혜(2017), 미국 대학 KFL 학습자의 한국문화 접촉 경험과 상호문화 감수성 연구, 국제한국어교육학회 제27차 국제학술발표논문집, pp.205-218.

이정민(2009), "외국어교육어서의 문화교육: 상호문화적 의사소통에 요구되는 문화능력의 교수-학습 문제를 중심으로", 『프랑스어문교육』 31, 한국프랑스어문교 육학회, pp.113-140.

이종환(2014), 『SPSS를 이용한 조사방법 및 통계분석의 이해와 적용』, 고양: 공동체.

이형노(2016), 한국과 캄보디아 속담 비교를 통한 상호문화교육 요소 연구, 한국외국어대학교 교육대학원 석사학위논문.

장한업(2009), "프랑스의 상호문화교육과 미국의 다문화교육의 비교연구", 『프랑스어문 교육』 32, 한국프랑스어문교육학회, pp.105-121.

장한업(2010), 『유럽의 상호문화교육: 다문화 사회의 새로운 교육적 대안』, 파주: 한울.

장한업(2011), 『(개념과 활용) 상호문화 이해하기』, 파주: 한울.

장한업(2014), 『이제는 상호문화교육이다』, 파주: 교육과학사

장한업(2015), "유네스코의 교육적 관점의 변화 연구", 『교육의 이론과 실천』 20, 한독교육학회, pp.113-131.

장한업(2016), "상호문화교육의 철학적 기반에 대한 고찰-상호주관성과 상호문화성을 중심으로", 『교육의 이론과 실천』 21(2), 한독교육학회, pp.33-54,

장한업(2017), "유럽의 상호문화교육 지침서 비교 연구", 『비교교육연구』 27(1), 한국비교교육학회, pp.199-222.

장한업(2018a), "20세기'상호문화 담론들'에 대한 비교 고찰", 『비교교육연구』, 28(3), 한국비교교육학회, pp.265-289.

장한업(2018b), "다문화 사회의 상호문화교육", 전국 여교수 연합회 추계 학술세미나 자료집, 전국여교수연합회, pp.58-66.

장한업(2019), “문화다양성 관리 모형으로서의 상호문화교육 실태 비교 분석: 국제기구의 상호문화교육을 중심으로”, 『교육의 이론과 실천』, 24(3), 한독교육학회, pp19-38.

전규찬(1997), 「문화연구의 반주변부적 재배치」, 『언론과 사회』 18, pp 216-225.

정기섭(2009),“독일의 사회통합을 위한 이주 외국인 자녀의 교육지원 현황 및 시사점 분석”, 『교육의 이론과 실천』, 14(2), 한독교육학회, pp106-134.

정기섭(2011), “지속가능발전교육의 관점에서 본 상호문화 역량”, 『교육의 이론과 실천』, 16(3), 한독교육학회, pp.133-149.

정기섭(2020), “독일 학교에서 상호문화교육의 실행원칙과 실천사례”, 『문화교류와 다문화교육』, 9(1), 인하대학교 다문화융합연구소, pp.129-152.

정대현(1985), 『한국어와 철학적 분석』, 서울: 이화여자대학교 출판부.

정수복(2007), 『한국인의 문화적 문법: 당연의 세계 낯설게 보기』, 서울: 생각의나무.

정영근(2001), “세계화시대 상호문화교육의 목표와 과제-한국의 세계화교육에 대한 반성적 고찰”, 『교육의 이론과 실천』, 6(1), 한독교육학회, pp.1-20.

정영근(2009a), “학교의 이중 언어수업과 상호문화교육 독일 베를린의 공립학교 이중 언어수업 실험모형을 중심으로”, 『교육의 이론과 실천』 14(1), 한독교육학회 pp.167-185.

정영근(2009b), “학교 상호문화교육 프로그램 개발의 준거와 실례: 독일의 학교수업 사례를 참조하여”, 『교육의 이론과 실천』 14(2), 한독교육학회, pp.159-180.

정영근(2011), “독일 초등학교의 상호문화교육: 교육내용, 교수방법 및 교육프로그램을 중심으로”, 『교육의 이론과 실천』 16(2), 한독교육학회, pp.55-77.

정진경 · 양계민(2005), “문화간 훈련의 이론과 방법”, 『한국심리학회지』 24(1), 한국심리학회, pp.185-215.

정창호(2011), “독일의 상호문화교육과 타자의 문제”, 『교육의 이론과 실천』, 6(1), 한독교육학회, pp.75-102.

조영미(2018), “상호문화 접근법을 활용한 한국어 문화교육 사례 연구-대만 대학생들을 대상으로-”, 『외국어로서의 한국어교육』 49, 연세대학교 언어연구교육원 한국어학당, pp.225-248.

조영미(2020), “상호문화 감수성 신장을 위한 문학교육 방안 연구-대만 대학교의 부전공 과정생을 대상으로-”, 『이중언어학』, 79, 이중언어학회, pp.249-276.

조용환 (1999), 『질적 연구와 양적 연구. 질적 연구: 방법과 사례』. 서울: 교육과학사.

조윤정(2013), “다문화수업의 상호문화이해 유형 분석”, 『글로벌교육연구』, 5(1), 글로벌교육연구학회, pp.81-108.

조한무(1998), 『수행평가를 위한 포트폴리오 평가』, 서울: 교육과학사.

조항록(2004a), “한국어문화교육론의 내용 구성 시론”, 『한국언어문화학』 1(2), 국제한국언어문화학회, pp.199-219.

조항록(2004b), “한국 언어문화와 한국어교육”, 『한국언어문화학』 1(2), 국제한국언어문화학회, pp193-201.

조항록(2015), “한국어교육 정책과 문화교육의 연구 동향 분석”, 『한국어교육』 26(4), 국제한국어교육학회, pp.389-415.

조혜정(1994), 「전통문화의 전체성에 관한 담론 분석」, 『동방학지』 8, 연세대학교 국학연구원 pp177-210.

추진기(2020), “신세대(New Generation)에 관한 SNS상의 인식 리서치 연구-소셜 빅데이터를 활용한 ‘Y세대’와‘Z세대’연관어 비교를 중심으로-”, 『한국디자인포럼』, 66, 한국디자인트렌드학회, pp.117-129.

최경구 외(1996), 『한국사회의 이해』, 서울: 일신사.

최미나 · 노혜란 · 김명숙(2005), “대학교육에서의 e-교수학습 포트폴리오 개념적 프레임웍 개발”, 『교육정보미디어연구』 11(2), 한국교육정보미디어학회. pp.147-165.

최윤희(2000), “문화간 커뮤니케이션 교과과정에 관한 모색”, 『한국언론학회』, 론학회 봄철 정기학술 대회, pp.143-150.

하수권(2006), 문화간 비즈니스 의사소통 능력 향상을 위한 교육과정 개발 가능성 연구, 『독어교육』 37, 한국독어독문학교육학회, pp.89-114.

한국교육평가학회 편(2004), 『교육평가 용어사전』, 서울: 학지사.

한명희 외(1996), 『국제사회와 국제이해교육』 유네스코한국위원회 기획. 서울: 정민사.

홍원표(2010), “탈식민주의와 교육과정 연구: 다문화 시대의 새로운 인식론적 기반을 찾아서”, 『교육과정연구』 28(1), 한국교육과정학회, pp.47-65.

한상미(1999), “한국어교육에서 언어와 문화의 통합적인 교육 방안: 의사소통 민족지학 연구 방법론의 적용”, 『한국어교육』 10(2), 국제한국어교육학회, pp.347-366.

황인교(2016), “외국인을 위한 한국문화교육의 목표와 내용 분석 - ‘국제통용한국어교육표준’과 ‘문화예술교수요목’을 중심으로-” 『한국언어문화학』 3(1), 국제한국어언어문화학회, pp.163-188.

Beacco, J. C. (2010). 외국어 학습에 있어서의 문화의 층위", 언어 간 의사소통과 문화 교육, 서강대 개교 50주년 기념 국제학술대회 발표자료집, pp 47-75.

Huang, LuoYing(2014), 중국인 학습자를 위한 상호문화교육 연구: 한국문학 작품 활용을 중심으로, 서울대학교 대학원 석사학위 논문.

Nguyen Thi Hong(2017), 한국인과 베트남인의 신체언어 비교 분석 및 상호문화교육적개선 방안, 이화여자대학교 대학원 석사학위논문.

Nguyen Thi Van(2018), "현대문화를 통한 한국어교육 항목 선정 연구(중급)-상호문화적 접근으로", 『한국어교육연구』 13, 한국어교육연구소, pp.64-86.

Abdallah-Pretceille, M. (2000/2010). *L'éducation interculturelle*. 3e édition mise à jour Paris: Presses universitaires de France, impr.

Abrams, Z. I. (2002). Surfing to cross-cultural awareness: Using internet-mediated projects to explore cultural stereotypes. *Foreign Language Annals*, 35, 141-153.

Allen, L. Q. (2004). Implementing a culture portfolio project within constructivis paradigm. *Foreign Language Annals*, 37, 232-239.

American Council on the Teaching of Foreign Languages.(1982). ACTFL provisional proficiency guidelines. Yonkers, NY: ACTFL.

American Council for the Teaching of Foreign Languages. (2012). ACTFL proficiency guidelines 2012. Alexandria, VA: Author.
https://www.actfl.org/publications/guidelines-andmanuals/actfl-proficiency-guidelines-2012.

Arasaratnam, L. A. (2006). Further testing of a new model of intercultural communication competence. *Communication Research Reports*, 23, 93-99.
http://www.immigrantinstitutet.se/immi.se/intercultural/nr35/arasaratnam.html

Arasaratnam, L. A. (2014). Ten Years of Research in Intercultural Communication Competence (2003-2013): A Retrospective. *Journal of Intercultural Communication*, 35, 66-73.

Arasaratnam, L. A., & Doerfel, M. L. (2005). Intercultural communication competence: Identifying key components from multicultural perspectives, *International Journal of Intercultural Relations*, 29(2), 137-163.

Asante, M. K. & Gudykunst W. B. (1989). *The handbook of international and intercultural communication*. Newbury Park, CA: Sage.

Banos, R. V. (2006). Intercultural Sensitivity of Teenagers: A Study of Educational Necessities in Catalonia, University of Barcelona. *Intercultural Communication Studies,* 15(2), 16-22.

Banks, J. A. (2001). *Cultural Diversity and Education: Foundations, Curriculum and Teaching*. Boston: Allyn & Bacon.

Banks, C. A. M. (2005). *Improving multicultural education: Lessons from the intergroup education movement*. New York, NY: Teachers College Press.

Banks, J. A. M. (2005). An Introduction to Multicultural Education.

Barrett, H. (2000/2014). Electronic portfolios Multimedia development portfolio development. http://electronicportfolios.org/portfolios/EPDevProcess.html.

Barrett, H. (2001). *Electronic portfolio development strategies*. Washington, D. C. 2001, Presentation at the PT3 annual grantees meeting.

Barrett, H. (2005). White paper: Researching electronic portfolios and learner engagement. www.taskstream.com/reflect/whitepaper.pdf

Barrett, H. (2007). Researching electronic portfolios and learner engagement: The REFLECT Initiative, *Journal of adolescent & adult literacy*, 50(6), 436-449.

Barron, P. & Dasli, M. (2010). Towards an understanding of integration amongst hospitality and tourism students using Bennett's developmental model of intercultural sensitivity. *Sport and Tourism Education* 9(2), 77-88.

Bennett, M. J. (1986). A developmental approach to training for intercultural sensitivity. *International journal of intercultural relations: IJIR,* 10, 179-196.

Bennett, M. J. (1993). Towards ethnorelativism: A developmental model of intercultural sensitivity. In R. M. Paige (Ed.), *Education for the intercultural experience* (2nd ed., pp. 21-71). Yarmouth, ME: Intercultural Press.

Bennett, M. J. (1998). Overcoming the golden rule: Sympathy and empathy. In M. J. Bennett (Ed.), *Basic concepts of intercultural communication: A reader*. Yarmouth, ME: Intercultural Press.

Bennett, M. J. (2013). *Basic concepts of intercultural communication*. (2nd ed.), Intercultural Press, Boston.

Bennett, M. J. (2015). *The Sage encyclopedia of intercultural competence*. LA: Sage.

Berry, J. W. (1980). Acculturation as varieties of adaptation. In A. Padilla (Ed.), *Acculturation: theory, models and some new findings* (pp. 9-5). Boulder: Westview.

Berry, J. W. (2005). Acculturation: Living Successfully in Two Cultures. *International Journal of Intercultural Relations* 29, 697-712.

Bhawuk, D. P. S. (1990). Cross-cultural orientation programs. In R. W. Brislin (Ed.), *Applied cross-cultural psychology* (pp.325-346). Newbury Park, CA: Sage Publications.

Bhawuk, D. P. S. & Brislin, R. (1992). The measurement of intercultural sensitivity using the concepts of individualism and collectivism. *International journal of intercultural relations,* 16, 413-436.

Bhawuk, D. P. S., & Triandis, H. C. (1996). The role of culture theory in the study of culture and intercultural training. In D. Landis & R. Bhagat (Eds.), *Handbook of intercultural training* (pp. 17-34). Newbury Park, CA: Sage Publications.

Boas, F. (1930). Anthropology. *Encyclopaedia of Social Sciences* 2, 73-110.

Bolten, J. (Hg.)(1999): Cross Culture - Interkulturelles Handeln in der Wirtschaft. Sternenfels: Wissenschaft & Praxis Verl.

Bolten, J. (2006). Interkulturelle Kompetenz. UTB-Handbuch der Medienund Kommunikationswissenschaften. (im Druck).

Bourdieu, P. (1984). Distinctions: A Social Critique of the Judgment of Taste, Cambridge(MA): Harvard University Press.

Bourdieu, P. (1986). The Forms of Capital. In J G. Richardson(Ed.), *Handbook of Theory and Research for the Sociology of Education* (pp. 241-254). Westport: Greenwood Press.

Bradford, L., Allen, M., & Beisser, K. R. (2000). Meta-analysis of intercultural communication competence research. *World Communication*, 29, 28-51.

Brislin, R. W., & Bhawuk, D. P. S. (1999). Cross-cultural training: Research and innovations. In J. Adamopoulos and Y. Kashima (Eds.) *Social psychology and cultural context* (pp. 205-216). Thousand Oaks, CA: Sage Publications.

Brislin, R. W., & Horvath, A. M. (1997). Multicultural training and education. In M. Segal, J. W. Berry, & P. Dasen, (Eds.), *Handbook of cross-cultural psychology* (pp.141-150). Needham Heights, MA: Allyn & Bacon.

Brislin, R. W., Landis, D., & Brandt, M. E. (1983). Conceptualisations of intercultural behavior and training. In D. Landis & R. W. Brislin (Eds.), *Handbook of intercultural training* (pp. 1-35). New York: Pergamon Press.

Brislin, R. W., & Pedersen, P. (1976). *Cross-cultural orientation programs.* New York: Gardner.

Brislin, R. W., & Yoshida, T. (1994a). *Intercultural communication training: An introduction*. Thousand Oaks, CA: Sage Publications.

Brislin, R W.,& Yoshida, T. (1994b). *Improving Intercultural Interactions: Modules for Cross-Cultural Training Programs*. Thousand Oaks: Sage.

Brown, H. D. (1994). *Principles of Language Learning and Teaching*. Upper Saddle River, NJ: Prentice Hall.

Brown, H. D. (2014). *Teaching by principles*. (4rd ed.) White Plains, NY: Longman.

Buttjes, B. (1991). Mediating languages and cultures: The Social and Intercultural Dimension Restored. In B. Buttjes, & M. Byram (Eds.) *Mediating languages and cultures Towards an intercultural theory of foreign language education* (pp. 3-16). Clevedon Multilingual Matters.

Byram, M. (1989). *Cultural studies in foreign language education*, Clevedon; Philadelphia: Multilingual Matters.

Byram, M. (1997). *Teaching and assessing intercultural communicative competence*. Clevedon, UK: Multilingual Matters.

Byram, M. (2003). On being 'bicultural' and 'intercultural'. In G. Alred, M. Byram & M. Fleming (Eds.), *Intercultural Experience and Education*(pp. 50-66). Clevedon: Multilingual Matters.

Byram, M. (2008). *From Foreign Language Education to Education for nterculturaI Citizenship: Essays and Reflections*. Clevedon: Multilingual Matters.

Byram, M. (2009). Intercultural competence in foreign language education. In D. Deardorff(Ed.), *The Sage Handbook of Intercultural Competence*(pp. 321-332). Thousand Oaks, CA: Sage Publications.

Byram, M, Barrett, M, Ipgrave J., & Jackson, R. (2008). The Autobiography of Intercultural Encounters, Cultural and Scientific Organization (ALECSO) and the Council of Europe.

Byram. M., & Fleming, M. (1998). *Language learning in intercultural perspective: Approaches through drama and ethnography*. Cam bridge: Cambridge University Press.

Byram, M., & Morgan, C. (1994). *Teaching and learning Language and culture*. Clevedon: Multilingual Matters.

Byram, M., Nichols, A. and Stephens, D. (2001). *Developing Intercultural Competence in Practice*. Clevedon: Multilingual Matters.

Byram, M., & Zarate, G. (1997). Definitions, objectives and assessment of sociocultural competence. *In Council of Europe Sociocultural Competence in Language Learning and Teaching* (pp.7-43). Strasbourg: Council of Europe.

Canale, M., & Swain, M. (1980). Theoretical Bases of Communicative Approaches to Second Language Teaching and Testing. *Applied Linguistics*, 1, 1-47.

Celce-Murcia, M. (1995), Communicative Competence: A Pedagogically Motivated Model with Content Specifications, *Issues in Applied Linguistics* 6(2), 5-35.

Celce-Murcia, M. (2001). *Teaching English as a second or foreign language,* Boston: Heinle & Heinle.

Chuang, R. (2018). Third-Culture Building. In Y. Y. Kim.(Ed.), *The International encyclopedia of intercultural communication v3.* Hoboken, NJ: Wiley.

Chen, G. M. (2014). Intercultural communication competence: Summary of 30-year research and directions for future study. In X, Dai & G. Chen(Eds.), *Intercultural Communication Competence: Conceptualization and Its Development in Cultural Contexts and Interactions* (pp.14-40) Newcastle Upon Tyne, England:

Cambridge Scholars.

Chen, G. M., & Starosta, W. J. (1996). Intercultural communication competence: A synthesis. B. Burleson (Ed.), *Communication yearbook 19,* 353-383.

Chen, G. M., & Starosta, W. J. (1997). A review of the concept of intercultural sensitivity. *Human Communication*, 1, 1-16.

Chen, G. M., & Starosta, W. J. (1998). A review of the concept of intercultural awareness. *Human Communication*, 2, 27-54.

Chen,G. M., & Starosta, W. J. (1999/2005). *Foundations of intercultural communication.* Lanham: University Press of America.

Chen, G. M., & Starosta, W. J. (2000). The Development and Validation of the Intercultural Sensitivity Scale. *Human Communication,* 3, 1-15.

Chomsky, N. (1965). *Aspects of the theory of syntax*. Cambridge. MA: MIT Press.

Council of Europe (2001). Common European framework of reference for languages: learning, teaching, assessment, Cambridge, U.K.: Cambridge University Press.

Council of Europe (2006). Plurilingual Education in Europe. Strasbourg: Council of Europe.

Council of Europe (2013). Developing Intercultural Competence through Education: Strasbourg: Council of Europ.

Creswell, J. W (2013). Qualitative inquiry and research design: choosing among five approaches(3rd ed.). Los Angeles: Sage.

Croce, B. (1941), *History as the story of liberty,* London : Allen & Unwin.

Cross. T L., Bazron, B. J., Dennis, K. W., & Isaacs, M. R. (1989). *Toward a Culturally Competent System of Care: A Monograph on Effective Services for Minority Children Who Are Severely Emotionally Disturbed.* Washington, DC: Georgetown Univ. Child Development Center.

Cupach, W. R., & Imahori, T. T. (1993). Identity management theory: Communication competence in intercultural episodes and relationships. In R. L. Wiseman & J. Koester (Eds.), *Intercultural communication competence* (pp. 112-131). Newbury Park, CA: Sage.

Landis, Dan, & Brislin, Richard W. (1983). *Handbook of intercultural training. v. 2, Issues in training methodology*. New York : Pergamon Press.

Davis, J. C. (2009), An empirical exploration into the intercultural sensitivity of foreign student advisors in the United States, Boston College.

Deardorff, D. K. (2004). *The identification and assessment of intercultural competence as a student outcome of international education at institutions of higher education in the United States*. Unpublished dissertation, North Carolina State University, Raleigh.

Deardorff, D. K. (2006). Identification and Assessment of Intercultural Competence as a Student Outcome of Internationalization, *Journal of Studies in International Education*, 10(3), 241-266.

Deardorff, D. K. (2009). Implementing Intercultural Competence Assessment. In D. K. Deardorff.(Ed.),*The SAGE Handbook of Intercultural Competence* (pp. 477-491). Thousand Oaks, CA: Sage.

Deardorff, D. K. (2011). Promoting understanding and development of ntercultural idialogue and peace: A comparative analysis and global perspective of regional studies on intercultural competence. Report of the State of the Arts and Perspectives on Intercultural Competences and Skills, UNESCO.

Deardorff, D. K., & Arassaratnam. L. A. (2017). *Intercultural competence in higher education: international approaches, assessment and application,* London; New York: Routledge.

Delett, J. S., Barnhardt, S., & Kevorkian, J. A. (2001). A framework for portfolio assessment in the foreign language classroom. *Foreign Language Annals*, 34(6), 559-568.

Dervin, F. (2004). *Definition and evaluation of the intercultural competence the context of mobility: Introduction. Moderna Sprak*, 98(1), 68-76.

Dervin, F. (2009). Assessing intercultural competence in language learning and teaching: A critical review of current eff orts. In F. Dervin& E. Suomela-Salmi (Eds.), *New approaches to assessing language and (inter)cultural comptences in higher education* (pp. 157-174). Bern: Peter Lang.

DES (1990). *Modern Foreign Languages for Ages 11 to 16: Proposals of the Secretary of State for Education and Science and the Secretary of State for Wales.* London: HMSO.

Elias, N. (1891-1982). *Über den Prozess der Zivilisation: Soziogenetische und psychogenetische Untersuchungen*. Frankfurt am Main : Suhrkamp.

Erickson, F. (2004). Culture in Society and in Educational Practices, In Banks J. & Banks C.(Ed.), Multicultural Education: Issues and Perspectives. MA: John Wiley & Sons, Inc.

Fantini, A. E. (1999). *Foreign language standards: linking research, theories, and practices*. Lincolnwood, Ill.: National Textbook Co. in conjunction with the American Council on the Teaching of Foreign Languages.

Fantini, A. E. (2000). A central concern: Developing intercultural competence. *About Our Institution* 1, Inaugural Issue On the Occasion of SIT's 35th Anniversary. 25-33.

Fantini, A. E. (2007). *Exploring and Assessing Intercultural Competence Final report of a research project*. Social Development at Washington University in St. Louis.

Fantini, A. E. (2009). Assessing Intercultural Competence: Issues and Tools. In D. K. Deardorff (Ed.), *The SAGE Handbook of Intercultural Competence* (pp. 456-476). Thousand Oaks, Calif: Sage.

Fantini, A. E. (2012). An essential component of intercultural communicative competence. In J. Jane.(Eds.), *The Routledge handbook of language and intercultural Communication* (pp. 263-278). Milton Park, NY: Routledge.

Fantini, A. E. (2019). Intercultural communicative competence in educational exchange : a multinational perspective. Routledge : Taylor & Francis Group.

Feng, A. W. (2009). Introduction. In M. Fleming., M. Byram., & A. Feng. (Eds.), *Becoming Interculturally Competent Through Education and Training*. (pp. 1-12). Bristol, UK: Multilingual Matters.

Feng, A. W., & Byram, M. (2002). Authenticity in college English textbooks: An intercultural perspective. *RELC Journal,* 33(2), 58-84.

Fleming, M., Byram, M., & Feng, A. (2009). *Becoming Interculturally Competent*

Through Education and Training. Bristol, UK: Multilingual Matters.

Fritz, W, Möllenberg, A. & Chen, G. (2002). Measuring Intercultural Sensitivity in Different Cultural Context. *Intercultural communication studies*, 11(2), 165-176.

Fromm. E. (2008). *Authentisch leben*. Freiburg im Breisgau: Basel: Wien: Herder.

Geertz, C. (1973). *The interpretation of cultures: selected essays*, Basic Books: New York.

Goffman, E. (1956). Embarrassment and social organization. *The American Journal of Sociology*, 62, 264-271.

Genesee, F., & Upshur, J. A. (1996). *Classroom-based evaluation in second language education*. Cambridge: Cambridge University Press.

Glazer. N. (2000). Disaggregating Culture. In L. E. Harrison & S. P. Huntington(Eds.), *Culture Matters: how values shape human progress* (pp.219-230). New York: Basic Books.

Gudykunst, W. B. (1988). Uncertainty and anxiety. In Y. Y. Kim & W. B. Gudykunst (Eds.), *Theories in intercultural communication* (pp.123-156). Newbury Park, CA: Sage.

Gudykunst, W. B. (1989). Culture and the development of interpersonal relationships. In J. A. Anderson (Ed.), *Communication yearbook 12* (pp. 315-354). Newbury Park, CA: Sage.

Gudykunst, W. B. (1993). Toward a theory of effective interpersonal and intergroup communication: An anxiety/uncertainty management perspective. In R. L. Wiseman & J. Koester (Eds.), *Intercultural communication competence* (pp. 33-71). Newbury Park, CA: Sage.

Gudykunst, W. B. (1995). Anxiety/uncertainty management (AUM) theory: Current status. In R. Wiseman (Ed.), *Intercultural communication theory* (pp. 8-58). Thousand Oaks, CA: Sage.

Gudykunst, W. B. (1998/2004). *Bridging differences*. Effective intergroup communication (4th ed.). Thousand Oaks, CA: Sage.

Gudykunst, W. B. (2001). Intercultural communication Theories, In W.B. Gudykunst. & B. Mody. (Eds.), *Handbook of international and intercultural communication* (pp183 -205). Thousand Oaks, CA: Sage.

Gudykunst, W. B. (2003). *Cross-cultural and intercultural communication*, Thousand Oaks, Calif: Sage.

Gudykunst, W. & Hammer, M. (1983). Basic Training Design: Approachesto Intercultural Training. In: Landis, D. & R. W. Brislin (Eds.), *Handbook of Intercultural Training* (pp. 118-154). New York.

Gudykunst, W. B., & Hammer, M. R. (1984). Dimensions of intercultural effectiveness: Culture specific or culture general. *International Journal of Intercultural Relations*, 8, 1-10.

Gudykunst, W. B., & Hammer, M. R. (1987). Strangers and hosts: An uncertainty reduction based theory of intercultural adaptation. In Y. Y. Kim, & W. B. Gudykunst (Eds.), *Cross Cultural Adaptation Current Approaches* (pp. 106-139). Newbury Park: Sage.

Gudykunst, W. B. & Kim, Y. Y. (2003/1984), *Communicating with strangers: An approach to intercultural communication*, NY: McGraw Hill.

Gudykunst, W. B., & Nishida, T. (2001). Anxiety, uncertainty, and perceived effectiveness of communication across relationships and cultures. *International Journal of Intercultural Relations,* 25(1), 55-71.

Gudykunst, W. B., & Ting-Toomey, S. (1988). *Culture and interpersonal communication*. Newbury Park, CA: Sage.

Gudykunst, W. B., Wiseman, R. L., & Hammer, M. R. (1977). An analysis of an integrated approach to cross-cultural training. *International Journal of Intercultural Relations,* 1, 99-110.

Gumperz, J., & Hymes, D. (1972). *Directions in sociolinguistics: The ethnography of communication*. New York: Holt, Rinehart, Winston.

Hains, A. H., Lynch, E., & Winton. P. J. (2000). Moving towards Cross-Cultural Competence in Lifelong Personnel Development: A of the Literature. Technical Report. Early Childhood Research Inst. on Culturally and Linguistically Appropriate Services.

https://clas.illinois.edu/techreport/tech3.html

Hall, E. T. (1959). *The silent language*, Greenwich: Fawcett Publications.

Hall, E. T. (1976). *Beyond culture*. New York: Anchor Press/Double day.

Hammer, M. R., Gudykunst, W. B., & Wiseman, R. L. (1978). Dimensions of effectiveness: An exploratory study. *International journal of intercultural relations: IJIR* 2, 382-393.

Hammer, M. R., & Bennett, M. J. (1998). The Intercultural Development Inventory (IDI) manual. *International Journal of Intercultural Relations,* 27(4), 421-443.

Hammer, M. R., & Bennett, M. J. (2003). Measuring intercultural the intercultural development inventory. *International journal of intercultural relations: IJIR,* 27, 421-443.

Hammer, M. R., Wiseman, R. L., Rasmussen, J. L., & Bruschke, J. C. (1998). A test of anxiety/uncertainty management theory: The intercultural adaptation context. *Communication Quarterly*, 46, 309-326.

Hammer, M. R., Bennett, M. J., & Wiseman, R. (2003). Measuring intercultural sensitivity: The intercultural development inventory. *International Journal of Intercultural Relations*, 27, 421-443.

Hanvey, R. G. (1979). Cross-cultural awareness. In E. Smith & L. F. Lute (Eds.), Toward internationalism: Readings in cross-cultural communication, Rowley, MA: Newbury House.

Hinkel. E. (1999). *Culture in second language teaching and learning*, New York: Cambridge University Press.

Hobsbawm, E. J. (1983). *(The) Invention of tradition. Cambridge*: Cambridge University Press.

Holzbrecher. A. (2004). *Interkulturelle Padagogik*, Berlin: Cornelsen Scriptor.

Hoopes, D.S. (1979), Intercultural communication concepts and the psychology of intercultural experience. Psych (Ed.), Multicultural education: A cross cultural training approach, Intercultural Network, Inc, LaGrange, IL.

Hymes, D. (1971). *On communicative competence*. Philadelphia, University.

Hymes, D. (1972). *On communicative competence*. In J. Pride & J. Holmes (Eds.), *Sociolinguistics:*

selected readings. (pp. 269-283). Harmondsworth, UK: PenguinBooks. (Excerpt from the paper published 1971, Philadelphia, University of Pennsylvania Press.)

Hymes, D. (1974). *Foundations in sociolinguistics; an ethnographic approach*. Philadelphia: University of Pennsylvania Press.

Hymes, D. H. (1979). Sapir, competence, voice, In C. J. Fillmore, D. Kemper, & W. S. Y. Wang (Eds.), *Individual differences in language ability and language behavior* (pp. 33-45), New York; Academic Press.

Hymes, D. H. (1996). *Ethnography, linguistics, narrative inequality: Toward an understanding of voice.* New York: Taylor and Francis.

Imahori, T. T. & Cupach, W. R. (2005). Identity management theory: Facework in intercultural relationships, In W. Gudykunst (Ed.), *Theorizing about intercultural communication* (pp. 195-210). Thousand Oaks, CA: Sage.

Johnson, R. (1986). What Is Cultural Studies Anyway? Social Text, No. 16 (Winter, 1986-1987), 38-80. Published by: Duke University Press.

Jin, L & Cortazzi, M. (2017). Teaching and learning Intercultural Communication: Research in Six Approaches. In Hinkel. E. (Eds.), *Handbook of research in second language teaching and learning. v.3* (pp. 399-415). New York: Routledge.

Jogan, M. K., Herdia, A. H., & M. Aguilera, G. (2001). Crosscultural e-mail: Providing cultural input for the advanced foreign language student. *Foreign Language Annals*, 34, 341-346.

Joyes. G & Hartnell-Young. E. (2012). Mapping UK Eportfolio Developments within a European Context, In C. Darren (Ed.), *E-portfolios and Global Diffusion: Solutions for Collaborative Education* (pp. 1-14), Hershey, Pa: IGI Global.

Keesing, R. M. (1981). Cultural anthropology: a contemporary perspective. New York : Holt, Rinehart, and Winston.

Keesing, R. (1987). Models, 'Folk' and 'Cultural': Paradigm Regained in Cultural Models in Language and Thought, In H. Dorothy & Q. Naomi (Eds.), *Cultural models in language and thought* (pp369-393). Cambridge: University Press.

Kim, K. J. (2003). Examining the affective domain in college students' learning English as a foreign language in Korea: relationships among academic motivation, intercultural sensitivity, and English achievement, Texas A & M University.

Kim, M. S. (2005). Culture-Based Conversational Constraints Theory Thousand Oaks, In W. B. Gudykuns(Ed), Theorizing about intercultural communication(pp. 93-117). Thousand Oaks, CA: Sage.

Kim, Y. Y. (1988). Communication and cross-cultural adaptation: An theory. Clevedon, UK: Multilingual Matters.

Kim, Y. Y. (1991). Intercultural Communication Competence: A Systems-Theoretic View. In S. Ting-Toomey & F. Korzenny (Eds.), *Cross-cultural Interpersonal Communication* (pp. 259-275). Newbury Park, CA: Sage.

Kim, Y. Y. (1995). Cross-cultural adaptation: An integrative theory. In R. L. Wiseman (Ed.), *International and intercultural communication annual*, 19. Intercultural communication theory (pp.170-193). Sage Publications.

Kim, Y. Y. (2001). *Becoming Intercultural: An integrative theory of communication and cross-cultural adaptation*. Thousand Oaks, CA: Sage.

Kim, Y. Y. (2009). The identity factor in intercultural competence. In D. Deardorff (Ed.), *The Sage handbook of intercultural competence* (pp. 53-65). Thousand Oaks, CA: Sage.

Kluckhohn, C (1949). *Mirror for man: a survey of human behavior and social attitudes*, New York: Whittlesey House.

Koester, J., Wiseman, R. L., & Sanders, J. A. (1993). Multiple of intercultural communication competence. In R. L. Wiseman & J. Koester (Eds.), *Intercultural communication competence* (pp. 3-15). Newbury Park, CA: Sage.

Krashen, S.D. (1981) *Second Language Acquisition and Second Language Learning*. Pergamon Press Inc., Oxford.

Krajewski, S. (2011). Developing intercultural competence in multilingual and multicultural student groups, *Journal of Intercultural Communication Research*, 10(2), 137-153.

Kramsch, C. (1993). *Context and Culture in Language Teaching*. Oxford: Oxford University Press.

Kramsch, C. (1998a). *Language and culture*, Oxford University Press; Oxford.

Kramsch, C. (1998b). The privilege of the intercultural speaker. In M. Byram and M. Fleming (Eds) *Language Learning in Intercultural Perspective: Approaches Through Drama and Ethnography. Cambridge* (pp. 16-31). Cambridge University Press.

Kramsch, C. (2003). From practice to theory and back again. In M. Byram and P. Grundy (Eds.), *Context and Culture in Language Teaching and Learning*(pp. 16-31). Clevedon: Multilingual Matters.

Kroeber, A. L., & Kluckhohn, C. (1952). Culture: A critical review of concepts and definitions, Cambridge, MA: Peabody Museum.

Landis, D., & Bhagat, R. S. (1996). A model of intercultural behavior and training. In D. Landis & R. S. Bhagat (Eds.), *Handbook of intercultural training* (pp. 1-13). Sage.

Lázár, I. (2007). *Developing and Assessing Intercultural Communicative: A guide for language teachers and teacher educators*, Council of Europe Publishing.

Lee, L. (1997). Using portfolios to develop L2 cultural knowledge and awareness of students in intermediate Spanish. *Hispania*, 80(2), 355-367.

Lustig, M. W., & Koester, J. (2003). *Intercultural competence: Interpersonal communication across cultures.* (4th ed.). Boston: Pearson.

Moore, J. D. (1997). *Visions of culture: an introduction to anthropological theories and theorists*. Walnut Creek, Calif.: AltaMira Press.

Moore, Z. (1994). *The portfolio and testing culture*. In C. Hancock (Ed.), *Teaching, testing, and assessment: Making the connection* (pp. 163-182). Northeast Conference Reports. Lincolnwood, IL: National Textbook Co.

Moran, P. R. (2004). *Teaching culture: perspectives in practice*, Boston: Heinle & Heinle.

Morreale S. P. Spitzberg, B., & Barge, H.(2013), *Communication: motivation, knowledge, skills*. New York : Peter Lang.

Nieto, C. & Booth, M. Z. (2010), Cultural Competence: Its Influence on the Teaching and Learning of International Students, *Journal of Studies in International Education*, 14(4), 406-425.

Nitko, A. J. (1996). *Educational assessment of students* (2nd ed,). Englewood Cliffs, N.J: Merrill.

Nunnally, J. C. (1978). *Psychometric theory* (2nd ed,). NY: McGraw-Hill.

Peng, S. Y. (2006). A comparative perspective of intercultural sensitivity between college students and multinational employees in China. *Multicultural Perspectives*, 8(3), 38-45.

Peng, S, Y., Rangsipaht, S., & Thaipakdee, S. (2005). Measuring intercultural sensitivity: A comparative study of ethnic Chinese and Thai nationals. *Journal of Intercultural Communication Research*, 34(2), 119-137.

Penbek, S., Yurdakul, & D., Cerit, A. G. (2009). Intercultural communication competence: a study about the Intercultural Sensitivity of university students based on their education and international experiences. *International Journal of Logistics Systems and Management*, 11, 232-252.

Phillipson, R. (1992). *Linguistic imperialism*. New York: Oxford University Press.

Paige, R. M. (1993). On the Nature of Intercultural Experiences and Intercultural Education. In R. M. Paige.(Ed) *Education for the Intercultural Experience* (pp.1-19). Yarmouth, Maine: Intercultural Press.

Paige, R. M., Jacobs-Cassuto, M., Yershova, Y. A., and DeJaeghere, J. (2003). Assessing intercultural sensitivity: An empirical analysis of the Intercultural Development Inventory. *International Journal of Intercultural Relations*, 27, 467-486.

Paige, R. M., Jorstad, H. L., Siaya, L., Klein, E, & Colby, J. (2003). Culture learning in language education: A review of the literature. In D. L. Lange & R. M. Paige (Eds.), *Culture as the core: Perspectives on culture in second language learning* (pp. 173-236). Greenwich, CT: Information Age Publishing.

Patterson. O. (2000). Taking Culture Seriously: A Framework and an Afro-American Illustration. L. E. Harrison & S. P. Huntington (Eds.), *Culture Matters: how values shape human progress*(pp. 202-218). New York: Basic Books.

Pang. V. O. (2005) *Multicultural Education: A Caring-centered, Reflective Approach McGraw-Hill higher education*, McGraw-Hill.

Pruegger, V. J., & Rogers, T. B. (1994). Cross-cultural sensitivity training: Methods and assessments. *International Journal of Intercultural Relations*, 18(3), 369-387.

Risager, K. (2007). *Language and Culture Pedagogy: From a National to a Transnational Paradigm*. Clevedon: Multilingual Matters.

Rathje. S., (2006). Interkulturelle Kompetenz—Zustand und Zukunft eines umstrittenen Konzepts. *Zeitschrift für Interkulturellen Fremdsprachenunterricht*, 11, 1-21.

Ruben, B. D. (1976). Assessing communication competency for intercultural adaptation. *Group & Organization Studies* 1, pp334-354.

Ruben, B. D. (1977). Guidelines for cross-cultural communication effectiveness. *Group and Organization Studies*, 2, 470-479.

Ruben, B. D., & Kealey, D. J. (1979). Behavioral assessment of communication competency and the prediction of cross-cultural adaptation. *International Journal of Intercultural Relations*, 3(1), 15-47.

Rudmin, F. W. (2003). Critical history of the acculturation psychology of assimilation, separation, integration and marginalization. *Review of General Psychology*, 7(1), 3-37.

Said, E. W. (1994). *Culture and imperialism*. New York :Vintage Books.

Sam, D. L., & Berry, J. W. (2016). Theoretical perspectives. D. L, Sam & J. W. Berry. (Eds) *The Cambridge handbook of acculturation psychology*, Cambridge (2nd ed., pp11-29). UK: Cambridge University Press.

Sapir, E. (1929). The state of linguistics as science. *Langeuage*, 5, 209-210.

Sapir, E. (1949). *Language: An Introduction to the Study of Speech*. New York (Renewed), NY: Harcourt, Brace & World.

Saussure, F. D. (1959). *Course in general linguistics*. New York: Philosophical Library.

Schulz, R. A., Lalande, J. E., Dykstra-Pruim, P., Zimmer-Loew, H., & James, C. J. (2005). In pursuit of cultural competence in the German language classroom: Recommendations of the AATG Task Force on the Teaching of Culture. Die Unterrichtspraxis. *Teaching German*, 38(2), 172-181.

Schulz, R. A. (2006). Re-evaluating communicative competence as a major goal in postsecondary language requirement courses. *The Modern Language Journal*, 90(2), 252-255.

Schulz, R. A. (2007). The challenge of assessing cultural understanding in the context of foreign language instruction. *Foreign Language Annals*, 40(1), 9-26.

Seldin, P. (2004). *The teaching portfolio: A practical guide to improved performance and promotion/tenure decisions*. Boston: Anker Publisher.

Simmel. G.(1923). *Soziologie: Untersuchungen über die Formen der Vergesellschaftung*, München und Leipzig : Duncker & Humblot.

Sinicrope, C., Norris, J., & Watanabe, Y., (2007). Understanding and assessing intercultural competence: A summary of theory, research, and practice (technical report for the foreign language program evaluation Project). *Second Language Studie*, 26(1), 1-58.

Spitzberg, B. H. (1988). Communication competence: Measures of perceived effectiveness. In C. H. Tardy (Ed.), *A handbook for the study of human communication: Methods and instruments for observing, measuring and assessing communication processes* (pp. 67-105). Ablex Publishing.

Spitzberg, B. H., (1989). Issues in the development of a theory of competence in the intercultural context. *International Journal of Intercultural Relations*, 13, 241-268.

Spitzberg, B. H. (2000). A model of intercultural communication competence. L. Samovar & R. Porter (Ed), *Intercultural communication: A reader.* (pp. 375-387), Belmont, CA: Wadsworth.

Spitzberg, B. H., & Cupach, W. R. (1984). *Interpersonal communication competence.* Beverly Hills: Sage Publications.

Spitzberg, B. H., & Cupach, W. R. (1989). *Handbook of interpersonal competence research.* New York: Springer-Verlag.

Spitzberg, B. H.,& Cupach, W. R. (2002). *Interpersonal skills*. In M L. Knapp & J. A. Daly(Eds), *The Sage handbook of interpersonal communication* (3rd., pp564-611). Thousand Oaks, CA: SAGE.

Spitzberg, B. H., & Changnon, G. (2009). Conceptualizing intercultural competence.

In D. Deardorff (Ed.), *The Sage handbook of intercultural competence* (pp. 2-52). Thousand Oaks, CA: Sage.

Straffon, D. A. (2003). Assessing the intercultural sensitivity of high school students attending an international school. *International Journal of Intercultural Relations*, 27, 487-501.

Stahl, G. K. (2001). Using assessment centers as tools for global leadership development: An exploratory study. In M. E. Mendenhall, T. M. Kühlman, & G. k. Srahl(Eds.), *Developing global business leaders: policies, processes, and innovations* (pp.197-210). Westport, CT: Quorum Books.

Stiftung, B., & Cariplo. F., (2006). The ke competence in the 21st century? Intercultural Competence-Theses by the Bertelsmann Stiftung based on the models of intercultural competence by Dr. Darla K. Deardoff. Guetersloh: Bertelsmann Stiftung.

Stiggins, R. J. (1994). *Student-centered classroom assessment*. New York: Merrill.

Straub, J. Weidemann, A. & Weidemann. D., (2007). *Handbuch interkulturelle Kommunikation und Kompetenz: Grundbegriffe - Theorien - Anwendungsfelde.* Stuttgart, J.B. Metzler Vlg.

Tamam, E. (2011). Validating Chen and Starosta's Intercultural Sensitivity Scale in Malaysia. *Journal of Intercultural Communicatio Research,* 39(3), 173-183.

The INCA project (2004), INTERCULTURAL COMPETENCE ASSESSMENT(INCA). https://ec.europa.eu/migrant-integration/librarydoc/the-inca-project-intercultural-competence-assessment.

Ting-Toomey, S. (1985). Toward a Theory of Conflict and Culture. In W. B. Gudykunst, L. B. Stewart, and S. Ting-Toomey (Eds.), *In Culture, Communication, and Organizational Processes.* (pp.71-86). Beverly Hills, CA: Sage.

Ting-Toomey, S. (1988). Intercultural conflict styles: A face-negotiation theory. In Y. Y. Kim & W. Gudykunst (Eds.), *Theories in intercultural communication* (pp. 213-235). Newbury Park, CA: Sage.

Ting-Toomey, S. (1993). Communicative resourcefulness: An identity negotiation perspective. In R. L. Wiseman, and J. Koester (Eds.), *Intercultural communication theory* (pp. 72-111). Newbury Park, CA: Sage Publications.

Ting-Toomey, S. (2005). Identity negotiation theory. In W. B. Gudykunst (Ed.), *Theorizing about intercultural communication* (pp. 211-234). Thousand Oaks, CA: Sage Publications.

Ting-Toomey, S., & Chung, L. C. (2012). *Understanding intercultural communication* (2nd ed). Roxbury Publishing.

Ting-Toomey, S., & Dorjee. T. (2018). *Communicating across cultures.* New York: Guilford Press.

Ting-Toomey, S., & Jurogi, A. (1998). Facework competence in intercultural conflict: An updated face-negotiation theory. *International Journal of Intercultural Relations,* 22, pp.187-226.

Ting-Toomey, S., & Oetzel, J. G. (2001). *Managing Intercultural Conflict Effectively.* Thousand Oaks, CA, US: Sage Publications, Inc.

Ting-Toomey, S., & Oetzel, J. (2002). Cross-cultural face concerns and conflict styles: Current status and future directions. In W. B. Gudykunst & B. Mody (Eds.), *Handbook of international and intercultural communication* (2nd ed., pp.143-163). Thousand Oaks, CA: Sage.

Ting-Toomey, S., & Oetzel, J. G. (2013). Culture-based situational conflict model: An update and expansion. In J. Oetzel, & S. Ting-Toomey (Eds.), *The Sage Handbook of Conflict Communication* (pp. 763-789). Thousand Oaks: SAGE Publications.

Tylor, E. B. (1871). *Primitive Culture*. Boston.

UNESCO (2006a). UNESCO Guidelines on Intercultural Education. UNESCO Section of Education for Peace and Human Rights, Division for the Promotion of Quality Education, Education Sector UNESCO Publishing.

UNESCO (2006b). Expert Meeting on Intercultural Education. UNESCO Publishing.

UNESCO (2013). Intercultural Competences: Conceptual and Operational Framework, UESCO Publishing.

Warren, D., & Adler. (1976). An experiential approach to instruction in intercultural communication. *Communication Education,* 26 (2), 128-134.

Wesel, M., & Prop, A. (2008). Comparing students' perceptions of paper-based and electronic portfolios. *Canadian Journal of Learning and* 34(3), 69-80. https://www.cjlt.ca/index.php/cjlt/article/view/26412/19594.

Wiemann, J. M. (1977). Explication and test of model of communication competence. *Human Communication Research*, 3, 195-213.

Williams, C. L., & Berry, J. W. (1991). Primary prevention of acculturative stress among refugees: Application of psychological theory and practice. *American Psychologist*, 46(6), 632-641.

Williams, T. R. (2005). Exploring the Impact of Study Abroad on Students' Intercultural Communication Skills: Adaptability and Sensitivity. *Journal of Studies in International Education*, 9(4), 356-371.

Wiseman, R. L., Hammer, M. R., & Nishida, H. (1989). predictors of intercultural communication competence. *International Journal of Intercultural Relations*, 13(3), 349-370.

Wiseman, R. L. (2001). Intercultural communication competence. In W. B. Gudykunst & B. Mody (Eds.), *Handbook of intercultural and international communication* (pp. 207-224). Thousand Oaks, CA: Sage.

Wiseman, R. L. (2003). Intercultural communication competence. In W. B. Gudykunst (Ed.), *Cross-cultural and intercultural communication* (pp. 191-208). Thousand Oaks, CA: Sage.

Wiseman, R. L., & Koester, J. (Eds.). (1993). *Intercultural communication competence*. Newbury Park, CA: Sage.

Wittgenstein. L., (1998). *Culture and value : a selection from the posthumous remains*. (Rev. 2nd ed. with English translation.). England; Cambridge, Mass.: Blackwell Publishing.

Yu, T., & Chen, G. M. (2008). Intercultural sensitivity and conflict management styles in cross-cultural organizational situations. *Intercultural Communication Studies*, 17(2), 149-161.

Yuen, W. M., & Grossman, D. L. (2009). The intercultural sensitivity of student teachers in the Free cities. *A Journal of Comparative and International Education*, 39(3), pp. 349-365.

Zapata. G. C. (2019). L2 Spanish university students' perceptions of the pedagogical benefits of culture portfolios. *Language, Culture and Curriculum*, 32(1), 94-110.

Zubizarreta, J. (2009). *The Learning Portfolio: reflective Practice for Improving Student Learning* (2nd. ed.), SanFrancisco, CA: Jossey-Bass.

부록 1 학습자 설문지(한국어)

Ⅰ. 일반적 사항에 대한 질문입니다.

국적		나이	
성별	□ 남성 □ 여성	한국 체류 기간	______년 ______개월
학년	□ 1학년 □ 2학년 □ 3학년 □ 4학년 □ 졸업생 □ 대학원(석사) 재학 졸업 □ 대학원(박사) 재학 졸업	한국어 수준	초급(□ Level 1, □ Level 2) 중급(□ Level 3, □ Level 4) 고급(□ Level 5, □ Level 6)
전공		나는 한국 친구가 __________ 명 있다	

한국을 제외한 외국 체류 경험이 있습니까?	그렇다	아니다	만약 그렇다면, 어디에서 얼마나 체류하였나요?
유학, 어학연수	□	□	
여행, 관광	□	□	
이민	□	□	
봉사활동	□	□	
기타:	□	□	

Social media (SNS)	있다	없다	사용한다면, 한국 친구가 몇 명 있나요?	하루에 몇 시간 사용하나요?
Facebook	□	□		
Instargram	□	□		
Snapchat	□	□		
Kakao Talk	□	□		
X(Twitter)	□	□		
Line	□	□		
Wechat	□	□		
Weibo	□	□		
기타:_______	□	□		

II. 다음의 항목에 대하여 자신의 생각과 일치하거나 가장 근접하다고 생각하는 점수를 기입해 주세요. 정답은 없습니다. 자신의 생각이나 경험에 근거하시면 됩니다.

1=전혀 그렇지 않다	2=그렇지 않은 편이다	3=보통	4=조금 그렇다	5=매우 그렇다

1. 다음은 상호문화 감수성 측정을 위한 질문입니다.

1	나와 다른 문화권의 사람들과의 상호작용을 즐긴다.
2	나와 다른 문화권의 사람들은 편협하다고(폐쇄적이라고) 생각한다.
3	나와 다른 문화권의 사람과 상호작용하는 것에 대해 확신이 있다.
4	나와 다른 문화권의 사람 앞에서 이야기하는 것이 어렵다.
5	나와 다른 문화권의 사람과 상호작용할 때 무슨 말을 해야 할지 항상 알고 있다.
6	나와 다른 문화권의 사람과 상호작용할 때 내가 원하는 만큼 사교적일 수 있다.
7	나와 다른 문화권의 사람들을 좋아하지 않는다.
8	나와 다른 문화권에 속한 사람들의 가치를 존중한다.
9	나와 다른 문화권의 사람과 상호작용할 때 쉽게 화가 난다.

10	나와 다른 문화권의 사람과 상호작용할 때 자신감이 있다.
11	나와 문화적으로 거리가 있는 상대의 인상을 섣불리 결정짓지 않고 기다리는 편이다.
12	나와 다른 문화권의 사람과 함께 있을 때 종종 좌절한다.
13	나는 다른 문화에 개방적인 편이다.
14	나는 다른 문화권의 사람과 상호작용할 때 매우 주의 깊다.
15	나는 다른 문화권의 사람과 상호작용할 때 종종 내 자신이 쓸모없다고 느낀다.
16	나는 다른 문화권에 속한 사람들의 행동을 존중한다.
17	나는 다른 문화권의 사람과 상호작용할 때 가능한 한 많은 정보를 얻으려고 한다.
18	나는 다른 문화권에 속한 사람들의 견해를 받아들이지 않을 것이다.
19	나와 다른 문화권에 속한 사람과 의사소통 할 때 그들이 보여주는 미세한 표현들에 민감하여 그것의 미묘한 의미를 잘 알고 있다.
20	나의 문화가 다른 문화보다 더 좋다고 생각한다.
21	나는 다른 문화권의 상대와 상호작용할 때 자주 상대에게 긍정적인 반응을 보낸다.
22	나는 다른 문화권의 사람과 상호작용하는 상황을 피한다.
23	나는 다른 문화권의 사람과 의사소통 시 상대방에게 언어적·비언어적 신호로 내가 이해하고 있는 바를 자주 보여준다. 즉, 말과 행동으로 이해한 것을 자주 표현한다.
24	나는 다른 문화권의 속한 사람과 나의 차이에 대해 즐거움을 느낀다.

2. 다음은 상호문화 능력 측정을 위한 질문입니다.

1	한국문화를 정의하고 구성 요소들을 설명할 수 있다.
2	한국문화의 기본적인 규범과 금기 사항을 알고 있다(예: 인사, 복장, 행동).
3	문화적 스트레스의 징후를 인식하고 이를 극복하기 위한 전략을 알고 있다.
4	한국어, 문화 학습을 돕기 위한 몇 가지 기술을 알고 있다.
5	한국인과 나의 행동의 차이점을 안다(예: 인사, 복장, 행동 등).
6	나의 문화와 한국문화를 형성하는 중요한 역사적·사회적·정치적 요소들을 대조할 수 있다.
7	나는 서로 다른 문화간의 문화적응 단계(cross-cultural adjustment stages)를 설명할 수 있다.
8	한국문화를 배우고 적응하기 위한 다양한 학습 과정과 전략을 설명할 수 있다.

9	사회생활, 직업 분야에서 한국인들의 공통적이고 일반적인 상호작용 행동을 묘사할 수 있다.(예: 가족 역할, 팀 작업, 문제 해결 등)
10	한국의 문화 구성원들과 교류할 의향을 보여주었다(한국인을 피하지도, 주로 자국 사람들을 찾아 다니지도 않았다).
11	나는 한국과 한국어, 한국문화 학습에 의지가 있으며 이를 명확히 표현할 수 있다.
12	한국어로 의사소통 시 한국문화에 적합한 언어와 행동을 사용하기 위해 노력한다.
13	한국어와 문화를 접했을 때 긍정적 감정만 수용하는 것이 아니라 좌절감과 같은 부정적 감정도 건설적으로 다룰 수 있다.
14	(한국문화의) 다양한 상황에 적합한 사회적 역할 수행 의지를 보여주었다(예: 가정에서는 어머니의 역할을, 학교에서는 선생님의 역할을 하는 것).
15	한국의 새로운 문화적 측면에 관심이 있다(예: 가치관, 역사, 전통 등).
16	한국인의 행동, 가치관, 태도, 스타일 등의 차이를 이해하려고 노력하고 있다.
17	한국문화에 적합한 의사소통을 하기 위해 언어적, 비언어적 영역에서 노력한다.
18	한국에 있는 동안, 나의 결정과 선택이 한국어에 미치는 영향과 결과를 성찰하려는 의지를 보여주었다.
19	한국과 나의 나라의 서로 다른 인식, 표현, 상호작용 행동을 조절할 수 있다.
20	한국에 있는 동안, 나에게 익숙하고 선호했던 것과는 상당히 다른 경우에도, 대안적인 방법으로 교류하려는 의지를 보여주었다.
21	한국에 있는 동안, 내가 선택한 것들의 윤리적 영향(결정, 결과, 결과 등)에 대해 기꺼이 대처하겠다는 의지를 보여주었다.
22	나는 상호문화적 상호작용과 의사소통의 복잡성을 인식하고 이에 대한 판단을 보류하려고 노력했다.
23	나는 한국문화에 속한 사람들과 교류할 때 융통성을 보여주었다.
24	나는 한국문화에서 불쾌하여 여겨지는 것을 피하기 위해 행동, 복장 등을 적절히 상황에 맞추었다.
25	나는 한국문화와 자문화의 차이점을 인식하고 대조할 수 있다.
26	나는 한국말과 한국문화에 대해 배우기 위해 전략을 사용한다.
27	나는 나의 나라와 다른 한국의 문화적 상황에서 적절하게 상호작용하는 능력을 보여주었다.
28	나는 한국문화에 적응하고 스트레스를 줄이기 위해 적절한 전략을 사용한다.

29	나의 행동이 스스로의 학습, 성장 그리고 한국인에게 미치는 영향을 관찰했다.
30	나는 나의 스타일과 한국인과의 전문적인 상호작용 함양을 위해 특정 문화 정보를 사용했다.
31	나는 우리나라 사람과 한국인 사이의 문화간 갈등과 오해가 발생했을 때 해결하는 데 도움을 주었다.
32	나의 나라와 한국의 언어와 문화 사이의 유사점과 차이점을 알고 있다.
33	나의 나라 사람과 한국인의 두려움, 조롱, 혐오, 우월감 등의 감정표현 차이의 중요성을 잘 알고 있다.
34	나는 한국의 다양한 문화적 상황들에서 의사소통을 위한 상호작용 수정의 중요성을 잘 알고 있다.
35	한국 사람들이 나를 어떻게 보는지 그리고 왜 그렇게 보는지에 대한 인식의 중요성을 잘 알고 있다.
36	나의 습관과 취향에 따라 "문화적으로 조건화된(culturally conditioned)" 사람으로서 자신의 중요성을 잘 알고 있다.
37	나는 내 사회적 정체성에 대한 한국문화 구성원들의 반응의 중요성을 잘 알고 있다(예: 인종, 계급, 성별, 나이 등).
38	나는 한국문화 내의 계급, 성별, 연령, 능력 등의 차이에 따른 다양성에 대한 잘 알고 있다.
39	개인의 행동이 특정 문화 전체를 대표하는 것처럼 일반화하는 것의 위험성을 잘 알고 있다.
40	한국 사람에게 수용적이거나 비수용적인 나의 선택과 그 결과들의 중요성을 잘 알고 있다.
41	윤리적 딜레마에 대한 나의 해결방법과 해결에 영향을 준 나의 가치들의 중요성을 잘 알고 있다.
42	한국인의 나에 대한 반응에는 한국의 문화적 가치가 반영되어 있음을 잘 알고 있다.
43	나는 특정 상황에서 가치관과 윤리 반영의 중요성을 잘 알고 있다.
44	나는 다양한 문화적 스타일(cultural styles)과 이를 표현하는 방법이 사회적 상황, 언어에 미치는 영향의 중요성을 잘 알고 있다.
45	나의 상호문화 발달(intercultural development) 단계의 중요성을 잘 알고 있다.
46	친구나 동료와 같은 타인의 상호문화 발달 단계(intercultural development)의 중요성을 잘 알고 있다.
47	나의 상호문화 발달(intercultural development)의 방해 요소와 그것을 극복하는 방법의 중요성을 잘 알고 있다

48	상호문화적(intercultural situation) 상황에서 내가 의사소통자(communicater), 촉진자(facilitator), 중재자(mediator)로 생각하는 방법의 중요성을 잘 알고 있다.
49	상호문화적(intercultural situation) 상황에서 타인이 나를 의사소통자(communicator), 촉진자(facilitator), 중재자(mediator)로 인식하는 것의 중요성을 잘 알고 있다.

3. 다음은 의사소통 능력 측정에 관한 질문입니다.

1	나는 수업 중 팀 프로젝트에서 한국 학생들과 잘 어울린다.
2	나는 전공 수업과 교양 수업 내용을 잘 정리하고 요약할 수 있으며 수업 중 토론에도 잘 참여한다.
3	나는 전공 수업에서 필기와 노트 정리를 잘할 수 있다.
4	나는 한국어 TV 프로그램을 보고 듣고 잘 이해할 수 있다.
5	나는 한국어 영화를 보고 듣고 잘 이해할 수 있다.
6	나는 수업 중 전공 교수님의 한국어를 잘 이해한다.
7	나는 수업 중 교양 교수님의 한국어를 잘 이해한다.
8	나는 수업 중 질문이 있을 때 한국어로 자신감 있게 질문할 수 있다.
9	나는 한국 학생들과 한국어로 토론하는 것이 두렵지 않다.
10	나는 한국 학생들과 한국어로 토론할 때 한국 학생들의 질문을 잘 이해한다.
11	나는 한국 학생들과 한국어로 토론할 때 적합한 단어와 문법을 사용해서 잘 말할 수 있다.
12	나는 전공 수업 시간에 한국어로 자신감 있게 발표할 수 있다.
13	나는 전공 수업 시간에 적합한 단어와 문법을 사용해서 한국어로 발표를 잘할 수 있다.
14	나는 전공 관련 한국어 용어를 잘 알고 있다.
15	나는 전공 서적을 읽고 이해하는 데에 어려움이 없다.

부록 2 학습자 설문지(영어)

Ⅰ. Background Information Questionnaire

My nationality is		What is your current age in years?	
Gender	☐ Male ☐ Female	Resident period in Korea	
My classification is	☐ Freshman ☐ Sophomore ☐ Junior ☐ Senior ☐ Graduate ☐ Maater's ☐ Doctorate	Korean Proficiency	Beginner (☐ Level 1, ☐ Level 2) Intermediate (☐ Level 3, ☐ Level 4) Advanced (☐ Level 5, ☐ Level 6)
Academic Major		I have [ ] Korean friend(s)	

Have you ever been to another country?	Yes	No	If you yes, where and how long?
traveled abroad	☐	☐	
studying abroad	☐	☐	
immigrant	☐	☐	
volunteer	☐	☐	
Others : ____________	☐	☐	

Social media (SNS)	Yes	No	If you yes, how many Korean friends?	How many hours to use SNS a day?
Facebook	☐	☐		
Instargram	☐	☐		
Snapchat	☐	☐		
Kakao Talk	☐	☐		
X(Twitter)	☐	☐		
Line	☐	☐		
Wechat	☐	☐		
Weibo	☐	☐		
Others:	☐	☐		

II. Please respond to the questions below, using the scale from 1 (=strongly disagree) to 5 (=strongly agree). Please check the number corresponding to your answer. There are no right or wrong answers. Please work quickly and record your first impression by indicating the degree to which you agree or disagree with the statement.

1=strongly disagree	2=disagree	3 = uncertain	4=agree	5=strongly agree

1. Below is a series of statements concerning Intercultural Sensitivity.

1	I enjoy interacting with people from different cultures.
2	I think people from other cultures are narrow-minded.
3	I am pretty sure of myself in interacting with people from different cultures.
4	I find it very hard to talk in front of people from different cultures.
5	I always know what to say when interacting with people from different cultures.
6	I can be as sociable as I want to be when interacting with people from different cultures.

7	I don't like to be with people from different cultures.
8	I respect the values of people from different cultures.
9	I get upset easily when interacting with people from different cultures.
10	I feel confident when interacting with people from different cultures.
11	I tend to wait before forming an impression of culturally-distinct counterparts.
12	I often get discouraged when I am with people from different cultures.
13	I am open-minded to people from different cultures.
14	I am very observant when interacting with people from different cultures.
15	I often feel useless when interacting with people from different cultures.
16	I respect the ways people from different cultures behave.
17	I try to obtain as much information as I can when interacting with people from different cultures.
18	I would not accept the opinions of people from different cultures.
19	I am sensitive to my culturally-distinct counterpart's subtle meanings during our interaction.
20	I think my culture is better than other cultures.
21	I often give positive responses to my culturally different counterpart during our interaction.
22	I avoid those situations where I will have to deal with culturally-distinct persons.
23	I often show my culturally-distinct counterpart my understanding through verbal or nonverbal cues.
24	I have a feeling of enjoyment towards differences between my culturally-distinct counterpart and me.

2. Below is a series of statements concerning Intercultural Competence.

1	I could define culture and describe its components.
2	I knew the basic norms and taboos (e.g., greeting, dress, behaviors).
3	I recognized signs of cultural stress and knew strategies to overcome it.

4	I knew some techniques to aid my learning of the korea language and culture.
5	I could contrast my own behavior with that korean.(e.g., greetings, dress, behaviors, etc.)
6	I could contrast historical and socio-political factors that shape my own culture and the host culture.
7	I could describe a model of cross-cultural adjustment stages.
8	I could cite strategies for learning about and adjusting to the host culture.
9	I could cite behaviors common among Koreans in social and professional areas. (e.g., family roles, team work, problem solving, etc.).
10	I demonstrated willingness to interact with korea culture members. (I didn't avoid them or primarily seek out my compatriots)
11	I demonstrated willingness to learn from koreans, their language and culture.
12	I demonstrated willingness to communicate in the korea language and behave appropriately, as judged by Korean.
13	I demonstrated willingness to deal with my emotions, their language and culture (in addition to the pleasures offered).
14	I demonstrated willingness to take on various roles appropriate to different situations.(e.g., in the family, I'm a mother, but in the school i'm a teacher)
15	I demonstrated willingness to show interest in new cultural aspects. (e.g., to understand and values, history, traditions).
16	I demonstrated willingness to try to understand differences in behaviors, values, attitudes and styles of korean.
17	I demonstrated willingness to try communicate appropriately in the korea culture. (e.g., in nonverbal and other behavioral areas)
18	I demonstrated willingness to reflect on the impact and consequences of my decisions and choices on Korean.
19	I demonstrated willingness to deal with different ways of perceiving, expressing, interacting, and behaving.
20	I demonstrated willingness to interact in alternative ways, even when quite different from those to which I was accustomed.

21	I demonstrated willingness to deal with the ethical implications of my choices (in terms of decisions, consequences, results, etc.)
22	I demonstrated willingness to suspend judgement and appreciate the complexities of communicating and interacting interculturally.
23	I demonstrated flexibility when interacting with persons from the Korea culture.
24	I adapted my behaviour, dress, etc., as appropriate, to avoid offending korea.
25	I was able to contrast the korea culture with my own.
26	I used strategies for learning the Korea language and about Korea culture.
27	I demonstrated ability to interact appropriately in different situations in Korea culture.
28	I used strategies for adapting to the korea culture and reducing stress.
29	I monitored my behavior and its impact on my learning, my growth, and korean.
30	I used culture-specific information to improve my style and professional interaction korean.
31	I helped to resolve cross-cultural conflicts and misunderstandings when they arose.
32	I realized the importance of differences and similarities between korea language cultural and my own.
33	I realized the importance of negative reaction these differences. (e.g., fear, ridicule, disgust, Superiority)
34	I realized the importance of how varied situations in the korea cultural required modifying my interactions with others.
35	I realized the importance of how korea culture members viewed me and why.
36	I realized the importance of myself as a "culturally conditioned" person in terms of my habits and preferences.
37	I realized the importance of reactions by host cultural members to my identity. (e.g., race, class, gneder, age)
38	I realized the importance of diversity within the korea culture.(e.g., differences in class, gender, age, ability)

39	I realized the importance of dangers of generalizing individual behaviors to represent the whole culture.
40	I realized the importance of my choice and their consequences (which made me more, or less acceptable, to korean)
41	I realized the importance of my values that affected my approach to ethical dilemmas and their resolution.
42	I realized the importance of korean's reactions to me that reflected their cultural values.
43	I realized the importance of how values that affected my approach to ethical dilemmas and their resolution.
44	I realized the importance of varying cultural styles and uses, and their effect in social situations, language.
45	I realized the importance of my own level of intercultural development.
46	I realized the importance of the level of intercultural development of others(e.g., other participants, hosts, colleagues).
47	I realized the importance of factors that helps of hindered my intercultural development and ways to overcome them.
48	I realized the importance of how I perceive myself as communicator, facilitator, mediator, in an intercultural situation.
49	I realized the importance of how others perceived me as communicator, facilitator, mediator, in an intercultural situation.

3. Below is a series of statements concerning Communication Competence.

1	I get along well with Korean students in teamwork (team projects) during class.
2	I am good at summarizing and discussing Korean language classes (both liberal arts and majors).
3	I can write and organize notes well in my major.
4	I can listen and understand Korean TV programs.
5	I can listen and understand Korean movies well.

6	I can understand Korean well in major class.
7	I can understand Korean well in general class.
8	I can confidently ask in Korean when I have a question in class.
9	I am not afraid to discuss Korean with Korean students.
10	I understand Korean students' questions well when discussing with Korean students in Korean.
11	I can speak well using appropriate words and grammar when discussing Korean with Korean students.
12	I can confidently present in Korean during my major.
13	I can speak well in Korean using words and grammar appropriate for my major.
14	I am familiar with Korean terms related to my major.
15	I have no difficulty reading and understanding my major books.

부록 3 학습자 설문지(일본어)

Ⅰ. 背景情報アンケート

国籍		年齢	
性別	□ 男性 □ 女性	韓国滞在期間	____年____か月
学年	□ 1年生 □ 2年生 □ 3年生 □ 4年生 □ 卒業 □ 大学院在学・卒業(修士) □ 大学院在学・卒業(博士)	韓国語レベル	初級 (□Level 1、□Level 2) 中級 (□Level 3、□Level 4) 高級 (□Level 5、□Level 6)
専攻		私は韓国の友人が [ ]いる。	

韓国以外の外国に滞在した経験がありますか。	はい	いいえ	ある場合、どこの国に、どれくらいの期間滞在しましたか。
留学、語学研修	□	□	
旅行、観光	□	□	
移民	□	□	
ボランティア活動	□	□	
その他：________	□	□	

ソーシャルメディア(SNS)	はい	いいえ	使用する方の場合、韓国人の友達は何人いますか。	1日に何時間使用していますか。
Facebook	□	□		
Instargram	□	□		
Snapchat	□	□		
Kakao Talk	□	□		
X(Twitter)	□	□		
Line	□	□		
Wechat	□	□		
Weibo	□	□		
その他: ＿＿＿＿＿＿	□	□		

II. 以下の項目について、あなたの考えに一致するか最も近い点数をご記入ください。正解はありません。あなたの考えや経験に沿ってお答えください。

1=全くそう思わない　2=あまりそう思わない　3=どちらともいえない　4=ややそう思う　5=強くそう思う

1. 以下は、異文化感受性(Intercultural Sensitivity)を測定するための質問です。

1	私と異なる文化圏の人たちとの相互作用を楽しんでいる。
2	私と異なる文化圏の人たちは偏狭（閉鎖的）だと思う。
3	私と異なる文化圏の人との相互作用に確信を持っている。
4	私と異なる文化圏の人の前で話すのが苦手だ。
5	私と異なる文化圏の人と相互作用をするとき、どんな話をすればいいか常に分かっている。
6	私と異なる文化圏の人と相互作用をするとき、私が希望するだけ社交的になれる。
7	私と異なる文化圏の人たちが好きではない。
8	私と異なる文化圏に属する人たちの価値を尊重する。
9	私と異なる文化圏の人と相互作用をするとき、怒りっぽくなる。

10	私と異なる文化圏の人と相互作用をするとき、自信がある。
11	私と文化的に距離がある相手の印象を決めつけず、待つほうだ。
12	私と異なる文化圏の人と一緒にいるとき、挫折することがときどきある。
13	私は異なる文化に対して開放的なほうだ。
14	私は異なる文化圏の人と相互作用をするとき、非常に注意深い。
15	私は異なる文化圏の人と相互作用をするとき、自分が役立たずだと感じることがときどきある。
16	私は異なる文化圏に属する人たちの行動を尊重する。
17	私は異なる文化圏の人と相互作用をするとき、できるだけ多くの情報を得ようとする。
18	私は異なる文化圏の人たちの見解を受け入れないつもりだ。
19	私と異なる文化圏に属する人とコミュニケーションを取るとき、彼らの微細な表現に敏感で、それらの意味がよく分かる。
20	私(中国)の文化が他の文化より優れている(より良い)と思う。
21	私は異なる文化圏の相手と相互作用をするとき、頻繁に相手に肯定的な反応を返す。
22	私は異なる文化圏の人と相互作用しなければならない状況を避ける。
23	私は異なる文化圏の人とコミュニケーションを取るとき、相手に言語的・非言語的信号を使って、私が理解していることを頻繁に示す。即ち、理解したことを言葉と行動を通して頻繁に表現する。
24	私は異なる文化圏に属する人と私の違いについて楽しさを感じる。

2. 以下は、異文化能力(Intercultural Competence)を測定するための質問です。

1	韓国文化を定義し、構成要素について説明できる。
2	韓国文化の基本的な規範と禁忌事項（例：挨拶、服装、振る舞い）について知っている。
3	文化的ストレスの徴候を認識し、これを克服するための戦略を知っている。
4	韓国語学習と文化学習に役立つスキルをいくつか知っている。
5	韓国人の行動(例: 挨拶、服装、振る舞いなど)と私の行動との違いが分かる。
6	私の文化と韓国文化を形成している重要な歴史的・社会的・政治的要素が対照できる。

7	私は互いに異なる文化の異文化適応段階(cross-cultural adjustment stages)が説明できる。
8	韓国文化を学んで適応するための多様な学習過程と戦略が引用できる。
9	社会生活、職業分野で見られる韓国人同士の共通の(一般的な)相互作用行動が描写できる。(例：家族の役割、チーム作業、問題解決など)
10	韓国文化構成員と交流する意向を示した。(韓国人を避けたり、主に自国人を探したりすることをしなかった)
11	私は韓国と韓国語、韓国文化について学習する意志があり、これを明確に示している。
12	韓国語でコミュニケーションを取るとき、韓国文化に相応しい言語と行動を使うために努力する。
13	韓国語と文化に接したとき、肯定的感情だけを受け入れるのではなく、挫折感などの否定的感情もうまくコントロールできる。
14	多様な状況に相応しい社会的役割を遂行する意志を示した。(例: 家庭では母親としての役割を、学校では先生としての役割を果たすこと)
15	韓国の新しい文化的側面(例: 価値観、歴史、伝統など)に関心がある。
16	韓国人の行動、価値観、態度、スタイルなどの違いを理解しようと努力する。
17	韓国文化に相応しいコミュニケーションを行うために言語的・非言語的領域で努力する。
18	韓国にいる間、私の決定と選択が韓国語に与える影響と結果について省察しようとする意志を示した。
19	韓国と自国とで互いに異なる認識、表現、相互作用行動がコントロールできる。
20	韓国にいる間、私が慣れて好んでいたこととかなり違う場合でも、代案的な方法で交流しようとする意志を示した。
21	韓国にいる間、私が選択したことの倫理的影響(決定、結果など)について快く対処するという意志を示した。
22	私は異文化的な相互作用とコミュニケーションの複雑性を認識し、これに対する判断を保留しようと努力した。
23	私は韓国文化に属する人たちと交流するとき、融通性を示した。
24	私は韓国文化の中で不快に思われることを避けるため、適切に行動、服装などを状況に合わせた。
25	私は韓国文化と自文化の違いを認識し、対照できる。

26	私は韓国語と韓国文化について学ぶために戦略を使用している。
27	私は自国とは異なる韓国の文化的状況で適切に相互作用する能力を示した。
28	私は韓国文化に適応し、ストレスを減らすために適切な戦略を使用している。
29	私の行動が自らの学習、成長、そして韓国人たちに与える影響を観察した。
30	私は韓国人と私のスタイル及び専門的な相互作用を向上させるため、文化的な情報を使用した。
31	私は(自国人と韓国人との間の)異文化(Intercultural)葛藤と誤解が発生したとき、それの解決に役立った。
32	自国と韓国の言語・文化の類似点と違いが分かる。
33	自国人と韓国人の恐怖・嘲弄・嫌悪・優越感など、感情表現の違いの重要性をよく理解している。
34	私は韓国の多様な文化的状況でコミュニケーションを取るための相互作用修正の重要性をよく理解している。
35	韓国文化構成員の私に対する視覚・観点(どのように見ているか、そしてなぜそのように見ているか)に対する認識の重要性をよく理解している。
36	私の習慣と好みによって「文化的に条件付けられた(culturally conditioned)」人としての自分の重要性をよく理解している。
37	私は韓国文化構成員の私の社会的アイデンティティ(例: 人種、階級、性別、年齢など)に対する反応の重要性をよく理解している。
38	韓国文化における多様性(例：階級、性別、年齢、能力の違い) をよく知っている。
39	個人の行動が特定の文化全体を代表するかのように一般化することの危険性をよく理解している。
40	(韓国人に私を受け入れやすくする、もしくは受け入れにくくする)私の選択とその結果の重要性をよく理解している。
41	倫理的ジレンマに対する私の解決方法と解決に影響を与えた私の価値の重要性をよく理解している。
42	韓国人の私に対する反応には韓国の文化的価値が反映されていることをよく理解している。
43	特定の状況で価値観と倫理の反映の重要性をよく理解している。
44	私は文化的スタイル(cultural styles)や方法の多様性と社会的状況、言語に与える影響の重要性をよく理解している。

45	私の異文化発達(intercultural development)段階の重要性をよく理解している。
46	他人(例: 友人・仲間)の異文化発達(intercultural development)段階の重要性をよく理解している。
47	私の異文化発達(intercultural development)の妨害要素とそれを克服する方法の重要性をよく理解している。
48	異文化状況(intercultural situation)で私がコミュニケーター(communicator)、促進者(facilitator)、仲介者(mediator)として考える方法の重要性をよく理解している。
49	異文化状況(intercultural situation)で他人が私をコミュニケーター(communicator)、促進者(facilitator)、仲介者(mediator)として認識することの重要性をよく理解している。

3. 以下は、コミュニケーション能力(Communication Competence)を測定するための質問です。

1	私は授業中のチームプロジェクトで韓国人学生たちとうまく交わる。
2	私は韓国語授業(教養授業、専攻授業とも)中の要約とディスカッションがうまくできる。
3	私は専攻授業で筆記とノートの整理がうまくできる。
4	私は韓国語のテレビ番組を見て、聞いて、よく理解できる。
5	私は韓国語の映画を見て、聞いて、よく理解できる。
6	私は授業中に専攻教授の韓国語をよく理解する。
7	私は授業中に教養教授の韓国語をよく理解する。
8	私は授業中に質問があるとき、韓国語で自信をもって質問できる。
9	私は韓国人学生たちと韓国語でディスカッションすることを恐れない。
10	私は韓国人学生たちと韓国語でディスカッションするとき、韓国人学生たちの質問をよく理解する。
11	私は韓国人学生たちと韓国語でディスカッションするとき、適切な単語と文法を使ってうまく話せる。
12	私は専攻授業中に韓国語で自信を持って発表できる。
13	私は専攻授業中に適切な単語と文法を使って韓国語でうまく発表できる。
14	私は専攻関連の韓国語用語をよく理解している。
15	私は専攻書籍を読んで理解することに困難を感じない。

부록 4 학습자 설문지(중국어)

Ⅰ. 一般事项 (请用韩语回答)

国籍		年龄	
性别	□ 男 □ 女	韩国居留时间	______年 ______个月
年级	□ 1年级 □ 2年级 □ 3年级 □ 4年级 □ 毕业 硕士研究生 博士研究生	韩语水平	初级(□1级, □2级) 中级(□3级, □4级) 高级(□5级, □6级)
专业		我有 ________名韩国朋友。	

除韩国外，是否有去外国的经历？	有	没有	如果有，请写出在哪儿以及停留的时间。
留学，语言研修	□	□	
旅行	□	□	
移民	□	□	
社会服务, 其它:	□	□	

使用社交软件 (SNS)	是	不是	如果使用, 社交软件上有几个韩国朋友？	每天平均使用多长时间？
Facebook	☐	☐		
Instargram	☐	☐		
Snapchat	☐	☐		
Kakao Talk	☐	☐		
X(Twitter)	☐	☐		
Line	☐	☐		
Wechat	☐	☐		
Weibo	☐	☐		
其它: ________	☐	☐		

II. 本题没有正确答案, 请根据自己的想法和经验作答。

1: 完全不同意	2:不太同意	3: 一般	4: 有点同意	5: 意非常同意

1. 下面是关于测定评跨文化敏感度（Intercultural Sensitivity）的提问。

1	乐于与其它文化圈的人相互交流。
2	我认为与我文化背景不同的人是狭隘的。
3	我有信心与和我文化背景不同的人交流。
4	我与文化背景不同的人一起交流的时候感觉困难。
5	我与文化背景不同的人交流时，我一直知道我应该说些什么。
6	只要我愿意，在与文化背景不同的人交流时，我可以非常具有社交性。
7	我不喜欢与我文化背景不同的人。
8	我尊重与我文化背景不同的人的价值。
9	我与文化背景不同的人交流时很容易发火。
10	我与文化背景不同的人交流时有自信。
11	对于与我文化背景不同的人，我不会草率地对第一印象作出判断。

12	我与文化不同的人相处时会有挫败感。
13	我对于其它文化比较开明。
14	我与文化不同的人交流时会很注意。
15	我与文化不同的人交流时，会感到自己很没用。
16	我尊重与我文化不同的人的行为。
17	与来自不同文化背景的人互动时，我会尽量获取尽可能多的信息。
18	我不会接受与我文化不同的人的意见。
19	我与不同文化背景的人交流时，我会对他们细微的表现很敏感，并且明白其中微妙的意思。
20	我认为我的(我國)文化比其他文化好。
21	我与不同文化背景的人交流时，会经常给对方积极的反应。
22	我会回避与文化背景不同的人交流。
23	我与文化背景不同的人交流时，会通过语言的或非语言的方式告诉对方我理解。
24	我与不同文化背景的人交流时，对于文化差异感到愉快。

2. 下面是关于测定相互文化能力(Intercultural Competence)的提问。

1	我理解文化的定义，能够说明文化的构成因素。
2	我理解韩国文化的基本规范和禁忌事项。(例: 问候，服装，行为)
3	我了解文化压力的表现，并且懂得怎样克服。
4	我知道几种可以提高韩国语言、文化的方法。
5	我知道韩国人(例: 问候、服装、行为等)与我的差异。
6	我可以把我國文化和韩国文化形成的重要的历史性、社会性、政治性的因素作比较。
7	我可以解释不同文化之间的文化适应阶段(cross-cultural adjustment stages)。
8	我可以描述有助于学习和适应韩国文化的多种学习课程和学习技巧。
9	我可以描述韩国人在社会上和工作中共同的(常见的)交流行为。
10	我积极的调节由于文化差异引起的情绪，并努力克服挫折和消极的情绪(我不回避韩国人，也不只交往我國人)。

11	我会积极表达我想学习韩国、韩国语、韩国文化的想法。
12	用韩语交流的时候，我努力使我的语言和行动与韩国文化相符。
13	我努力调节由于文化差异引起的积极感情，并努力克服挫折和消极的感情。
14	我愿意在不同的环境担任各种角色(例如: 在我的家庭我是一位妈妈，在学校，我则是一位老师)。
15	我对韩国的文化层面(例: 价值观、历史、传统等)感兴趣。
16	我努力去理解我与韩国人的行动、价值观、态度、风格上的差异。
17	为了与韩国文化相符的交流，我在语言上和非语言上因素上都很努力。
18	在韩国期间，我反思我的决定和选择对韩国人的影响和后果。
19	我能够掌握韩国文化中与我國不同的意识、表达方式和交流活动。
20	在韩国居住期间，遇到不熟悉或者不喜欢的事情时，我会积极表达我想用替代方法进行交流的意愿。
21	(决定，结果，后果等)，我表示愿意应对。
22	我知道跨文化交际和交流的复杂性，并且保留对此的判断。
23	我在与韩国人交流时会很通融。
24	为了符合文化我选择符合情况的行动和服装。
25	我对我国及韓国两国的文化差异很了解。(可以进行对比)
26	我使用恰当的技巧来学习韩国语和韩国文化。
27	我能在韩国文化背景下恰当的交流。
28	为了适应韩国文化并减少文化压力，我会使用恰当的技巧。
29	我观察了我的行为及其对我的学习，成长和对韩国人的影响。
30	为了改善我的风格，提高与韩国人的专业互动能力，我使用特定的文化信息。
31	我曾提供帮助解决我国及韓国两国文化存在的矛盾和误会。
32	我明白我國和韩国在语言及文化上的差异和共同点。
33	我理解我國人和韩国人在恐惧、戏弄、厌恶、优越感等感情表达上差异的意义。
34	我明白在韩国各种文化状况下进行交流时，对交流方式做出改变的重要性。
35	我认识到韩国文化背景下的成员对我的看法及其原因很重要。
36	我认识到在我的习惯和喜好方面，自己作为一个“文化条件化”的人的重要性。

37	我认识到韩国人对我身份认同感(例如种族, 阶级, 性别, 年龄等)做出的反应很重要。
38	我懂得韩国文化内部的多样性(例: 等级、性别、年龄、能力的差异)。
39	认为个人的行为能代表特定文化全体的这种一般化想法是危险的((我认识到根据个体对整个文化一概而论很危险)。
40	我意识到我的选择及其后果的重要性(这使我更难或更容易被韩国人接受)。
41	我意识到我的价值观的重要性, 这价值观影响了我对伦理困境的态度及解决方。
42	我意识到韩国人对我的态度很重要, 这反映了他们的文化价值观。
43	我意识到 特定的情况下根据价值观和伦理道德作出的反应有多么重要。
44	我明白文化风格和方法的多样性对社会状况和语言产生的影响。
45	我意识到自己的跨文化发展水平的重要性。
46	我意识到了他人的跨文化发展水平的重要性(例如: 其他参与者，主持人，同事)。
47	我意识妨碍我进行跨文化发展的因素及克服这些因素的方法很重要。
48	我意识到在跨文化环境中我如何将自己视为沟通者, 促进者, 调解者的重要性。
49	我意识到别人如何将我视为跨文化环境中的沟通者, 促进者, 调解者的重要性。

3. 下面是关于测定沟通能力(Communication Competence)的问题。

1	我上课时在小组合作(team project)中和韩国学生很合得来。
2	我对韩国语课程(教养课程,专业课程)中的概括或讨论很擅长。
3	我在专业课上能把笔记和记录整理好。
4	我能看懂并听懂韩语的电视节目。
5	我能看懂并听懂韩语电影。
6	我在上课时能听懂并理解专业课教授说的韩语。
7	我在上课时能听懂并理解教养课教授说的韩语。
8	我在上课时有问题的时候可以自信地用韩语提问。
9	我对和韩国学生用韩语交流讨论并不感到害怕。
10	我和韩国学生用韩语讨论的时候能听懂并理解韩国学生的提问。
11	我和韩国学生用韩语讨论时, 能用适当的词法和语法表达清楚。

12	我对专业课上用韩语发表很有自信。
13	我可以在专业课上使用恰当的韩语单词或语法进行发表。
14	我熟悉专业相关的韩语用语。
15	我可以毫无障碍地读懂专业相关的书籍。

한국어교육을 위한 상호문화교육론

초판발행 2025년 5월 30일

지은이 이원희
펴낸이 안종만 · 안상준

편 집 소다인
기획/마케팅 박부하
표지디자인 BEN STORY
제 작 고철민 · 김원표

펴낸곳 (주) 박영사
서울특별시 금천구 가산디지털2로 53, 210호(가산동, 한라시그마밸리)
등록 1959. 3. 11. 제300-1959-1호(倫)
전 화 02)733-6771
f a x 02)736-4818
e-mail pys@pybook.co.kr
homepage www.pybook.co.kr
ISBN 979-11-303-2191-2 93370

정 가 26,000원